JN448312

전략공간의 국제정치

- 핵, 우주, 사이버 군비경쟁과 국가안보

**조성렬**(趙成烈)

1958년 서울에서 태어나 서울 마포고등학교와 서울공대 화학공학과를 졸업하였다. 그 뒤 성균관대학교 정치외교학과에서 석사학위와 박사학위를 취득하고, 일본 동경대학, 경응의숙대학, 중국 외교학원에서 객원연구원으로 있었다. 국가안보전략연구원에서는 일본방위정책, 한미동맹과 주한미군, 북한 핵문제와 한반도 평화체제, 북한 급변사태, 중국의 한반도정책 등 한반도문제 및 국제안보분야를 연구하고 있다.

저자는 노무현 정부 때 청와대 통일외교안보정책실 정책자문위원, 이명박 정부 때 국방부 및 특임장관실 정책자문위원을 지냈고, 현재 민주평통자문회의 상임위원으로 있다. 한국정치학회, 한국국제정치학회, 한국세계지역학회 이사를 역임했고, 2015년 북한연구학회 회장과 세계북한학학술대회 조직위원장을 맡았다. 국가안보전략연구원에서는 기획실장, 국제안보연구실장을 지냈으며, 현재 책임연구위원으로 재직 중이다.

주요 저서로는 『정치대국 일본: 일본의 정계개편과 21세기 국가전략』(1993), 『주한미군: 역사, 쟁점, 전망』(2003, 공저), 『한반도 평화체제: 한반도 비핵화와 북한체제의 전망』(2007), 『뉴한반도비전: 비핵 평화와 통일의 길』(2012), 『북한 경제회생과 통일시대 실현을 위한 로드맵: 한반도판 마샬플랜』(2014, 공저), 『통일논쟁: 12가지 쟁점, 새로운 모색』(2015, 공저), 『解剖北朝鮮リスク』(2016, 공저), 『東北亞形勢與韓中關係』(2016, 공저) 등이 있다.

서강학술총서
088

# 전략공간의 국제정치

## -핵, 우주, 사이버 군비경쟁과 국가안보

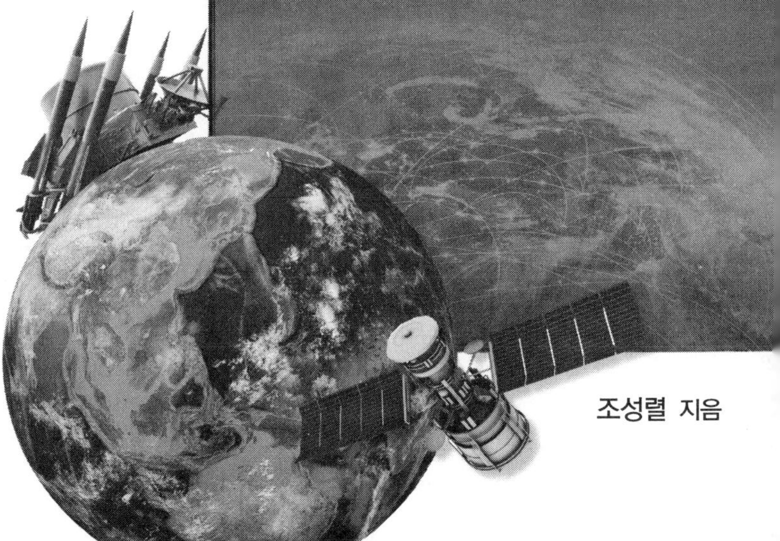

조성렬 지음

서강대학교출판부

서강학술총서 088

# 전략공간의 국제정치
## -핵, 우주, 사이버 군비경쟁과 국가안보

---

초판 1쇄 발행 | 2016년 9월 22일
지 은 이 | 조성렬
발 행 인 | 유기풍
편 집 인 | 우찬제
발 행 처 | 서강대학교출판부
등록번호 | 1978년 9월 28일 제313-2002-170호

주 소 | 서울특별시 마포구 백범로 35번지
전 화 | (02) 705-8212
팩 스 | (02) 705-8612

ⓒ 조성렬, 2016 Printed in Korea
ISBN 978-89-7273-317-1 94390
ISBN 978-89-7273-139-9(세트)

값 33,000원

* 잘못된 책은 구입하신 곳에서 바꿔드립니다.
* 이 책의 판권은 지은이와 서강대학교출판부에 있습니다.
  양측 서면 동의 없는 무단 전재 및 복제를 금합니다.

* '서강학술총서'는 SK SUPEX 기금의 후원으로 제작됩니다.

* 본서의 내용은 저자 개인의 견해이며, 저자가 소속된 연구기관의 공식 입장과 일치하지 않을 수 있음을 밝혀둡니다.

# 책머리에

### 급변하는 국제정세와 강대국 관계

냉전이 끝나면서 미·소 세력균형에 의한 양극체제가 무너지고 일시적으로 초강대국 미국 주도의 단극체제가 성립되었다. 하지만 이러한 미국 주도의 탈냉전 시기도 오래가지 못하였다. 중국, 인도, 러시아 등의 부상 및 재등장으로 미국과 함께 다극화된 이른바 탈·탈냉전(The Post-Post-Cold War)의 시대가 도래한 것이다.[1] 냉전시기가 미·소 세력균형에 의한 양극체제, 탈냉전시기가 유일초강대국 미국 주도의 단극체제였다면, 현재와 같은 탈·탈냉전의 국제질서는 다자간 세력균형에 따른 다극화시대에 들어선 것으로 평가되고 있다.[2]

1990년대 냉전의 종식 이후 세계는 일시적으로 평화를 맞이한 것처럼 보였지만 오히려 냉전시기보다 각지에서 갈등과 분쟁이 더 자주 발생하

1 Thomas L. Friedman, "The Post-Post-Cold War", *The New York Times*, May 10, 2006.

2 조성렬, "신국제질서의 태동에 대한 미국의 인식과 전략", 『국제문제연구』, 제12권 1호, 2012년 봄호.

고 있다. 동서냉전을 종식시킨 주역 중의 한 사람인 옛 소련의 고르바초프 전 대통령은 2014년 11월 베를린장벽 붕괴 25주년 기념토론회에서 "세계가 새로운 냉전시대로 접어들고 있다"라고 말한 바 있다. 이 말은 냉전이 끝나면 자유주의 제도가 확산되고 초국가적 협력이 확대될 것이라는 믿음과 달리, 미국과 러시아 등 강대국 간의 외교적, 군사적 분쟁이 점차 고조되고 있다는 의미로 해석된다.[3]

오늘날 동아시아에서 강대국들의 각축은 130년 전 제국주의 국가들끼리 침략경쟁을 벌이던 시기와 비슷한 양상을 보이고 있다. 동아시아에서는 해상영토의 관할권 및 해상교통로의 안전을 둘러싸고 역내 국가들 간의 대립이 충돌 직전상황까지 도달하고 있다. 이러한 동아시아에서의 대립과 갈등은 중국의 부상과 이에 대한 미국의 동아시아정책과 밀접히 관련되어 있다.

중국은 축적된 경제력을 바탕으로 군사력을 키우며 미국 주도의 기존 동아시아질서에 대한 현상변경을 꾀하고 있다. 이에 맞서 미국은 아시아 재균형 정책을 통해 현상유지를 시도하고 있다. 중국의 부상에 따라 미국은 아시아를 중심으로 동맹국가들과 협력해 대(對)중국 공동대응을 본격화하고 있고, 최근에는 중국을 겨냥해 20년간 전쟁을 했던 베트남에 대해 살상용 무기 수출을 허용하는 등 군사협력을 강화했다.[4]

시진핑 중국 국가주석은 2014년 1월 외신 인터뷰과 2015년 9월 미·중 정상회담 등에서 미국과 중국이 '투키디데스의 함정(Thucydides trap)'에 빠져선 안 된다고 말하며 신형 대국관계의 성립을 주장하고 있다. 그런데 중국은 미·소 양극체제 하에서는 다극체제를 주장했었지만, 세계

3 조성렬, "동북아시아 국제정세와 미국: 한국의 시각", 『동북아 정세와 한중관계』, 성균관대학교 출판부 2016, p. 180.

4 『연합뉴스』 2016년 5월 23일.

2위의 경제대국으로 올라선 뒤로는 사실상 양극체제를 의미하는 신형 대국관계를 요구하고 있는 것이다. 이러한 요구는 중국이 현재의 미·중 관계를 다분히 패권경쟁으로 인식하고 있음을 드러낸 것이다.

하지만 제조업의 부활, 셰일가스의 생산, 금융업의 재기, 군사혁신의 성과, 외교리더십의 회복 등을 골자로 하는 '미국의 귀환(Return of the U.S.)'을 통해 미국은 자국 주도의 새로운 세계질서를 구축하고자 하고 있다. 미국은 중국에게 책임 있는 이해상관자(responsible stake-holder) 역할을 요구했으나 이를 거부한 채 동아시아의 현상변경을 꾀한다고 비판하면서, 중국의 신형 대국관계 정립 요구를 수용하지 않고 있다. 뿐만 아니라 아시아 재균형 정책을 통해 미국 주도의 질서를 인정하도록 압박해 들어가고 있다. 이처럼 오늘날 미·중 관계는 일종의 패권경쟁 양상마저 띠고 있는 것이다.

역사적으로 보면 1,500년 이후 기존 패권국가에 대하여 신흥강대국이 도전한 사례는 15번이 있었다. 이 가운데 11건이 전쟁으로 이어졌고 나머지 4건은 평화적 세력전이를 실현하였다.[5] 중국의 부상과 미국의 상대적 쇠퇴가 패권경쟁을 불러와 스파르타-아테네 간의 패권경쟁이 펠로폰네소스 전쟁을 일으켜 제3국에게 어부지리를 준 것처럼 '투키디데스의 함정'에 빠질 것인지, 아니면 평화적인 세력전이로 이어질 것인지 주목된다.

5 폴 케네디(이일주 옮김), 『강대국의 흥망성쇠』, 한국경제신문사, 1997; 존 미어샤이머(이춘근 옮김), 『강대국 국제정치의 비극』, 도서출판 나남, 2004; 왕지아펑, 천 용 외 3인(김인지·양성희 옮김), 『대국굴기: 세계를 호령하는 강대국의 패러다임』, 크레듀하우, 2007 등을 참고로 필자가 산출.

### 국제정치에서 전략공간의 의미

탈·탈냉전 시대를 맞이하여 빠른 속도로 변하고 있는 권력정치(power politics) 중심의 국제질서는 우주, 사이버와 같은 과학기술 분야의 획기적인 발달과 신흥 핵보유국의 등장과 더불어 국제정치의 공간이라는 측면에서도 새로운 특징을 나타내고 있다. 국제정치의 공간과 관련하여 기존 연구들을 크게 지정학적인 접근과 군사전략적인 접근으로 나누어 살펴볼 수 있다.

일반적으로 국제정치학에서는 지정학적인 전통에 의거해 공간의 개념을 사용하고 있다. 최근 들어와 지정학의 공간 개념도 땅, 바다, 하늘의 전통적인 지리공간을 넘어 우주, 사이버 공간으로 확대해 해석하기도 한다. 대표적인 것이 콜린 그레이와 제프리 슬로안(C.S. Gray & G. Sloan)의 『지정학, 지리와 전략』(1999)이다.[6] 이 책은 비판지정학의 관점에서 육·해·공 외에도 우주, 정보 공간을 다루고 있다. 하지만 지리(geography)의 국제정치적인 의미를 해설하는 데 그치고 있고, 핵과 관련된 내용을 다루지 않는 등 한계를 보이고 있다.

군사전략적인 접근법에 따른 것으로는 엘리노아 슬로안(E.C. Sloan)의 『현대 군사전략 입문』(2012)을 들 수 있다. 이 책은 현대 군사분야를 전통적인 육·해·공의 영역과 더불어 새로운 사이버, 핵, 우주 영역으로 확장해 주요 전략사상가들의 이론을 다루고 있다.[7] 특히 사이버 전쟁이

---

**6** Colin S. Gray, Geoffrey Sloan, *Geopolitics: geography and strategy*, Frank Cass Publishers, 2009. (*コリン.グレイ, ジェフリ-.スロ-ン(奥山眞司 譯),『進化する地政學 陸,海,空そして宇宙へ』, 五月書房, 2009).

**7** Elinor C. Sloan, *Modern Military Strategy: An Introduction*, Routledge publishing, 2012.(*エリノア・ス-ロン(奥山真司, 關根大助 譯),『現代の軍事戰略入門: 陸海空からサイバ-,核,宇宙まで』, 芙蓉書房出版, 2015).

론과 핵전력 및 억제이론, 스페이스파워 이론 등 국내에서 잘 소개되지 않은 전략이론들을 소개하고 있다. 하지만 미국과 서유럽의 전략사상가들을 중심으로 군사전략이론의 소개에만 그치고 구체적인 사례 분석은 하지 않았다.

이와 같은 해외에서의 연구동향들과 달리, 국제정치의 공간에 관한 국내의 연구는 핵이나 우주, 사이버 공간을 개별적으로 다루고 있을 뿐 통합적으로 다룬 연구는 아직 없다. 그나마 개별적인 연구들도 이론적인 측면보다는 군사전략적 측면에서의 정책연구가 중심이 되고 있다.

본서에서는 '전략공간'의 국제정치라는 이름으로 핵, 우주, 사이버 공간의 안보이슈들을 이론적인 측면과 정책적인 측면에서 다루고자 하였다. 여기서 '전략'의 의미와 '공간'의 의미를 나누어 살펴볼 필요가 있다.

우선, 본서에서는 '공간'의 의미를 전쟁의 영역(domain of warfare)이라는 의미로 사용한다. 이는 미 국방부가 『2010년 4년 주기 국방검토보고서(QDR 2010)』에서 사이버공간에 대해 '제5의 전쟁공간(5th domain of warfare)'이라고 이름붙인 것과 동일한 이유에 기반한 것이다.[8]

다음, 본서에서는 '전략공간'의 개념을 새롭게 정의하여 사용한다. 기존의 국제정치학에서도 전략공간이란 용어는 생소한 개념이다. 실제로 전략공간이라는 용어는 국내는 물론 미국이나 유럽, 일본의 문헌에서 찾을 수 없으며, 단지 중국 군사과학원에서 나온 천용홍(陳永紅)의 『미국 전략공간 개척과정 연구』(2014)에서만 유사한 용어를 사용하고 있을 뿐이다.

이 책에서는 미국의 사례 분석을 통해 공간의 확대 문제를 다루고 있

---

8 US Department of Defense, *Quadrennial Defense Review Report,* Feb. 2010. 이하에서는 미 국방부(US Department of Defense)를 약칭인 DoD로 표기.

다. 여기서 사용되는 전략공간의 개념은 국가전략의 대상이 되는 영역이나 공간을 의미하는 것으로 미국의 서부 개척에 의한 영토 확장, 알프레드 마한(A. T. Mahan)의 해양전략이론에 따른 해양 확대과 같은 전통영역, 그리고 제2차 세계대전 이후 확대되고 있는 공중・우주, 사이버, 심리인지(心理認知) 공간과 같은 비전통영역으로 나누고 있다.[9]

본서에서는 공간의 개념을 땅, 바다, 하늘과 같은 전통영역을 '전통공간'으로, 우주, 사이버, 심리인지와 같은 비전통공간을 '전략공간'으로 구분하였다. 다만, 본서에서 심리인지 공간은 다루지 않았으며, 핵무기가 운용되는 공간을 전략공간의 범주에 포함시켰다. 그 이유는 우주공간과 사이버공간이 미국의 새로운 핵 태세(nuclear posture)와 밀접히 관련되어 있기 때문이다.

첫째, 우주공간의 군사적 이용은 핵무기의 운용과 밀접히 관련되어 있다. 우주공간의 군사적 이용은 미국이 소련의 핵무기 공격을 감시하기 위해 조기경보위성을 우주공간에 띄우면서 시작된 것이다. 정찰위성과 위치관측위성도 핵무기의 위치 탐지와 정밀유도공격에 사용된다. 이처럼 핵무기의 운용은 우주공간과 떼어내어 생각될 수 없다.

둘째, 컴퓨터와 통신기술의 발달로 사이버공간이 핵무기의 운용에 본격적으로 활용되기 시작하였다. 핵탄두가 정확히 공격목표를 타격할 수 있도록 유도하기 위해 사이버공간이 이용되었을 뿐만 아니라, 사이버무기는 핵 지휘통제체계 및 조기경보체계를 무력화시켜 핵균형을 일시적으로 깨뜨릴 수 있을 정도로 밀접히 연관되어 있다.[10]

---

**9** 陈永红, 『美国战略空间拓展研究』, 军事科学出出版社, 2014.

**10** Andrew Futter(고봉준 옮김), 『핵무기의 정치』, 명인문화사, 2016, pp. 328~330 및 폴 브래큰(이시은 옮김), 『제2차 핵 시대- 전략과 위험, 그리고 새로운 무력 외교』, 아산정책연구원, 2014년, p. 355.(*Paul Bracken, *The Second Nuclear Age: Strategy, Danger, and the New Power Politics,*

셋째, 앞의 두 가지 이유와 관련된 것으로 미국의 핵무기의 운용 공간이 우주, 사이버로 확대됐기 때문이다. 미 국방부가 발표한 2002년도 『핵태세 검토보고서(NPR, Nuclear Posture Review)』(이하 NPR)에서 사이버공간이 처음으로 제5의 전장공간으로 규정됐을 뿐만 아니라, 핵무기를 운용하는 삼원체제(Triad)가 전통적인 공간(육-ICBM, 해-SLBM, 공- Bomber)에서 새롭게 우주공간과 사이버공간의 활용하는 '적극적 방어'가 포함된 최신의 신삼원체제(New Triad)로 확대되었다.[11]

### 전통공간의 부활과 전략공간의 확대

공간의 국제정치라는 관점에서 볼 때, 최근 들어 나타나고 있는 국제정세는 크게 전통공간(traditional domains of warfare)의 부활과 전략공간(strategic domains of warfare)의 확대 등 두 가지로 특징지을 수 있을 것이다.

첫째는 **전통공간의 부활**이다. 최근 국제정세는 국가들 간의 양극화와 미국의 금융위기에 이은 서유럽국가들의 재정위기 등 부작용의 심화로 세계화의 진행 속도가 늦춰진 가운데, 센카쿠열도(중국명 댜오위섬)와 남중국해를 둘러싼 중국과 미 · 일 간의 대립, 러시아의 크림반도 병합에 따른 우크라이나 사태 등으로 '역사의 귀환', '지정학의 부활'이라는 평가가 나올 정도로 전통공간의 의미가 과거와는 다른 양상으로 변화하고 있다.

오늘날 세계질서는 소련의 붕괴로 냉전시기의 미 · 소 양극체제가 무너진 뒤에 옛 소련의 자리에 중국이 대신 들어간 새로운 미 · 중 양극체

Henry Holt & Company, LCC, 2012).

11 DoD, *Nuclear Posture Review Report 2002*, January 9, 2002.

제가 될 것인지, 아니면 냉전시기 내내 중국이 주장해 왔던 다극체제가 될지 아직 단정짓기는 섣부르다. 중국은 미국에 대해 신형 대국관계를 제시하고 신아시아안보 개념에 기초해 미국 주도의 기존 아시아태평양 안보질서를 바꾸어 보겠다는 구상을 노골화했지만, 역내 국가들이 중국의 구상을 그대로 받아들일 가능성은 높지 않기 때문이다.

미국은 아시아 재균형 정책을 통해 전략적 대응에 나서고 있다. 일본도 적극적 평화주의를 내걸고 있으며 재무장을 합법화하기 위한 행보를 서두르고 있다.[12] 중국과 긴 국경을 맞대고 있는 북한은 무역의존도가 90%가 넘는 취약한 상황 속에서 핵무기 보유와 자강력 제일주의라는 고립주의를 통해 동북아 질서재편 과정에 대응하고 있다. 이러한 일련의 변화된 전통공간을 둘러싼 각축은 한국의 국가안보전략에도 커다란 영향을 미치고 있다.

둘째는 **전략공간의 확대**이다. 핵, 우주, 사이버와 같이 지리적인 제약이 없으며 새롭게 국제안보적으로 주요 이슈로 떠오르고 있는 전략공간은 과학기술의 획기적인 발전 및 신흥 핵무기국의 출현과 함께 국제정치에서 더욱 중요해지고 있다. 냉전시기 및 탈냉전시기에 미국은 원자력과 우주개발, 초고속컴퓨터와 같은 거대과학기술 분야의 압도적인 기술적 우위를 국제정치에서의 권력자원으로 삼아왔다. 그리고 이러한 원자력 기술과 우주기술 등을 제공하고 관련 국제규범을 제정함으로써 동맹국과 국제사회에 대한 통제를 유지해 왔다.

하지만 탈・탈냉전 시대가 되면서 기존 핵무기확산방지조약(NPT) 중심의 핵질서가 흔들리고 수평적으로 핵이 확산되면서 NPT 체제 밖에서

---

**12** 일본 자민당을 비롯한 개헌추진파들은 2016년 7월 10일 참의원 선거에서 승리해 개헌발의를 위한 정족수를 2/3 의석을 확보하는 데 성공하였다.

핵무기를 보유하는 국가들이 증가하였다. 인도와 파키스탄, 이스라엘은 핵무기를 보유하고 있으며, 북한은 핵무기 보유를 추진중이고 이란은 여전히 핵무기 개발 의혹이 남아 있다. 뿐만 아니라 테러집단의 핵무기 사용 위험성도 여전히 사라지지 않고 있다.

그 동안 미국의 독점체제에 가까웠던 우주공간의 군사적 이용에 대해 러시아에 이어 유럽연합국가들, 중국, 일본, 인도 등이 뛰어들어 경쟁을 벌이고 있다. 특히 민간부문에 치중되어 있던 정보기술(IT)혁명이 국가안보 영역으로까지 확장되어 사이버전의 길을 열어놓고 있다. 이처럼 각국의 기술력이 향상되면서 원자력기술과 우주기술을 개발・확보하는 국가들이 점증하면서 미국의 독주체제가 크게 흔들리고 있다.

이에 따라 오늘날 국제정치의 공간은 전통공간을 넘어 핵을 비롯해 우주, 사이버 등의 전략공간으로까지 확장되었다. 이처럼 전략공간의 확대에 따라 국가안보전략의 범위와 성격도 크게 바뀌지 않을 수 없게 되었다.[13] 우주공간과 사이버공간을 둘러싼 기술경쟁에 못지않게 미국과 러시아・중국 간에 국제규범의 주도권 경쟁이 치열하게 전개되고 있다. 따라서 전통공간의 국가안보전략의 한계를 넘어 전략공간의 국제정치라는 시각을 더해 우리 국가안보전략을 재설계하지 않으면 안 된다.

### 전략공간의 국제정치와 자기주도전략

핵, 우주, 사이버와 같은 전략공간에서 군비경쟁이 가속화되고 있는 오늘날, 국가안보전략의 재설계를 위해서는 기존의 국가안보패러다임에 대해 전면적인 재검토가 필요하다. 냉전시대의 미・소 양극체제 하에서 우리 국가안보전략을 수립하기 위해 고려해야 할 국제안보환경은 사실

13 グレイ, 『進化する地政学』.

상 한반도를 둘러싼 강대국 관계로 볼 수 있었다. 그렇기 때문에 강대국들의 한반도 정책의 틀 속에서 대북전략을 짜는 것만이 우리 국가안보전략의 전부였다 해도 과언이 아니었다.

기존의 국가안보패러다임 하에서 강대국 관계는 일정 정도 상수로 취급되었기 때문에 중국의 부상이라는 새로운 현상에 대해서도 냉전시대 소련의 자리에 중국을 대체해 바라보는 것으로 충분하였다. 그렇기 때문에 변화된 국제안보환경에서의 국가안보전략도 미국과 중국 사이의 선택 문제로 보든지, 아니면 기껏해야 연미화중론(聯美和中論)처럼 미국과 중국의 사이에서 어느 정도의 비중으로 안배할 것인가의 문제로 바라볼 수밖에 없었다.

그러나 제2차 핵시대가 도래한 가운데 전략공간에서 군비경쟁이 벌어지고 있는 오늘날, 기존 방식의 국가안보패러다임으로는 올바른 국가안보전략을 수립하기가 어렵다. 확대되는 전략공간의 국제정치 속에서 한반도를 둘러싼 국제안보환경은 더 이상 상수로 주어진 강대국 관계가 아니며, 한국과 강대국이 포함된 역내 국가들의 전략적 상호관계이다. 따라서 동북아 국제안보환경은 우리나라가 어떻게 하느냐에 따라 달라질 수 있는 변수로 보아야 한다.

4년 전에 발간된 필자의 저서 『뉴 한반도비전: 비핵 평화와 통일의 길』(2012년, 백산서당)은 한반도문제의 해결에 초점을 맞추면서 한반도를 둘러싼 강대국 관계를 우리나라의 외부 국제안보환경이라는 상수로 놓고 접근하였다. 그러나 이러한 접근법은 한반도문제의 국제화가 크게 진전되었고, 핵 · 우주 · 사이버 등 전략공간의 중요성이 부상하면서 한계에 직면하지 않을 수 없다. 그러므로 이제 우리나라는 전통공간에서의 한 · 미 협력을 넘어서서 전략공간의 국제정치라는 넓은 시각을 가진 새로운 국가안보패러다임을 찾아야 한다.

전통공간의 국제정치에서 볼 때 한반도문제의 해결과정에서 한반도 평화체제의 구축이나 한・미 간의 전시작전통제권 전환이 주요 이슈로 부각될 수밖에 없지만, 전략공간의 국제정치라는 시각에서 보면 새로운 접근법이 요구된다. 이것은 비단 한반도문제에만 국한된 것이 아니라 전략공간의 확대라는 새로운 국제정치의 현상과 관련된 것이기 때문이다.

신흥 핵보유국의 등장을 막지 못한 제2차 핵시대에서 북한 핵문제의 해결과 한반도 평화체제 구축의 관계는 새롭게 접근해야 한다. 예일대의 폴 브래큰(Paul Bracken) 교수는 『제2차 핵시대: 전략과 위험, 그리고 새로운 무력 외교』(2013)에서 파키스탄과 북한이 핵무장한 상황에서 이 국가들이 핵무기를 포기하도록 설득하기 위해서는 관리(management)의 관점이 중요하다고 강조하고 있다.[14] 그런 점에서 한반도 평화체제 구축 방안은 북한 핵폐기가 전제되어야 하지만, 핵문제의 관리라는 관점을 포함해 단계적인 접근도 모색할 필요가 있다.[15]

한・미 간의 전시작전통제권 문제도 우주공간의 군사화라는 최근의 국제정치 동향을 파악하지 않고서는 제대로 접근하기가 어렵다. 냉전 종식 이후 프랑스와 독일은 유럽독자군(Eurocorps)을 창설해 미국 주도의 NATO군을 대체하려고 했으나,[16] 당시 서유럽국가들의 군사능력으로는 미국의 네트워크중심전(NCW) 군사교리를 뒤쫓아갈 수 없다는 판단 아

---

14 브래큰, 『제2차 핵 시대- 전략과 위험, 그리고 새로운 무력 외교』, pp. 10~11.

15 이 주제는 본서의 연구범위를 넘어서는 것이다. 북한 핵문제의 해결과 연계한 단계적인 평화체제 구축 방안과 관련해서는 다음을 참고할 것. 조성렬, "한반도문제해결과 3단계 평화론: 적극적 평화론을 중심으로", 『동북아연구』 Vol. 30, No. 1 (통권 40호) 2015.

16 그 대신에 1992년 5월 22일 프랑스의 미테랑 대통령과 독일의 콜 총리는 미국의 통제 아래에 놓여 있는 NATO군을 장기적으로 유럽독자군으로 대체하기 위해 우선 독・불 합동군을 창설하는 협정에 서명했다. 독・불 합동군의 창설은 유럽이 2차대전 후 47년간 계속된 미국의 방위우산에서 벗어나 독자방위체제로 가려는 의도 하에 이루어진 것이다.

래 당초 계획을 뒤로 미루고 독자적인 글로벌위성항법체계의 구축에 나섰다. 따라서 전시작전통제권 전환 문제도 우주공간의 군사화라는 관점을 함께 고려해서 접근할 필요가 있는 것이다.

그런 점 때문에 본서에서는 오늘날 전략공간의 군비경쟁이 어떻게 진행되고 있는지 살펴보고 이를 중심으로 미국, 러시아, 중국, 일본 등 주변 강대국들의 전략적 상호작용을 검토하였다. 이와 더불어 현재 전개되고 있는 군비경쟁 양상에 대한 남북한의 추진 실태와 대응 현황을 분석하였고, 이를 토대로 우리나라의 국가안보전략을 자기주도전략(自己主導戰略, self-directed strategy)이라는 관점에서 제시하고자 하였다.[17]

본서는 우리의 국가안보전략 수립에서 고려해야 할 대상지역을 역외국가인 미국을 포함해 중국, 러시아, 일본, 남북한 등이 위치해 있는 동북아 6개국으로 설정하였다. 그 이유는 글로벌 차원 또는 아시아·태평양 차원에서 논의되는 국제경제와 달리, 한국의 국가안보에 직접적인 영향을 미치는 국가들이 지리적으로 동북아지역에 존재하고 있기 때문이다. 따라서 기본적으로 당면한 북한의 핵·미사일 위협에 대응하면서도, 주변강대국들의 잠재적 군사위협에도 대비하는 중장기적인 관점을 갖고 국가안보전략의 수립 문제를 검토하고자 하였다.

◆◆◆

본서는 우리나라의 국가안보에 영향을 미치는 땅, 바다, 하늘과 같은 전통공간은 연구대상에서 제외하였다. 그 대신에 탈냉전 이후 새롭게 부상한 핵·미사일, 우주, 사이버 등 전략공간을 중심으로 각국이 갖고 있는 전략과 조직, 그리고 국제정치적인 의미 등을 살펴보았다. 필자가 핵,

17 자기주도전략의 정의와 구체적인 내용에 관해서는 본서 제6부 제1장을 참조할 것.

우주, 사이버와 같은 전략공간의 군비경쟁에 관심을 갖게 된 것은 그 동안 국내에서는 전략공간의 문제를 강대국의 영역으로 생각해 방치하거나 기껏해야 북한과 관련된 위협에만 초점을 맞춰 각 주제들이 가진 상호연관성을 놓치고 있다고 생각했기 때문이다.

본서는 당초 2015년 말까지 완료한다는 목표를 갖고 집필을 시작했지만, 북한연구학회 회장과 2015 세계북한학학술대회 조직위원장의 소임을 맡은데다가 한반도를 둘러싼 국제정세의 격변에 맞춘 새로운 자료의 수집과 정리 때문에 예상보다 원고의 완성이 많이 늦어졌다. 때마침 필자가 연구년을 얻어 2016년 3월부터 중국 외교학원에 와 있으면서 새롭게 중국 자료들을 수집할 수 있었고 집필에도 전념할 수 있었기에 때문에 이 책을 마무리할 수 있었다.

끝으로 본서가 나오기까지 여러분들의 숨은 기여가 있었다. 서강대학교 사회과학부 이근욱 교수와 국방대학교 군사전략학과 이병구 교수, 강원대학교 정치외교학과 송영훈 교수가 초고를 꼼꼼히 읽고 여러 가지 조언을 해주었고, 북한과 관련된 내용은 통일뉴스 김치관 국장, 서울대 대학원 정창현 박사가 도움을 주었다. 누구보다 본서가 나오는 데 가장 큰 힘이 되어준 것은 아내 장윤숙의 격려와 신뢰였다. 더불어 자랑스러운 딸 세인과 아들 강희도 나의 연구에 힘을 불어넣어준 든든한 버팀목이 되어주었다. 본서를 나의 가족에게 먼저 헌정하고 싶다.

2016년 9월

중국 외교학원 잔란루 교정에서

지은이 **조성렬**

# 목 차

## 제 2 부 북한의 핵 · 미사일 전략과 핵무기 사용 가능성

## 제 3 부 동북아 핵균형 변화와 새로운 핵질서의 모색

## 제4부 우주공간의 군비경쟁과 우주안보

# 제5부 사이버공간의 군비경쟁과 사이버안보

## 제 6 부 전략공간에서의 한국의 국가안보전략

# 표 목 록

## 그 림 목 록

# 제1부

# 신흥 핵보유국의 등장과 북한의 핵무장

제1장

# 신흥 핵보유국의 등장과 전략공간의 확대

# 제1장
# 신흥 핵보유국의 등장과 전략공간의 확대

핵무기는 이미 1945년 8월에 실전에 사용됐던 오래된 무기이다. 그러나 신흥 핵보유국들의 출현으로 핵무기는 국제정치에서 새로운 전략적 의미를 갖게 되었다. 신흥 핵보유국이 등장하자 기존 핵무기보유국들은 우주, 사이버 공간에서의 군사적 능력을 강화해 왔다. 특히 미국을 필두로 한 기존의 핵보유국들은 전통적인 삼원체제(Triad)를 넘어 우주공간과 사이버공간을 활용한 신삼원체제(New Triad)를 발전시켰다.

이에 맞서 신흥 핵보유국들도 단순히 핵무기의 개발과 보유를 넘어 핵무기 사용의 '신뢰성'을 확보하기 위해 우주공간과 사이버 공간의 군비경쟁에 뛰어들었다. 서남아시아에서는 인도와 파키스탄 사이에서 우주개발과 사이버전 역량 강화를 위한 상호 군비경쟁이 본격화하고 있으며, 동북아지역에서 북한도 미국의 대북 적대시 정책을 구실로 우주, 사이버 전력을 강화하고 있다.

신흥 핵보유국의 등장 이후 제2차 핵시대의 도래는 우주, 사이버 공간의 군비경쟁을 불러오면서 전략공간의 확대를 가져왔다. 이와 같은 전략공간의 확대 속에서 제2차 핵시대가 진행되고 있는 것이다. 하지만 제2차 핵시대의 성숙을 가져온 가장 큰 원인은 핵무기비확산을 목적으로 한 NPT체제가 크게 흔들리면서 신흥 핵보유국이 출현한 데 있다.

2016년 5월 6일, 북한의 김정은 위원장[1]은 36년 만에 열린 제7차 노동당 대회의 개회사를 통해 "올해에 우리 군대와 인민은 반만년민족사에 특기할 대사변으로 되는 첫 수소탄시험과 지구관측위성 광명성 4호 발사의 대성공을 이룩"하였다고 자평하였다.[2] 당대회 마지막날인 5월 9일에 채택된 '조선노동당 제7차 대회' 명의의 호소문에서도 "주체적 핵무장력을 보다 질량적으로 강화해 우리 조국을 천하무적의 핵강국으로 만들자"고 강조하고 있다.[3]

이렇듯 북한은 전략적 병진노선을 고수하면서 핵무기의 포기를 거부하고 있다. 하지만 북한이 핵무기국가로 공인될 수 없다는 점은 이미 핵무기확산금지조약(NPT)에 규정되어 있을 뿐만 아니라, 여러 차례의 유엔안보리 및 유엔총회의 결의를 통해 분명히 밝혀져 있다. 북한의 핵보유국 주장에도 불구하고 국제사회가 4차 핵실험과 뒤이은 장거리로켓 발사에 대해 유엔안보리 결의(UNSCR) 2,270호를 채택해 강력한 대북 제재에 착수한 것은 이를 뒷받침하는 것이다.

문제는 그 동안 핵무기확산금지체제의 유지와 영구화에 주도적 역할을 해 왔던 미국이 북한을 제외한 인도와 파키스탄 두 나라의 핵 프로그램을 철회시키겠다는 정책을 아예 포기한 것으로 보인다는 점이다.[4] 테러

---

1 북한의 최고지도자 김정은은 2016년 5월 6~9일 제7차 당대회에서 조선노동당 위원장으로 추대된 뒤, 6월 29일 개최된 최고인민회의 제13기 제4차 회의에서 기존의 국방위원회 제1위원장을 대신해 새로운 국가기구인 '조선민주주의인민공화국 국무위원회'의 국무위원장으로 추대되었다. 『연합뉴스』 2016년 6월 30일.

2 『조선중앙통신』 2016년 5월 6일.

3 『로동신문』 2016년 5월 10일.

와의 전쟁에 협조한다는 조건으로 파키스탄에 대한 경제제재를 중단했을 뿐만 아니라, 「미・인 민간원자력협정」을 체결하여 사실상 인도를 NPT 밖의 핵무기국가로 공인하는 정책을 펴고 있는 것이다.

이런 상황에서 과연 북한이 국제사회의 압력에 굴복하여 핵무기 포기의 길을 선택할 것인가, 아니면 핵능력을 강화해 나가면서 인도, 파키스탄의 사례처럼 강대국의 정책변화를 기다릴 것인가? 제7차 당대회에서 병진노선을 재확인하는 등 기존자세를 바꾸지 않고 있어 핵포기의 전망은 그리 낙관적이지 않다. 일찍이 북한은 6자회담의 자리에서 미국이 핵프로그램을 포기하도록 압박을 가하자, 자신들은 '주권국가로서 핵에너지 권리를 가지고 있으며 그런 권리는 NPT 회원국이 아닌 인도의 경우와 같이 NPT 지위에 의존하지 않는다'고 주장한 바 있다.[5] 이는 북한이 자신을 인도와 같이 NPT밖의 핵무기국가로 인정해 달라는 요구인 것이다.

이와 같이 신흥 핵 보유국이 출현하고 제2차 핵시대가 전개된 데는 기존 핵무기국가의 책임이 결코 적지 않다. 이스라엘의 핵무기 개발은 프랑스의 기술적 지원과 미국의 외교적 보호가 없었으면 불가능한 일이었다.[6] 파키스탄의 핵무기 개발에는 인도를 견제하려는 중국의 핵무기 소형화기술과 우라늄농축 기술 제공이 결정적으로 역할하였다.[7] 인도가 NPT 가입을 거부하고 CTBT에도 불참하고 있음에도 불구하고 중국을 견제하기 위해 미국은 인도와 민간원자력협정을 맺어 사실상 핵무기국가의 지위를

4 Walter Andersen, "남아시아와 핵무기의 전략적 시사점", 『NPT체제와 핵안보』, 통일연구원, 2010년, p. 151.

5 찰스 프리처드(김연철・서보혁 옮김), 『실패한 외교』, 사계절, 2008, pp. 186~187.

6 Futte, 『핵무기의 정치』, pp. 178~179.

7 Jeffrey Lewis, "China's Nuclear Modernization: Suprise, Restraint, and Uncertainty", *Strategic Asia 2013-14: Asia in the Second Nuclear Age*, The National Bureau of Asian Research, 2013, pp. 90~91.

인정해 주었다.

전 세계적으로 핵무기의 수직적, 수평적 확산이 계속되고 있다. NPT체제의 이완으로 핵보유국이 늘어났을 뿐만 아니라 기존의 핵보유국들은 보다 멀리 공격할 수 있도록 다양한 운반수단과 탄두를 개발하는 등 핵전력의 현대화를 추진하고 있다. 이러한 핵무기의 발달은 우주공간에서의 군비경쟁으로까지 확대되고 있으며,[8] 최근 들어와서는 사이버공간의 군비경쟁으로 이어지고 있다.

이 때문에 폴 브래큰은 "미 · 러 · 중 · 프 · 영 등 주요 5개국이 방아쇠를 쥐고 있던 핵무기 독점이 붕괴되고 인도 · 파키스탄 · 이스라엘 · 북한 등 '이류 핵보유국'이 핵으로 무장한 제2차 핵시대가 도래해 안전장치가 사라졌다"고 우려를 표시했던 것이다. 미국과 러시아가 핵무기를 통제하던 제1차 핵시대에 비해 제2차 핵시대는 핵대결 및 핵무기 사용 위험성이 훨씬 더 커진 것이다.[9]

그렇다면 북한 핵문제의 해결을 포함해 제2차 핵시대를 관리하기 위해서는 어떻게 해야 할 것인가? 효과적인 정책 수립을 위해서는 무엇보다 핵무기를 보유하고 있는 기존의 5개 핵무기국가들과 신흥 핵보유국의 실태를 파악하는 데서 출발하지 않으면 안 된다. 이를 토대로 핵무기의 보유가 국제 전략적 균형에 어떤 영향을 미치고, 국제정치적인 함의는 무엇인지 파악해 나가야 한다.

제1부에서는 먼저 전 세계의 핵무기 현황을 살펴보고, NPT가 공인한 5개의 핵무기국가들을 중심으로 핵전력의 현황을 살펴본다. 이어서 이스라엘, 인도, 파키스탄 등 신흥 핵보유국과 최근 핵무기 개발을 공식 포기

8 藤岡 惇, "核兵器の進化と宇宙の軍事化", 『立命館經濟學』 第58卷, 第5 · 6号, 2009年, pp. 463~464.

9 브래큰, 『제2차 핵 시대』, pp. 8~15.

한 이란의 핵개발 실태와 국제안보에 미치는 영향에 대해 살펴본다. 뒤이어 북한의 핵·미사일 개발 현황과 전력 수준을 평가해 보고, 북한을 신흥 핵보유국으로 볼 수 있는지 하는 문제를 평가해 본다.

제2장

# 핵독점의 붕괴와 신흥 핵보유국의 등장

# 제2장
# 핵독점의 붕괴와 신흥 핵보유국의 등장

## 1. 전 세계의 핵무기 현황과 전략적 핵균형

### 1) 글로벌 핵무기국가 미국과 러시아의 핵전력

대량살상무기인 핵무기는 미국이 맨하탄 계획을 통해 세계 최초로 개발한 것으로, 제2차 세계대전에서 히로시마와 나가사키에 투하되는 등 실전에 사용되기도 하였다. 미국의 핵무기 독점이 오래 지속될 것이라는 당초의 예상과 달리, 핵무기 기술은 곧바로 확산되어 1949년 옛 소련이 핵실험에 성공하였고 뒤이어 1952년에 영국이 핵실험을 실시하였다.

글로벌 차원에서 볼 때 핵보유국이라고 해도 핵전력의 규모나 핵전략의 비중에서 볼 때, 미ㆍ러 양대 핵무기 강국과 영국, 프랑스, 중국과 같은 중견 핵무기국은 비교 대상이 되지 않을 정도로 차이가 난다. 핵실험 횟수를 보면, 미ㆍ러 두 나라는 전체 핵실험 2,085건 가운데 85%를 차지하고 있다. 또한 핵탄두의 수를 보면, 전체 15,350개 가운데 93%인 14,270개를 보유하고 있다. 이러한 미ㆍ소 두 나라는 모두 냉전시기에

유연반응전략과 상호확증파괴론을 채택해 전략적 핵균형을 이루었다.[10]

먼저, 미국은 다른 나라의 것을 모두 합친 것보다도 많은 1,054차례의 핵실험을 실시했다. 지금도 핵실험 없이 기존 데이터에 근거한 시뮬레이션을 통해 핵능력을 지속적으로 강화해 오고 있다. 미국은 실제 핵무기를 전쟁에서 사용해 본 적이 있는 유일한 나라이다. 또한 현재 본토를 벗어난 지역에 핵무기를 배치하고 있는 유일한 국가로서, 「NATO 핵공유 프로그램」에 따라 180개의 B-61 자유낙하폭탄(gravity bomb)이 서유럽 4개국에 배치되어 있다.

미국은 자유진영의 종주국으로서 확장억제력을 통해 핵무기를 보유하고 있지 않은 동맹국・우방국들에게 핵우산을 제공해 오고 있다. 미국의 확장억제력은 가깝게는 서유럽지역 차원에서 러시아와 핵균형을 이루고 있으며, 동북아지역 차원에서는 러시아 및 중국과도 핵균형을 이루고 있다. 2016년 3월 현재 미국의 핵전력을 보면, 현역에 2,070개의 핵탄두를 보유하고 있으며, 이 가운데 ICBM에 440개, SLBM에 1,152개, 중폭격기에 300개가 할당된 것으로 추산된다.[11]

다음, 러시아는 옛 소련 시절인 1949년에 첫 핵실험을 실시하였는데, 이것은 1945년에 투하된 미국의 나가사키형 원폭과 유사한 것이었다. 초기에는 미국의 핵전력에 대해 추격자의 위치에 있었지만, 미국 내에서 폭격기 갭(1955~56)과 미사일 갭(1957~61) 논란을 가져온 데서 보듯이 소련은 점차 대미 선제타격능력을 갖추어 갔다. 쿠바위기 이후 소련은 급격한 핵전력 증강으로 충분한 보복능력을 갖추게 되었다. 1980년대 들어 이론상으로 소련군이 미국이 보유한 ICBM의 90%를 파괴할 능력을 가졌

---

**10** 日本防衛庁, 『大量破壊兵器の拡散問題について』, 防衛庁長官官房広報課, 1995, pp. 7~9.

**11** Hans M. Kristensen and Robert S. Norris, "The U.S. nuclear forces 2016", *Bulletin of the American Scientists*, Vol. 72, No. 2, March 2, 2016.

다는 평가를 받기도 했다.[12]

러시아의 전신인 옛 소련의 최전성기 때는 핵탄두 보유량이 한때 미국의 3배에 가까운 6만여 개에 달하기도 했다. 냉전 종식 이후 미국과의 전략핵 감축협상이 성과를 거두면서 현재 실전배치한 러시아의 핵탄두의 수는 2,600개이다. 운반수단 별로 보면, 핵탄두 2,600개 가운데 ICBM이 1,040개, SLBM이 768개, 중폭격기가 798개가 실전 배치된 것으로 추산된다.[13] 이처럼 미국과 소련의 양대 핵대국은 엄청난 비용과 높은 기술력을 사용하여 재래식에서 전술핵, 전략핵 무기에 이르기까지 정밀한 무기체계를 정비해 놓고 있다. 이러한 핵전력을 바탕으로 미・소 양대 핵대국은 각각 자유주의 진영과 사회주의 진영의 종주국 역할을 담당하고 있었다. 양대 진영에 속해 있던 비핵무기국가들에 대해서는 확장억제력의 제공을 통해 진영을 유지하였고, 여타 핵무기국가들의 핵전력도 부족한 군사력을 보완하는 차원에서 관리하였다.

〈표 1-1〉 미국과 러시아의 핵전력 현황 (2016. 3)

| 명 칭 | | 미 국 | | 러 시 아 | |
|---|---|---|---|---|---|
| | | 발사체 수량 | 핵탄두 수량 | 발사체 수량 | 핵탄두 수량 |
| 전략 핵무기 | ICBM | 440 | 440 | 307 | 1,040 |
| | SLBM | 288 | 1,152 | 176 | 768 |
| | 폭격기 | 113 | 300 | 70 | 798 |
| 비전략핵무기 | | - | 180 | - | - |
| 합 계 | | | ~2070 | | ~2,600 |

<출전> Kristensen and Norris, "The U.S. nuclear forces 2016", p. 2; Kristensen and Norris, "Russian nuclear forces, 2016", p. 126.

12 Charles A. Appleby, "Nuclear Strategy at the Crossroads", *SAIS Review*, Vol.1, No.1, Winter 1981, pp. 70~71.

13 Hans M. Kristensen and Robert S. Norris, "Russian nuclear forces 2016", *Bulletin of the American Scientists*, Vol. 72, Issue. 3, April 15, 2016.

### 2) 지역 핵무기국가 영국, 프랑스, 중국

글로벌 차원에서 미국과 러시아가 전략적 핵 균형을 이루고 있다면, 영국과 프랑스, 중국 등은 상대적으로 소량의 핵무기를 보유하며 지역내 핵균형을 이루고 있다. 이와 같은 지역 핵균형이 영국, 프랑스, 중국과 같은 핵무기국가들에만 국한되는 것이 아니다. 서남아지역에서 인도와 파키스탄이 서로 적대하며 핵군비경쟁을 벌이고 있고, 동북아지역에서는 북한이 한・미 연합군의 군사적 위협을 내세워 핵무기 개발 경쟁에 뛰어들었다(<표 1-2> 참조).

먼저 영・불의 핵개발 당시 서유럽의 상황을 보면, 제2차 세계대전이 끝나자마자 냉전이 시작되면서 서유럽은 동서냉전의 최전선에 서 있게 되었다. 하지만 서유럽 병력의 핵심을 담당하고 있었던 것은 제2차 세계대전 때 유럽전선에 뛰어들었던 미군이었다. 서유럽 국가들은 동유럽 국가들에 비해 재래식무기 분야에서 열세였기 때문에 미국의 확장억제력과 유사시 신속증원군에 의존하고 있었다. 이것은 서유럽 국가들의 생존이 미국의 효과적인 개입에 달려 있음을 의미한다.

이 때문에 서유럽 국가들은 어떤 형태로든 미국의 개입을 확실히 담보받을 필요가 있었다. 1949년에 창설된 「NATO조약」을 통해 미군의 자동개입을 보장하는 인계철선(tripwire)의 역할이 규정되었다. 이는 「미・일안보조약」이나 「한미상호방위조약」에 없는 규정이다.[14] 하지만 서유럽 국가들은 미국이 동유럽과의 분쟁에 휘말리더라도 재래식 병력의 차원에 머물고 끝까지 핵무기를 사용하지 않고 유럽에서 발을 빼는 상황에도 대비해야 한다는 생각을 가졌다.

---

14 조성렬, "한미 상호방위조약과 한미동맹 50년의 평가", 『한미동맹 50년: 법적 쟁점과 미래의 전망』, 백산서당, 2004.

이런 취지에서 영·불 양국은 미국의 암묵적인 양해 아래, 핵무기 보유에 나섰다.[15] 영국은 미국, 옛 소련에 이어 1952년에 첫 핵실험을 실시했으며, 프랑스는 상대적으로 뒤늦게 1960년에 4번째로 핵실험을 실시하였다. 영·불 양국이 갖고 있는 핵무기의 역할은 어디까지나 미·소 사이의 전략적 핵균형 아래에서 재래식전쟁에서 핵무기전쟁으로 분쟁상황을 이행시킬 수 있도록 담보하는 수단이며, 미국이 핵무기에 손대지 않고 유럽에서 발을 뺄 경우 핵무기를 사용할 수 있게 하기 위한 것이다.

그렇기 때문에 미국이나 옛 소련과는 달리 영국과 프랑스의 핵무기는 모든 차원에서 전쟁을 수행하기 위해 필요로 하는 전략핵무기를 정점으로 하는 정밀 무기체계의 일환이 아니다. 오늘날 영국은 국제 핵군축에 호응하여 1998년에 공중 핵무기 운반수단을 폐기하고 SLBM의 운반수단으로 핵잠수함 12척만을 운용하고 있다. 프랑스도 역시 1996년에 지상발사 핵무기 운반수단을 폐기하고 핵잠수함 10척과 항공기(함재기 포함)를 운용하고 있다.

중국은 세계에서 다섯 번째로 핵무기국가가 된 NPT 공인의 핵무기국가이지만, 중국이 차지하고 있는 핵전력의 위상은 미국이 주도한 NATO 회원국이던 영국, 프랑스와는 사뭇 다르다. 1953년 중국은 미국으로부터 핵무기 사용 경고를 받으면서 이에 대비해 일찌감치 핵무기 개발에 관심을 가졌지만, 중·소 갈등이 시작되면서 소련의 핵억제력에 의존할 수 없었을 뿐만 아니라 오히려 소련의 침공을 막아야 하는 처지였다.

이러한 주변정세 속에서 핵개발을 시작했기 때문에, 중국은 자국의 핵무기 개발이 미·소 양대 초대국의 패권에 대항하기 위한 것이며 자존자위를 위한 핵은 허용되어야 한다는 논리를 펼쳤다. 그러나 핵무기 운반수단 능

15 日本防衛庁, 『大量破壊兵器の拡散問題について』, p. 8.

력이 제약되어 있었기 때문에 중국의 핵전력은 상당 기간 미국보다는 소련에 대한 핵억제력을 확보하는 데 초점이 맞춰져 있었다고 볼 수 있다.

근년 들어 중국은 미 본토에 대한 보복력을 갖춤으로써 장기간, 대규모의 교전을 상정하지는 않고 있지만, 반접근·지역거부(A2/AD) 전략을 넘어 독자적인 대미 핵억제력을 구축하고자 하고 있다.[16] 핵탄두의 수량을 크게 늘리지 않는 대신, 미 본토까지 도달할 수 있는 동평-5(DF-5), 동평-31(DF-31)과 같은 ICBM과 쥐랑-2(JL-2)와 같은 SLBM의 개발을 포함해 지속적으로 중폭격기의 성능을 향상시키고 있다. 최근에는 다탄두각개목표재돌입(MIRV)형 지상발사 탄도미사일을 실전배치하는 등 기술진전을 보여주고 있다.[17] 이로써 중국은 점차 미국에 대한 핵억제력을 갖추어 가고 있다.

## 2. 신흥 핵보유국의 등장과 핵 비확산체제의 동요

### 1) 냉전 이후 신흥 핵보유국의 등장

냉전이 끝난 직후 신흥 핵보유국들의 등장은 전형적인 핵 도미노의 양상을 띠고 있다. 인도와 파키스탄, 그리고 북한이 잇달아 핵실험을 실시하여 비공인된 핵보유국의 자리에 이름을 올렸다. 이스라엘과 남아공화국은 비밀리에 핵무기를 개발해 보유했지만, 남아공화국은 1993년에 핵무기 보유 사실을 인정한 뒤 자발적으로 핵무기를 포기하였다. 그밖에도

16 日本防衛省, 『中国安全保障レポ-ト2016: 擴大する人民解放軍の活動範圍とその戰略』, 防衛省防衛研究所, 2016, pp. 32~37 참조.

17 Department of Defense, *Annual Report to Congress: Military and Security Developments Involving the People's Republic of China 2015*, Office of the Secretary of Defense, April 7, 2015, p. 8; Hans M. Kristensen and Robert S. Norris, "Chinese nuclear forces, 2016", *Bulletin of the American Scientists*, Vol. 72, Issue. 4, Jun 13, 2016, pp. 207~208.

옛 소련의 공화국들인 벨라루스, 카자흐스탄, 우크라이나가 협상 끝에 보유했던 핵무기를 1990년대 중반에 포기하였다. 이라크, 리비아, 이란 등 중동국가들도 핵프로그램을 보유하고 있거나 보유하고 있는 것으로 의심받고 있었다.

이라크는 핵무기 개발에 본격 착수하기 전에 쿠웨이트를 침공해 걸프전쟁을 일으켰고 그 과정에서 핵프로그램의 보유 의혹이 제기되었다. 마침내 2003년 3월 미국은 압도적인 군사력으로 이라크를 침공하여 후세인 정권을 붕괴시켰고, 이때 이라크가 핵무기 개발프로그램을 갖고 있었다가 중단했다는 사실이 확인되었다. 이라크전쟁 이후 핵개발 의혹국가들의 대응은 안전보장을 조건으로 한 핵무기 개발 포기와 핵무기 보유를 통한 안전보장 확보 등 두 갈래로 나뉘어졌다.

리비아는 이스라엘과의 전쟁에서 아랍국가들이 패배한 뒤 핵무기 보유를 추진하였다. 1990년대 파키스탄으로부터 핵물질을 입수하고 2000년대 초반에는 초보적인 원자폭탄의 설계도도 손에 넣었다. 그러나 9.11테러사태 이후 미국이 테러와의 전쟁을 선포하고 이라크를 침공하는 것을 보면서 2003년 12월 안전보장을 조건으로 초기단계에 있던 핵프로그램을 자발적으로 포기하였다.

이란은 자국의 핵프로그램이 NPT가 인정하고 있는 평화적 핵활동이라고 주장하며 우라늄농축과 중수로 프로그램 등 핵연료사이클 계획을 강행하였다. 미국의 경제제재가 한층 강화된 가운데, 새로 들어선 중도파 정부가 미국과 협상에 나섰다. 오랜 협상 끝에 결국 이란은 2015년에 원자력의 평화적 이용을 보장받는 조건으로 핵무기의 획득을 포기하는 협상을 타결지었다.

반면, 북한은 미국의 이라크 침공과 리비아의 자발적인 핵개발 포기를 보면서 오히려 핵무기 개발을 서둘렀으며 아직 핵무기의 실체가 드러나지 않은 시점인 2005년 2월 10일에 외무성 성명을 발표해 핵무기 보유를 선언했다. 그 뒤 '현존하는 핵프로그램과 모든 핵무기'를 포기한다는 「9.19 공동성명」에 합의하기도 했으나, 결국 2006년 10월 핵실험을 실시하면서 핵무기 보유의 길로 나아갔다.

이처럼 탈냉전을 맞이하여 국제안보환경이 변화하자 기존에 보유하고 있던 핵무기 또는 핵프로그램을 포기하는 나라가 나왔는가 하면, 여러 나라들이 새롭게 핵무기 개발에 뛰어들었다. 핵무기 개발에 뛰어든 나라들도 핵무기의 개발과 보유에 성공한 국가들과 중도에 포기하거나 좌절된 국가들로 나뉜다. 그밖에도 테러에 사용할 목적으로 신흥 핵보유국으로부터 핵무기를 구입하거나 핵분열물질을 구입하고자 하는 테러집단들의 등장 위험성도 거론되고 있다.

아래 <표 1-2>는 2016년 3월 1일 현재, 핵무기 보유국들의 핵실험 회수와 핵탄두의 보유량을 나타낸 것이다.

〈표 1-2〉 세계 핵전력 현황(2016.3)

| 국 가 | 핵실험 회수 | | | 핵탄두 보유량 | | | | |
|---|---|---|---|---|---|---|---|---|
| | 최초 | 최근 | 합계 | 전략핵 배 치 | 비전략핵 배 치 | 예 비/ 비배치 | 군사용 비 축 | 핵무기 합 계 |
| 미 국 | 1945 | 1992 | 1,054 | 1,750 | 180 | 2,740 | 4,670 | 6,970 |
| 러 시 아 | 1949 | 1990 | 715 | 1,790 | 0 | 2,700 | 4,490 | 7,300 |
| 영 국 | 1952 | 1991 | 45 | 120 | n.a. | 95 | 215 | 215 |
| 프 랑 스 | 1960 | 1996 | 210 | 280 | n.a. | 10 | 300 | 300 |
| 중 국 | 1964 | 1996 | 45 | 0 | ? | 260 | 260 | 260 |
| 인 도 | 1970 | 1998 | 6 | 0 | n.a. | 100~120 | 100~120 | 100~120 |
| 이스라엘 | 1979 | 1979 | 1 | 0 | n.a. | 80 | 80 | 80 |
| 파키스탄 | 1998 | 1998 | 6 | 0 | n.a. | 110~130 | 110~130 | 110~130 |
| 북 한 | 2006 | 2016 | 4 | 0 | n.a. | ? | ? | ? |
| 합 계 | | | 2,085 | ~4,000 | ~180 | ~6,110 | ~10,240 | ~15,350 |

<출전> Hans M. Kristensen and Robert S. Norris, "Status of World Nuclear Forces", FAS, March 1, 2016. (http://fas.org/issues/nuclear-weapons/status-world-nuclear-forces); 핵실험 자료는 CNN, "Nuclear weapons: Who has what?", March 2013(이스라엘, 북한 자료는 필자 추가).

### 2) 핵 비확산체제의 동요와 제2차 핵시대의 도래

냉전 종식 이후, 인도와 파키스탄이 핵무기 보유를 선언한 데 이어 북한도 핵실험을 통해 핵클럽에 명함을 내밀었다. 이와 같이 신흥 핵보유국의 등장에 따른 제2차 핵시대의 도래는 기존의 핵 비확산체제의 동요를 가져왔지만, 과연 그 결과가 국제안보를 안정시키고 핵전쟁의 위험을 감소시킬 것인지 아니면 반대일지를 놓고 논쟁이 벌어졌다. 그것이 제2차 핵시대를 가져온 신흥 핵보유국의 등장에 따른 국제 핵질서(international nuclear order)의 낙관론자와 비관론자 사이의 논쟁이다.[18]

핵확산 비관론자들은 신흥 핵보유국가들이 적대국가가 인접해 있으며 조기경보체계가 발달되어 있지 않고 운반수단의 성능이 낮기 때문에 느슨한 위임형 핵 지휘통제체계를 선택할 것으로 보고 있다. 이럴 경우 안전장치, 보안조치의 취약성 때문에 우발적인 사고 혹은 승인받지 않은 핵무기의 사용 가능성이 높아 국제안보를 불안정하게 만들 것이라고 보고 있다.

무엇보다 신흥 핵보유국들은 정치적으로 불안정한 경우가 많아 쿠데타가 발생하거나 테러집단에게 핵무기를 탈취당할 위험이 있다고 보고 있다. 특히 위임형 핵 지휘통제체계에서는 핵 통제집단이 대부분 군인들이기 때문에 민간조직보다 전쟁가능성을 높게 보는 경향이 있어 실제로 핵무기의 사용을 불가피한 것으로 받아들여 핵전쟁의 위험성을 높인다는 것이다.[19]

반면, 핵확산 낙관론자들은 신흥 핵보유국들도 냉전시기의 미・소 핵

---

**18** 국제사회의 핵질서란 핵활동과 핵무기에 대한 일종의 규범에 의해 형성된 상태를 가리킨다.

**19** Scott D. Sagan, "Perils of Proliferation: Organization Theory, Deterrence Theory and the Spread of Nuclear Proliferartion", *International Security*, Vol. 18, No. 4, 1994, pp. 71~72.

강대국처럼 자국의 핵무기를 안정적으로 통제할 수 있다고 보고 있다. 대표적인 핵확산 낙관론자인 케네드 월츠(K. Waltz)는 수평적 핵확산이 이루어진다고 해서 반드시 불안정을 초래할 것으로 지레 겁먹을 필요가 없다고 주장한다. 오히려 합리적인 핵무기 운용은 전쟁의 발발을 어렵게 한다고 생각하고 있다.[20]

월츠는 이란의 핵무장에 대해서도 반드시 두려워할 필요는 없으며, 오히려 이란이 핵무장을 하게 되면 이란의 핵을 둘러싼 현 국제안보 상의 위기가 소멸되고 중동지역을 현재보다 더욱 안정되게 만들 수 있을 것이라고 주장하였다.[21]

그러나 현실적으로 중요한 것은 핵확산 비관론이 옳은지, 아니면 핵확산 낙관론이 옳은지 하는 진실게임에 답하는 것이 아니다. 오늘날 핵무기의 보유량은 냉전시대에 비교할 때 크게 줄어들었지만, 신흥 핵보유국의 등장으로 핵 경쟁은 오히려 더 치열해지고 있다는 점에 유의해야 한다. 『제2차 핵시대』의 저자 폴 브래큰의 결론처럼, “제2차 핵시대는 이미 우리 곁에 와 있다. 이 시대의 출현을 막겠다고 방법을 강구하는 것은 좋은 생각이 아니다.”[22]

제2차 핵시대에는 국제정세가 급변하고 있어 안보 불안정성이 높아지고 있기 때문에 지역에 기반을 둔 신흥 핵보유국들이 자발적으로 핵무기를 포기할 가능성이 매우 낮다. 신흥 핵보유국들은 부단히 핵전력과 중장거리 미사일의 개발과 배치에 힘을 쏟고 있어, 장차 우발적 사고나 승인

**20** Kenneth Waltz, “The Spread of Nuclear Weapons: More Maybe Better”, *Adelphi Paper*, 171, London: IISS, 1981, pp. 29~30.

**21** Kenneth Waltz, “Why Iran should get the bomb: nuclear balancing would mean stability”, *Foreign Affairs*, Vol. 91, No. 4, 2012, p. 5.

**22** 브래큰, 『제2차 핵시대』, p. 352.

〈표 1–3〉 제1차, 제2차 핵시대의 비교

| | 제1차 핵시대 (1945년~1991년) | 제2차 핵시대 (1991년~현재) |
|---|---|---|
| 행위자 | • 미국, 소련, 영국, 프랑스, 중국 | • 미국, 러시아, 영국, 프랑스, 중국, 인도, 파키스탄, 이스라엘, 북한, 몇몇 비국가행위자 |
| 위 협 | • 미국과 NATO 가 주도하는 '서방'과 소련 및 Warsaw Pact 국가가 주도하는 '동방' 간의 대규모 핵전쟁 | • 지역위기가 핵무기 사용으로 확대될 가능성<br>• 비국가행위자가 핵무기를 획득할 가능성 |
| 원 인 | • 초강대국 또는 그들 대리인 사이의 위기/오판이 대규모 핵교전으로 결과<br>• 어느 일방의 1차 공격능력 확보 시 | • 소규모의, 어쩌면 승인되지 않은 지역적인 핵교전<br>• 국가가 전쟁수행을 위하여 의도적으로 핵무기를 사용<br>• 비국가행위자에 의한 소규모 핵사용 |
| 주 제 | • 상호확증파괴(MAD)이론이 안정에 핵심<br>• 이는 2차 공격능력의 확보에 기초를 둠 | • MAD가 완전히 적용될 수 있는가 질문<br>• 신흥 핵무기 보유국의 대부분은 확실한 2차 공격능력을 보유하지 못함 |
| 초 점 | • 핵위협을 다루기 위하여 군비통제 및 핵 군축에 초점 | • 핵위협을 다루기 위하여 비확산, 핵안보 및 군축에 초점 |
| 특 징 | • 수직적 핵확산 | • 수평적 핵확산(및 수직적 핵군축) |

<출전> Futter, 『핵무기의 정치』, p. 90.

받지 않은 핵무기 사용의 위험성뿐만 아니라 의도적인 핵무기의 사용도 배제할 수 없다. 또한 신흥 핵보유국을 통해 제3국으로의 핵무기 확산과 함께 테러집단들의 손에 핵폭탄이 들어갈 위험성도 열려 있다.

신흥 핵보유국의 등장은 단지 지역차원의 전략적 균형을 변화시켰을 뿐만 아니라 기존 핵무기국가와의 관계에도 영향을 미친다. 미・소 양대 핵강대국이 주도한 제1차 핵시대 때에는 상호확증파괴(MAD) 전략에 따라 공포의 균형이 이루어져 있었지만, 다양한 행위자가 등장하고 있는 제2차 핵시대에는 지역 위기가 핵무기 사용으로 확대될 가능성이 커지는 등 MAD 전략의 유용성에 대한 의문이 제기되고 있다.[23]

**23** 브래큰, 『제2차 핵시대』, pp. 351~352.

제3장

# 신흥 핵보유국의 등장과 지역안보 파급영향

# 제3장
# 신흥 핵보유국의 등장과 지역안보 파급영향

## 1. 이스라엘의 핵보유국화와 중동 안보정세

### 1) 이스라엘의 핵무기 보유와 NCND정책

이스라엘은 중동지역에서 핵무기를 보유하고 있는 유일한 나라이다. 적대적인 안보환경에 놓인 신생독립국 이스라엘은 1948년에 미국에게 핵우산의 제공을 요구했지만, 아랍의 석유이권을 고려한 미국이 이를 거부하자 프랑스와 협력하여 핵개발에 나섰다. 프랑스의 마루쿨 핵시설(군사용 플루토늄 생산로, 트리티움 생산로, 재처리공장 등)의 개발과 핵실험에는 이스라엘의 과학자도 참여하였고, 프랑스도 이스라엘의 핵개발을 후원했다.

1958년 이스라엘은 네게브(Negev) 사막의 도시 디모나(Dimona) 근교에서 담수화 플랜트 등 명목으로 프랑스 회사인 산고반의 지원을 받아 지하 6층짜리 핵시설의 건설에 착수하였다. 그런데 1960년에 등장한 드골 정권은 재처리 기술의 이스라엘 제공을 거부하였다. 그리하여 나머지 건설작업은 이스라엘이 자력으로 진행할 수밖에 없었다. 그러나 이 공장에서 근무했던 핵기술자 모르데차이 바누누(Mordechai Vanunu)[24]의 증언에 따르면, 프랑스 기술자들 중 일부가 남아 1965년에 재처리시설의 완공을 도왔다.

이스라엘이 디모나에 건설한 시설이 담수화 플랜트가 아니라 원자로(중수로)라는 것은 1958년 미국의 U-2정찰기에 의해 곧바로 밝혀졌다. 핵무장을 우려한 미국이 이스라엘에 사찰을 요구해 원자로가 가동되면서 정기적으로 사찰이 이루어졌다.[25] 하지만 핵개발 단계마다 이스라엘의 행동은 미국에 의해 외교적으로 보호되었으며, 그나마 1969년 닉슨 미 대통령과 메이어 이스라엘 총리의 회담 이후 사찰은 완전히 중단되었다.[26]

그 사이에 이스라엘은 비밀리에 핵무기와 운반수단인 탄도미사일의 개발을 지속하여, 이미 1970년대 초에 핵탄두를 미사일에 탑재하는 능력을 갖췄으며 아랍국가들과 러시아 남부까지 표적으로 한 핵무기의 실전배치를 완료하였다. 또한 이스라엘은 핵폭탄 성능의 보존・향상을 위한 핵폭발 데이터를 수집하기 위해 1979년 9월 남아공화국과 손잡고 공동으로 소규모 핵실험을 실시하기도 하였다. 남아공화국은 이스라엘에 우라늄과 실험장소를 제공하고, 이스라엘은 남아공화국에 핵기술을 제공한 것이다.

이스라엘이 핵무기 보유에 대해 긍정도 부정도 않는 NCND정책을 써왔기 때문에 핵개발의 실태에 대해서는 명확히 알려진 것이 없다. 그러던

---

24 바누누의 개인 홈페이지 http://www.vanunu.com/

25 Kirya le-Mechkar Garinii, "Dimona Negev Nuclear Research Center". (www.globalsecurity. org/wmd/world/israel/dimona-refs.htm 최종검색일 2016/5/8).

26 鈴木真奈美, 『核大國化する日本: 平和利用と核武裝論』, 平凡社, 2006, p. 168.; Avner Cohen and Marvin Miller, "Bringing Israel's bomb out of the basement: has nuclear ambiguity outlived its shelf life?", *Foreign Affairs*, Vol.89, No.5, 2010, p. 31.

중, 1986년 10월 5일 영국 『선데이 타임즈』에 이스라엘의 핵 시설에서 9년간 근무한 핵 기술자 모르데차이 바누누가 제공한 자료가 폭로되면서 이스라엘 핵능력의 일부가 공개되었다. 바누누에 따르면, 이스라엘은 디모나 지하기지의 핵시설에서 지난 20년간 핵탄두를 생산해왔고 미국 소련, 영국, 프랑스, 중국에 이어 많은 수량인 100~200기의 핵무기를 보유하고 있다고 한다.[27]

바누누의 핵무기 프로그램 폭로 이후에도 이스라엘은 여전히 핵무기를 생산하고 있는 것으로 알려져 있다. 현재 이스라엘은 원자폭탄에 이어 수소폭탄까지도 개발한 것으로 추정되며, 바누누의 폭로에 따르면 이스라엘은 그때까지 핵무기 100~200기의 제조가 가능한 양의 플루토늄을 생산하였다. 미국과학자연맹(FAS)는 2000년 디모나 시설을 분석한 위성사진을 토대로 이스라엘이 매년 15개 내지 40-60kg의 핵분열물질을 생산하고 있으며 이것으로 매년 5~10개의 핵탄두를 생산할 수 있는 능력을 갖춘 것으로 평가했다.[28]

국제원자력기구(IAEA)나 미국은 이라크나 이란에 대해서와는 달리 이스라엘의 핵무기 보유에 대해서는 방치하고 있다. 2000년 NPT 재검토회의에서는 이스라엘에 대해 '비핵무기국'으로서 NPT에 가입하도록 요구한 최종문서 속에서 결의하였으나 이스라엘은 아무런 반응을 보이지 않았다. 2005년 NPT 재검토회의에서는 이집트가 이스라엘 문제를 의제에 포함시키려다가 미국의 반대에 부딪쳐 무산되기도 하였다.[29]

---

27 남성준, "'반역과 영웅' 두 얼굴의 바누누: 이스라엘 핵 보유 폭로 18년 복역 후 출소", 『주간동아』, 제435호, 2004년 5월 20일, pp. 70~71.

28 Garinii, "Dimona Negev Nuclear Research Center".

29 강김아리, "핵무기 골리앗과 싸우는 이스라엘의 갇힌 '양심'", 『한겨레신문』 2004년 6월 16일.

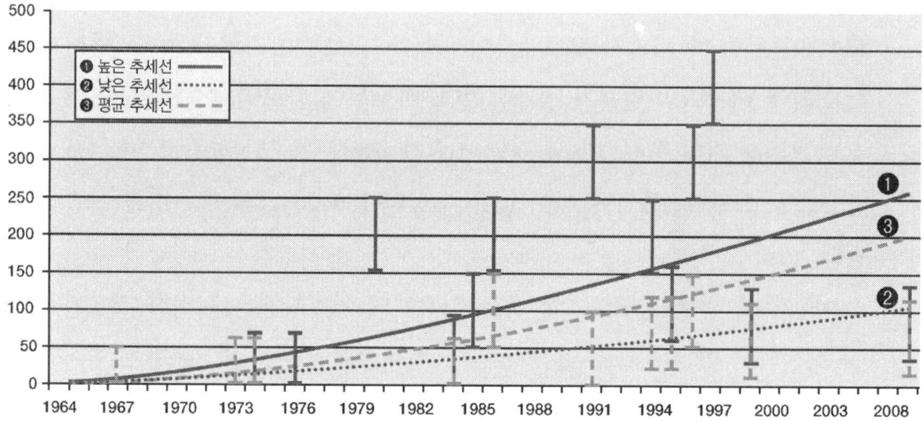


<출전> Steven Aftergood and Hans M. Kristensen, "Israeli Nuclear Weapons", FAS, Updated January 8, 2007. (http://fas.org/nuke/guide/israel/nuke/ index.html 검색일 2016/5/9).

〈그림 1-1〉 이스라엘의 핵무기 보유 추정치

### 2) 이스라엘의 핵 보유와 중동국가들의 잇단 핵개발 시도

이스라엘이 핵개발에 착수한 것은 이스라엘 건국의 아버지로 불리는 다비드 벤-구리온 초대 총리 때부터이다. 역대 이스라엘 지도자들도 핵무기의 개발과 보유를 추진했는데, 이는 제2차 세계대전 이후 아랍국들로 둘러싸인 상황에서 최선의 국가안보전략은 핵무기의 보유뿐이라는 공통된 인식을 가졌기 때문이다. 또한 1967년과 1973년 중동전쟁으로 위기를 실감했기 때문으로 보인다.

하지만 이스라엘의 핵개발 사실이 알려지자, 중동지역의 이슬람국가들은 즉각 반발하였다. 그 뒤 이슬람국가들 사이에서 핵무기를 개발하려는 움직임이 활발하게 나타났다. 현재 확인된 것만 보아도 이라크, 시리아, 리비아 그리고 이란 등의 핵개발 시도가 있었다. 이 가운데 리비아는 독일로부터 핵장비들을 비밀리에 반입하다가 적발되자 자발적으로 핵 프로그램을 철회한 반면, 이라크와 시리아, 그리고 이란은 핵개발을 지속하였다.

이스라엘은 핵무기의 보유를 인정도 부정도 하지 않는 핵모호성 정책 외에도 지역경쟁자들이 핵무기 능력을 갖지 못하도록 하겠다는 정책도 갖고 있었다. 이러한 정책은 이스라엘이 위협을 느낄 때 선제공격을 가하는 것이기 때문에 국제적인 문제를 야기하곤 하였다. 이러한 정책은 예방폭격 및 암살, 컴퓨터바이러스 침투와 같은 방식으로 이루어졌다.[30]

이스라엘은 1981년 6월 정보기관 모사드(Mossad)와 이스라엘공군의 협력 하에 F-16전투기 8대를 동원하여 이라크가 건설 중이던 오시라크 원자력발전소를 폭격해 파괴함으로써 이라크의 핵무기 보유계획을 좌절시켰다.[31] 그 뒤에도 이스라엘은 시리아가 북한의 지원을 받아 건설중이던 20~25MW급 흑연감속로 의혹시설에 대해 2007년 9월 공군전투기 F-15I를 동원해 파괴해 버렸다.[32]

이스라엘은 이란의 핵개발을 저지하기 위해서도 모든 수단을 동원하고 있다. 대표적인 사례로 2010년 6월 이스라엘은 미국과 협력하여 스턱스넷(Stuxnet)이라는 악성코드를 심어 우라늄 농축시설의 일부를 망가뜨린 일이 있다.[33] 그뿐만이 아니라, 이스라엘은 이란의 핵개발을 저지하기

---

**30** Futter, 『핵무기의 정치』, p. 181.

**31** 鈴木基也, "'モサド'のイラン核開發破壞作戰", 『軍事硏究』, 2012年 11月号, pp, 90~91.

**32** Jim Walsh, "세 개의 국가, 세 개의 이야기: 이란과 시리아 그리고 북한의 핵프로그램 비교", 『NPT와 핵안보』, 통일연구원, 2010년, pp. 122~128.

**33** Siobhan Gorman & Julian E. Barnes, "Cyber Combat: Act of War, Pentagon Sets Stage for U.S. to Respond to Computer Sabotage With Military Force," *The Wall Street Journal*, May 31, 2011.; 장노순, "사이버 무기와 국제안보," 『JPI 정책포럼』, No. 2012-13, 제주평화연구원, 2012년 10월, pp. 5~7.

위해 정보기관인 모사드를 동원해 이란의 핵프로그램 관리자와 핵과학기술자, 미사일개발 책임자들을 차례차례 암살해 온 것으로 알려졌다.[34]

이와 같은 이스라엘의 핵개발 저지노력에도 불구하고, 이란의 핵연료사이클이 완성되어 가자 과거 이라크와 시리아에 했던 것처럼 최종적으로 핵시설에 대한 공중폭격도 적극 검토한 것으로 알려져 있다. 하지만 이란과 평화적인 핵협상이 진행중인 데다가 IS반군 사태로 군사협력이 절실했던 미국이 이란 핵시설 폭격에 강력히 반대해, 이스라엘의 계획은 실현되지 못한 채 이란 핵협상이 2015년에 타결되었다.

## 2. 인도, 파키스탄의 핵개발 경쟁과 남아시아 안보정세

### 1) 남아시아의 핵 도미노 현상

신흥 핵보유국인 인도와 파키스탄은 어떤 동기로 핵무기를 보유하게 되었는가? 인도가 핵실험을 처음 실시한 해는 1974년이고, 파키스탄은 그보다 24년이 지난 1998년에 핵실험에야 성공했다. 인도가 핵실험에 사용한 핵연료는 플루토늄인 반면, 파키스탄은 고농축우라늄이었다. 이처럼 양국의 핵개발 시기와 핵개발 방식이 크게 다르지만, 한 가지 공통점이 있다. 그것은 바로 핵개발의 동기이다.

인도와 파키스탄은 공통으로 상대적으로 강한 이웃 국가에게 맞서기 위한 억제수단으로 핵무기와 그 운반수단들을 개발하였다. 인도는 더 강한 이웃국가인 중국의 핵무기 보유에 자극을 받아 핵무기를 개발하였고,

34 鈴木基也, "'モサド'のイラン核開發破壞作戰", pp. 90~105.

파키스탄은 강한 이웃국가인 인도의 핵무기 보유에 자극을 받아 핵무기를 개발하였다.[35] 이른바 핵 도미노 현상(nuclear domino phenomenon)이 발생한 것이다.

중국이 1964년에 첫 핵실험에 성공하고 뒤이어 1967년 수소폭탄의 실험에 성공하자, 히말라야 산맥을 사이에 두고 국경을 접하고 있는 인도는 이웃국가인 중국의 핵무기 보유에 대해 커다란 우려를 갖게 되었다. 중국이 핵실험하기 전인 1962년에 중・인 양국은 짧지만 격렬한 국경전쟁을 치뤘기 때문에 양국 관계는 크게 악화되었다. 국경전쟁에서 패한 인도는 중국이 핵무기 개발에 성공하자 본격적으로 핵무기 개발에 나섰다.

하지만 어찌 보면 중국의 핵무기 개발도 이웃국가인 소련(당시)의 핵무기 보유에 크게 자극을 받은 것이었다. 핵무기를 개발할 당시에 중국은 대외적으로 소련과의 갈등이 심화되고 있었고, 미국과는 한국전쟁으로 인해 적대관계가 형성되어 초강대국으로부터 군사적 위협을 받는 상황이었다. 그 이후 인도는 소련과 긴밀한 관계를 맺게 되었고, 중국도 인도를 견제하기 위해 파키스탄과 가깝게 지내고 있었다.[36]

인도는 마침내 핵개발에 성공하여 1974년 5월 '평화적 핵폭발(peaceful nuclear explosion)'이라는 명분을 내걸고 첫 핵실험을 실시하였다. 인도는 NPT체제의 불평등성에 강하게 반발하면서도 비동맹국가들의 맹주를 자처하며 1974년 핵실험 이래 추가 핵실험을 실시하지 않았다. 하지만 인도의 핵실험은 이웃국가인 파키스탄의 핵개발을 자극하였다.

인도는 NPT체제의 불평등성에 항의하며 NPT체제의 가입을 거부했다.[37] 그러자 파키스탄도 인도가 가입하지 않는다는 이유로 NPT 가입을

35 Andersen, "남아시아와 핵무기의 전략적 시사점", p. 149.

36 한국국방연구원, "중국-인도 국경분쟁", 『KIDA 세계분쟁 데이터 베이스』. (http://www.kida.re.kr 검색일 2016/5/8)

거부하였다. 인도와 파키스탄 두 나라는 공개적으로는 핵실험을 자제하면서도 NPT 가입을 거부하며 비밀리에 핵무기 프로그램의 개발을 지속해 왔던 것이다.

그러다가 1995년 NPT평가회의에서 기존의 '불평등성'을 개선하지 않은 채 NPT체제의 영구화가 결정된 점과 1996년 유엔총회에서 채택된 포괄적 핵실험금지조약(CTBT)에 핵군사력의 고도화에 이용되는 미임계핵실험을 허용한 내용이 담긴 점에 인도는 크게 반발하였다. 이를 구실로 인도는 24년 만인 1998년 5월 핵실험을 단행하였다.[38]

인도가 추가 핵실험을 단행하자 그 동안 비밀리에 핵무기 개발을 지속해온 파키스탄도 뒤이어 핵실험을 실시했다. 이처럼 신흥핵보유국들은 핵 도미노의 양상을 띠고 있어, 이들 국가가 어떠한 핵 독트린을 갖고 어떤 단계에서 어떠한 조건에서 핵을 사용할 것인지 예측하기가 어렵게 되었다. 이 때문에 신흥 핵보유국의 등장은 5대국이 보유하는 핵과 비교해 볼 때 불안정하고 불확실한 위험성이 존재하는 것이다.

### 2) 인도의 핵무기 및 운반수단 개발

인도는 1948년부터 핵개발에 착수하였는데, 1956년에 캐나다와 원자력협정을 체결하여 캔두(CANDU)원자로를 도입하였고 감속재로 사용되는 중수(重水, $H_3O$)는 미국에서 수입하였으며, 원자로의 원료인 천연우라늄은 자국 영토에 있는 우라늄광에서 채취하였다. 인도는 처음에는 원자력의 평화적 이용을 내걸었기 때문에 사용후 연료의 재처리를 미루고

---

37 Jaswant Singh, "Against Nuclear Apartheid," *Foreign Affairs,* Vol. 77, No. 5, September/ October 1998.

38 鈴木真奈美, 『核大國化する日本』, pp. 64~65.

있었으나, 1964년에 중국이 핵실험에 성공하자 본격적으로 핵폭탄의 원료인 플루토늄을 확보하기 위해 재처리에 나섰다.[39]

인도의 핵무기 개발은 1962년에 영토분쟁을 겪었던 중국에 대한 대응이자, 중국까지지만 공식 핵무기국가로 인정한 NPT체제에 대한 거부선언이기도 하다. 결국 인도는 캐나다가 제공한 원자로에서 추출한 플루토늄을 핵분열물질로 삼아 1970년에 핵실험을 실시하였다. 당시 인도의 간디 정부는 핵실험을 하면서 공식적으로는 광산개발을 위한 것이라고 해명했으나 이를 곧이곧대로 받아들이는 나라는 없었다.

인도의 핵실험에 대해 핵보유국들은 즉각적인 제재보다는 추가 핵실험 방지에 목적을 두었다. 원자로를 공급한 캐다나는 핵협력을 중지하였고, 미 행정부는 핵공급자그룹(NSG)과 미사일기술통제체제(MTCR)와 같은 국제 기술통제레짐을 창설하여 핵확산방지에 주력했고, 미 의회는 국제원자력기구(IAEA) 포괄적 안전조치협정 미준수국에 대한 각종 제재조치를 부과하는 법률을 통과시켰다. 인도도 국제사회의 조치에 순응해 핵개발능력만 과시한 채 추가 핵실험을 자제하고 있었다.

그런 가운데, 1998년 선거에서 핵무장파인 힌두국민당이 승리하여 장기집권의 발판을 마련하자 재집권 두 달 만에 핵실험을 실시하였다. 그리고 인도정부는 1974년 때와는 달리 '평화적 핵폭발'을 주장하지도 않고 곧바로 핵무기 보유국임을 공개적으로 선언하였다. 인도가 미국의 법률에 따른 제재조치가 예상됨에도 불구하고 핵실험을 강행한 데에는 당시 핵을 둘러싼 핵보유국가들의 움직임에 대한 반발이기도 했다.

무엇보다 1995년 NPT체제를 영구화하기로 결정하면서 그 동안 인도

39 Gaurav Kampani, "India: The Challenges of Nuclear Operationalization and Strategic Stability", *Strategic Asia 2013-14: Asia in the Second Nuclear Age*, The National Bureau of Asian Research, 2013, pp. 104~106.

가 주장해 온 핵무기국가와 비핵무기국가의 차별을 전혀 시정하지 않은 데다가, 1996년에 체결된 포괄적 핵실험금지조약(CTBT)에서 미임계핵실험을 허용함으로써 미국, 러시아, 영국이 규제를 피해 핵무기를 고도화할 수 있는 길을 열어주었고 조인을 앞두고 프랑스와 중국이 재빨리 핵실험을 실시했기 때문이었다.[40]

미국은 즉각 인도에 대해 각종 제재를 부과한다고 발표했지만, 러시아와 프랑스가 제재조치에 반대하고 미국의 제재가 제대로 효과를 거두지 못한다고 판단한 클린턴 미 행정부는 제재조치를 내린 지 몇 달 뒤 대부분 해제하였다.[41] 조지 W. 부시 미 행정부에 들어와서는 미국산 핵연료 제공과 핵기술 이전을 금지하도록 한 제재를 면제해 주고 2005년 7월에 「미·인 민간원자력협정(US-India Civilian Nuclear Agreement)」을 체결하였다. 2008년 국제원자력기구(IAEA)와 핵공급자그룹(NSG)은 이 협정을 승인하였다.

인도가 NPT에 가입하지도 않았고 CTBT의 서명조차 거부하고 있을 뿐만 아니라 핵실험을 실시했음에도 불구하고, 핵공급자그룹(NSG)과 미사일기술통제체제(MTCR)의 정회원이 된다면 이것은 핵무기확산방지 체제에 커다란 영향을 주게 될 것이다.[42] 무엇보다 핵무기를 가진 인도가 NPT에 가입하려면 NPT 제9조 3항에 대한 개정이 필요하다.[43] 이렇게 되

40 鈴木真奈美, 『核大國化する日本』, pp. 164~165.

41 미국의 인도에 대한 제재 내용은 1994년 글렌 수정안(1994 Glenn Amendment)에 따른 것으로, 특정한 이중용도 물자들의 수출 금지, 국제금융기관의 대출 금지를 포함해 미 수출입은행, 해외민간투자공사, 미 무역개발청으로부터 새로운 재정지원을 못 받도록 명시되어 있다.

42 현재 중국은 인도가 NPT에 가입하지 않았다는 이유를 들어 인도의 NSG 회원국 가입에 반대하고 있다. 하만주, "인도, 핵공급그룹 가입 놓고 미국-중국 대결", 『아시아투데이』 2015년 5월 15일.

43 NPT 제9조 3항은 공식 핵무기국가의 지위를 "1967년 1월 1일 이전에 핵무기나 여타 다른 핵 폭발물을 제조해 오거나 폭발시킨 나라로 제한한다"고 규정하고 있는데, 규정상의 '1967년

면, 인도는 여섯 번째의 공식 핵무기국가가 되는 것을 의미할 뿐만 아니라 사실상 기존 핵무기확산방지체제의 실패를 인정하는 것이어서 또 다른 부작용이 우려된다.

2010년과 2015년 두 차례 걸친 오바마 대통령의 인도 방문은 미국이 인도를 '사실상의' 핵보유국으로 인정한 것으로 볼 수 있다. 이것은 미국이나 영국, 프랑스 등 서방국가들이 점차적으로 강압적인 경향을 띠는 중국의 부상을 견제하기 위해 핵무기확산방지체제를 어느 정도 희생할 수 있다는 것을 보여주고 있다. 걸프만 지역으로부터 세계 대부분의 가스와 석유를 운송하는 중요한 항로인 인도양을 보호하기 위해 인도가 전략적으로 중요한 역할을 할 수 있다고 보고 핵무기비확산 원칙을 부분적으로 희생시킨 것이다.

최근 발표된 조사결과에 따르면, 인도는 106~118기의 핵탄두를 보유하고 있는 것으로 추정된다. 또한 인도는 상업적 우주발사 프로그램을 이용하여 자체적인 기술로 발전시킨 탄도미사일 생산능력을 보유하고 있다. 그리고 핵무기를 발사할 수 있는 전략폭격기와 지상 및 해상 발사용 탄도미사일 등 육·해·공군을 통한 핵공격 삼원체제를 구축하고 있다.

인도는 현재 핵탄두가 3,000km 이상 날아갈 수 있는 아그니-3 중거리탄도미사일을 2014년에 실전 배치하였으며, 사정거리 5,200km에 이르는 아그니-5 대륙간탄도미사일도 시험발사를 마치고 실전배치될 예정이다. 현재 아그니-3 중거리탄도미사일은 K-4의 이름으로 잠수함발사용으로도 개발되고 있다(<표 1-4> 참조).

1월 1일'을 인도의 핵실험 직후인 '1975년 1월 1일'로 변경하면 인도의 핵무기국가 지위를 인정받을 수 있게 된다.

〈표 1-4〉 인도의 핵전력 현황(2015.11)

| | 운반수단수량 | 배치연도 | 사정거리 | 탄두X출력(km) | 탄두수량 |
|---|---|---|---|---|---|
| 전략폭격기 | **~48** | | | | **~48** |
| Vajra | ~32 | 1985 | 1,850 | 1xbomb | ~32 |
| Shamsher | ~16 | 1981 | 1,600 | 1xbomb | ~16 |
| 지상발사 탄도미사일 | **~56** | | | | **~56** |
| Prithivi-2 | ~24 | 2003 | 250 | 1x12 | ~24 |
| Agni-1 | ~20 | 2007 | 700+ | 1x40 | ~20 |
| Agni-2 | ~8 | 2011 | 2,000+ | 1x40 | ~8 |
| Agni-3 | ~4 | 2014? | 3,200+ | 1x40 | ~4 |
| Agni-4 | N.A. | (2016) | 3,500+ | 1x40 | N.A. |
| Agni-5 | N.A. | (2017) | 5,200+ | 1x40 | N.A. |
| 해상발사 탄도미사일 | (14) | | | | (14) |
| Dhanush | 2 | (2013) | 350 | 1x12 | 2 |
| K-15 | (12) | (2017) | 700 | 1x12 | (12) |
| K-4 | N.A. | ? | ~3,000 | 1x ? | N.A. |
| 합 계 | | | | | **~106(118)** |

<출전> Hans M. Kristensen and Robert S. Norris, "Indian nuclear forces 2015", *Bulletin of the American Scientists*, Vol.71, Issue. 5, November 27, 2015, p. 79.

### 3) 파키스탄의 핵무기 및 운반수단 개발

파키스탄도 1955년 원자력의 평화적 이용을 내걸고 인도와 경쟁적으로 외국의 핵기술과 핵설비를 도입하기 시작하였다. 1960년대에 들어와 줄곧 핵무기 개발에 전념한 것은 숙적 인도가 핵무기 개발에 나섰다는 정보를 입수했기 때문이었다. 파키스탄은 인도의 핵실험에 자극을 받아 1976년 프랑스와 플루토늄을 추출하기 위한 재처리시설의 도입 계약을 체결하였으나, 핵확산을 우려한 미국의 압력으로 이 계약은 파기되었다.

파키스탄 정부는 '이슬람의 핵'을 보유하겠다는 집념을 갖고, 재처리와 우라늄농축 기술과 기기를 프랑스, 벨기에, 영국, 이태리 등 핵관련 기업들과 영국, 독일, 네덜란드 합작회사인 유렌코(URENCO)로부터 정식 혹은 비밀리에 입수하였다. 파키스탄은 이를 바탕으로 고농축우라늄 폭탄을 개발하기 시작했다. 일부 기술은 인도와 대립하고 있던 중국으로부터도 지원을 받은 것으로 알려졌다.44

고농축우라늄 핵무기 개발계획을 총괄한 것이 네덜란드계 합작회사인 유렌코에서 근무했던 압둘 카딜 칸 박사이다. 칸은 1975년 우라늄 농축에 사용되는 원심분리기의 설계정보를 갖고 귀국하여 이듬해 엔지니어링연구소(ERL) 소장에 취임하였고, 농축설비를 구비하기 위해 국제인맥을 동원하여 섬유공장의 설비를 명목으로 기기와 부품을 해외에서 조달하였다. 이 과정에서 이른바 '핵 암시장'이라는 국제네트워크가 형성되었다.

미 정보기관은 사전에 이를 탐지했으나, 1979년 소련이 아프간을 침공한 뒤 파키스탄 정부가 '공산주의와의 싸움'을 우선시하면서 자발적으로 핵개발을 뒤로 미루자 직접 저지에 나서지 않았다. 그러나 1989년 소련군이 아프간을 철수하자 상황이 바뀌었다. 핵물질, 설비, 부품을 반입하는 데 성공한 파키스탄은 1992년 핵무기의 제조 사실을 공표하였다. 뒤늦게 미국이 핵시설을 동결하도록 압력을 가했으나, 파키스탄은 이미 비밀리에 핵무기 개발을 완성했고 마침내 1998년에 핵실험을 실시하였다.

핵실험 직후 미국은 파키스탄에 대해 경제제재 조치를 내렸다. 하지만 2001년 9.11테러사태가 발생한 뒤 아프가니스탄에서 알카에다 소탕작전

44 Christopher Clary, "The Future of Pakistan's Nuclear Weapons Program", *Strategic Asia 2013-14: Asia in the Second Nuclear Age*, The National Bureau of Asian Research, 2013.

에 나선 미국에게 서남아시아 지역의 군사거점이 필요하였다. 그리하여 부시 미 행정부는 '테러와의 전쟁'에 협력하겠다는 조건으로 파키스탄에 대해 3년만에 경제제재를 해제해 주었다.

국제사회의 인도와 파키스탄에 대한 제재 해제에도 불구하고, 국제사회가 아직 공식적으로 인도와 파키스탄의 핵보유 국가 지위의 정당성을 인정하고 있는 것은 아니다. 특히 인도에게 주어진 핵에 관한 예외적 조치는 파키스탄에게는 주어지지 않고 있다. 이는 미국-파키스탄 관계에서 불화의 원인이 되고 있다.

인도와 파키스탄 양국은 국경을 접하고 있기 때문에 상대국이 발사한 탄도미사일이 자국에 도달하는 데 5~10분밖에 걸리지 않는다. 그렇기 때문에 양국은 우발적 핵전쟁을 막기 위해 협상에 나서 2005년 핵실험 금지를 비롯해 우발적 핵전쟁을 피하기 위한 핫라인의 설치와 미사일 발사시험의 사전통고의 제도화 등 상호신뢰구축조치에 합의하였다.[45] 인도는 '핵 선제불사용협정'의 체결을 요구하고 있지만, 재래식 전력에서 인도에 뒤져 있는 파키스탄은 이를 거부하고 재래식전쟁을 포함한 '상호불가침 협정'의 체결을 주장하고 있다.[46]

최근 발표된 조사결과에 따르면, 파키스탄은 인도보다 더 많은 130기 가량의 핵탄두를 보유하고 있는 것으로 추정되고 있다. 파키스탄은 중국의 기술지원으로 단거리 탄두미사일을 개발한 데 이어, 2000년대 초반 북한과 핵-미사일 교환프로그램에 의해 가우리 탄도미사일을 개발하여 실전에 배치한 상태이다.[47] 그 뒤 이를 기반으로 다양한 단중거리 미사

45 鈴木真奈美, 『核大國化する日本』, p. 162.

46 Vipin Narang, "Pakistan's Nuclear Postures: Implication for South Asian Stability", *Policy Brief*, Harvard Kennedy School, Belfer Center for Science and International Affairs, January 2010, pp. 2~3.

일을 자체 개발하고 있다. 파키스탄은 아직 해상발사용 탄도미사일을 보유하고 있지 않은 대신, 순항미사일을 개발해 실전 배치를 준비 중이다(<표 1-5> 참조).

〈표 1–5〉 파키스탄의 핵전력 현황(2015.11)

| | 운반수단수량 | 배치연도 | 사정거리 | 탄두X출력(kT) | 탄두수량 |
|---|---|---|---|---|---|
| 전략폭격기 | **~36** | | | | **~36** |
| Vajra | ~24 | 1985 | 1,600 | 1xbomb | ~24 |
| Shamsher | ~12 | 1981 | 2,100 | 1xbomb or Ra · ad | ~12 |
| 지상발사 탄도미사일 | **~86** | | | | **~86** |
| Abdali(Hatf-2) | few | (2015) | 180 | 1x12 | few |
| Ghaznavi(Hatf-3) | ~16 | 2004 | 290 | 1x12 | ~16 |
| Shaheen-1(Hatf-4) | ~16 | 2003 | 750 | 1x12 | ~16 |
| Shaheen-1A(Hatf-4) | — | (2017) | 900 | 1x12 | N.A. |
| Shaheen-2(Hatf-6) | ~8 | 2014 | 1,500 | 1x12 | ~8 |
| Shaheen-3(Hatf-?) | — | (2018) | 2,750 | 1x12 | N.A. |
| Ghauri(Hatf-5) | ~40 | 2003 | 1,250 | 1x12 | ~40 |
| NASR(Hatf-9) | ~6 | 2013 | 60 | 1x12 | ~6 |
| 순항미사일 | ~8 | | | | ~8 |
| Babur(Hatf-7) | ~8 | (2014) | 350 | 3x12kT | ~8 |
| Ra'ad(Hatf-8) | — | (2017) | 350 | 1x12kT | N.A. |
| 합 계 | | | | | **~130** |

<출전> Hans M. Kristensen and Robert S. Norris, "Pakistani nuclear forces 2015", *Bulletin of the American Scientists*, Vol.71, Issue. 6, November 27, 2015, p. 61.

**47** Andersen, "남아시아와 핵무기의 전략적 시사점", pp. 161~162.

## 3. 이란의 핵개발 의혹과 핵무기 개발 포기

친서방국가였던 이란은 미국의 지원 아래 원자력 평화이용 계획을 시작하였으며, 이미 1967년에 테헤란 연구용 원자로가 가동되기 시작했다. 그러나 1979년 이슬람혁명이 일어나 대미 관계가 악화되면서 이란의 핵무기 개발 의혹이 끊임없이 제기되었다. 미국을 비롯한 서방국가들은 이슬람혁명 이후부터 이란이 핵무기의 개발을 포함해 핵연료주기를 완성하기 위한 연구를 진행했다고 의심해 왔다.

이란의 핵무기 개발에 대한 의구심이 절정에 달했던 것은 2002년 이란 반체제인사인 자파르자데(Alireza Jafarzadeh)가 나탄즈의 우라늄 농축시설과 아라크의 중수생산시설의 존재를 전 세계에 폭로하면서부터이다. 이후 이란의 핵무기 개발 의혹은 2003년 IAEA가 이란이 재처리 및 농축활동에 대해 제대로 신고하지 않았다고 보고하면서 증폭되었고, 2006년 아마디네자드 이란 대통령이 우라늄농축에 성공했다고 선언하면서 절정에 달했다.[48]

2009년 이란 정부는 포르도에 있는 우라늄농축시설을 공개하면서 자국의 핵프로그램이 NPT가 보장하는 민수용이라고 주장하였다. 그 뒤 독일의 중재 아래 유엔안보리 상임이사국 5개국 등 6개국(P5+1)과 이란 사이에 핵협상이 시작되어, 마침내 2013년 11월 이란이 잠정적으로 우라늄농축활동을 중단하고 핵시설에 대해 IAEA의 사찰을 받는 대신에 이란에 대한 제재의 일부를 해제하기로 한 「제네바 잠정합의」가 타결되었다.

이란과 주요 6개국(P5+1)은 2015년 4월 2일의 잠정합의에 이어 7월 14

---

**48** Jim Walsh, "세 개의 국가, 세 개의 이야기: 이란과 시리아 그리고 북한의 핵프로그램 비교", 『NPT와 핵안보』, 통일연구원, 2010년, pp. 128~138.

일에 개최된 비엔나 회의에서 「포괄적 공동행동계획(Joint Comprehensive Plan of Action)」에 합의함으로써 13년 동안 끌어왔던 이란 핵문제의 완전한 해결 가능성을 열어놓았다. 오바마 미 대통령이 국내 강경파들이 주장했던 '핵프로그램의 완전한 폐기'안을 채택하지 않고 '핵무기 획득 방지'라는 차선책을 택했기 때문에, 이란 내 강경파를 설득해 핵협상에 탄력을 줄 수 있었다.

최종 합의안은 2016년 상반기 이란 핵프로그램의 군사적 가능성(PMD, Possible Military Dimension)을 포함한 IAEA의 종합보고가 이루어진 뒤 이상이 없어 핵과 관련된 대(對)이란 제재가 일괄 해제되었다. 그리고 2025년 10월 18일까지 10년간 「포괄적 공동행동계획」의 모든 내용을 이란이 준수할 경우 미국의 비확산 제재가 완전히 폐기되고, 이란은 국제사회의 완전한 정상국가로 돌아올 수 있게 된다.[49]

이렇게 해서 이란 핵문제는 일단 외교적인 방식으로 해결의 길로 나아가게 되었다. 그러나 이란 핵문제가 완전히 해결되기까지는 향후 10년 동안 미 행정부 중동정책, 이스라엘의 반발을 포함한 중동지역의 정세, 이란 내부 권력관계 등 도전요인을 잘 관리해야만 한다. 여기서 가장 중요한 것은 이란이 현재와 같은 비핵무기화 방침을 끝까지 견지할 것인가 하는 것이다.

**49** 인남식, "이란 핵협상 타결의 함의와 전망", 「주요국제문제분석」, 국립외교원 외교안보연구소, 2015년 7월 24일, p. 4.

〈표 1-6〉 이란의 핵무기 획득방지를 위한 「포괄적 공동행동계획」

<table>
<tr><th colspan="2"></th><th>핵프로그램</th><th>2015.7.14. 최종합의 내용</th></tr>
<tr><td colspan="2">농축/<br>재고</td><td>농축 20%,<br>HEU 재고 10,000kg</td><td>- 15년간, 농축 3.67%<br>- 농축우라늄(HEU) 재고 300kg</td></tr>
<tr><td rowspan="2">농축<br>시설</td><td>나탄츠</td><td>나탄츠 농축시설<br>(약 16,428기)<br>파일럿 농축시설<br>(702기)</td><td>- 10년간 농축기 5,060기(초기형 IR-1)<br>상업용으로 유지(농축활동)<br>- 원자력 연구개발은 나탄즈로 제한<br>(최대 8년 가능)</td></tr>
<tr><td>포르도</td><td>포르도농축시설<br>(약 2,710기)</td><td>- 15년간 농축 중단<br>- 농축기 1,044기 연구용으로 유지<br>(핵물질 투입 금지)<br>- 지하시설은 원자력・물리학기술연구센터로<br>변경</td></tr>
<tr><td colspan="2">아라크<br>중수로</td><td>아라크 중수로<br>(Pu생산가능)</td><td>- 무기급 플루토늄 생산 못하도록 재설계<br>- 사용후핵연료 처분 또는 해외이전,<br>- 15년간 추가 중수로 건설 금지</td></tr>
<tr><td colspan="2">사찰/<br>검증</td><td>일시적</td><td>- 공개된 모든 핵시설의 사찰활동 허용<br>- 공개되지 않은 시설, 핵활동이 의심되는<br>장소에서 IAEA 회원국위원회의 검토 후<br>(파르친 군사시설 포함) 사찰 가능</td></tr>
<tr><td colspan="2">브레이크아웃<br>타임</td><td>2~3개월</td><td>1년 이상/10년간 적용</td></tr>
<tr><td colspan="2">일정<br>합의</td><td colspan="2">협상안은 7월 20일 UN안보리 결의이후 90일 내 발효.<br>IAEA, 이란의 합의이행 점검 보고서 12월 15일까지 유엔 제출<br>이란 불이행 발견시 제재 10년간(5년 추가연장 가능) 자동복귀</td></tr>
</table>

<출전> 인남식, “이란 핵협상 타결의 함의와 전망”, p. 2.

# 제4장

# 북한의 핵·미사일 개발 현황과 전력 수준

# 제4장
# 북한의 핵·미사일 개발 현황과 전력 수준

북한은 NPT체제 아래에서 협상을 통해 중단과 지속을 반복하면서 핵·미사일 개발을 지속해 왔으며 그 결과 오늘에 이르렀다. 북한은 2005년 2월 10일 외무성 성명을 통해 핵무기를 개발했다고 선언했고, 2006년 10월 6일에 첫 핵실험을 실시한 이래 2016년 1월 6일까지 네 차례의 핵실험을 실시하였다. 북한의 핵무기 개발은 제2차 핵시대가 성숙단계에 들어섰음을 보여주고 있다. 그렇다면 과연 북한의 핵무기 개발은 어느 수준까지 와 있는가?

## 1. 북한의 핵무기 개발 현황과 전력 수준

### 1) 핵물질 생산능력

북한당국은 2016년 1월 6일 오전 10시(평양시간) 제4차 핵실험을 전격적으로 단행하였다. 북한당국은 곧바로 「공화국 정부 성명」을 발표하여 첫 번째 수소폭탄 시험이 완전히 성공했다고 발표했다.[50] 하지만 한·미당국은 제4차 핵실험에서 핵융합반응을 이용함으로써 북한의 핵무기 기술이 한 단계 더 나아간 것은 인정하면서도, 아직은 본격적인 수소폭탄(thermo-nuclear bomb)이라기보다 그 이전 단계에 해당하는 증폭핵분열탄(boosted fission bomb)을 실험한 것으로 평가하고 있다.

완전한 수소폭탄이 아니라는 점은 북한당국의 정부 성명에도 암시되어 있다. 정부 성명은 "시험용 수소탄", "소형화된 수소탄", "주위생태환경에 그 어떤 부정적영향도 주지 않았다", "우리 핵무력발전의 보다 높은 단계" 등의 표현을 써가며 자신들이 핵분열반응을 이용한 원자폭탄보다 기술적으로 한 단계 더 나아간 핵분열과 핵융합 반응을 결합해 핵폭탄을 시험했음을 드러내고 있는 것이다.

북한의 제4차 핵실험 이전인 2016년 1월 3일 국군화생방방호사령부가 발간한 자료집『2015년 후반기 합동 화생방 기술정보』에도 "핵 기술 연구와 지하 핵실험, 발사체 실험, 핵 소형화 기술력 구비, 핵개발 경과기간 등을 고려할 때 북한은 핵융합 무기 기반을 갖추고 있다"고 밝히고 증폭핵분열탄 제조에 필요한 삼중수소를 분리·생산하고 있을 수도 있다고 평가하였다. 그리고 "풍계리 핵실험장의 새 갱도 굴착 활동은 핵융합 무기 실험을 위한 것일 가능성을 배제할 수 없다"고 예측한 바 있다.[51]

북한은 이미 플루토늄 기반의 핵물질을 생산했을 뿐만 아니라, 플루토늄을 활용하는 내폭형 기폭장치를 개발하여, 2006년 10월 9일과 2009년 5월 25일에 플루토늄 방식으로 1차 및 2차에 걸쳐 핵실험을 진행하였

50 "조선민주주의인민공화국 정부 성명",『조선중앙통신』2016년 1월 6일.

51 국군화생방방호사령부는 그밖에도 "영변 5MW 원자로와 연결된 소형 건물이 삼중수소 분리 시설이고, 신축 중인 경수로와 그 아래 건축물은 중성자를 통해 방사성 동위원소를 만들어내는 시설일 가능성이 크다"고 추정했다. 국군화생방방호사령부,『2015년 후반기 합동 화생방 기술정보』, 2016년 1월 3일.

다.[52] 그 뒤 2013년 2월 12일과 2016년 1월 6일에 제3, 4차 핵실험을 실시했다. 북한은 2013년부터 재가동한 영변 5MW급 원자로에서 꺼낸 사용후연료로 재처리해 핵무기 2~4개 분량의 무기급 플루토늄을 추가 확보한 것으로 보인다. 국제원자력기구(IAEA)는 2016년 8월 19일에 발표한 보고서에서 2016년 6월 말 기준으로 핵무기 13~21개 분량의 핵물질을 보유하고 있을 것이라고 추정했다.[53]

북한은 고농축우라늄(HEU)에 기반한 대량생산체제도 구축한 것으로 평가되고 있다. ISIS는 북한이 2000년대 이후 원심분리기 1만대 분량의 재료를 중국 등을 통해 사들였을 것이라고 추정했다. 북한은 영변 우라늄 시설에서 2010년 말 이후 연간 최대 40kg의 HEU를 생산할 수 있는 2,000대의 원심분리기를 가동하고 있으며, 내폭형 기폭장치를 HEU에 적용해 더 많은 수의 핵무기를 생산할 수 있을 것으로 평가받고 있다.[54]

현재 북한의 핵분열물질에 따른 핵폭탄 제조능력을 보면, 영변의 5MWe 원자로에서 재처리되는 플루토늄으로 매년 핵폭탄 1개 정도, 4,000개 정도의 원심분리기에서 생산되는 고농축우라늄으로 매년 핵폭탄 2개 정도 등 평균적으로 매년 3개의 핵폭탄을 제조할 능력을 보유한 것으로 추산되고 있다.[55]

---

52 1차 핵실험의 폭발위력이 1kT 상당 이하(sub kiloton)로 계산되어 불완전한 핵폭발(fizzle) 또는 일반폭약을 핵폭탄으로 위장한 것이 아닌가 하는 의혹도 제기됐으나, 핵실험의 회를 거듭하면서 점차 해소되었다. 野木惠一, "北朝鮮核兵器! 實用段階に到達, 真の威脅は'再進入彈頭'の實用化", 『軍事研究』, 2013年 5月号, p. 62.

53 The Director General, "Application of Safeguards in the Democratic People's Republic of Korea", IAEA Board of Governors General Conference, August 19, 2016.

54 이춘근, "북한의 핵탄두 소형화, 현대화 기술개발 경로와 수준", 2015 북한연구학회 춘계학술회의 발표논문, 2015년 4월 10일.

55 Shane Smith, "Alternative North Korean Nuclear Future", NPEC, Jan. 6, 2016. (http://www.npolicy.org/article.php?aid=1303&rtid=2, 검색일 2016/4/17).

〈표 1-7〉 북한의 핵무기 보유 시나리오

| | 2014 | 2015 | 2016 | 2017 | 2018 | 2019 | 2020 |
|---|---|---|---|---|---|---|---|
| 최저 시나리오 | 10 | 12 | 14 | 15 | 17 | 19 | 20 |
| 중간 시나리오 | 16 | 22 | 28 | 34 | 40 | 46 | 50 |
| 최고 시나리오 | 16 | 31 | 45 | 58 | 72 | 86 | 100 |

<출전> David Albright, *Future Direction in the DPRK's Nuclear Weapons Program: Three Scenarios for 2020*, US-Korea Institute at SAIS, 2015, pp. 23~29.

### 2) 핵탄두 소형화, 경량화

북한의 핵능력 평가에서 중요한 부분은 핵탄두의 소형화, 경량화와 관련된 부분이다. 제2차 세계대전 때의 미국이 전폭기로 핵탄두를 운반했던 것처럼 북한은 지금도 보유하고 있는 IL-28 폭격기, MIG-21, MIG-23, MIG-29 전폭기로 핵무기를 투발할 수는 있다. 그렇지만 당시와 달리 최근에는 요격미사일이 발달했기 때문에, 스텔스 기능도 없는 노후한 북한의 전폭기들은 한국 상공에 도달하기도 전에 북한 상공에서 요격될 가능성이 높다.

하지만 북한이 핵무기를 탄도미사일에 탑재하여 공격할 경우 사정이 달라진다. 탄도미사일에 대한 공중 요격능력이 제한된 한국군이 제대로 대처하지 못할 위험성도 있기 때문이다. 따라서 우리가 주목하는 북한의 핵무기 전력화 핵심은 미사일 직경(스커드 B의 경우 90cm 정도)과 탑재중량(스커드B의 경우 1t 정도 이하)을 소형화하는 데 성공하였느냐 여부이다.[56]

제2차 세계대전 때 미국이 히로시마와 나가사키에 투하한 원자폭탄의

**56** 박휘락, "북한 핵공격을 가정한 대피의 필요성과 과제 ①", 『KONASnet』 2014년 6월 27일.

무게가 약 4.5톤이었기 때문에 북한이 개발한 초기 핵탄두의 무게도 4.5톤에서 시작해 경량화할 것으로 추정하는 경우도 있다. 하지만 2차 세계대전 당시 최초의 원자폭탄은 어떤 경우에도 폭발할 수 있도록 가장 보수적으로 설계된 것이기 때문에 이를 출발점으로 삼는 것은 타당하지 않다. 실제로 동일한 설계를 가지고 불필요한 부분을 제거한 실용형 Mk-6 핵폭탄은 무게가 3.855톤 정도였다.[57]

이와 관련해 북한은 2013년 2월 제3차 핵실험 실시 후 "폭발력이 크면서도 소형화, 경량화된 원자탄을 사용하여 높은 수준에서 안전하고 완벽하게 진행"됐다고 발표한 바 있다.[58] 2015년 5월 20일 북한 국방위 정책국 대변인 성명도 "우리의 핵타격 수단은 본격적인 소형화, 다종화 단계에 들어선 지 오래"라면서 핵능력 고도화와 투발수단의 다양화가 이루어졌다고 주장하였다.

2016년 3월 9일 김정은 위원장은 "우리 식의 혼합장약구조로서 열핵반응이 순간적으로 급속히 전개될수 있는 합리적인 구조로 설계제작된 핵탄두"를 만들었다면서 "핵탄을 경량화하여 탄도로케트에 맞게 표준화, 규격화를 실현"했다고 주장하였다.[59] 이 주장에서 눈에 띄는 것은 표준화, 규격화를 실현했다는 부분이다. 이 주장이 사실이라면 북한은 핵무기를 안정적으로 생산할 수 있는 생산기반을 구축한 것임을 의미하기 때문에 상당히 위협적일 수 있는 것이다.

이와 관련해, 고트니(Bill Gortney) 북미항공우주방어사령부/북부군사령부(NORAD/NORTHCOM) 사령관은 "북한이 핵탄두 소형화에 성공했

57 野木惠一, "北朝鮮核兵器! 實用段階に到達, 真の威脅は'再進入彈頭'の實用化", p. 69.

58 "제3차 지하핵시험을 성공적으로 진행", 『조선중앙통신』 2013년 2월 12일.

59 『로동신문』 2016년 3월 9일.

고 KN-08 미사일에 장착해 미 본토로 발사할 능력이 있다"고 평가했다.[60] 과학기술정책연구원(STEPI) 이춘근 박사도 "북한과 같이 중등 이상 수준의 과학기술력을 가진 국가는 후발국의 우세와 외국의 지원, 자력갱생 등을 활용"할 수 있으며 "중단거리 노동미사일에 소형화된 핵탄두를 개발할 수 있다"고 결론지었다.[61] 브룩스(V. K. Brooks) 신임 주한 미군 사령관도 지명청문회 답변에서 북한이 핵탄두를 탑재한 탄도미사일 기술을 확보한 것으로 평가했다.[62]

## 2. 북한의 탄도미사일 개발 현황과 전력 수준

### 1) 중장거리 탄도미사일(IRBM/ICBM)

북한은 2016년 2월 7일 ICBM으로 전용될 수 있는 장거리로켓 광명성호를 성공적으로 발사하였다. 이는 제4차 핵실험에 이어 북한의 핵·미사일 능력을 보여주는 것이다. 북한은 이미 2012년 12월 12일 '은하3호 2호기' 우주로켓을 지구 저궤도에 진입시키는 데 성공해 ICBM 능력에 접근했음을 보여준 바 있지만, 이번에는 지구저궤도에 소형위성을 안착시킴으로써 ICBM 능력에 한 발 더 접근하였다.

---

60 Jon Harper, "NORAD commander: North Korean KN-08 missile operational", *Stars and Stripes*, April 7, 2015.

61 이춘근, "북한의 핵탄두 소형화, 현대화 기술 개발 경로와 수준", p. 188.

62 The U.S. Senate Armed Services Committee, Hearings to examine the nomination of General Vincent K. Brooks, USA, for reappointment to the grade of general and to be Commander, United Nations Command/Combined Forces Command/United States Forces Korea, April 19, 2016, p. 7.

중장거리 탄도미사일은 크게 △추진시스템, △유도조종장치, △탄두, △재돌입체(RV)로 이루어진다. 이 가운데 2~3단으로 구성된 추진체 분리(단 분리)와 재돌입체 기술이 탄도미사일 기술의 핵심이다. 북한은 1998년 최초의 다단계 로켓인 대포동 1호를 시작으로 여러 차례 단 분리 실험을 실시했는데, 2012년 12월 은하 3호 로켓발사 때에 3단 분리에 성공했다. 그 뒤 2016년 3월 9일 추진체의 경량화 · 규격화에도 성공했다고 발표했는데, 우리 군당국은 "북한의 중장거리 탄도미사일 다단로켓 및 단 분리 기술은 어느 정도 성숙한 기술단계에 진입한 것으로 볼 수 있다"는 평가를 내렸다.[63]

탄도미사일의 재돌입 기술을 확보하느냐 하는 것은 북한이 주장하는 로켓발사체의 성격을 규명할 수 있는 핵심요소이다. 초속 수km의 고속으로 재돌입이 가능한 열방호성능을 구비한 핵탄두를 완성시킨다면 북한은 진정으로 실용 핵탄도미사일을 보유했다고 평가할 수 있을 것이기 때문이다.[64] 이와 관련해 북한측은 3월 15일 모의실험을 통해 6천~7천도의 고열을 견딜 수 있는 재돌입체 기술을 확보하는 데 성공했다고 주장하고 있다. 이러한 주장을 받아들인다고 해도, 북한은 아직 실험단계에 있을 뿐이지 실전배치가 가능한 수준의 재돌입 기술을 확보한 것은 아니다.

뒤이어 3월 24일에는 고체로켓연료를 이용한 "대출력 고체로케트발동기 지상분출 및 계단분리시험"에 성공해 "탄도로케트들의 위력을 더욱 높일 수 있게 되었다"고 발표했다.[65] 이들의 주장대로 북한이 미사일용 고체연료의 개발을 완료했다는 것은 탄도미사일의 상시 발사 능력을 갖

---

**63** 『연합뉴스』 2016년 3월 15일.

**64** 野木惠一, "北朝鮮核兵器! 實用段階に到達, 真の威脅は'再進入彈頭'の實用化", p. 62.

**65** 『로동신문』 2016년 3월 24일.

추었음을 보여주는 것이다.

2016년 6월 22일에는 북한이 한 번도 시험하지 않고 실전 배치한 사거리 3천㎞ 이상의 중거리미사일(IRBM)인 무수단을 시험발사해 성공하였다. 무수단 미사일은 옛 소련의 해상 발사용 탄도미사일 R-27 (SS-N-6)을 개조한 것으로, 북한에서는 '화성 10호'로 부르고 있다. 4월 15일부터 시작해 4월 28일 두 차례, 5월 31일 한 차례, 6월 22일 한 차례 실패에 이어 두 번째에서 무수단의 발사에 성공한 것이다.[66]

무수단은 잠수함, 함정에서 발사가 가능하기 때문에 이동이 자유로워 사거리 제약을 상당 정도 극복할 수 있다는 점에서 지상발사용 장거리 미사일인 대포동 2호보다도 미국에는 더 큰 위협이 될 수 있는 것으로 평가되는 것이다.[67] 북한은 이미 실전배치한 무수단 미사일을 한국전쟁 발발 66주년과 6월 29일 최고인민회의 개막행사를 앞두고 발사를 성공시킴으로써 오키나와나 괌의 해외 미군기지까지 도달하는 능력을 과시하여 미국에게 자신의 핵미사일에 대한 '신뢰성'을 보여주려는 의도를 관철한 것으로 보인다.

무수단보다 사거리가 긴 KN-08은 3단형과 2단형으로 개발됐다. 북한은 2012년 4월 15일 김일성 탄생 100주년 기념 퍼레이드에서 KN-08을 선보였으며, 2015년 당창건 70주년을 맞이해서 개량형을 등장시켰다. KN-08도 시험발사 없이 실전배치를 추진 중이다. 개량형 KN-08을 보면, 사거리는 2,000km 줄어들었고 탄두중량도 1톤 정도로 추정되는데, 옛 소련의 SS-N-23 스키프(SKIFF) 잠수함 탑재 탄도미사일을 그대로 베낀 것으로 보인다.

---

66 『연합뉴스』 2016년 6월 22일.

67 Steven A. Hildreth, "North Korean Ballistic Missile Threat to the United States," *CRS Report*, February 24, 2009, pp. 4~5.

<표 1-8> 북한 보유 탄도미사일의 제원

| 구 분<br>(북한 명칭) | SCUD-B<br>(화성5) | SCUD-C<br>(화성6) | 노동<br>(화성7) | 무수단<br>(화성10) | 대포동1호 | 대포동2호 | 신형미사일 |
|---|---|---|---|---|---|---|---|
| 사거리<br>(km) | 300 | 500 | 1,300 | 3,000이상 | 2,500 | 10,000 | 미상 |
| 탄두중량<br>(kg) | 1,000 | 700 | 700 | 650 | 500 | 650~1,000<br>(추정) | 미상 |
| 비 고 | 작전배치 | 작전배치 | 작전배치 | 작전배치 | 시험발사 | 개발중 | 개발중 |

<출전> 대한민국 국방부, 『2014 국방백서』, 2014. 12. 31.

### 2) 잠수함발사 탄도미사일(SLBM)

투발수단과 관련해 주목할 것은 북한이 2015년 5월 8일 동해상에서 '북극성 1호(Polaris-1/KN-11)'라고 명명한 잠수함발사탄도미사일(SLBM)을 해저 발사시험(underwater barge ejection)에서 성공한 일이다. 이 SLBM은 러시아의 R-27(나토명 SS-N-6) Serb SLBM과 형태가 비슷하다.[68] 북한 국방위원회 정책국은 대변인 성명을 통해 이 시험발사를 거론하며 "전략적 타격 수단개발의 새로운 높은 단계"라고 주장하였다.[69]

북한의 SLBM이 궁극적으로 노리는 바는 미 본토에 대한 은밀 타격이다. 핵무기 보유량이 충분치 않고 밀도 높은 정보 감시 아래 놓여 있는 평양으로서는 은밀성이라는 잠수함의 장점을 극대화해 제2격 능력을 확보하겠다는 의도이다.[70] 이러한 시나리오는 장시간 잠행이 가능한 원자

68 Ankit Panda, "How Far Along Are North Korea's Submarine-Launched Ballistic Missiles?", *The Diplomat*, January 11, 2016.

69 조선민주주의인민공화국 국방위원회 정책국 대변인성명, "우리의 정정당당한 자위력강화조치에 함부로 도전하지 말아야 한다", 『조선중앙통신』 2015년 5월 20일.

70 Joseph S. Bermudez Jr., "North Korea's Ballistic Submarine Program: An Update," *38 North,*

력잠수함 개발과 SLBM 탑재가 가능한 수준의 핵탄두 소형화가 전제돼야 하므로, 앞으로도 10년 가까운 시간이 필요한 장기 프로젝트다.[71]

2015년 11월과 12월에도 북한은 두 번째로 SLBM의 수중사출 실험을 실시했으나 실패했다.[72] 2016년 1월 9일 북한이 성공했다고 주장하는 12월의 SLBM 사출시험(ejection test)과 관련해, "북한의 SLBM 발사각이 5월의 사출시험에서 74°였으나 12월에는 90°로 높아졌다"며 기술이 일부 개선됐을 가능성이 있다"고 우리 군당국은 분석했다.

2016년 4월 23일 북한은 또다시 잠수함 수중발사시험을 실시했다. 북한은 발사 당시 △최대발사심도에서의 탄도탄 냉발사체계[Cold Launch] 안정성, △새로 개발한 대출력 고체발동기[고체연료엔진]를 이용한 탄도탄의 수직비행체제에서의 비행동역학적 특성, △계단 열분리의 믿음성, △설정된 고도에서 전투부[탄두] 핵기폭장치의 동작 정확성 등을 검증하는 데 뒀다고 밝혔다.[73] 그런데 이번 실험은 SLBM의 핵심기술인 콜드런치(Cold Launch)와 초기비행에서 어느 정도 성공적인 것으로 평가되고 있다.[74]

북한은 한미 군당국이 사드(THAAD) 체계의 남한 내 배치를 공식 발표한 이튿날인 7월 9일에 또다시 SLBM의 수중발사를 시도했으나 1만 m 상공까지 올라가 공중 폭발하였다. 8월 24일 잠수함에서 고각발사한 것으로 추정되는 북극성 1(KN-11)은 약 500km를 비행해 일본방공식별구역

March 17, 2016.

**71** 황일도, "북한 SLBM 개발과 우리 해군의 역할", 『KIMS Periscope』 제34호, 2016년 3월 21일.

**72** 북한은 뒤늦은 보도를 통해 성공적으로 SLBM을 시험발사했다고 주장했다. 『로동신문』 2016년 1월 9일.

**73** [ ] 안은 우리식 표현. 『로동신문』 2016년 4월 24일 및 『조선중앙TV』 2016년 6월 1일.

**74** John Schilling, "A New Submarmine-Launched Ballistic Missile for North Korea", *38 North,* April 25, 2016.

(JADIZ) 안쪽으로 떨어졌다.[75] SLBM 기술수준의 단계를 보여주는 지상사출시험 → 수중사출실험 → 비행시험 → 잠수함 실제발사의 과정 중에서 북한이 잠수함 실제발사의 직전단계에 와 있는 것으로 볼 수 있다. 따라서 북한은 사드 체계에 대응하기 위해 2019~20년 전력화를 목표로 앞으로도 SLBM 시험을 계속할 것으로 예상된다.[76]

* 맨 위 왼쪽부터 시계방향으로 장거리 탄도미사일 KN-08, 잠수함발사 미사일 '북극성 1호', KN-08과 소형화된 핵탄두 모형, 탄도로켓 대기권돌입입환경 모의실험 장면.

<출처> 『로동신문』 2012년 4월 15일, 2015년 5월 9일 및 2016년 3월 9일, 3월 15일.

〈그림 1-2〉 북한이 공개한 핵 · 미사일 전력의 모습

75 『조선중앙통신』 2016년 8월 25일.

76 John Schilling, "North Korea Still Faces Significant Challenges in Developing a Sea-Launched Missile: Expert", *38 North,* July 9, 2016.; John Schilling, "North Korea's SLBM Program Progresses, But Still Long Road Ahead", *38 North*, August 26, 2016.

## 3. 향후 북한의 핵 · 미사일 개발 방향

북한은 핵미사일 개발의 초기부터 중국의 개발과정을 모델로 삼은 것으로 보인다. 북한은 2006년 첫 핵실험을 실시한 직후 발표한 외무성 성명에서, 1964년 중국외교부가 제시했던 논리와 동일하게 핵실험의 명분을 '미국의 군사위협'을 제시하고 자신의 핵무기는 방어용으로 공격위협이 없는 한 핵무기를 선제사용하지 않겠다는 입장을 밝히고 있다.

이처럼 북한당국이 제시한 논리로 미루어 볼 때, 북한은 중국의 초기 핵개발 당시처럼 상당 기간 최소억제력(minimum deterrence)의 확보에 주력할 것으로 보인다. 따라서 중국의 핵 · 미사일 발전경로를 살펴본다면, 앞으로 북한이 어느 방향으로 핵 · 미사일을 개발해 나갈지 추정해 볼 수 있을 것이다.

첫째는 핵폭탄의 개발이다. 중국은 첫 핵실험에서 고농축우라늄(HEU)을 이용했고, 제2차에서 폭격기가 핵중력탄을 투하하는 지상 핵실험을 실시했다. 그리고 제3차에서는 증폭분열탄을 사용한 지하핵실험을 실시하였다. 그 뒤 4, 5차 실험에서 원자폭탄의 소형화와 수소폭탄 기초실험을 실시한 뒤 1967년에 위력을 갖춘 수소폭탄 실험에 성공하였다.

중국의 핵폭탄 개발 경로와 비교해 볼 때, 북한은 플루토늄을 이용해 첫 핵실험을 실시한 점은 다르지만, 2016년 1월의 4차 핵실험 때는 증폭분열탄을 실험한 것으로 보인다. 2013년 5월의 3차 핵실험 때 고농축우라늄탄을 사용했다는 견해도 있으나 확인된 것은 아니다. 현재와 같이 한미 양국의 통합방공망이 구축된 상태이고 핵실험 장소도 마땅치 않기 때문에 북한이 폭격기를 이용한 자유낙하폭탄 투하를 위한 지상 핵실험은 시도하지 않을 것으로 예상된다.

둘째는 핵무기 운반수단의 개발이다. 중국은 1966년의 4차 핵실험 때 핵탄두의 소형화 · 경량화를 달성해 핵탄두를 탑재한 탄도미사일을 발사하는 데 성공했다. 1981년에는 1기 3탄의 다탄두재돌입(MRV)형 미사일의 시험발사를 성공리에 마쳤다. 그리고 다탄두각개목표재돌입(MIRV)형 미사일은 2015년도에야 개발을 완료한 것으로 보인다.[77]

중국은 잠수함 발사 미사일 전력의 개발에도 나서 1982년에 재래식 잠수함에서의 사출 실험을 처음 실시하였고, 같은 해 원자력 잠수함을 진수하였다. 1986년에는 사거리 1,000km이상의 SLBM인 쥐랑-1(JL-1)을 실전 배치하였다. 마침내 1988년에는 원자력잠수함에서 수중발사실험에 성공함으로써 명실상부하게 SLBM 능력을 갖추게 되었다.

북한은 서태평양 주둔 미군기지를 타격할 수 있는 중거리미사일 무수단을 실전배치해 놓고 있으나 2016년 들어서야 시험발사에서 성공하였다. 미 본토에 도달할 수 있는 KN-08 및 개량형도 개발을 완료한 것으로 보이지만, 아직 시험발사를 하지 않은 상태이다. 앞으로 북한은 탄두 대기권 재돌입 실험을 통해 무수단에 이어 KN-08의 실전배치를 서두를 것으로 보인다.

북한은 핵폭탄의 경량화, 소형화라는 목표가 이룩될 경우, 장기적으로 소형원자력엔진을 개발해 원자력추진 잠수함의 개발에 나설 가능성도 배제할 수는 없다. 이것을 개발하기 이전에 먼저 북한이 SLBM 1기를 장착할 수 있는 현 신포급 2,000톤 잠수함을 대신하여, 실전에 사용 가능하도록 최소 SLBM 3기 이상을 탑재할 수 있는 골프급 3,000톤 잠수함 건조에 나설 것으로 보인다.[78] 현재 북한은 3,000톤급 잠수함기지를 건설중인 것

77 DoD, *Annual Report to Congress: Military and Security Developments Involving the People's Republic of China 2015*, p. 8.

78 양 욱, "핵무기 날려 보낼 SLBM 3~4년 내 실전 배치- 北, SLBM 탑재 가능 3000톤급 잠수함 건조하는 듯", 『시사저널』 1385호, 2016년 5월 7일.

으로 알려졌다.[79]

셋째는 인공위성의 개발을 통한 핵 지휘통제체계 및 조기경보체계의 구축이다. 중국은 1970년에 정찰위성 또는 통신위성으로 활용할 수 있는 최저고도 150km인 저궤도 인공위성 동방홍을 쏘아올렸다. 1984년에는 고도 36,000km를 도는 조기경보체계용 정지위성을 쏘아올리는 데도 성공하였다. 그리고 2007년에는 위성요격(ASAT) 실험을 성공적으로 실시하였다.

북한은 독자적인 핵·미사일 지휘통제체제를 구축하기 위해 정찰위성과 조기경보위성의 확보를 시도하고 있는 것으로 보인다. 북한이 핵억제전략을 완성하기 위해서는 지휘통제체계와 조기경보체계를 갖출 필요가 있기 때문이다. 실제로 1960년대 미·소 양대 강국은 서로의 핵미사일 발사를 빠르고 정확하게 탐지할 수 있게 되면서, 상대의 미사일이 땅에 떨어지기 전에 확증보복 핵공격을 결정할 능력을 갖추었다. 그렇기 때문에 북한도 정찰위성뿐 아니라 조기경보위성의 보유를 추진할 가능성이 높은 것이다.

북한은 2012년 12월 12일 인공위성인 광명성 2호를 쏘아 지구저궤도에 올려놓는 데 성공했다. 하지만  인공위성과 제3단 로켓부위가 완전히 분리하지 못한 채 지구궤도를 돌고 있는 것으로 알려졌다. 2016년 2월 7일에는 광명성 3호를 쏘아 올렸는데, 인공위성과 3단 로켓부위가 완전히 분리되어 인공위성만 돌게 하고 자세제어를 통해 망원렌즈 부위를 지구표면으로 향하게 하는 데는 성공한 것으로 평가된다. 하지만 통신은 제대로 작동되지 않아 1회 교신 후 중단된 것으로 보인다.[80]

---

**79** Nick Hansen and Jeremy Binnie, "North Korea building new, larger submarine pens", *IHS Jane's Defense Weekly*, July 22, 2016.

**80** 『미국의 소리』 2016년 3월 13일.

현재 북한의 통신망은 외국의 위성을 이용하고 있다. 이 때문에 북한은 자체적인 통신위성을 개발하고자 하고 있다. 이미 김정은 위원장은 병진노선 5대 과업의 하나로 '우주과학기술발전을 통한 통신위성 등 더욱 발전된 위성의 개발 및 발사'를 제시한 바 있다. 이를 뒷받침하듯이 2015년 5월에는 평양시 보통강구역에 북한 국가우주개발국 위성관제종합지휘소를 개관했다.

북한은 장거리 우주로켓의 발사능력도 확대 강화하고 있다. 이는 기본적으로 소형화된 핵탄두를 탑재한 대륙간 탄도미사일(ICBM) 발사능력을 갖추면서, 관측위성에서 출발해 점차 통신위성, 정찰위성 및 조기경보위성의 독자 발사능력을 갖춰 나갈 것으로 보인다. 이러한 북한의 우주로켓 개발 방향은 궁극적으로 독자적인 위성항법체계의 개발로까지 나아갈 것으로 보인다.

위성항법체계를 개발하기 위해서는 현재의 지구저궤도 관측위성이나 통신위성에서 더 나아가 지구정지궤도까지 위성을 쏘아올리려는 시도를 계속할 가능성이 있다. 더 나아가 한반도를 감시하고 있는 미국의 정찰위성을 겨냥해 장거리탄도미사일을 이용한 위성요격(ASAT) 무기체계의 능력을 갖춰나갈 가능성도 배제할 수 없다. 이를 통해 북한은 사실상의 핵무기국가, 신흥 핵보유국이 될 수 있을 것이다.

〈표 1-9〉 북한의 핵미사일 개발 방향: 중국과의 비교

| 핵 무 기 | | 운반수단(ICBM/SLBM) | |
|---|---|---|---|
| 중 국 | 북 한 | 중 국 | 북 한 |
| HEU핵실험<br>(1차, 1964) | Pu 원폭실험<br>(1차, 2006.10.9.) | 미사일 핵탄두<br>(4차, 1966) | 탄두 재돌입실험(2016. 3. 15.) |
| 폭격기 투하<br>(2차, 1965) | | 인공위성 동방홍<br>(1970) | 인공위성 광명성Ⅱ(2012. 12. 12.)<br>인공위성 광명성Ⅲ(2016. 2. 7.) |
| 증폭분열탄<br>(3차, 1966) | 증폭분열탄 실험<br>(4차, 2016.1.6.) | **MRV(1기3탄)<br>(1981)** | 다탄두 재돌입 미사일(?) |
| **원폭소형화<br>(4차, 1966)** | 원폭 소형화(?) | 재래식 잠수함<br>사출실험<br>(1982) | 재래식잠수함 사출실험(2015. 5. 8.)<br>재래식잠수함 수중발사실험<br>(2016.4. 23, 7. 9, 8. 24.) |
| **수폭기초실험<br>(5차, 1966)** | 수폭 개발(?) | | |
| | | **원자력 잠수함<br>(1982)** | 원자력 잠수함(?) |
| 수폭실험<br>(6차, 1967) | | **정지위성<br>(1984)** | 정지위성(?) |
| 수폭소형화<br>(10차, 1969) | | 원자력 잠수함<br>수중발사실험<br>(1988) | |
| 전술핵무기<br>(12차, 1971) | 전술핵무기<br>(핵배낭) | **위성요격 실험<br>(2007)** | 위성요격미사일 |

■표시는 향후 북한이 개발할 것으로 예상되는 기술방향

<출전> 중국측 자료는 平松茂雄, 『中國, 核ミサイルの標的』, 角川書店, 2006年, pp. 47~49 및 p. 231을 참고로 작성. 북한측 자료는 필자가 조사·작성

제5장

# 북한은 신흥 핵보유국인가

# 제5장
# 북한은 신흥 핵보유국인가

지금까지 살펴보았듯이, 북한은 4차례의 핵실험을 실시했을 뿐만 아니라 운반수단인 탄도미사일의 기술까지 보유하고 있다. 더욱이 2013년 3월 31일 헌법 전문의 수정을 통해 북한이 '핵보유국'임을 명시한 데 이어, 같은 해 4월 1일 최고인민회의에서 「핵보유국 지위 공고화법」을 제정함으로써 기존의 핵보유국 주장을 법률적으로 뒷받침하고자 하였다.

하지만 북한이 핵무기, 운반수단을 보유했다거나 자국의 헌법, 법률로 규정한다고 해서 핵보유국으로 인정받을 수 있는 것은 아니다. 국제사회는 핵무기보유국으로 인정하는 데에 대해 엄격하게 제한을 두고 있다. NPT는 1967년 1월 1일 이전에 핵실험을 실시한 국가에 대해서만 핵무기국가(nuclear weapon state)로 인정하고 있기 때문이다.

이처럼 태생적으로 북한은 국제사회가 인정하는 핵무기국가가 될 수는 없다. 이를 모를 리 없는 북한도 NPT가 공인하는 핵무기국가가 되려고 한다기보다 '사실상의(de facto)' 핵보유국이 되고자 하는 것으로 보인다. '사실상의' 핵보유국이란 NPT에 따른 합법적인 핵무기 보유는 아니지만 핵무기 보유로 인해 국제사회의 제재를 받지 않는 핵보유국의 지위를 의미하는 것으로,[81] 인도나 파키스탄, 이스라엘이 여기에 해당한다.

하지만 북한이 '사실상' 핵보유국으로 인정받기 위해서는 이러한 국제정치적인 조건 외에도 '신뢰성 있는 핵억제력(credible nuclear deterrence force)'을 구비하고 있어야만 한다. 일반적으로 핵억제력의 신뢰성을 확보하기 위해서는 ① 핵전력의 생존력, ② 표적에 도달할 수 있는 운반체계, ③ 핵무기 폭발의 보장, ④ 승인되지 않은 핵무기 사용의 방지, ⑤ 승인된 인물의 핵무기 오용의 방지, ⑥ 적의 선제공격으로부터 핵지휘부의 생존, ⑦ 대응선택을 보장할 충분한 핵무기 위력과 수량, ⑧ 합리적 수준의 운영비용 등 여덟 가지 조건을 갖추어야 한다.[82]

여덟 가지 조건 가운데 ①, ②, ③ 및 ⑦은 핵무기의 군사기술적인 측면을 가리키고 있으며, ④, ⑤는 핵 지휘통제체계의 측면, ⑥은 핵무기 방호체계의 측면, ⑧은 국가재정의 측면을 나타내고 있다.

첫째, 핵무기의 군사기술적인 측면을 보면 현재 북한은 핵억제력의 생존력을 높이기 위해 로켓 발사기지의 분산, 고체연료의 개발 및 사용, 이동발사대(TEL), 그리고 SLBM과 같은 운반체계를 도입하고 있다. 또한 기술적으로 사용가능한 핵무기를 개발하고 이를 투발할 수 있는 운반수단을 보유하고 있는 것으로 보인다. 은닉성을 최대화하고 표적 타격에 최대한 접근하기 위해 SLBM이나 무인기와 같은 운반체계의 개발에도 힘을 쏟고 있다. 미국 본토에까지 도달할 수 있는 소형화・경량화된 핵탄두를 개발했는지는 단정 짓기 어렵지만, 미 본토를 겨냥해 ICBM의 대기권 재돌입 기술을 개발하고 있는 것은 확실하다.

---

81 함형필, "3차 핵실험 이후 북한 핵능력 평가: 사실상의 핵보유국인가?", 「동북아안보정세분석」, 한국국방연구원, 2013년 3월 14일.

82 Gregory S. Jones, "From Testing to Deploying Nuclear Forces: The Hard Choices Facing India and Pakistan", *Issue Paper*, Project Air Force, RAND, 2000, p. 2.

2015년 9월 15일 북한 원자력연구원 원장은 조선중앙통신 기자와의 문답형식으로 "조성된 정세의 요구에 맞게 각종 핵무기들의 질량적 수준을 끊임없이 높여 핵 억제력의 신뢰성을 백방으로 담보하기 위한 연구와 생산에서 련일 혁신을 창조하고 있다"고 언급했다.[83] 북측이 말한 '핵 억제력의 신뢰성'이란 핵무기 폭발의 보장을 의미하는 것일 뿐이다.

둘째, 핵 지휘통제체계의 측면을 보면, 북한은 「핵보유국 지위 강화법」을 통해 10개항의 개괄적인 핵 독트린을 수립해 놓고 있으며, 별도의 군종인 전략군을 창설하여 핵·미사일 전력을 운용할 군사조직을 운용하고 있다. 다만, 김정은 정권의 취약성과 비우호적인 안보환경을 고려할 때 된 핵 지휘통제체계가 원활히 작동되고 있는지는 불확실하다. 핵무기 사용권한을 최고사령관 1인에게 맡겨 놓고 있기 때문에 즉응성이 떨어지고, 김정은 위원장의 리더십으로 볼 때 오용의 가능성도 존재하기 때문이다.

셋째, 핵무기 방호체계의 측면에서 보면, 북한의 최고지도부가 거주하고 있는 평양지휘부나 각 지역의 군단사령부, 전략군사령부 등 북한의 주요 정치시설 및 군사시설에 대한 핵무기 방호체계를 갖추고자 했을 것이다. 하지만 대량보복을 상정한 미국의 전략 핵미사일이나 주한미군의 지하땅굴파괴용 벙커버스터(Bunker Buster)와 같은 첨단무기에는 매우 취약할 것으로 추정되고 있다.

넷째, 국가재정의 측면에서 보면, 김정일 위원장의 사망 이후 북한은 공개적으로 핵무기 보유국임을 선언하고 병진노선을 국가노선으로 내걸면서 이를 법률적으로 뒷받침하는 조치를 취하였다. 북한은 1인 중심의 유일영도체제를 갖고 있고 국가 차원에서 병진노선을 내걸고 핵·미사일 개발에 나서고 있기 때문에 운영비용은 그다지 문제가 되지 않을 것으로

83 『조선중앙통신』 2015년 9월 15일.

보인다.

이러한 요건들을 모두 충족한다고 하더라도 북한이 미국을 상대로 신뢰성 있는 핵억제력을 갖추는 것은 사실상 불가능할 것으로 보인다. 북한이 '최소억제' 수준의 핵전력을 구축하기 위해서는 미국의 핵 선제공격에서 살아남아 제2격을 통한 대량보복을 할 수 있는 능력을 갖춰야 한다. 이를 위해서는 최소한 50~100개 정도의 핵탄두와 함께 방호체계와 지휘통제체제가 확립된 핵전력을 구축해야 한다. 그래야만 미국과 '공포의 균형(balance of terror)' 개념에 합당한 억제력을 확보할 수 있기 때문이다.[84]

하지만 남북한에 국한해 보면 상황은 달라진다. 북한은 2016년 1월 6일 제4차 핵실험 직후에 발표한 「공화국 정부 성명」에서 "미국의 극악무도한 대조선적대시정책이 근절되지 않는 한 우리의 핵개발중단이나 핵포기는 하늘이 무너져도 절대로 있을 수 없다"고 밝혀, 핵개발을 계속 추진하겠다는 의지를 밝힌 바 있다. 한국의 재래식 선제공격에 대해서는 북한 핵전력이 일정하게 생존할 가능성이 높으며, 생존한 핵미사일 전력은 남한을 제2격하여 무력화시킬 수 있을 것이다.

이러한 점들을 종합적으로 평가해 볼 때, 북한은 취약점에도 불구하고 장기적으로는 미국을, 중단기적으로는 한국을 겨냥해 '핵억제력의 신뢰성'을 하나씩 확보해 나갈 것으로 전망된다. 이것은 북한의 핵무기 보유가 동북아지역의 전략적 경쟁구도에 영향을 미칠 수밖에 없다. 그런 점에서 북한은 제2차 핵시대를 상징하는 신흥 핵보유국의 위치에 와 있다고 잠정적으로 평가할 수 있을 것이다.

**84** 함형필, "3차 핵실험 이후 북한 핵능력 평가: 사실상의 핵보유국인가?".

# 제2부

# 북한의 핵 · 미사일 전략과 핵무기 사용가능성

제1장

# 현실화되는 북한의 핵·미사일 위협

# 제1장
# 현실화되는 북한의 핵 · 미사일 위협

북한은 7차 노동당 대회 개막일인 2016년 5월 6일 조선중앙통신의 '보도'를 통해 "첫 수소탄시험과 지구관측위성발사의 장쾌한 뢰성으로 자주의 핵강국, 우주강국의 존엄과 위용을 만방에" 떨쳤다고 주장하였다. "우리 식의 소형핵탄두개발과 탄도로켓 전투부첨두의 대기권 재돌입 환경모의시험, 대출력 고체로켓 발동기 지상분출 및 계단분리시험, 새형의 대륙간 탄도로켓 대출력 발동기 지상분출시험에서의 대성공 등"을 이루었다고 과시했다.[1]

북한은 국제사회의 우려와 경고에도 불구하고 2016년 1월 6일 제4차 핵실험을 감행하였고, 유엔의 대북 제재 논의가 진행되고 있는 가운데 2월 7일에 ICBM으로 전용가능한 장거리로켓을 쏘아올려 지구 저궤도에 진입시켰다. 북한은 이번 제4차 핵실험에 대해 '소형화된 수소탄' 실험이라고 자화자찬하고 있고, 장거리 로켓의 발사에 대해서는 자원탐사용 인공위성을 쏘아올린 것이라고 주장하고 있다.

---

1 『조선중앙통신』 2016년 5월 6일.

이러한 북한의 도발(provocations)에 대해 국제사회의 대북 제재 논의가 본격화되고 북한을 겨냥한 한·미 연합군의 군사연습이 전개되자, 북한은 미 본토를 겨냥한 ICBM급 KN-08에 장착할 수 있는 소형화된 핵기폭장치와 탄도로켓의 대기권 재돌입환경 모의실험 장면의 공개로 맞섰다. 그뿐만이 아니라 북한은 김정은 위원장이 직접 나서서 노골적으로 핵 선제타격의 가능성을 언급하였다.

2016년 2월 12일 김정은 위원장은 미국에 대한 '핵공격 위협'까지 언급하며 공세 수위를 높였다. 그밖에도 북한당국자들은 "침략자 본거지에 대한 핵 타격 권리", "제2의 조선전쟁", "먼저 핵단추를 눌러도 책임 없다"는 등 미국과 한국을 겨냥해 핵무기의 사용 가능성을 공개적으로 떠벌리고 있다. 그 뒤에도 핵전쟁 가능성에 대해 여러 차례 언급했다.

그렇다면 김정은 정권에 들어와 북한이 핵·미사일 능력을 강화하는 이유는 무엇인가? 집권 초기 김정은 위원장은 「4.15연설」에서 "일심단결과 불패의 군력에 새 세기 산업혁명을 더하면 그것이 곧 사회주의 강성국가"라는 명제를 내놓았다.[2] 이는 김일성 시대에 추구했던 일심단결의 정치사상강국과 김정일 시대에 추진했던 불패의 군력을 가진 군사강국에 이어, 김정은 시대에는 선대의 정치사상강국, 군사강국의 토대 위에서 새 세기 산업혁명을 통한 경제강국을 건설한다는 목표를 제시한 것이다.

그런데 김정일 정권이 추구했던 군사강국은 2차례의 핵실험에도 불구하고 핵탄두의 소형화·경량화를 달성하지는 못했고 ICBM 능력을 보여줄 장거리로켓도 지구궤도 진입에 성공하지 못하는 등 실현되지 못했다. 또한 핵무력을 운영할 핵 독트린과 핵무력을 지휘·통제할 전략사령부도 창설 준비단계에 머물러 있었을 뿐이다. 그렇기 때문에 군사강국을 완성

2 김정은, "김일성 주석 탄생 100주년 경축 열병식 연설", 『조선중앙통신』, 2012년 4월 15일.

해야 할 과제는 김정은 정권에게 넘겨졌다.

김정은 정권은 출범 초기의 불안정한 상황에서 2012년 4월 13일 미국과의 「2.29합의」를 파기하면서까지 군사용 탄도미사일로 전환할 수 있는 장거리로켓 은하3호 1호기의 발사를 강행했다. 그 뒤 같은 해 12월 12일에 은하3호 2호기를 발사해 지구저궤도에 진입시키는 데 성공시킨 데 이어, 2013년 2월 12일에는 제3차 핵실험을 실시했다. 마침내 2016년 1월 6일과 2월 7일 제4차 핵실험과 추가 로켓발사를 강행했다.

북한이 국제사회의 비난과 한층 강화된 경제제재, 대외관계 악화에도 불구하고 핵・미사일 능력의 완성에 매달리는 데는 무엇보다 '사실상' 핵보유국의 지위를 굳혀 군사강국을 완성한 뒤 이를 토대로 '김정은의 시대'를 열고자 하는 국가적 목표 때문으로 보인다. 북한당국은 국내적으로도 핵보유국의 지위 확보가 김정은 정권의 권력기반을 안정화하는 데 도움이 된다고 판단하고 있는 것으로 보인다.[3]

이제 북한의 핵능력 강화와 '사실상' 핵보유국화는 한반도를 넘어 동북아, 전 세계 차원에서 우려를 야기하고 있다. 북한 핵문제의 외교적 해결을 위한 6자회담은 2008년 12월 수석대표회담을 끝으로 7년 넘게 열리지 못한 채 협상동력이 사실상 소진된 상태이다. 오늘날과 같이 북한의 핵・미사일 위협이 점차 현실화되고 있는 가운데, 어느 때보다도 북한의 핵전략이 가진 실체를 이론적으로 규명하고 우리의 대응방안을 마련하는 것이 시급하게 되었다.

제2부에서는 제2차 핵시대를 맞이하여 신흥 핵보유국들의 핵전략에 대해 이론적으로 검토한 뒤, 이를 바탕으로 북한의 핵・미사일 개발 능력

---

3 실제로 제4차 핵실험 이후 국제사회의 한층 강화된 대북 압박에도 불구하고 김정은 정권은 비교적 안정적인 것으로 평가되고 있다. Brian Padden, "South Korea: Kim's Power 'Unshakable' After Nuclear Tests", Global Security.org, April 06, 2016. (검색일 2016/4/8).

과 목표, 핵·미사일 기반의 군사전략 및 핵태세, 그리고 핵·미사일 보유 하에 예상되는 북한의 대남 도발양상을 분석한다. 그리고 최근 들어 핵무기 사용가능성에 대한 빈번한 언급에 주목하여 북한의 핵전략 전환 가능성을 검토한다. 이러한 분석에 기초하여 우리의 국가안보에 주는 시사점을 살펴본다.

제2장

# 신흥 핵보유국의 핵전략에 대한 이론적 검토

# 제2장
# 신흥 핵보유국의 핵전략에 대한 이론적 검토

전 세계적으로 5개 국가가 공인된 핵무기국가이기는 하지만, 실제 핵 군비경쟁은 주로 핵무기 대국인 미국과 옛 소련 두 나라가 사이에 벌어졌다. 영국과 프랑스, 중국과 같은 나라들은 지역차원의 핵억제력 구축에 주력했기 때문에 이론적 논의가 제한적일 수밖에 없었고, 소련도 사회주의사회의 특성상 논의가 활발하지 않았다. 그렇기 때문에 핵이론들은 대부분 미국에서 논의되었다.

1998년 들어 인도와 파키스탄이 잇달아 핵실험을 실시한 데 이어 북한이 새로운 핵보유국으로 등장하는 제2차 핵시대가 본격화하면서 신흥 핵보유국의 핵 독트린 또는 핵전략에 관한 이론적인 검토가 필요해졌다.[4] 여기서는 인도와 파키스탄의 사례를 중심으로 이루어진 신흥 핵보유국의 핵 독트린과 핵전략 등에 관한 미국 내 이론적 논의를 중심으로 검토해보기로 한다.

4 인도는 1974년에 핵실험을 실시했지만, 본격적인 핵보유국의 행보를 드러낸 것이 1998년 이후라는 점에서 일반적으로 신흥 핵보유국으로 분류된다.

# 1. 신흥 핵보유국의 핵 독트린

냉전 종식 이후 신흥 핵보유국의 출현은 비교적 성공적으로 핵확산을 차단해 온 것으로 평가받아왔던 핵무기확산방지조약(NPT) 체제에 대한 의구심을 던져주었다. 그에 따라 정책당국자들은 신흥 핵보유국들이 어떻게 핵개발을 하고 있는지, 핵무기 개발 능력은 어느 수준인지 하는 데에 주로 관심을 기울여 왔다. 그러나 신흥 핵보유국의 핵능력에 못지않게 중요한 것은 핵무기를 어떻게 관리하고 사용할 것인가 하는 운용방식이다.

핵무기를 사용하는 시점과 사용 목적과 관련되는 내용을 담고 있는 것이 바로 핵 독트린(Nuclear Doctrine)이다. 신흥 핵보유국들은 △핵억제라는 목표를 달성하기 위해 어떤 핵태세를 채택하는 게 효과적인가(nuclear posture), △핵억제 태세에 따라 핵무기의 표적설정을 어떻게 할 것인가(nuclear targeting), △핵억제 태세에 따라 핵무기를 선제 사용할 것인가 보복용으로만 사용할 것인가(no first use) 등을 결정해야 한다.

## 1) 핵억제 태세

안보정책을 선택할 때면 굳건한 방어(resolute defense)와 믿을 만한 억제(credible deterrence) 사이의 선택에 직면하게 된다. 방어(防禦)가 위협이 되는 적의 접근 또는 공격을 거부하는 전투행동을 가리키는 것이라면, 억제(抑制)란 "일방이 타방에게 어떤 일련의 행동을 못하도록 납득시키기 위해 위협을 사용하는 것"으로 정의된다.[5] 이러한 억제의 구성요소는 비례성(Proportionality), 상호성(Reciprocity), 강압의 신뢰성(Coercive credibility) 등 3가지로 이루어진다.[6]

5 "Deterrence Theory", Wikipeida. (www.wikipedia.org 검색일 2015/3/27).

억제 태세에는 어떤 행위를 통해 얻을 수 있는 이익보다 피해가 크다는 점을 적국에게 인식시킴으로써 전쟁을 막는 징벌적 억제(deterrence by punishmen)와 어떤 행위를 하더라도 성공하기가 어렵다는 점을 적국이 깨닫게 함으로써 전쟁을 막는 거부적 억제(deterrence by denial)가 있다. 재래식전쟁에서는 거부적 억제와 징벌적 억제가 모두 적용됐지만, 한 동안 핵전쟁에서는 징벌적 억제만이 적용되어 왔었다. 그 대표적인 것이 상호확증파괴(MAD)이다.[7]

핵억제 태세는 미・소 양대국을 중심으로 발전해 왔다. 핵억제 태세로서 제일 먼저 등장한 것이 1954년의 뉴룩(New Look) 전략에 따른 대량보복(Massive Retaliation)이다. 1961년에는 유연반응(flexible response), 1964년 피해제한(damage limitation) 등이 나왔다. 확증파괴(Assured Destruction)는 1954년에 처음 나왔지만 소련도 점차 확증파괴능력을 갖추게 되면서 1965년에 상호확증파괴로 발전하였고, 1972년 5월 탄도미사일방위(BMD)의 배치를 규제하는 「ABM조약」을 체결함으로써 상호확증파괴 태세가 확립되었다.

미국은 20년간 징벌적 억제에 기초한 상호확증파괴 태세를 유지해 왔으나, 1980년 카터 대통령에 이르러 거부적 억제에 기초한 가치표적 타격전략으로 전환을 시도하였다.[8] 그 뒤 1983년 레이건 대통령은 한발 더 나아가 상호확증파괴 태세를 대체할 목적으로 대륙간탄도미사일 방어를

6 Jentleson, B.A. and Whytock, C.A., "Who Won Libya," *International Security*, Vol. 30, No. 3, Winter 2005/06, pp. 47~86.

7 핵억제 태세 가운데 거부적 억제에는 전략방위(SDI), 미사일방위(MD) 외에도 선제타격, 방호 등도 포함시킬 수 있다. 박휘락, "북한핵에 대한 한국 억제전략의 분석", 『국제정치논총』 제55집 23, 2015, pp. 300~302.

8 Thomas M. Nichols, "미국 핵전력의 변화: 대량보복전략에서 핵태세검토보고서까지", 『NPT체제와 핵안보』, 통일연구원, 2010, p. 33.

위한 전략방위구상(SDI)을 추진함으로써 거부적 억제가 핵억제 태세의 일부로 본격적으로 적용되기 시작했다.[9]

이러한 핵 강대국들과는 달리, 지역 핵보유국(영국, 프랑스, 중국)이나 신흥 핵보유국들(이스라엘, 인도, 파키스탄)은 핵무기 보유고가 충분치 않고 정밀도도 떨어지기 때문에, 다시 말해 제1격 능력이 부족하기 때문에 '핵 선제불사용 정책'을 선언함으로써 핵강대국의 제1격을 피하고자 하였다. 그 대신에 확증파괴할 수 있는 제2격 능력의 제고에 힘쓰면서 가치표적을 주된 공격대상으로 설정하고 있다.

적대세력의 공격으로부터 억제하는 데 필요한 핵무기 이상을 국가가 보유하지 않는 것을 최소억제 핵태세라고 부른다. 최소억제 태세의 기본적인 교리는 '핵 선제불사용' 정책으로, 이 전략에서 핵무기의 유일한 역할은 핵보유 적대국이 핵무기를 선제사용하지 못하도록 억제하는 것이다.[10]

냉전시기 미국과 옛 소련이 제1격, 제2격 능력을 동시에 부단히 강화해 왔다면, 중국과 인도, 파키스탄 등은 최소억제 핵태세를 추구하면서 제2격 능력을 구축하는 데 전념해 왔다. 미 본토를 공격할 운반수단이 없었던 핵보유 초기의 중국은 주변의 미 동맹국과 해외미군기지에 대한 제2격 능력을 보유함으로써 미국이 중국에 핵공격을 못하게 단념시키는 최소억제 핵태세를 수립했다.[11] 인도와 파키스탄 역시 '신뢰최소억제(Credible Minimum Deterrence)'라는 이름으로 이러한 핵억제 태세를 채택하였다.

---

**9** Nichols, "미국 핵전력의 변화: 대량보복전략에서 핵태세검토보고서까지", p. 34.

**10** Hans M. Kristensen, Robert S Norris, and Ivan Oelrich, *From Counterforce to Minimal Deterrence: A New Nuclear Policy on the Path Toward Eliminating Nuclear Weapons*, Federation of American Scientists Occasional Paper No. 7, April 2009, pp. 21~22. (검색일 2015/3/27).

**11** 平松茂雄, 『中國, 核ミサイルの標的』, p. 48.

〈표 2-1〉 핵억제 태세에 따른 표적과 시점

<table>
<tr><th colspan="2" rowspan="2">구 분</th><th colspan="2">최 소 억 제</th><th colspan="2">최 대 억 제</th><th rowspan="2">제한억제</th></tr>
<tr><th>실존억제</th><th></th><th>대량보복</th><th>상호확증파괴</th></tr>
<tr><td colspan="2">목 표</td><td>전면전 억제</td><td>전면전 억제</td><td>전면전 억제</td><td>전면전 억제</td><td>다양한 수준의 전쟁 억제, 전쟁 피해 최소화 및 승리</td></tr>
<tr><td rowspan="2">개념</td><td>표 적</td><td>가치, 군사</td><td>가치</td><td>군사</td><td>가치, 군사</td><td>가치, 군사</td></tr>
<tr><td>시 점</td><td>2차 타격</td><td>2차 타격</td><td>1차 타격</td><td>2차 타격</td><td>1차 타격<br>2차 타격</td></tr>
<tr><td rowspan="5">수단</td><td>파괴력</td><td>최소</td><td>20kT 이상</td><td>대규모</td><td>대규모</td><td>대규모<br>(다양한 수준)</td></tr>
<tr><td rowspan="2">수 량</td><td>핵무기 존재</td><td>최소 2차 타격능력</td><td>대량 1차 타격능력</td><td>대량 2차 타격능력</td><td>대량 2차 타격능력</td></tr>
<tr><td>최소한의 비대칭핵능력</td><td colspan="4">*적의 능력에 따라 결정되기 때문에 모든 억제전략을 구현하기 위해 필요한 수량(소량, 대량)은 상대적임</td></tr>
<tr><td>생존성</td><td colspan="2">필 요</td><td>불필요</td><td>필 요</td><td>필 요</td></tr>
<tr><td>정확성</td><td colspan="2">불필요</td><td>필 요</td><td>필 요</td><td>필 요</td></tr>
</table>

<출전> 이재학, "억제이론으로 본 중국의 핵억제전략", 신아세아 18권 2호, 2011년 여름을 참고하여 필자가 일부 수정

## 2) 핵 표적설정 정책

핵무기국가들이 적국을 타격할 때 설정하는 공격목표, 즉 표적은 크게 가치표적(counter-value)과 군사표적(counter-force)의 두 가지로 나눌 수 있다. 핵무기의 표적설정은 공격의 중점을 제1격(first strike)에 두느냐, 제2격(second strike)에 두느냐에 따라 달라지며, 그런 점에서 핵 표적설정 정책은 핵억제 태세와 밀접한 관계가 있다.

최대억제 핵태세의 핵심인 상호확증파괴(MAD)는 기본적으로 적국의 주요 군지휘시설, 핵 · 미사일 기지와 같은 군사표적을 타격하는 데 목표를 두고 있다. 이에 비해 최소억제 핵태세는 적은 수량의 핵무기로 인구밀집 대도시, 주요 경제시설과 같이 산업적, 사회적으로 가치 있는 대상(가치표적)의 타격을 상정함으로써 전쟁을 억제하거나 전쟁을 조기에 종결시키는 데 목표를 두고 있다.[12] 제한억제 핵태세의 경우는 가치, 군사표적을 모두 겨냥하고 있으며 타격시점도 제1격과 제2격을 동시에 고려하고 있다(<표 2-1> 참조).

오랫동안 미·러 양국은 인구밀집지역이나 산업시설과 같은 민간을 대상으로 하는 가치표적보다는 상대의 군사력, 특히 핵무기전력을 표적으로 삼는 군사표적을 타격하는 데에 치중해 왔다. 군사표적을 타격하기 위해서는 제1격 능력이 필요한데, 이를 갖추기 위해 100%에 가까운 정밀한 타격능력을 보유해야 한다. 하지만 적국이 조기경보레이더나 잠수함발사 탄도미사일(SLBM), 이동식 발사체(TEL)를 보유하고 있을 경우 군사표적의 정밀타격은 쉽지 않다.

가치표적의 타격은 개념적으로 무제한적인 보복공격을 상정하지만, 만약 적국이나 테러집단이 단일도시에 대해 자포자기성 소규모 공격을 가해올 경우에는 무제한적인 상호확증파괴를 가하기 어려워진다. 현실적으로 핵 선제타격국가에 대한 제2격은 제한된 가치표적에 집중될 수밖에 없다. 그렇기 때문에 현실적인 전쟁계획은 한 곳 혹은 몇 곳의 도시들에 대한 제한적인 반격이 될 가능성이 높다. 이처럼 미국의 표적설정 정책은 제한적인 핵전쟁이 발생할 수 있다는 전제 아래, 핵무기의 활용이 가능한 표적설정에 대한 이론적 검토가 이루어졌다.

오바마 행정부에 들어와 미국 내에서는 표적설정 정책을 둘러싸고 새

12 상호확증파괴 전략과 대비되는 '핵무기 활용에 관한 표적선택'(NUTS, Nuclear utilization target selection) 이론에 대한 소개는 다음을 볼 것. Wikipedia의 "Nuclear utilization target selection" https://en.wikipedia.org/wiki/Nuclear_utilization_target_selection. (검색일 2016/3/24).

롭게 논란이 벌어지고 있다. 오바마 행정부는 카터 대통령 때 도입한 가치표적 타격전략을 확정하려고 했으나, 미 공화당이 크게 반발하고 있다.[13] 표적설정 정책을 전환하려는 배경에는 대규모 핵군축을 담은 제4차 전략무기감축조약(New START)이 있다. 핵탄두 감축으로 핵탄두의 수가 줄어들면서 수많은 군사표적을 다 설정할 수 없게 되었기 때문에, 최소의 핵무기로 최대의 억제효과가 있는 가치 표적설정 정책으로 전환하려는 것이 오바마 미 행정부의 생각인 것이다.

### 3) 핵 선제불사용 정책

핵 선제불사용 정책(No first-use policy)이란 적국이 핵무기로 공격해 올 때를 제외하고는 전쟁수단으로써 핵무기를 상대보다 먼저 사용하지 않겠다는 것을 선언이나 정책으로 밝히는 것을 가리킨다. 핵무기확산방지조약(NPT)은 비핵무기보유국들에게 핵비확산을 의무화하고 있지만, 정작 다수의 핵무기국가들은 적대적인 핵무기국가와의 군사적 균형을 고려하여 선제불사용 정책의 채택을 회피하고 있다.

이러한 선제불사용 정책의 채택 여부는 핵억제력과 밀접한 관련이 있다. 핵보유국 가운데 핵 선제불사용 정책을 채택하지 않는 이유로는 미국처럼 동맹국들에게 확장억제력의 유효성을 보장하기 위해 그렇게 하는 경우도 있지만, 일반적으로는 자국의 핵전력이 적국의 선제공격으로부터 생존가능성이 낮을 경우나 재래식 전력이 적국보다 열세일 경우,

13 미 민주당측은 어차피 적국의 중요한 군사시설이나 산업시설들이 대부분 인구가 많은 대도시에 위치해 있기 때문에 가치표적 타격과 군사표적 타격을 구분하는 것은 사실상 무의미하다며 공화당측의 반대입장을 비판하고 있다. Jonah Friedman, “Countervalue vs. Counterforce”, CSIS, June 2, 2011 at http://csis.org. (검색일 2016/2/26).

전쟁 지속능력이 적국보다 떨어질 경우 그러한 정책을 채택하지 않는다.[14]

냉전시기 NATO는 소련이 재래식 전력 분야에서 압도적인 우위를 차지하고 있는 상황에서 신뢰성 있는 핵억제력을 갖추기 위해 전술핵무기의 선제적 핵타격을 핵심옵션으로 가져야 한다며 핵 선제불사용 정책의 채택에 반대해 왔다. 이에 비해 옛 소련은 줄곧 핵 선제불사용 정책의 채택을 주장해 왔다. 하지만 냉전이 종식되면서 옛 소련이 채택했던 선제불사용 정책이 흔들리기 시작했다.[15] 마침내 2010년 이후에 발표된 「러시아연방 군사독트린」들은 러시아가 "대규모 재래식 공격에 대응하여" 핵무기를 사용할 권리를 갖는다며 핵 선제불사용 정책의 파기를 공식 천명하고 있다.[16]

공인된 핵무기국가 가운데 핵 선제불사용 정책을 고수하고 있는 국가는 중국 한 나라에 불과하다. 중국은 1964년 핵실험의 성공 이래 줄곧 선제불사용을 핵 독트린의 기본원칙으로 삼아왔다.[17] 하지만 2013년 4월 중국국방부가 발표한 『2012년 중국 국방백서』에서는 1998년 국방백서의 발간 이후 한 번도 빠지지 않았던 핵 선제불사용 정책의 내용이 등장하지 않았다.[18] 그러다가 2015년판 국방백서에 이 정책이 재등장했으나, 중국 내부에서는 이 정책의 폐기를 검토해야 한다는 주장이 제기되고 있다.[19]

---

14 전경만 · 임수호 · 방태섭 · 이한희, 『북한 핵과 DIME구상』, 삼성경제연구소, 2010, p. 48.

15 Bruce G. Blair, "Russian Nuclear Policy and the Status of Detargeting", Brookings Institute, March 17, 1997. (http://www.brookings.edu/research/testimony/1997/03/17 defense-blair 검색일 2016/4/23)

16 Kristensen and Norris, "Russian nuclear forces 2016", p. 3.

17 Robert S. Norris and Hans M. Kristensen, "Chinese nuclear forces 2010", *Bulletin of Atomic Scentists*. Vol. 66, Issue 6, 2010, p. 135.

18 中华人民共和国国务院办公室, 『中国武装力量的多样化运用』, 2013年4月16日.

신흥 핵보유국 중에서는 인도가 1999년 8월 "최소신뢰억제(Credible Minimum Deterrence)" 전략(초안)에 기초해 핵 선제불사용 정책을 선언하였고, 2003년 1월 인도 핵지휘사령부(NCA)가 이를 공식 채택하였다. 반면, 재래식 전력에서 인도에 뒤져 있는 파키스탄은 핵 선제불사용 정책의 채택을 거부하고 있다.[20] 이스라엘의 경우는 명확하게 밝히지는 않았지만, NCND정책의 특성상 핵 선제불사용 정책을 채택할 가능성은 거의 없는 것으로 평가된다.

## 2. 신흥 핵보유국의 핵 지휘통제

### 1) 핵 지휘통제의 유형: 독단형과 위임형[21]

미 국방부는 핵 지휘통제(Ncuclear Command and Control)를 "군대의 핵무기 작전에 대한 최고사령관으로서, 이러한 작전을 지원하는 범정부의 최고수반으로서, 다국간 행동이 필요할 때 이러한 작전을 지원할 국가원수로서 이루어지는 대통령의 권한과 명령의 행사"로 정의하고 있다. 그리고 대통령과 통합사령관이 자신의 권한을 행사할 수 있도록 지원하는 하부구조가 바로 핵 지휘통제체계(NCCS)로, 그 목적은 대통령에게 핵무

19 中华人民共和国国务院办公室, 『中国的军事战略』, 2015年5月. 핵 선제사용 정책의 한계를 주장하는 내용은 다음 책을 볼 것. 李显荣, 『论核战略』, 人民出版社, 2014年, pp. 353~365.

20 Narang, "Pakistan's Nuclear Postures: Implication for South Asian Stability", pp. 2~3.

21 Peter D. Fever, "Command and Control in Emerging Nuclear Nations", *International Security*, Vol. 17, No. 2, Winter, 1992/93. 및 Joseph Cirincione, Jon Wolfsthal, "Command and Control in Emerging Nuclear Weapon States", Carnegie Endowment for International Peace, October 26, 1999 참조.

기 작전에 대한 권한을 행사하는 데 필요한 모든 능력을 제공하는 데 두고 있다.[22]

핵 지휘통제체계의 유형은 운용방식에 따라 국가지도자가 핵무기 사용의 승인권한을 보유한 독단형(Assertive type)과 국가지도자가 예하 사령관에게 핵무기 사용의 승인권한을 위임한 위임형(Delegated type)으로 대별된다.[23] 독단형은 예기치 않은 핵무기 사용을 방지할 수 있는 장점이 있는 반면, 적시에 핵대응하기 어렵다는 단점을 갖고 있다. 이에 비해 위임형은 적시에 핵사용을 결정하는 데는 유리하지만 사고나 승인받지 않은 임의의 핵사용을 막기 어렵다는 문제를 안고 있는 것으로 평가된다.[24]

이러한 핵 지휘통제체계의 방식은 한 국가가 직면하고 있는 민군관계(Civil-Military Relationship)와 대응시간(Time-Urgency)에 따라 결정된다.[25] 만약 정치지도자가 군을 신뢰할 경우나 적국의 공격에 대해 대응시간이 충분하지 않을 경우에는 즉각적인 보복을 위해 '위임형' 핵 지휘통제체계를 채택할 가능성이 높다. 반면, 정치지도자가 군을 제대로 신뢰하지 않거나 적국의 공격에 대한 대응시간이 충분할 경우에는 신중한 핵무기 사용 결정을 위해 최고정치지도자에게 권한이 집중된 '독단형' 핵 지휘통제체계를 채택할 가능성이 높다(아래 <표 2-2> 참조).

---

22 DoD, "Directive 3150.6: United States Nuclear Command and Control System Support Staff," January 19, 2001, p. 2. (Robert D. Critchow, *Nuclear Command and Control: Current Programs and Issues*, CRS Report for Congress, May 3, 2006, p. 1.에서 재인용).

23 Feaver, "Command and Control in Emerging Nuclear Nations", pp. 168~170.

24 전경만 외, 『북한 핵과 DIME구상』, p. 51.

25 이근욱은 핵지휘통제의 결정변수로 민군관계, 대응시간(외부의 위협) 외에 각국이 보유하고 있는 핵전력의 크기도 포함시키고 있는데, 신흥핵보유국의 핵태세 변화를 분석하는 데 유용하다. 이근욱, "북한의 핵전력 지휘・통제 체계에 대한 예측: 이론 검토와 이에 따른 시론적 분석", 『국가전략』 제11권 3호, 2005, pp. 104~105.

〈표 2-2〉 핵 지휘통제체계의 기능별 유형

| | 안정적인 민군관계 | 불안정한 민군관계 |
|---|---|---|
| 급박한 대응시간 | 대체로 위임형 | 평화시: 독단형<br>위기시: 위임형 |
| 충분한 대응시간 | 불확실 | 대체로 독단형 |

<출전> Peter D. Feaver, "Command and Control in Emerging Nuclear Nations", *International Security,* Vol. 17, No. 2 (Winter, 1992/93), p. 182.

위임형 핵 지휘통제체계를 취하고 있는 대표적인 나라가 미국이다. 미국은 안정적인 민군관계를 바탕으로 하고 있으며, 초강대국으로서 직접적인 위협에 노출되지는 않았으나 동맹국들에 대한 확장억제 공약 때문에 언제라도 신속히 대응할 필요성을 갖고 있다. 독단형 핵 지휘통제체계를 택하고 있는 나라로는 옛 소련 및 현재의 러시아나 인도, 파키스탄을 들 수 있다. 옛 소련・러시아와 인도는 강력한 문민통제를 갖고 있지만 그로 인한 군부의 불만이 있으며 파키스탄은 잦은 군사쿠데타 위험성이 있는 등 불안정한 민군관계를 갖고 있다. 그밖에도 소련(러시아)은 미국의 첨단 핵전력에 항시 노출되어 있고, 인도와 파키스탄은 국경을 접하고 있어 대응시간이 충분하지 않다고 평가된다.

### 2) 핵미사일 지휘통제조직

핵 지휘통제체계가 원활히 작동되기 위해서는 유사시 핵무기의 사용 승인, 명령 전파・하달, 명령 이행 및 운용과 관련된 권한・조직・통신망 및 경보체계 등을 포괄적으로 구비해야 한다.[26] 따라서 핵 지휘통제체계는 적의 공격을 경계하고 조기에 포착하는 경보장치(Sensor)와 핵무기 사

26 전경만 외, 『북한 핵과 DIME구상』, p. 51.

용과 관련된 정치적인 결정을 전담부대에 전달하는 통신망(Communication Links), 그리고 핵무기 작전을 담당하는 작전지휘소(Command Centers)로 구성된다.[27] 대부분의 핵보유국가들은 이를 전담하는 작전지휘소가 경보장치와 통신망을 담당하게 된다.

미국과 러시아, 중국과 같은 핵무기국가들은 핵미사일 지휘통제를 담당하는 별도의 군사조직을 보유하고 있다.[28] 미국은 안정된 문민통제를 바탕으로 위임형 핵통제체계를 갖고 있으며, 전략 핵미사일의 운용은 미공군 글로벌타격사령부(AFGSC)가 담당한다. 이에 비해 옛 소련과 러시아는 불안정한 민군관계로 인해 독단형 핵통제체계를 갖고 있으며, 별도로 편성된 전략로켓군을 운영하고 있다. 사회주의국가인 중국은 당에 의한 군 통제가 이루어지고 있으며, 핵무기 운영과 관련된 사항은 당 중앙군사위원회에서 결정한다.[29] 핵실험 직후부터 제2포병을 창설하여 운영해 오다가 2015년 12월 31일을 기해 화전군(火箭軍)으로 개칭하였다.

인도는 1974년 첫 핵실험을 실시했으나 1998년 핵실험 이후에야 핵미사일 지휘통제 조직을 만들었다. 2003년 1월 인도 핵지휘국(NCA)이 창설되었고 그 산하에 정치위원회와 집행위원회를 두었다. 핵지휘국의 명령이 떨어지면, 공군참모총장이 통제하는 전략군사령부(SFC)에 의해 작전이 전개된다. 인도는 핵무기뿐만 아니라 현재 중장거리 탄도미사일과 잠수함발사 탄도미사일(SLBM)을 개발한 데 이어 다탄두재돌입(MRV)형 ICBM 개발에도 착수했다. 인도의 핵 지휘통제는 문민통제가 강력하게

---

**27** Ashton B. Carter, John D. Steinbruner, Charles A. Zraket, ed., *Managing Nuclear Operations*, Washington D.C.: The Brookings Institution, 1987, pp. 2~3.

**28** 미국과 옛 소련의 핵 지휘통제체계의 비교에 관해서는 다음을 참조. 이근욱, "북한의 핵전력 지휘・통제 체계에 대한 예측", pp. 102~104 및 pp. 106~107.

**29** 이재학, "억제이론으로 본 중국의 핵억제전략", p. 111.

이루어져 있으며, 우발적이거나 미승인 사용을 막는 장치를 갖추고 있는 것으로 평가되고 있다.[30]

파키스탄은 핵실험 이듬해인 2000년 2월 국가안보회의의 승인을 얻어 핵전력의 사령탑인 국가지휘국(NCA)을 창설하였다. 국가지휘국은 민간 관료의 고용통제위원회, 군장성의 개발통제위원회, 그리고 사무국 역할의 전략기획부로 이루어진다.[31] 국가지휘국은 우주전, 정보전, 미사일방어, 국내외 지휘통제, 정보, 감시, 정찰, 전략적 억제, 대량살상무기 대응 등을 담당할 뿐만 아니라, 육・해・공군 전략사령부의 작전을 감독하는 역할도 맡는 최고의 군사기구이다. 현재 민간정부에 의한 문민통제가 실시되고 있으나 쿠데타의 발생가능성 때문에 우발적 사고나 미승인사용에 대한 우려감이 항시 존재한다.

## 3. 신흥 핵보유국의 핵전략 유형과 전환

### 1) 핵전략의 유형: 촉발, 확증보복, 비대칭확전

핵무기의 억제효과는 실존적 억제처럼 예외적인 경우를 제외한다면 핵무기의 보유 자체보다는 핵보유국이 핵무기로 무엇을 하려 하는가에 따라 크게 영향을 받는다. 핵전략(nuclear strategy)은 바로 핵보유국이 국가안보전략에서 핵무기의 역할을 어떻게 규정하는지를 결정하는 것이다.

미국은 1994년에 『핵태세 검토보고서(NPR, Nuclear Posture Review)』

30 Rajat Pandit, "Nuke command set up, button in PM's hand", *The Times of India*, Jan. 4, 2003.

31 Robert Sherman, "National Command Authority-Pakistan Special Weapons", FAS Report, Updated March 19, 2000. (https://fas.org/nuke/guide/pakistan/agency/nca.htm, 검색일 2016/4/9).

를 처음 발간한 이래, 2002년과 2010년 8년 단위로 발표해오고 있다. 미국과 같은 핵대국이 아닌 신흥 핵보유국들이 자국의 핵전략을 공개하기는 어려울 것이다. 인도, 파키스탄, 북한, 이란 등 신흥핵보유국의 핵전략에 관한 경험적 연구에 따르면, 지역적 핵보유국들이 취할 수 있는 핵전략은 크게 촉발, 확증보복, 비대칭확전의 세 가지 유형으로 나눌 수 있다.[32]

첫째, **촉발(Catalytic) 핵전략**이란 주변의 적대국가의 공격에 맞서 보호-피보호(patron-client) 관계를 이용하여 지역안정에 관심을 갖는 제3국가의 군사적, 외교적 지원을 이끌어내기 위한 전략으로, 핵무기 사용 위협을 통해 제3국의 지원을 '촉발'하는 역할을 맡는다. 촉발 핵전략을 수립한 국가들은 소량의 핵무기를 사용하기보다 제3국을 끌어들이는 게 억제에 유리하다고 판단한다.

이들은 대체로 생존가능한 제2격 능력이나 공개적인 전술핵무기를 보유하고 있지 않으며, 이러한 핵전략을 구사하기 위해 독단형 통제를 채택하고 핵무기를 군사교리에 포함시키지 않는 경향이 있다. 모호한 핵능력을 활용한 남아공화국의 핵전략(1979~91)이 대표적이다. 이러한 유형에는 걸프전쟁 이전의 이스라엘-I(1966~90)과 파키스탄-I(1986~91) 등이 속한다. 일본의 핵전략도 넓게 볼 때 여기에 포함시킬 수 있을 것이다. 최근 한국 내의 핵무장론도 여기에 해당한다고 볼 수 있다.

둘째, **확증보복(Assured Retaliation) 핵전략**이란 스스로 제2격 능력을 갖춤으로써 핵보복 위협을 과시해 적대국가의 핵무기 사용 또는 침공을 사전에 억제함으로써 안전보장을 추구하는 방식을 가리킨다. 여기서 해

**32** Vipin Narang, "Nuclear Strategies of Emerging Nuclear Powers: North Korea and Iran", *The Washington Quaterly* 38, No.1, Winter 2015, pp. 75~79.; Viping Narang, "Posturing for Peace? Pakistan's Nuclear Postures and South Asian Stability," *International Security*, Vol. 34, No. 3, Winter 2009/10, pp. 40~45.

당 국가들은 생존력을 높이기 위해 핵무기의 배치상황을 모호하게 유지하면서, 제1격을 당하면 반드시 핵보복할 수 있는 제2격 능력이 있음을 적대국가에게 인식시키는 것이 중요하다.

확증보복 핵전략은 재래식 군사력을 겨냥한 거부적 억제보다는 고가치표적(high-value target)에 대한 징벌적 억제에 맞춰 핵무기 사용계획을 수립하고 있다. 확증보복 핵전략을 채택하고 있는 나라들의 공통된 특징은 제2격 능력은 개발하지만 전술핵무기는 갖고 있지 않다는 점이다. 이 국가들은 보유량은 적지만 확실하고 생존성 있는 핵무기를 보유했으며 핵 선제불사용 정책을 표방하고 있다. 신흥 핵보유국 가운데 이러한 핵전략을 취한 나라로는 중국(1964~현재)과 인도(1974~현재)가 있다.

셋째, **비대칭확전(Asymmetric Escalation) 핵전략**이란 일단 전쟁 발발의 위기가 발생하면 핵무기 선제사용을 위협하여 적대세력이 갖고 있는 모든 종류의 군사력 사용을 억제함으로써 안전보장을 확보하는 방식이다. 비대칭확전 핵전략은 '촉발'이나 '확증보복'과 달리 전쟁 초기단계에서 잠재적인 선택방안으로 핵 선제타격을 설정하고 있다.[33]

비대칭확전 전략의 가장 큰 특징은 전쟁 때 적대세력의 재래식무기 사용에 대응해 핵무기를 사용할 능력과 의사가 있음을 드러내는 것이다. 바르샤바조약기구에 비해 재래식 전력이 열세인데다가 소련의 핵무기 위협에 놓여 있었던 프랑스(1960~90), 그리고 인도의 재래식 전력에 비해 열세에 놓였던 파키스탄(1998~현재)은 핵무기 보유를 통해 전쟁 발발을 억제하면서 동시에 재래식공격에 대응해 비대칭적으로 핵무기 선제타격을 가능토록 하였다.

33 핵무기 선제사용 위협이 겨냥하는 대상 면에서 볼 때, '촉발'이 후원국이라면 '비대칭 확전'은 적대국가라는 점에서 양자는 차이가 난다. Narang, "Nuclear Strategies of Emerging Nuclear Powers", p. 79.

〈표 2-3〉 지역적 핵보유국들의 핵전략 유형

| | 촉 발 (Catalytic) | 확증 보복 (Assured Retaliation) | 비대칭 확전 (Asymmetric Escalation) |
|---|---|---|---|
| 목 표 | 제3국 강제 (억제) | 핵사용 및 강압 억제 | 재래식 갈등 및 핵사용 억제 |
| 능 력 | 약간의 핵무기 조립능력 | 생존가능한 2차 타격능력 | 선제타격 능력 |
| 관리운영 | 활동중지 및 불투명성 | 적극적 문민통제 (보조부대, 비상대기부대 부재) | 권한 위임 (군대와 핵교리로 통합된 자산과 권한) |
| 투 명 도 | 핵 능력과 핵무기 배치의 모호성 | 핵능력의 명료성, 핵무기 배치의 모호성 | 핵 능력과 핵무기 배치의 명료성 |
| 해당국가* | 이스라엘(1), 남아공, 파키스탄(1) | 중국, 인도, 이스라엘(2) | 프랑스, 파키스탄(2) |

* 이스라엘은 1991년 걸프전 이후 '촉발'에서 '확증보복'으로, 파키스탄은 1998년 핵실험 이후 '촉발'에서 '비대칭 도전'으로 핵전략을 전환

<출전> Narang, "Posturing for Peace? Pakistan's Nuclear Postures and South Asian Stability", p. 45.

### 2) 핵전략의 전환: 냉전의 종식과 비대칭확전 핵전략의 증가

핵전략은 한 국가의 전체 군사구조에서 차지하는 핵탄두 및 운반수단의 수량과 형태, 배치된 핵무기를 관리하는 규정과 절차, 핵무기 지휘통제체계(언제 어느 조건에서, 어떤 표적에 대해, 누가 핵무기 사용을 결정하는가)와 같은 변수들에 의해 결정된다.34 이것은 국가의 핵역량이나 정책투명성, 핵 지휘통제체계가 변하게 되면 한 국가의 핵전략도 변할 수 있다는 것을 의미한다.

냉전시기 미국은 소련의 핵공격에 대해 상호확증파괴를 목표로 하는

34 Narang, "Posturing for Peace? Pakistan's Nuclear Postures and South Asian Stability", pp. 40~41.

대량보복 핵태세를 수립했으나, 미사일 갭과 쿠바위기 이후 제한억제 핵태세로 바꾸었고, 소련의 대규모 핵무기 보유로 핵균형이 이루어진 상태에서 유럽지역의 나토군이 바르샤바조약군에 비해 재래식 전력에서 열세임이 드러나면서 유연반응전략으로, 다시 상쇄전략으로 바꾸었다.[35] 냉전이 끝난 뒤 발표한 『NPR 2002』에서는 전통적인 삼원체제(Triad)를 대신해 핵전력 외에 재래식전력을 추가한 신삼원체제(New Triad)를 발표하였다. 또한 테러집단과 같은 새로운 위협에 대응하여 전략기조를 위협기반전략(threat-based strategy)에서 능력기반전략(capability-based strategy)으로 전환하였다.

신흥 핵보유국들도 점차 국가의 핵역량이 강화되고, 자국 내 핵통제 능력의 향상, 자신들이 처해 있는 안보환경의 변화에 따라 초기에 채택했던 핵전략을 바꾸고 있다. 핵전략을 변경하게 되는 이유는 다음 네 가지를 상정할 수 있다. △의지할 수 있는 제3국의 활용가능성, △재래전력의 열세에 따른 위협 노출, △민군관계의 형태 변화, △핵능력의 한계 여부를 들 수 있을 것이다.[36]

이러한 변수에 가장 큰 영향을 끼친 것이 바로 냉전의 해체에 따른 안보환경의 변화이다. 대표적인 사례로서, 남아공화국은 앙골라에 주둔했던 5만 명의 쿠바군이 철수하고 소련의 붕괴에 따른 대외원조 중단으로 아프리카 내 공산국가의 영향력이 약화되자, 인종차별정책을 폐지하고 흑인정권의 등장을 앞두고 자발적으로 핵무기를 완전히 포기하였다.

프랑스는 신흥 핵보유국은 아니지만, 핵무기 보유 초기부터 소련의 재래식 군사위협을 내세우며 핵 선제사용을 포함하는 '비대칭확전' 전략을

35 スローン, 『現代の軍事戦略入門』, 芙蓉書房出版, pp. 270~271.

36 Narang, "Nuclear Strategies of Emerging Nuclear Powers", pp. 80~81.

취하였다. 냉전이 종식되면서 동서 양진영의 적대관계가 해소되고 옛 소련의 재래식 군사위협이 소멸하는 등 외부 안보환경이 변화되었지만, 여전히 러시아의 군사적 위협이 상존하기 때문에 그대로 비대칭확전 핵전략을 유지하면서 전술면의 변화를 보이고 있다.

이스라엘은 냉전시기에는 옛 소련의 후원을 받는 중동국가들의 군사적 위협에 놓여 있었기 때문에 최소억제력을 유지하면서 미국 등 서방국가들의 개입을 끌어들이고자 하는 '촉발' 핵전략을 취하였다. 탈냉전이 되면서 중동국가들에 대한 러시아의 후원이 중단되는 대신에 서방진영의 개입도 쉽지 않은 안보환경이 되었다. 그렇기 때문에 이스라엘은 독자적인 생존을 모색하면서 '비대칭확전'으로 핵전략을 변경하였다.

1998년 인도와 파키스탄이 잇달아 핵실험을 실시하면서 서남아시아에서 새로운 핵균형이 이루어지는 등 안보환경이 변하고 있다. 양국은 IAEA와 「IAEA부분보장조치협정」을 맺고는 있으나, 「핵무기확산방지조약(NPT)」에는 가입하지 않고 있고 「포괄적핵실험금지조약(CTBT)」에도 서명하지 않고 있다. 하지만 재래식 전력에서 우위에 있는 인도는 확증보복 핵태세를 일관되게 유지하고 있는 반면, 재래식무기에서 크게 열세인 파키스탄은 비핵무기국가 당시에 취했던 '촉발' 전략을 버리고 '비대칭확전' 핵전략을 취하고 있다.

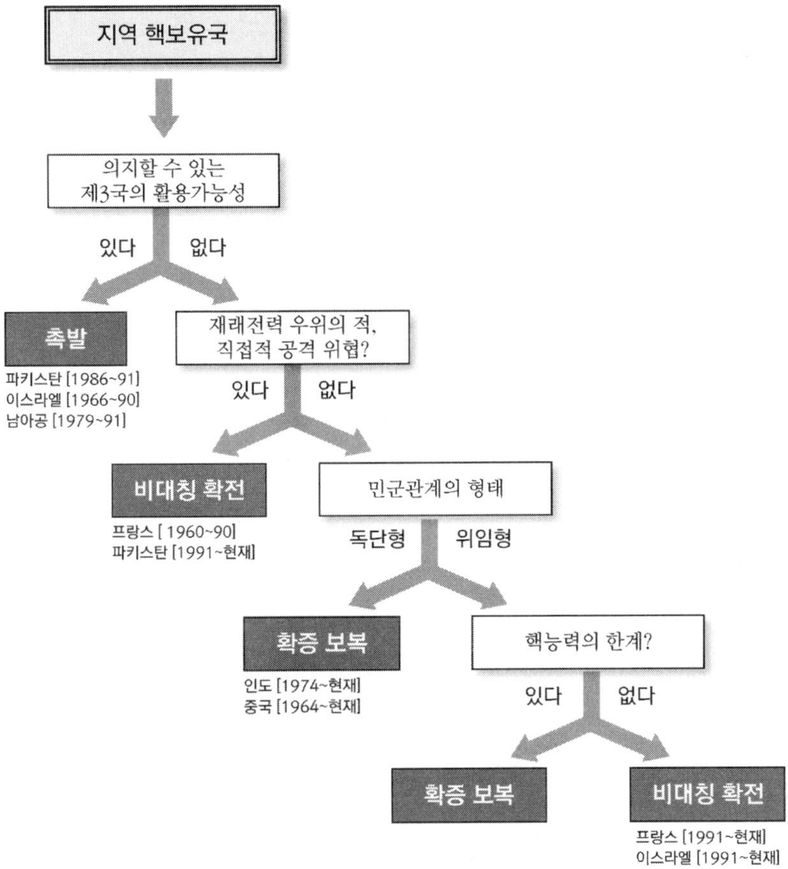


<출전> Narang, "Nuclear Strategies of Emerging Nuclear Powers: North Korea and Iran", p. 81.

〈그림 2-1〉 지역 핵보유국들의 핵전략 선택 이론: 경험적 예측

## 제3장

# 북한의 핵·미사일 전략 평가

# 제3장
# 북한의 핵 · 미사일 전략 평가

2005년 2월 북한외무성이 핵무기 보유를 선언하고 2006년 10월 첫 핵실험을 실시하였지만, 당시까지만 해도 한반도 비핵화를 목표로 한 6자회담이 진행되는 등 외교적 해법의 가능성 때문에 북한의 핵전략이나 핵 독트린은 큰 관심대상이 아니었다.[37] 그나마 김정일 위원장 때는 자신들의 핵프로그램이 전력생산용이라는 변명이라도 내놓았다. 하지만 새로 등장한 김정은 정권은 아예 전략적 국가노선으로 핵무기 보유를 내걸고 있다. 이것은 36년 만에 열린 2016년 5월의 제7차 당대회에서도 재확인되고 있다. 이제 북한 핵 · 미사일의 실전배치 가능성이 높아지면서 북한의 핵전략과 핵 독트린에 대한 분석 필요성이 제기되고 있다.[38]

37 북한의 핵전략에 관한 국내의 이론적 연구로는 다음을 볼 것. 임수호, "북한의 대미 실존적 억지 · 강제의 이론적 기반", 『전략연구』 통권 제40호, 2007 및 전경만 외, 『북한 핵과 DIME구상』. 북한의 핵 지휘통제체계에 관한 연구로는 다음을 볼 것. 이근욱, "북한의 핵전력 지휘 · 통제 체계에 대한 예측: 이론 검토와 이에 따른 시론적 분석" 및 김보미, "핵확산 논쟁을 통해 본 북한의 핵전력 지휘통제체계", 북한연구학회 춘계학술회의 발표문, 2016년 4월 1일.

38 김보미, "핵확산 논쟁을 통해 본 북한의 핵전력 지휘통제체계", pp. 181~182.

## 1. 북한의 핵 독트린

### 1) 「핵보유국 지위 공고화 법」의 제정과 핵 독트린

1990년대 초부터 미사일지도국를 창설하여 핵·미사일 지휘통제체계의 구축에 나선 북한도 김정은 체제에 들어와 핵 독트린의 핵심내용을 법령의 형태로 발표하였다. 2013년 4월 1일 개최된 최고인민회의 제12기 7차 회의에서는 두 달 전에 실시했던 제3차 핵실험의 의미를 강조하며 10개 조항으로 된 법령 「자위적 핵보유국의 지위를 더욱 공고히 할데 대하여」(이하 「핵보유국 지위 공고화 법」)」를 채택하였다.

이 법령은 전문(前文)에서 이제 북한이 "당당한 핵보유국가"가 되었다고 선언하고, "외세의 온갖 침략과 간섭을 받아온 수난의 력사에 영원히 종지부를 찍고 그 누구도 감히 건드릴수 없는 주체의 사회주의강국으로 세상에 빛을 뿌리게 되었다"고 주장하였다. 그리고 법령의 내용을 통해 북한이 수립한 '핵 독트린'의 핵심내용을 공개하고 있다.

「핵보유국 지위 공고화 법」은 핵보유국의 지위를 더욱 공고히 한다는 명목으로 △핵보유 불가피성, △핵억제 및 보복타격, △핵무력 강화, △핵 선제불사용 및 명령권, △소극적 안전보장, △핵무기 안전성, △핵비확산, △핵물질 안전성, △핵군축, △실무대책 등 10개조의 내용을 담고 있다.[39] (이하 강조는 필자)

> 제1조: 공화국의 핵무기는 우리 공화국에 대한 미국의 지속적으로 가중되는 적대시정책과 핵위협에 대처하여 부득이하게 갖추게

39 최고인민회의, "자위적 핵보유국의 지위를 더욱 공고히 할데 대한 법", 『조선중앙통신』 2013년 4월 1일.

된 **정당한 방위수단**이다.

제2조: 공화국의 핵무력은 세계의 비핵화가 실현될 때까지 우리 공화국에 대한 **침략과 공격을 억제, 격퇴**하고 침략의 본거지들에 대한 **섬멸적인 보복타격**을 가하는 데 복무한다.

제3조: 공화국은 가중되는 적대세력의 침략과 공격위험의 엄중성에 대비하여 **핵억제력과 핵보복타격력을 질량적으로 강화**하기 위한 실제적인 대책을 세운다.

제4조: 공화국의 핵무기는 **적대적인 다른 핵보유국**이 우리 공화국을 침략하거나 공격하는 경우 그를 **격퇴하고 보복타격**을 가하기 위하여 **조선인민군 최고사령관의 최종명령**에 의하여서만 사용할 수 있다.

제5조: 공화국은 적대적인 핵보유국과 야합하여 우리 공화국을 반대하는 침략이나 공격행위에 가담하지 않는 한 **비핵국가들에 대하여 핵무기를 사용하거나 핵무기로 위협하지 않는다.**

제6조: 공화국은 **핵무기의 안전한 보관관리, 핵시험의 안전성보장**과 관련한 규정들을 엄격히 준수한다.

제7조: 공화국은 **핵무기나 그 기술, 무기급핵물질이 비법적으로 루출되지 않도록** 철저히 담보하기 위한 보관관리체계와 질서를 세운다.

제8조: 공화국은 적대적인 핵보유국들과의 적대관계가 해소되는 데 따라 호상존중과 평등의 원칙에서 **핵전파방지와 핵물질의 안전한 관리**를 위한 국제적인 노력에 협조한다.

제9조: 공화국은 핵전쟁위험을 해소하고 궁극적으로 핵무기가 없는 세계를 건설하기 위하여 투쟁하며 핵군비경쟁을 반대하고 **핵군축을 위한 국제적인 노력을 적극 지지**한다.

제10조: 해당 기관들은 이 법령을 집행하기 위한 **실무적 대책**을 철저히 세울 것이다.

김정은 위원장은 "우리가 보유한 핵무력이 상대해야 할 진짜 적은 핵전쟁 그 자체"라고 주장하면서 "핵타격능력이 크고 강할수록 침략과 핵전쟁을 억제하는 힘은 그만큼 더 크다"는 인식을 드러냈다. 그리하여 핵무력의 성능을 높이는 것이 핵전쟁을 막을 수 있는 길이라고 주장하고 있다. 이처럼 북한은 핵무기 개발과 보유의 목적이 핵억제력 확보에 있다며 정당화를 시도하고 있다.[40]

### 2) 핵억제 태세와 핵 선제사용

북한이 발표한 「핵보유국 지위 공고화법」을 보면, 북한의 핵억제 태세와 조건부 핵 선제불사용 정책을 읽어낼 수 있다. 이 법령의 제2~5조에서는 핵무기 보유의 목적이 핵억제와 핵보복타격에 있음을 분명히 하면서, 핵억제와 핵 선제사용에 관해 다음과 같이 규정하고 있다.

우선, 핵억제력과 관련해 「핵보유국 지위 공고화법」 제2조는 북한에 대한 침략과 공격을 억제하는 데 복무한다고 밝히고 있다. 그리고 이를 뒷받침하기 위해 동 법률 제4조에서는 "적대적인 다른 핵보유국이 우리 공화국을 침략하거나 공격하는 경우 그를 격퇴하고 보복타격"을 가할 때만 핵무기를 사용할 수 있다고 규정했지만, 제5조에서는 "적대적인 핵보유국과 야합하여 우리 공화국을 반대하는 침략이나 공격행위에 가담"할 경우에는 비핵국가라고 할지라도 핵무기의 사용 또는 사용 위협을 가할 수 있음을 밝히고 있다.

다음, 핵 선제사용과 관련해서는 「핵보유국 지위 공고화법」 제4조에서 "핵무기는 적대적인 다른 핵보유국이 우리 공화국을 침략하거나 공격하는 경우 그를 격퇴하고 보복타격을 가하기 위하여 조선인민군 최고사령

**40** 『로동신문』 2016년 3월 9일.

관의 최종명령에 의하여서만 사용할수 있다"고 '핵 선제불사용 정책'을 명확하게 밝히고 있다.

북한당국은 제4차 핵실험 직후인 2016년 1월 6일 「공화국 정부 성명」을 통해 "우리 공화국은 책임 있는 핵보유국으로서 침략적인 적대세력이 우리의 자주권을 침해하지 않는 한 이미 천명한 대로 **먼저 핵무기를 사용하지 않을 것**"이라고 천명하고 있다.[41] 또한 5월 6~7일 열린 제7차 당대회 중앙위원회 사업총화보고에서도 김정일 위원장이 "책임 있는 핵보유국으로서 침략적인 적대세력이 핵으로 우리의 자주권을 침해하지 않는 한…**먼저 핵무기를 사용하지 않을 것**"이라고 언급했다(강조는 필자).[42]

하지만, 미국의 전문가들은 북한지도자들이 최우선적으로 정권의 생존이 위협받는다고 판단할 때 선제타격에 대한 강한 동기를 갖고 있는 것으로 분석하고 있다.[43] 앞선 김 위원장의 제7차 당대회 발언도 일반적인 의미의 핵 선제불사용 정책을 표명한 것이라기보다는 "적대세력이 핵으로 우리의 자주권을 침해하지 않는 한"이라는 조건에 방점이 찍혀 있는 것으로 보인다. 이처럼 북한당국은 핵 선제사용의 가능성을 완전히 배제하고 있는 것이 아니다.

실제로 북한은 2013년 3월 7일 유엔안보리가 대북제재 결의안 2094호를 채택한 직후에 북한 외무성은 대변인 성명을 통해 "미국이 핵전쟁의 도화선에 불을 지피려고 하는 이상 우리 혁명무력은 나라의 최고이익을 수호하기 위해 침략자들의 본거지들에 대한 핵 선제타격 권리를 행사하게 될 것"이라며 '핵전쟁의 도화선에 불을 지피려고' 할 때 '핵 선제타격

41 "조선민주주의인민공화국 정부 성명", 『조선중앙통신』 2016년 1월 6일.

42 『조선중앙통신』 2016년 5월 8일.

43 Van Jackson, "Nukes They Can Use? The Danger of North Korea Going Tactical", *38 North: Informed Analysis of North Korea*, March 15, 2016.

권리'의 행사 차원에서 핵무기를 먼저 사용하겠다고 밝힌 바 있다.[44]

조선노동당 기관지『로동신문』2016년 3월 9일자에서도 김 위원장의 말을 인용하면서 "핵 선제타격권은 결코 미국의 독점물이 아니라고 하시면서 미제가 우리의 자주권과 생존권을 핵으로 덮치려 들 때에는 주저없이 핵으로 먼저 냅다 칠 것이라고 선언하시였다"면서「공화국 정부 성명」과 달리 명시적으로 '핵 선제타격권'이라는 직접적인 표현을 써가며 핵 선제사용의 가능성을 밝히고 있다.[45]

특히 북한은 한미연합군의 '참수작전'에 대해 민감하게 반응하고 있다. 2016년 3월부터 시작되는 한·미 키리졸브·독수리연습에서「작계 5015」에 따라 '참수작전계획'이 적용될 것으로 알려지자, 2월 23일 북한군은「최고사령부 중대성명」을 통해 "우리 혁명무력이 보유하고 있는 강위력한 모든 전략 및 전술타격수단들은 이른바 '참수작전'과 '족집게식 타격'에 투입되는 적들의 특수작전무력과 작전장비들이 사소한 움직임이라도 보이는 경우 그를 사전에 철저히 제압하기 위한 선제적인 정의의 작전수행에 진입할 것"이라고 밝히고 있다.

「공화국 정부, 정당, 단체 특별성명」(3월 16일)에서도 "공화국 국법에는 나라의 최고존엄이 위협당하는 경우 그에 직접 또는 간접적으로 가담한 나라들과 대상들은 핵타격수단들을 포함한 모든 타격수단들을 총동원하여 선제소멸하게 규제되어 있다"며「핵보유국 지위 공고화법」을 근거로 '최고존엄에 대한 위협'이 가해질 경우에는 핵 선제사용의 가능성이 열려 있음을 노골적으로 밝히고 있다.[46]

44『조선중앙통신』2013년 3월 7일.

45『로동신문』2016년 3월 9일.

46 "공화국 정부,정당,단체 특별성명",『조선중앙통신』2016년 3월 16일.

이와 같이 모순되는 북한당국의 태도는 공식적으로는 핵 선제불사용의 핵 독트린을 견지하고는 있지만, 조건을 내걸어 핵무기의 사용요건을 매우 낮게 잡고 있는 데 따른 것이다. 「핵보유국 지위 공고화법」에서 핵무기의 사용요건으로 핵무기보유국의 핵무기 공격이나 공격위협뿐만이 아니라, 핵무기국가나 이들과 결탁한 비핵무기국가에 의한 재래식 침략이나 공격행위도 포함시킨 점은 이를 뒷받침하는 것이다.

### 3) 핵무기 타격의 표적

핵무기의 타격대상이 되는 핵 표적설정(nuclear targeting)은 북한의 핵 억제 태세와  밀접한 관계 속에서 이루어진다. 북한이 핵무기의 공격목표로 삼기 위한 **핵 표적**은 크게 국내와 해외(일본, 미국)으로 나눠볼 수 있고, 국내의 표적은 가치표적과 군사표적, 경우에 따라 정치표적(counter-leadership)도 포함될 수 있다. 북한의 핵무기 표적설정 정책은 한미동맹의 존속 상황에서 북한의 군사전략이 미군의 증원을 억제하면서 한국군과의 전쟁에서 승리하는 데 두고 있다.

그렇다면 북한이 핵무기를 선제타격(제1격)으로, 또는 보복수단(제2격)으로 사용할 경우, 핵 표적은 어디가 될 것인가? 북한당국이 핵무기로 공격하게 될 핵 표적을 처음 언급한 것은 3차 핵실험 직후 유엔안보리의 대북 제재결의안 2094호가 채택되기 직전인 2013년 3월 6일로, 북한군 최고사령부는 "미제가 핵무기를 휘두르면 우리는 지난날과 달리 다종화된 우리 식의 정밀 핵타격 수단으로 서울만이 아니라 워싱턴을 불바다로 만들 것"이라며 서울과 워싱턴을 언급했다.[47]

2014년 7월 27일 전승절 61돌 전군 결의대회에서 황병서 총정치국장

47 『로동신문』, 2013년 3월 7일.

(당시)은 "악의 총본산인 백악관과 펜타곤을 향하여, 태평양상에 널려 있는 미제의 군사기지들과 미국의 대도시들을 향하여 핵탄두 로켓들을 발사하게 될 것"이라며 미군기지와 미국 본토에 대해 직접적으로 핵공격할 수 있다고 위협했다.[48]

제4차 핵실험 이후에도 유엔안보리가 제재 움직임을 보이자, 2016년 2월 23일 북한군은 「최고사령부 중대성명」을 통해 핵무기의 표적과 관련하여 1차 타격대상으로 "청와대와 반동 통치기관들", 2차 타격대상으로 "아시아태평양지역 미제 침략군의 대조선침략기지들과 미국본토"라고 밝히고 있다.[49] 3월 7일에 발표된 국방위원회 성명은 '선제공격적인 군사적 대응방식'을 취하겠다고 선포하면서 "핵 선제타격전은 우리의 최고사령부가 중대성명에서 지적한 순차대로 실행되게 되어 있다"고 밝혀 북한군 최고사령부 성명의 표적을 재차 확인하고 있다.

북한은 3월 10일에 단행한 전략군 서부전선타격부대의 스커드 미사일 발사훈련 뒤 "해외침략무력이 투입되는 적 지역의 항구들을 타격하는 것으로 가상"한다고 밝힌 데 이어, 7월 19일 스커드 및 노동 미사일의 시험발사 뒤에는 "미제의 남조선 작전지대 안의 항구, 비행장들을 선제타격"하는 것을 목표로 훈련이 진행됐다고 보도했다.[50]

핵 표적이 구체적으로 어딘지 북한이 적시하고 있지는 않으나, 우리 국방부는 공격대상이 될 수 있는 전시 핵심항구로 부산항, 울산항, 포항항, 광양항의 4곳을 들고 있다.[51] 7월 20일 『로동신문』이 공개한 '전략군

48 『조선중앙TV』 2016년 7월 20일 및 『조선중앙통신』 2016년 7월 20일.

49 "조선인민군 최고사령부 중대성명-우리 운명의 눈부신 태양을 감히 가리워보려는 자들을 가차 없이 징벌해버릴 것이다.", 『로동신문』 2016년 2월 24일.

50 『조선중앙TV』 2016년 7월 20일 및 『조선중앙통신』 2016년 7월 20일.

51 대한민국 국방부, 『천안함 침몰 관련 국방부 입장』 2010년 4월 1일.

화력타격계획' 도면을 분석해 보면, 부산항과 울산항을 비롯해 김해공항, 대구공항 등 우리의 주요 항만과 미 공군기지가 배치된 공항을 핵 표적으로 삼은 것으로 보인다.[52]

하지만 현 단계에서 북한의 핵공격 표적이 어디인지 따지는 것은 무의미하다. 현재 북한의 핵탄두 소형화·경량화 및 중장거리 탄도미사일 성능향상에 따라 핵공격의 목표설정이 남한 내부에 그칠 것인지, 아니면 해외 확장이 가능할 것인지 결정짓게 될 것이기 때문이다.[53] 특히 북한이 개발중인 잠수함 발사 탄도미사일이 실전배치될 경우에는 핵·미사일의 표적이 동아시아 지역 내의 미군기지(일본 내 미군기지, 오키나와, 괌, 하와이)를 넘어 미 본토까지 포함될 가능성이 있기 때문이다.

## 2. 북한의 핵 지휘통제체계

### 1) 북한의 핵 지휘통제체계

북한의 핵지휘통제는 어떻게 작동되고 있을까? 현재 북한의 핵지휘통제권이 최종적으로 최고사령관을 겸직하고 있는 김정은 위원장에게 있다는 것 외에는 명확하게 드러난 것이 없다. 「핵보유국 지위 공고화법」 제4조는 핵무기 사용의 명령권자와 관련해 "핵무기는.....조선인민군 최고사령관의 최종명령에 의하여서만 사용"된다고 분명히 밝히고 있다. 하지만 이 정도의 규정만으로는 부족하며, △북한 내부의 민군관계와 △북한을

52 『로동신문』 2016년 7월 20일.

53 전경만 외, 『북한 핵과 DIME구상』, p. 50.

둘러싼 안보환경, △핵무기 보유능력 등을 고려하여 북한의 핵 지휘통제 체계에 대해 평가해 봐야 할 것이다.

북한은 당 국가라는 특성상 당에 의한 군 통제라는 사회주의 방식의 문민통제를 유지하고 있다. 하지만 김정일 정권 때조차 '고난의 행군' 등 체제위기를 맞게 되자 선군정치를 표방하며 군심(軍心)을 달래려던 것이나, 3대 세습을 통해 집권한 김정은 정권이 권력기반 구축을 위해 잇단 군간부들의 처형과 숙청, 당간부들에 의한 군 통제강화 등을 자행하는 것으로 볼 때 북한의 민군관계는 상당히 불안정한 것으로 볼 수 있다.

김정은 정권의 초기부터 북한이 미국과 약속했던 「2.29합의」를 일방적으로 파기하고 대륙간탄도미사일(ICBM)로 전용가능한 로켓을 발사하면서 유엔의 대북 제재를 자초하였다. 게다가 오랫동안 혈맹관계에 있던 중국과의 관계도 되돌이킬 수 없을 정도로 악화되었다. 이처럼 김정은 정권에 들어와 북한을 둘러싼 안보환경은 김정일 시대보다 훨씬 좋지 않다.

외부 안보환경이 악화되는 가운데, 북한은 다종의 핵무기와 운반수단의 개발에 열을 올리고 있다. 2013년부터 영변 원자로를 재가동했을 뿐만 아니라, 우라늄농축을 위한 원심분리기도 본격 가동하면서 핵물질들을 생산해 내고 있다. 이제 북한은 노골적으로 핵분열물질의 생산을 계속하고 핵무기의 소형화 · 경량화 및 ICBM, SLBM 등 운반수단의 성능 향상에 주력하고 있다. 따라서 시간의 경과에 따라 북한의 핵무기 보유능력은 지속적으로 증강될 것으로 보인다.

이처럼 북한은 불안정한 민군관계, 악화된 안보환경이라는 요인과는 반대로 핵무기 능력의 증강이라는 대조적인 상황에 처해 있다. 전자의 조건들은 독단형 체계의 가능성을 높이는 것인 반면, 후자의 조건은 위임형 체계의 가능성을 엿보게 하는 것이다.

먼저 북한의 핵 지휘통제체계가 **독단형 핵 지휘통제체계**일 경우를 생각해 보자. 유일영도체계를 표방하는 북한체제의 특성이나 제한된 핵능력을 고려할 때, 핵무기의 사용을 군부에 위임하기보다 노동당위원장, 국무위원장, 최고사령관 등 당정군 모든 권한을 장악한 김정은이 행사할 가능성이 크다는 것이다. 실제로 「핵보유국지위 공고화법」에 따라 모든 권한이 최고사령관 1인의 손에 전적으로 맡겨져 있다.

일반적으로는 독단형 핵 지휘통제체계가 위임형보다 핵전쟁의 위험을 낮춘다는 평가가 있다.[54] 하지만 북한의 경우는 최고정치지도자 김정은 위원장이 국제사회의 경험이 적고 독단적인 리더십 때문에 오히려 반대의 결과를 낳을 가능성도 있다. 한반도의 위기상황이 고조되어 전쟁 일촉즉발의 상황에 처해 있거나 전쟁발발 초기의 상황에서 북한 국가지도부가 독단형 핵통제권을 유지하면서 핵 선제사용(nuclear first-use)을 행사할 가능성도 생각해 볼 수 있다. 김정은의 개인적인 리더십 때문에 현재의 독단형 지휘통제체계가 핵무기의 사용을 쉽게 결정할 수 있는 것이다.

독단형 지휘통제체계의 치명적인 약점은 북한과 같은 정치구조 속에서 최고지도자만 제거하면 핵·미사일 전력이 작동불능의 상태로 빠질 수 있다는 점이다. 이 때문에 김정은 위원장은 한미연합군이 전개하는 참수작전(operation of decapitation)의 표적이 될 수 있다. 한미 연합군이 작성한 「작계 5015」에는 정밀타격무기를 이용해 적 수뇌부를 무력화시키는 참수작전계획도 포함되어 있으며, 실제로 2016년에 실시한 한미 키리졸브·독수리 군사연습에서도 이에 따른 실행연습을 실시한 것으로 언론은 보도하고 있다.[55]

54 전경만 외, 『북한 핵과 DIME구상』, p. 51.

55 우리 국방부 대변인은 한미 키리졸브·독수리 군사연습이 현 상황과 무관하게 진행되는 정례적이고 통상적인 방어훈련이라고 밝히고 있다. 『연합뉴스』 2016년 3월 7일.

이러한 위험성을 북한당국도 잘 알고 있는 것 같다. 2016년 2월 23일 북한군 최고사령부는 '중대성명'을 통해 "우리의 최고수뇌부를 건드린다면 그 즉시 가차없이 징벌해 버리겠다"고 위협했다. 북한으로서도 독단형 핵 지휘통제체계가 참수작전에 취약점을 드러내고 있다는 점을 인식하고 있는 것이다. 그렇기 때문에 북한이 기본적으로 독단형 지휘통제체계를 구축하고 있으면서도 평시와 위기시/전시에 따라 위임형 체계로 전환할 수 있는 **혼합형 핵 지휘통제체계**를 취하고 있을 가능성이 높다.

남북한이 군사적으로 대치하고 있는 정전체제 하에서 대응시간은 충분하지 않고, 북한의 민군관계도 매우 불안정하다. 따라서 <표 2-4>에서 보듯이 북한은 절충형 핵 지휘통제체계를 취하고 있을 가능성이 높은 것이다. 특히 북한이 충분한 핵무기 수량을 확보하고 핵탄두의 소형화로 중단거리 미사일에 탑재하는 등 전술적 운용여건이 마련되면 될수록 전술적으로 배치된 핵무기의 사용을 최고사령관에서 점차 군사령관으로 위임할 가능성이 높아진다.

그렇다면 평시에는 독단형 지휘체계를 유지하다가 어떤 조건에서 위임형으로 전환할 것인가? 북한당국은 전쟁의 발발이나 남북한 군사충돌의 발생 때는 물론, 한미연합연습을 위해 확장억제 핵전력이 한국 땅에 전개하는 상황을 위기로 보고, 핵 지휘통제체계를 평시에는 독단형에서 전시/위기시가 되면 위임형으로 전환할 가능성이 있다. 이와 같은 위기상황이 정리되어 평시가 됐다고 판단되면 원래의 독단형 지휘체계로 복원되는 것이다.

〈표 2-4〉 북한의 핵 지휘통제체계

| | 평 시 | 위기시 / 전시 |
|---|---|---|
| | 독단형 통제체계<br>하급지휘관에게 최소한의 자율권 | 위임형 통제체계<br>하급지휘관에게 상대적인 높은 자율권 |
| 복종수단 | 강력<br>통제수단으로 행정력, 물리력 광범위 사용<br>특별수단에 의해 문민통제가 유지 | 최소<br>문민통제 위해 사실상 행정통제에만 의존 |
| 무기관리 | 핵무기 미조립<br>(1) 조립 때는 운반수단과 분리 보관<br>(2) 같은 곳 보관 때는 소지와 사용능력을 분리할 물리적 수단을 보유 | 상대적으로 높은 즉응성을 갖춘 보관 및 배치 권한을 작동자에게 부여 |
| 장 점 | 우발적이거나 미승인된 사용의 예방 | 참수작전 위험성 저하 |
| 단 점 | 분리보관에 따른 고장 가능성<br>참수작전 위험성 | 치명적 고장시 작동불능<br>우발적이거나 미승인된 사용 위험성 |

<출전> Feaver, "Command and Control in Emerging Nuclear Nations", p. 171 및 김보미, "핵확산 논쟁을 통해 본 북한의 핵전력 지휘통제체계", pp. 188~194 등을 참고하여 작성

### 2) 북한의 핵지휘통제 군사조직: 전략군

북한도 다른 핵보유국처럼 핵 지휘통제체계를 원활하게 작동하기 위해 핵무기를 전담하는 작전지휘조직을 보유하고 있다. 이 작전지휘조직을 통해 적의 공격을 경계하고 조기에 포착하기 위한 경보장치와 핵무기 사용과 관련된 정치적인 결정을 하달·전파하는 통신망을 운용하고 있다. 이러한 군대가 바로 2003년 말에 창설된 것으로 보이는 북한군 전략군이다.

북한군 전략군의 출발은 미사일 지도국이다. 미사일지도국은 정규 보병군단을 12개에서 9개로 줄이고 포병군단도 2개에서 1개로 줄여 만든 작전지휘조직이다.[56] 그 뒤 북한은 미사일지도국을 확대 개편하여 전략로켓사령부를 정식으로 출범시켰다. 2013년 말 전략로켓군을 전략군(Strategic Forces)으로 개칭하면서 독립사령부로 재출범시켰다.[57]

북한군 전략군은 중 · 러시아 군을 모방해 단중장거리 미사일의 전력을 통합하고 발사체계를 자동화하고 지휘체계를 일원화한 북한군의 부대이다.[58] 기존 전략로켓군 예하에는 스커드 · 노동 · 무수단 미사일 여단이 각각 편제되어 있었지만, 전략군을 창설하면서 이들 여단이 모두 통합됨으로써 김정은 위원장에게 미사일 전력에 대한 '최고 주도권'을 부여하였다.

핵전략 차원에서 각종 탄도미사일을 전략적으로 지휘 · 통제하는 임무를 띠고 있는 북한군 전략군의 지휘체계는 핵전력을 운용하는 러시아의 전략로켓군사령부와 유사한 구조를 가지고 있을 것으로 보인다. 북한군 전략군은 미사일의 공급, 운반발사대(TEL), 이동발사대(MEL), 그리고 화기통제 장비를 포함한 모든 탄도미사일 부대를 지휘 · 통제하고 있다.[59]

북한은 2010년 무렵 북한군 총참모부 전략로켓사령부 산하에 신형 중거리미사일(IRBM) 부대를 창설한 것으로 확인됐다. 이 미사일 부대는 유사시 한반도로 전개되는 미 전시 증원전력을 비롯해 주일 미군기지와 괌

56 대한민국 국방부, 『2004 국방백서』, 2004. 12, pp. 36~37.

57 김정은 북한 당중앙군사위 부위원장이 2012년 3월 2일 인민군 전략로켓사령부를 방문하였다는 보도를 통해 북한 매체들이 '전략로켓군'이라는 명칭을 처음 공개하였으며, 2014년 3월 '전략군 대변인' 명의의 담화가 발표되면서 '전략군'으로의 개칭이 확인되었다. 『조선중앙통신』 2014년 3월 5일.

58 『연합뉴스』 2014년 2월 16일.

59 러시아의 전략미사일군사령부 구조는 한국국방연구원, 『2004-2005 동북아군사력』, 2005, pp. 152~153 참조.

까지도 사정권에 두고 있는 중거리탄도미사일 무수단을 관리·운영하고 있는 것으로 파악되고 있다. 북한은 2010년 무렵 북한군 총참모부 전략로켓사령부 산하에 신형 중거리미사일(IRBM)부대를 창설한 것으로 확인됐다. 이 미사일부대는 유사시 한반도로 전개되는 미 전시 증원전력을 비롯해 일본 및 괌의 미군기지까지도 사정권에 두고 있는 중거리 탄도미사일 무수단을 관리 · 운영하고 있는 것으로 파악되고 있다.60

북한은 2016년 7월 19일 스커드-C(화성6호), 노동(화성7호) 등 미사일 3발을 시험발사하면서 '전략군 화성포병부대'라는 명칭을 사용하였다.61 현재까지 확인된 명칭들로부터 추정할 때, 서부전선타격부대 등 지역별 편제를 기본으로 하면서 스커드여단, 노동여단, 무수단여단, KN08여단 등을 통합하여 '화성포병부대'로 호칭하는 것으로 보인다.

---

60 『연합뉴스』 2010년 3월 9일.; 대한민국 국방부, 『2010 국방백서』, 2010. 12, p. 28.

61 『로동신문』 2016년 7월 20일.

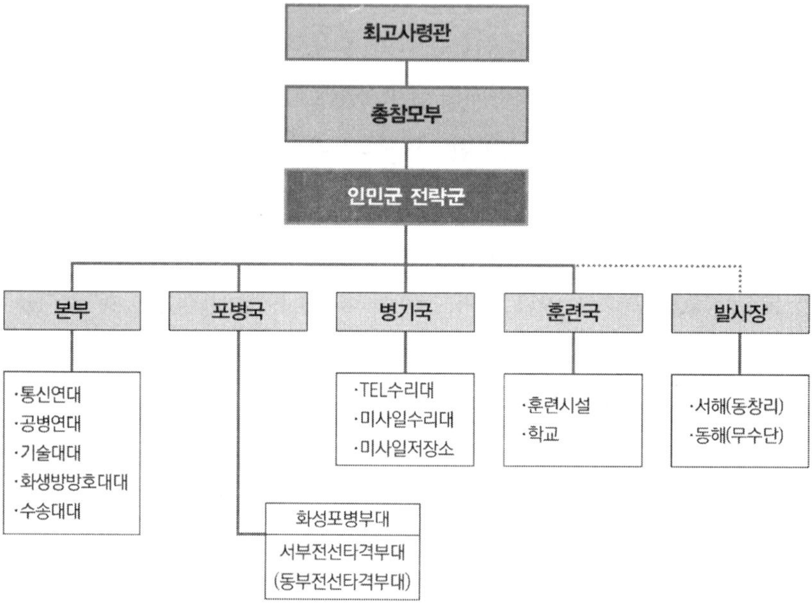


〈그림 2-2〉 북한인민군 전략군의 지휘계통도

## 3. 북한의 핵전략

일반적으로 최소억제 핵태세의 하위개념으로 분류되는 실존억제 핵태세는 핵 선제사용으로 상대국가의 핵무기를 완전히 파괴할 수 없고 보복공격을 당해도 완전히 방어할 수 없어서 제2격에만 치중하여 전쟁을 억제하겠다는 개념이다.[62] 현 단계에서 북한은 아직까지 제2격 능력조차 제대로 갖춘 것으로 보이지는 않지만, 그럼에도 북한이 공공연하게 핵선제

62 임수호, "북한의 대미 실존적 억지 · 강제의 이론적 기반".

공격에 나설 수 있다고 밝히고 있어 이러한 실존억제 전략과는 다른 방향으로 나아가고 있는 것이 분명하다.

2015년 10월 10일 당창건 70주년 열병식에서 김정은 위원장은 "우리의 혁명적 무장력이 미제가 원하는 그 어떤 형태의 전쟁에도 다 상대해 줄 수 있다"면서 핵전쟁 능력에 대해 자신감을 나타냈다.[63] 하지만 현재 북한의 핵전력은 초강대국인 미국과 공포의 균형(balance of terror)이나 상호확증파괴(MAD)를 시도할 수준에는 크게 못 미치고 있다. 이 때문인지 2016년 2월 12일 김 위원장은 "미제를 괴수로 하는 제국주의세력에게 핵공격을 가할 수 있게 핵무장력을 질량적으로 더욱 강화"할 것을 촉구해 아직 북한의 핵무장력이 미국을 선제타격하기에는 역부족이라는 점을 시인하고 있다.[64]

그렇다면 현재 북한이 채택하고 있는 핵전략은 어떻게 평가할 수 있을 것인가? 그 동안 북한은 북・미 대화가 교착상태에 빠질 때마다 핵실험 등을 통해 한반도정세를 긴장시킴으로써 제3국인 중국의 개입을 불러와 중재를 통해 문제를 해결하는 방식을 취해 왔다. 그런 점에서 지금까지 북한이 취해 왔던 핵전략은 '촉발'에 가까운 것으로 평가할 수 있다.[65]

미국 핵전문가들은 북한이 아직 충분한 핵・미사일 능력을 갖추지는 못했으나 북한의 핵전략은 확증보복전략(Assured Retaliation Strategy)[66] 또는 확증적 전략보복(Assured Strategic Retaliation)[67]을 지향하고 있는

63 『조선중앙통신』 2015년 10월 10일.

64 『조선중앙통신』 2016년 2월 13일.

65 Narang, "Nuclear Strategies of Emerging Nuclear Powers", pp. 73~91.

66 Joseph S. Bermudez Jr., *North Korea's Development of a Nuclear Weapons Strategy*, US-Korea Institute at SAIS, August 2015.; Jackson, "Nukes They Can Use? The Danger of North Korea Going Tactical".

67 Shane Smith, *North Korea's Evolving Nuclear Strategy*, US-Korea Institute at SAIS, August 2015.

것으로 평가하고 있다. 이것은 북한이 「핵보유국 지위 공고화 법」 제2조에서 밝힌 핵 독트린에서 "우리 공화국에 대한 침략과 공격을 억제, 격퇴하고 침략의 본거지들에 대한 섬멸적인 보복타격을 가하는 데 복무한다"고 밝힌 것과도 일치한다.

앞에서 살펴보았듯이, 북한이 밝힌 핵 독트린의 핵심은 △핵억제와 △확증보복의 두 가지이다. 하지만 북한은 충분한 핵무기를 보유하고 있지 않으며 운반수단의 능력도 제한적이기 때문에 노리고 있는 '억제의 신뢰성'을 확보하지 못하고 있다. 따라서 관건이 되는 것은 북한이 핵탄두 수와 운반수단 능력을 향상시킴에 따라 '억제의 신뢰성'을 강화하기 위해 '핵무기의 제한적 최초사용'을 옵션에 포함시킨 '확증보복 플러스 전략'을 채택할 것인지 여부이다.

확증보복능력을 확보하기 위해 필요로 하는 핵탄두의 수는 핵탄두 성능과 정밀도, 표적의 수에 따라 달라지기 때문에 정해진 원칙은 없다. 다만 2020년까지 북한은 최소한 6곳 이상의 핵시설을 운영하면서 20~100개 사이의 핵탄두를 제조할 수 있을 것으로 보이기 때문에, 이를 근거로 북한의 핵전략을 가늠해 볼 수 있다.[68] 미국의 군사전문가 버뮤데즈 및 쉴링, 칸은 2020년도 확증보복전략의 시나리오를 '북한의 핵탄두 보유량'에 따라 세 가지로 나누어 전망하고 있다.[69]

최저 시나리오는 핵탄두 보유수가 20개로 소수이고, 기본 운반수단 외

---

68 David Albright, *Future Directions in the DPRK's Nuclear Weapons Program: Three Scenarios for 2020*, US-Korea Institute at SAIS, February 2015. ; Joseph S. Bermudez Jr., "North Korea's SINPO-class Sub: New Evidence of Possible Vertical Missile Launch Tubes: Sinpo Shipyard Prepares for Significant Naval Construction Program", *38North,* January 08, 2015.

69 John Schilling and Henry Kan, *The Future of North Korean Nuclear Delivery Systems*, US-Korea Institute at SAIS, April 2015, pp. 23~26; Bermudez, *North Korea's Development of a Nuclear Weapons Strategy*, pp. 16~17.

에 수상함[SLCM/BM, Sea-Launched Cruse/Ballistic Missile]이나 잠수함[SLCM] 등 운반수단도 주로 동북아지역에 초점이 맞춰져 있고 비상작전용으로 소수의 ICBM만이 실전배치된 경우이다. 이때 북한의 확증보복전략은 유지되며, 미국의 핵공격에 맞서거나 필요할 경우에 극적인 조건하에서만 한국에 대해 핵무기 사용을 위협할 것으로 전망한다. 이때 일본을 공격목표로 할 가능성은 낮다.

중간 시나리오는 핵탄두 보유수가 50개이고 주로 동북아시아에 초점을 맞추되 ICBM 위협이 커졌을 경우이다. 핵폭발 능력은 10~20kT에서 50kT까지 커지고 운반수단도 다양하게 확보될 것으로 보인다. 이로 인해 북한의 확증보복능력은 한층 생존성이 향상되고 강력해질 것으로 보인다. 그 결과 동북아지역 및 미국에 대한 북한의 위협이 훨씬 신뢰성을 갖게 되며, 일본과 지역갈등이 생길 경우에 북한이 제한적으로 핵무기 사용을 검토할 가능성이 있다.

최고 시나리오는 핵탄두 보유수가 100개이고 동북아 및 미국까지 공격목표로 할 수 있는 능력을 갖출 경우이다. 이때 북한은 핵탄두의 소형화・경량화와 탄도미사일의 사거리 연장 등 보다 강력한 확증보복능력을 갖게 된다. 북한지도부가 확증보복전략을 넘어서서 '선제사용'을 위협할 수도 있지만, 한・미의 공격이 임박했다고 판단하는 특정조건에 국한될 것이다. 마찬가지로 일본에 대한 핵 사용가능성도 매우 낮을 것이다. 다만 북한이 보다 소형화된 전술핵무기를 생산하게 된다면 상당한 도전요인이 될 수 있다.

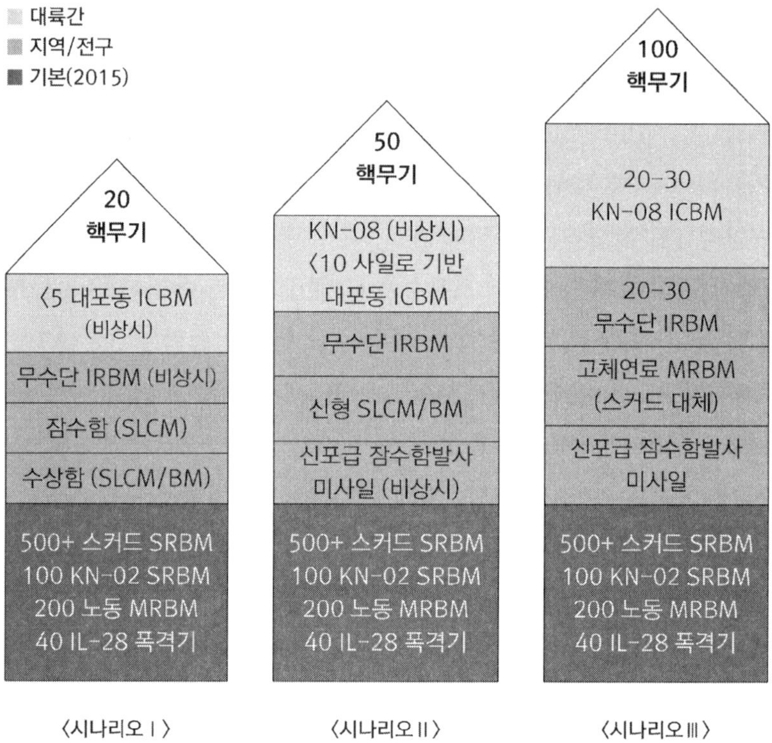


<출전> Schilling and Kan, *The Future of North Korean Nuclear Delivery Systems*, p. 23.

〈그림 2-3〉 2020년 북한의 핵 · 미사일 능력 시나리오

제4장

# 북한의 핵전략 전환 가능성과 예상 군사도발

# 제4장
# 북한의 핵전략 전환 가능성과 예상 군사도발

## 1. 핵전략의 전환 가능성: 확증보복 대(對) 선제타격

### 1) '참수작전'에 대한 위기감과 잦아지는 '핵 선제타격' 발언

현재 북한은 자신의 확증보복전략이 '신뢰성'을 확보할 수 있도록 제대로된 성능을 갖춘 다수의 핵·미사일을 개발·확보하는 데 총력을 기울이고 있다. 북한이 확증보복전략을 채택하는 이유는 이 전략이 반격(2격)을 위해 핵 선제타격(nuclear preemptive strike)을 자제하기 때문에 여러 핵억제 전략 가운데 가장 안정적이며, 핵 선제타격에 의한 전면전이 실패할 경우 정권교체뿐 아니라 국가소멸을 피할 수 없다는 점에서 북한이 전쟁을 먼저 시작해서 좋을 게 없기 때문이다. 이를 위해 북한은 핵무기 생존성을 높이기 위한 조치들을 취하고 있다.[70]

북한은 핵무기 생존성을 높이기 위한 조치로서 과거 소련처럼 이동식발사체(TEL)의 개발에 주력하면서 재래식무기 및 핵무기에 적용하기 위

---

70 Van Jackson, *Alliance Military Strategy in the Shadow of North Korea's Nuclear Future*, US-Korea Institute at SAIS, September 2015, pp. 9~10.

해 다양한 형태로 미사일 발사시험을 하고 있다. 또한 충분한 수량의 핵무기를 확보하기 위해 핵프로그램을 계속 가동하고 있으며, 여러 곳에 분산된 미사일기지에 KN-08, IL-28 폭격기, 옛 소련식 잠수함과 수상함을 보관하고 있고 최근에는 잠수함발사 탄도미사일(SLBM)의 개발에 주력하고 있다.

하지만 최근 들어와 북한이 확증보복전략을 상치되는 핵 선제사용 발언을 잇달아 내놓고 있어, 기존의 전략을 뛰어넘는 새로운 핵전략을 추구하는 것이 아닌지 주목되고 있다. 특히 2016년 들어와 핵·미사일 도발을 계속하는 가운데, 북한은 김정은 위원장의 직접지시와 정부·정당·단체 특별성명 등을 통해 핵 선제타격의 가능성을 자주 언급하고 있는 것이다.

2016년 3월 3일 김정은 위원장은 "지금 적들이 이른바 참수작전과 체제붕괴와 같은 어리석기 짝이 없는 마지막 도박에 매달리고 있어 현 정세가 더 이상 수수방관할 수 없는 험악한 지경에 이르렀다"면서 "이제는 적들에 대한 우리의 군사적 대응방식을 선제공격적인 방식으로 모두 전환시킬 것"이라고 말했다. 뒤이어 "국가방위를 위해 실전 배비한 핵탄두들을 임의의 순간에 쏴 버릴 수 있게 항시적으로 준비해야 한다"고 지시하였다.71

북한은 기존부터 '보복섬멸' 운운하며 '보복'에 방점을 둔 확증보복 핵전략을 내세워 왔지만, 최근 들어와 '최고존엄이 위협당하는 경우'라는 모호한 전제조건을 내걸어 핵 선제타격의 가능성을 열어 놓고 있는 것이다. 이것이 과연 단순한 '엄포(empty threat)'인가, 아니면 북한의 핵전략이 새롭게 전환됐음을 의미하는 것인가? 북한이 핵 선제타격을 언급한 것과 관련해 두 가지의 가능성에 대해 고려할 필요가 있다.

---

71 『조선중앙통신』 2016년 3월 4일.

첫째는 북한이 핵 선제타격 가능성을 되풀이 언급하는 것이 아직 낮은 수준에 머물러 있는 자신의 핵무기 능력을 과장함으로써 다른 국가들로 하여금 북한의 핵무기 위협에 대한 신뢰 문제(threat credibility problem)를 해결함으로써 핵억제력의 효과를 높이려는 의도로도 볼 수 있다.

둘째는 북한의 핵전략이 '전략적 억제'에서 '전술적 선제타격'으로 바뀌었을 가능성이다. 북한이 핵 선제타격을 주장하는 목소리가 빈번해질수록, 북한당국이 핵무기 보유를 핵억제력 이상으로 생각하고 북한군의 전쟁수행 방식의 일부로 생각하고 있는 게 아닌가 판단하게 만들기 때문이다.

두 가지 가능성 가운데 아직은 첫 번째의 가능성이 높은 것으로 판단되지만, 북한의 핵무기 사용위협이 가지는 '신뢰성'이 높아질수록 '사용가능성'도 높아진다는 사실을 가볍게 여겨서는 안 된다. 현 단계에서 북한이 전술핵무기까지 개발했는지는 불확실하지만, 점차 그렇게 될 가능성이 높아지고 있기 때문이다.

최근 증가되고 있는 핵무기 사용을 위협하는 북한의 발언들에 주목할 점은 위협 발언 그 자체보다도 그러한 발언 속에서 핵무기가 억제를 넘어 사용가능한 무기라는 인식이 깔려 있다는 점이다. 북한의 핵무기 위협 발언이나 전략적 억제의 강조는 상투적인 일이지만, 향후 북한이 전술핵무기를 개발・보유할 가능성까지 고려에 넣는다면 북한이 핵무기를 사용가능한 무기라고 인식하고 있다는 점은 한국과 미국에게 심각한 안보위협이 될 수 있는 문제이다.[72]

전술핵무기는 전술 목표를 달성하기 위한 소형의 핵무기로서, 전쟁에서 사용가능한 핵무기를 의미한다. 이러한 전술핵무기에는 핵탄두 외에

**72** Jackson, "Nukes They Can Use? The Danger of North Korea Going Tactical".

도 핵지뢰, 핵기뢰, 핵배낭 등이 있으며, 야포, 단거리 미사일 등 운반수단이 뒷받침되어야 한다. 북한이 노동미사일에 장착할 정도의 핵탄두를 소형화했을 가능성에 대해선 국방부도 인정하고 있지만, 북한이 2013년과 2015년 두 차례의 군사퍼레이드에서 공개한 핵배낭의 보유에 대해서 러시아 전문가들도 회의적인 평가를 내린 바 있다.[73]

현재 북한이 제2격 핵능력을 보유하기 위한 핵・미사일의 개발과정에 있는 것으로 보이기 때문에 아직까지는 북한의 핵전략을 '확증적 보복전략'으로 평가할 수 있다. 하지만 북한의 핵・미사일 개발을 중단시키지 못하고 방치해 실전에 사용할 수 있는 전술핵무기를 개발하게 된다면 상황이 달라진다. 북한의 핵전략이 핵개발 능력의 변화에 의해 영향을 받고 있기 때문에, 핵무기 고도화가 이루어질 경우 북한이 새로운 핵전략을 선택할 가능성을 배제할 수 없는 것이다.[74]

### 2) 북한의 핵전략 전환 가능성

최근 북한당국이 취하고 있는 핵・미사일의 개발방향이나 김정은 위원장, 총참모부 등의 핵무기 사용위협 발언 등을 평가하면서 북한이 핵전략을 전환했는지를 둘러싸고 미국의 핵전문가들의 견해가 엇갈리고 있다.

미 MIT의 나랑(Narang)과 미 국방대학교의 스미스(Smith)는 북한의 핵전략이 기존의 '촉발' 핵에서 한 발 나아가 '확증보복' 쪽으로 이행하고 있는 것으로 보고 있다. 중동지역에서 적대국가에 둘러싸인 이스라엘이

---

**73** "핵배낭은 북한의 허세인가", 『스푸트닉』 2016년 4월 9일. (http://sptnkne.ws/aZQw, 검색일 2016/5/20)

**74** Smith, "North Korea's Evolving Nuclear Strategy", pp. 7~20.

취한 핵전략의 전환과 유사하다고 본 것이다.[75]

이에 비해 미국신안보센터의 밴 잭슨(Van Jackson)은 북한의 핵전략이 현재 '촉발'이라는 점에 동의하면서도, 북한이 미국의 공격에 대해 수동적으로 핵무기 반격에 나서는 '확증보복'이 아니라 전술핵무기의 보유에 따라 핵 선제사용의 가능성을 열어놓는 '비대칭확전'으로 나아갈 위험성이 있는 것으로 평가하고 있다.[76]

미국 전문가들은 향후 북한이 어떤 핵전략으로 나아갈 것인지에 대해서는 서로 다른 전망을 내리고 있지만, 초기 북한의 핵전략이 '촉발'이었다는 점에 대해서는 이견이 없다. 북한이 비밀리에 핵무기 개발을 지속하면서 6자회담을 진행할 때는 2005년 2월 10일 북한 외무성의 핵무기 보유선언이나 BDA문제로 「9.19공동성명」의 이행이 난항을 겪자 2006년 10월 9일에 핵실험을 실시한 것이 이에 해당된다고 본 것이다.

북한이 핵무기를 개발하기 이전에는 안보문제의 자력 해결능력이 없었기 때문에, 도발을 통해 상호우호협력조약을 맺고 있던 같은 진영의 강대국(옛 소련, 중국)의 개입을 유도하는 '촉발' 핵전략을 취했던 것도 사실이다.[77] 하지만 북한이 핵실험을 실시한 이후에도 '촉발' 핵전략을 견지했다고 보기는 어렵다. 본격적인 핵개발 이후로 북・중 관계가 크게 어긋나기 시작했고, 북한체제의 특성(자주 이데올로기)과 북・중 관계의 지정학적 특성(접경국가, 대국-소국 관계), 미・중의 담합 가능성 때문에 일찌감치 '촉발' 전략을 포기하고 자체 핵보유로 방향을 전환했던 것이다.

75 Narang, "Nuclear Strategies of Emerging Nuclear Powers", pp. 81~85 및 Smith, "Alternative North Korean Nuclear Futures".

76 Jackson, *Alliance Military Strategy in the Shadow of North Korea's Nuclear Future*, pp. 10~11.

77 조 민, "북한의 '전쟁 비즈니스'와 중국의 선택", 「Online Series」, 통일연구원, 2010년 12월 1일.

그렇다면 최근에 잦아지고 있는 북한의 핵 선제사용 가능성 발언은 어떻게 해석해야 할 것인가? 북한은 재래식전력 상으로도 한국군에 비해 열세에 놓여 있기 때문에 핵무기의 보유를 통해 재래식전쟁 대비와 핵억제라는 두 가지 목표를 동시에 추구하고 있는 것으로 보인다. 북한이 핵 선제타격 능력을 갖춤으로써 자신의 목표인 '확증보복' 핵전략은 그대로 유지한 채, 미군의 전시증원을 차단해 재래식전쟁에서 승리를 거둔다는 이중 목표를 수립한 것으로 분석된다.

충분한 핵무기를 보유하고 있지 못한 북한이 현 단계에서 채택할 수 있는 이중전략은 단계적으로 거부적 억제와 징벌적 억제를 배합하는 방식이다. 이것은 소련과 WTO의 위협 강도나 형태에 따라 재래식무기, 전술핵무기, 전략핵무기 등으로 대응하고자 했던 미국의 유연반응전략과는 달리, 북한이 핵·미사일 능력의 진전 단계에 맞춰 재래식무기와 핵무기의 사용 가능성을 배합·적용하는 새로운 억제전략인 것이다.

북한은 장기적으로 미 본토를 타격할 수 있는 핵·미사일 능력을 확보하여 미 본토에 대한 핵무기 공격을 위협함으로써 유사시 미국이 한반도 전쟁에 개입하지 못하도록 하려는 징벌적 억제 전략을 지향하는 것으로 보인다. 이러한 징벌적 억제 전략이 '신뢰성'을 갖도록 하기 위해 북한은 SLBM에 탑재 가능한 수준의 핵탄두 소형화와 골프급의 3000천 톤짜리 중형잠수함의 개발과 함께 다량의 핵탄두 보유를 추진해 나갈 것으로 보인다.

하지만 북한이 미 본토에 도달하는 대륙간탄도미사일이나 3000톤급 잠수함을 개발해 실전 배치하기까지는 오랜 시간이 걸릴 수밖에 없다. 그렇기 때문에 단중기적으로 북한이 노리는 것은 전쟁 발발시 한미연합군의 해상봉쇄를 뚫고, 미군의 전시증원을 어렵게 만들어 한미연합군이 의도한 군사적 효과를 거두지 못하게 하는 거부적 억제, 이른바 '북한판 반접근·지역거부(A2/AD) 전략'인 것이다.[78] 북한의 억제전략이 먹혀들 것인지의 관건은 재래식전쟁 때 미국이 본토에 대한 북한의 핵무기 공격 위협을 감수하면서 미 증원군을 파견할 것인가에 달려 있다.

## 2. 핵무기를 앞세운 예상되는 비대칭적 군사도발 양상

북한에게 있어서 핵무기는 체제생존을 넘어서는 많은 목적을 갖고 있는 것이며, 무력수단은 그 중의 하나일 뿐이다. 김정은 정권이 핵무기를 단지 체제생존을 넘어 다른 목적으로 사용할 경우 어떤 도발양상이 예상될 것인가 하는 점에 주목할 필요가 있다. 북한이 핵무기를 선제사용할 경우 미국의 반격으로 정권이 궤멸될 것을 우려해, 한국에 대해 전면적인 핵공격을 취하지 않고 단지 핵무기 공격위협만 가하면서 이를 협상카드로 활용하는 경우와 재래식 무기나 핵물질·핵폭발 등 저수위로 공격해 오는 경우 등 비대칭적인 도발양상을 생각해 볼 수 있다.

### 1) 전략적 목표의 달성을 위한 핵 협상카드

북한은 핵무기를 직접 사용하기보다는 핵무기의 사용위협 또는 사용중단, 핵군축 등을 내세워 이를 미국이나 우리나라에 대한 협상카드로

---

**78** Jackson, *Alliance Military Strategy in the Shadow of North Korea's Nuclear Future*, pp. 11~12. 밴 잭슨은 북한군의 반접근 작전개념(anti-access CONOPs)에 대해 재래식 및 핵미사일 사용을 통해 ① 미군 및 연합군의 대규모 유입의 지연 및 방지, ② 북한의 동서해안에 상륙을 시도하는 수상함의 접근 방지, ③ 공군기지 타격으로 연합공군력의 우세를 무력화, ④ 보급을 차단함으로써 한·미 연합지상군의 북한영토 진입을 저지 등 네 가지를 노리고 있다고 분석한다.

활용하는 방법이다. 북한은 추가 핵실험의 중지를 내세워 한미 합동군사연습의 중단을 제시한 바 있으며, 핵군축 협상을 내세워 한반도 평화협정을 제안한다든지 핵군축의 명분으로 미국의 대한(對韓) 핵우산 공약의 폐기, 미국 내 주한미군의 철수여론 조성 등 자신들의 전략적 목표를 달성하려고 할 수가 있다.

첫째, 북핵문제의 완전해결 이전단계에서 북측이 대북 안전보장 차원에서 한미 합동군사연습의 중단 내지 축소를 제기하고 나올 가능성이 있다.[79] 벌써부터 제임스 쇼프 IFPA 아태연구소 부소장은 북핵문제의 진전에 따라 한국과의 협력 아래 군사신뢰구축조치(CBMs)와 관련된 군사연습을 북측과 협의할 것을 제안한 바 있다.[80] 실제로 2015년 1월 10일 북한 국방위원회는 정책국 명의로 핵실험 임시중단을 조건으로 한·미 군사연습의 임시중단을 요구하였다.[81]

둘째, 미국의 대한(對韓) 핵우산 공약을 폐기하도록 요구할 수 있다. 2009년 2월 북한을 방문한 미국 전직관료 및 핵전문가들에게 김계관 외무성 부상(당시)이 핵포기의 조건으로 미국의 주한미군의 철수를 의미하는 한미동맹의 종료를 제시한 후 줄곧 이러한 주장을 되풀이하고 있다.[82] 이러한 북측 주장을 미국이 수용할 가능성은 거의 없지만, 미국 내에서 북핵문제의 해결을 위해 주한미군 감축이나 완전철수도 고려할 수 있다는 주장들이 나오고 있다는 점 때문에 남남갈등을 야기할 소지를 안고

---

79 한반도에서 북한의 전쟁도발을 억제하고 한·미 안보협력체제를 강화하기 위해 1976년부터 연례적으로 실시하던 팀스피리트(TS)연습을 남북관계 개선을 위해 1994년부터 중단한 사례가 있다.

80 James L. Schoff, *Broaching Peace Regime Concepts to Support North Korean Denuclearization*, IFPA, Cambridge, Mass., November 16, 2009.

81 『조선중앙통신』 2015년 1월 10일.

82 Morton Abramowitz, "North Korean Latitude", *The National Interest*, Feb. 26, 2009.

있다.[83]

셋째, 주한미군에 대한 철수 압력이다. 주한미군의 이전 예정지인 평택기지 및 오산 미 공군기지까지 도달하는 핵미사일이 개발, 실전배치될 경우 주한미군에 대한 미국 내 철수여론이 고조될 수 있다. 특히 북한군은 시험발사에 성공한 무수단 중거리미사일을 통해 하층방어체계인 PAC-3를 무력화한 데 이어, SLBM이나 다탄두재돌입(MRV)형 미사일의 개발을 통해 상층방어체계인 THAAD나 SM-3 대공미사일 등도 제 기능을 발휘할 수 없게 만들어 미국 내 주한미군 철수여론을 촉발코자 할 수 있다.

### 2) '안정–불안정 역설'과 핵무기를 앞세운 재래식 군사도발

핵이론가인 글렌 스나이더(Glenn Snyder)는 『억제와 방위(Deterrence and Defense)』(1961)에서 '안정-불안정의 역설(stability-instability paradox)'을 제시한 바 있는데, 이는 핵보유 국가끼리 핵균형을 이루어 전면전의 가능성은 낮아지는 대신에 재래식 분쟁의 가능성은 높아지는 현상을 가리킨다. 미국과 소련이 핵무기를 보유한 상황 속에서 이루어진 한국전쟁, 베를린위기, 쿠바위기 등이 이런 사례에 속한다.[84]

---

83 제임스 쇼프 IFPA 아태연구소 부소장이 한국의 지지를 전제로 북핵포기를 위해 순환훈련 목적을 제외한 주한 美지상군을 모두 철수하는 방안을 고려해야 한다고 주장한 데 이어, 제임스 솔라즈 전 미 하원 동아태위원장 등도 한정된 목적을 제외하고 주한미군이 38선을 넘지 않으며 필요시 철수도 고려한다는 약속이 필요하다고 주장한 바 있다. James L. Schoff, *Broaching Peace Regime Concepts to Support North Korean Denuclearization* 및 Stephen J. Solarz and Michael O'Hanlon, "A new North Korea strategy", *USA Today*, June 25, 2009.

84 Michael Krepon, "The Stability-Instability Paradox, Misperception,and Escalation Control in South Asia", May 2003, The Henry Stimson Center. (http://www.stimson.org/southasia/pdf/kreponmay03.pdf, 검색일 2016/5/20)

지역차원에서 '안정-불안정 역설'의 대표적인 예로, 중국의 군부강경파가 원폭실험과 수폭실험에 성공한 뒤인 1969년 우수리 강 위에 있는 전바오섬에서 러시아군과 전투를 벌였는데 이것은 자신들을 파멸로 몰고갈 수 있는 대규모 전쟁의 실질적인 위험 없이 정치적 입지를 강화하기 위한 것이었다. 또다른 예로 파키스탄은 핵실험한 이듬해인 1999년에 캐시미르 지역에서 인도에 재래식 공격을 가했는데, 이는 군사충돌이 핵전쟁으로 비화하지 않을까 하는 국제사회의 우려를 역이용한 것이다.[85]

북한도 핵·미사일을 보유했을 경우, 핵무기의 선제사용을 위협하면서 재래식 군사도발을 자행할 가능성이 있다. 대표적인 것이 이미 수차례 남북한 정규군 간의 군사충돌이 발생했던 서해해상에서 도서 점령이나 북방한계선(NLL)의 무력화, 휴전선 일대에서의 국지전 도발 등이다.

첫째, 서해 도서의 점령 등 국지전 도발을 예상해 볼 수 있다. 북한이 해안포와 특수부대를 동원해 기습공격을 감행해 백령도 등 서해도서를 불시에 점령한 뒤, 우리 군이 전투기, 군함 등을 통해 재반격 및 탈환작전에 나설 경우 북한군 최고사령관 명의의 성명을 통해 '핵무기 사용'을 경고함으로써 우리 군의 반격 의지를 좌절시키는 경우이다. 우리 군이 실제로 핵무기를 사용할지 여부 등 북측의 의도를 판단하는 동안에 북한군은 점령한 백령도 등지에 진지를 구축, 강화한 뒤 우리 군의 반격에 대한 차단조치를 완료하는 경우이다.

둘째, 서해 북방한계선(NLL)을 무력화하려는 경우이다. 북한군이 해안포나 지대함 미사일로 NLL 이남의 우리 측 함정을 공격한 뒤, 우리 측이 반격에 나서려 할 경우 북한군 최고사령부 성명을 통해 '서울에 핵무기

85 Praveen Swami, "Why North Korean strikr will not trigger world war three", *The Daily Telegraph*, Nov. 23, 2010.

투하'하겠다고 경고함으로써 우리 측의 NLL수호 의지를 무력화하고자 시도할 수 있다. 북한의 군사도발에도 불구하고, 우리 측의 군사대응을 억제하고 자신들의 목적을 달성하기 위한 용도로 핵무기를 카드로 활용하는 것이다.

셋째, 휴전선 일대에서 국지전을 일으키는 경우를 생각해 볼 수 있다. 휴전선 일대에서 남북한군 간의 소규모 무력충돌을 넘어 중간규모 이상의 침공을 단행하고, 이에 대해 우리 군이 총반격에 나설 경우 북측은 '핵무기 사용'을 경고하면서 우리 군의 대북진격을 억제할 가능성이 있다. 소규모 도발일 경우 우리 군의 응사(應射)로 마무리될 수 있으나, 북한군이 중규모 이상의 병력을 동원해 국지전을 도발하며 핵무기 사용을 위협할 경우 우리 군의 반격작전이 위축될 가능성이 있다.

### 3) 핵폭발 · 핵물질의 전술적 사용

북한군이 핵무기를 직접 살상용으로 활용하기보다 컴퓨터 시스템에 기반을 두고 있는 한국군의 지휘통제체계(C4I)를 무력화하는 전자기충격파(EMP)탄으로 활용하는 경우와 핵물질을 이용해 일정지역을 방사능으로 오염시켜 몇 년 동안 살 수 없게 만들고 엄청난 공포와 혼란을 야기하는 더러운 폭탄(dirty bomb)을 사용하는 경우를 상정해 볼 수 있다.

첫째, 전자기충격파(EMP)탄의 형태이다.[86] 남한의 영공을 침범할 경우 요격될 수 있기 때문에, 동해나 서해의 북측 상공 40~60km 높이에서 핵무기를 터뜨려 인명살상을 일으키지 않는 대신에 한반도 전역의 전자장

86 EMP탄은 폭발시 강한 전자기파를 발생시켜 금속산화반도체로 구성된 기기 등 전자인프라의 전반을 무력화하여 국가안보체계를 일시 마비시킬 수 있다. 국방연구원, "북, 핵무기 EMP탄으로 쓸 수도", 『연합뉴스』 2009년 6월 26일.

비 탑재 무기나 장비들을 무력화하여 피해를 일으키는 방법이다.

핵무기를 살상무기로 남한지역에 직접 사용했을 경우에 미국의 확장억제에 따른 보복공격이 예상되기 때문에 이를 피하기 위한 방안으로 북측이 선택할 가능성을 배제할 수 없다. 미 국토안보부 보고서도 북한이 은하 3호나 대포동 2호 미사일로 핵탄두를 남극 상공으로 쏘아 올려 미국을 향해 전자기충격파(EMP) 공격을 할 가능성을 제기한 바 있다.[87]

실제로 북한은 2016년 3월 10일 스커드 미사일을 시험발사한 뒤 "목표 지역의 설정된 고도에서 핵전투부를 폭발"시켰다고 주장한 데 이어,[88] 7월 19일에도 스커드, 노동미사일을 쏜 뒤 "목표 지역의 설정된 고도에서 탄도 로케트에 장착한 핵탄두 폭발조종장치의 동작 특성을 다시 한 번 검열"했다고 주장하며 핵 EMP탄의 실험가능성을 시사했다.[89]

둘째, 더러운 폭탄으로 불리는 더티밤(Dirty Bomb)의 제조 및 사용이다. 더러운 폭탄은 방사능 분산장치(RDD, radiological dispersal device)라고도 불리는 것으로, 방사물 물질로 둘러싸인 재래식 폭탄이다. 더러운 폭탄은 상대적으로 제조가 쉬우며, 폭발력을 이용해 방사능을 확산시킬 경우 광범위하게 오염을 발생시켜 피해와 혼란을 일으킬 수 있는 일종의 방사능 무기이다.

더러운 폭탄은 전체 플루토늄(Pu)에서 30% 정도를 차지하는 Pu 240과 242과 같은 불순물을 제대로 제거하지 못한 채로 만든 플루토늄탄을 가리키며, 경우에 따라서는 핵분열물질이 아닌 일반적인 방사능물질을 사용할 수도 있다. 이 폭탄은 고농축우라늄이나 플루토늄을 사용한 핵폭탄

87 "'北, 전자파 무기로 美 공격 가능'…국토안보부 보고서", 『조선닷컴』 2014년 4월 11일.

88 『로동신문』 2016년 3월 11일.

89 『조선중앙TV』 2016월 7월 20일.

과 달리 핵연쇄반응을 일으키지는 않는다.

북한군의 특수부대가 대도시 인구밀접지역이나 상수도원과 같이 다수의 대중에게 치명적인 피해를 미칠 수 있는 지역 또는 시설지역에 대해 더러운 폭탄을 터뜨릴 경우, 방사능의 확산으로 많은 인명피해와 사회적 혼란이 발생할 수 있다. 특히 수도권은 인구가 조밀하기 때문에 폭발에 따른 방사능 피해가 커질 위험성이 높다. 광범위한 방사능 오염을 정화하는 데 몇 년씩 걸릴 수 있고 방사능에 피폭된 사람들에게 건강상의 문제를 일으킬 수 있으나, 가장 큰 영향력은 무엇보다 심리적인 측면에 있다.[90]

---

**90** Futter, 『핵무기의 정치』, p. 262.

제5장

# 우리 국가안보에 주는 시사점

# 제5장
# 우리 국가안보에 주는 시사점

북한의 김정은 정권은 출범 이후 비핵화를 위한 협상을 전면 거부한 채 '사실상의' 핵보유국의 길을 선택하였다. 지금껏 핵무기를 보유한 국가가 자발적으로 핵을 포기한 사례가 없는 것은 아니지만, 이들 국가의 핵포기는 모두 냉전 종식 이후 국내외 안보환경이 개선되면서 합리적인 안보우려(reasonable security concerns)가 해소됐기 때문에 가능했던 것이다. 하지만 북한의 경우는 냉전이 끝나면서 오히려 국내외 안보환경이 악화되고 후계체계가 불안정하기 때문에 자발적인 핵무기 포기를 기대하기는 어렵다.

그렇다고 해도 우리나라는 물론 국제사회가 합의를 위반하고 핵무기를 개발한 북한을 국제법적(de jure)으로든 사실적(de facto)으로든 핵무기국가로 인정할 수는 없다. 북한은 「한반도 비핵화 공동선언」을 위반하며 핵무기를 비밀리에 개발했다. 또한 신흥 핵보유국인 인도, 이스라엘, 파키스탄이 처음부터 NPT에 가입하지 않은 채 핵무기를 개발했던 것과 달리, 북한은 NPT에 가입한 상태에서 비밀리에 핵프로그램을 가동한 뒤 핵무기 개발의 완성 직전에 NPT를 탈퇴해 핵실험을 실시하는 나쁜 선례를 남겼다.

김정일 정권은 자국을 둘러싸고 있는 열악한 안보환경 속에서 핵무기 개발을 시작해 핵실험을 성공시켰다. 김정은 정권에 들어와 북한은 핵무기 보유를 헌법 전문에 명시한 채, 핵무기의 소형화·경량화와 함께 ICBM과 SLBM의 개발에 박차를 가하고 있다. 북한은 지구관측위성의 발사에 이어 장기적으로 독자적인 위성항법체계를 구축해 네트워크중심전(NCW)에 대응하려 하고 있다.

그렇다면, 이미 핵무기를 보유하고 실전배치 단계에 와 있는 북한의 핵전략에 어떻게 대응하고, 궁극적으로 북한 핵문제의 평화적 해결을 위해 어떻게 할 것인가? 현재 북한의 국가전략으로 볼 때, 우리는 중국고전으로부터 대응전략에 관한 시사점을 얻을 수 있다. 『손자병법』 모공(謨攻)편에서는 전쟁에서 상대를 이기는 방법으로 벌모(伐謨), 벌교(伐交), 벌병(伐兵), 공성(攻城)의 네 가지를 들고 있다. 이 가운데 공성 전략은 어쩔 수 없을 때에만 해야 하는 최하책으로, 이미 핵·미사일을 보유한 북한과의 전쟁은 우리 측의 많은 희생을 동반하는 방법이니 배제하기로 한다. 여기서는 전쟁을 통하지 않고 승리하는 세 가지 접근법, 즉 삼벌(三伐)전략을 중심으로 살펴본다.

삼벌(三伐)전략 가운데 최상책은 벌모(伐謨)로서 북한 스스로 점진적인 체제전환을 이루어 개혁세력이 집권할 수 있는 여건을 형성함으로써 협상을 통해 핵 포기를 이루려는 전략이다. 차상책에 해당하는 것이 벌교(伐交)로서 국제사회와의 공조를 통해 강도 높은 제재를 지속함으로써 북한이 핵무기를 보유하는 것보다 포기하는 것이 체제안전에 유리하다는 것을 깨닫게 하려는 전략이다. 차차상책인 벌병(伐兵)은 우리 스스로 거부적 억제력을 구축함으로써 북한의 핵무기를 무용지물로 만들어 버리려는 전략이다.

벌모(伐謀)는 북한의 경제-핵무력 건설 병진노선이 핵무력의 확보에 따른 자신감을 바탕으로 북한식 개혁·개방을 추진하여 경제회복을 이루려는 것임을 역이용하여, 북한과의 접촉을 통해 체제 변화를 유도함으로써 북한지도부의 의도를 깨는 전략이다. 이것은 일종의 정치사회적 접근 전략으로, '애민정치'의 허구성을 북한주민들에게 널리 인식시키고 북한의 시장화에 따른 모순 증대로 체제 유지를 어렵게 하면서 북한 핵·미사일 문제가 해결될 수 있는 기회를 북한내부에서 만들어가는 전략이다. 그런 점에서 단지 대북 압박을 통해 북한이 스스로 핵을 포기하기를 기다리는 '전략적 인내'와는 다르다. 하지만 벌모의 접근법으로 비핵화를 달성하는 데까지 얼마나 시간이 소요될지 알 수 없기 때문에, 그 동안 북한의 핵·미사일 위협에 대응하고 관리할 필요성이 있다.

당장은 북한에 의한 핵확산을 막기 위해 시급히 관리에 나서야 한다. 이를 위해 국제사회와의 공조를 통해 북한 핵문제를 외교적으로 관리하는 벌교(伐交)전략이 필요하다. 브룩스 주한미군 사령관도 인준청문회에서 군사적인 억제·방어 대책과 함께 외교적 노력이 필요하다고 밝히고 있다.[91] 그렇다 해도 북한이 사실상의 핵무기 보유국이 된 현단계에서 벌교(伐交)의 외교적 대책은 어디까지나 북한 핵에 대한 관리용으로만 유용할 뿐, 과거와 달리 북한 핵·미사일 문제를 풀 수 있는 해법이 되기는 어렵다.

문제는 당면한 북한의 핵무기 사용 위협이다. 외교적 대응은 군사적 대책을 병행했을 때 그나마 효과가 있는 것이기 때문에 당면한 북한 핵위협을 억제하고 방어하는 능력을 키워야 한다. 정치·경제·사회적 접근

91 The U.S. Senate Armed Services Committee, Hearings to examine the nomination of General Vincent K. Brooks, p. 12.

도 외교적 접근도 군사적 세력균형을 갖춘 뒤에야 의미가 있는 것이다. 그렇기 때문에 북한의 핵·미사일을 위한 근본적 해법은 아니더라도 군사적 접근인 벌병(伐兵) 전략을 동시에 추진할 필요가 있다. 북한의 핵·미사일 위협에 대해 우리 군이 추진하고 있는 킬체인(Kill Chain)과 한국형 방공망(KAMD)의 구축이 여기에 해당된다. 하지만 이들은 2020년대 초중반에야 실전배치될 예정이기 때문에, 그 사이에는 한·미 연합억제력을 활용하는 것이 불가피하다.

오늘날 북한이 핵무기의 개발을 추진하고 있기 때문에, 벌모, 벌교, 벌병의 어느 하나의 접근법('1개의 화살')을 사용해서는 효과가 제한적이다. 그렇기 때문에 「절전(折箭)의 고사」에서 말하는 '3개의 화살'론과 같이 세 가지 접근법을 중층적으로 추진할 필요가 있다.[92] 각각의 전략은 효과가 제한적이고 성과에 못지않게 부작용이 나타날 수 있지만, 3개의 전략을 병행해 추진하면 상호보완적인 역할을 하기 때문에 큰 성과를 거둘 수 있다.

따라서 바람직한 방향은 정치사회적 변화를 통한 점진적 체제전환을 지향하는 벌모(伐謨)전략을 기본으로 하면서, 국제공조에 의한 대북 압박과 6자회담이나 4자회담, 남북대화 등 다양한 외교적 방식을 병행하는 벌교(伐交)전략과 킬체인(Kill Chain)이나 한국형 방공망(KAMD), 한미 연합억제력과 같은 거부적 억제력 구축을 위한 벌병(伐兵) 전략을 복합적으로 운용하는 중층적 전략이 될 것이다.

92 '3개의 화살론'이란 『북사(北史)』 토욕혼전(吐谷渾傳)에 나오는 '절전(折箭)'의 고사를 응용한 것으로, 1개의 화살은 쉽게 부러뜨릴 수 있지만 3개의 화살을 묶으면 잘 부러지지 않는다는 의미이다.

# 제3부

# 동북아 핵군비경쟁과 새로운 핵질서 모색

제1장

# 동북아지역 전략적 핵균형의 변화

# 제1장
# 동북아지역 전략적 핵균형의 변화

국제정치에서 핵확산을 막는 문제는 오랫동안 주요 과제였다. 냉전시대 미국과 소련은 핵억제 전략에 의한 공포의 균형 속에서 전면적인 핵전쟁은 방지하였으나 핵확산은 억제하지 못했다. 냉전이 끝나면서 한때 핵시대(the nuclear age)가 끝난 것으로 보이기도 했지만, 신흥핵보유국의 등장으로 이제는 이른바 제2차 핵시대(the second nuclear age)가 전개되고 있다.[1]

냉전시대가 끝나면서 신흥 핵보유국의 등장뿐만 아니라, 국제테러집단의 등장으로 이제 핵무기는 전통적인 억제의 수단이 아니라 사용가능한 위협 요인이 되었다. 제2차 핵시대가 글로벌 차원에서 시작된 지 20여 년이 지났지만, 최근에 들어 동북아 지역에서는 본격적으로 핵문제가 현안으로 떠오르게 되었다.

그런 가운데, 오바마 미 대통령은 취임 3개월 만인 2009년 4월 5일 체

---

**1** Gray, *The Second Nuclear Age*; The National Bureau of Asian Research, *Strategic Asia 2013-14: Asia in the Second Nuclear Age*, NBR, October 2013.

코 프라하에서 “핵무기 없는 세계”를 위한 비전을 제시하였다.[2] 이는 그의 대선 공약을 구체화한 것이었다. 같은 해 9월 그는 ‘핵비확산, 핵군축을 위한 유엔안보리 회의’ 의장직을 맡아 유엔안보리 결의(UNSCR) 1887호의 채택을 주도하였다. 오바마 대통령은 ‘핵무기 없는 세계’의 비전을 제시한 공로로 그 해 노벨평화상을 수상하였다.

그러나 국제정치의 현실은 그리 호락호락하지 않았다. 그의 ‘프라하 연설’은 감동을 준 것 못지않게 미국 내부와 동맹국 일각에서 크게 반발을 불러왔다. 노벨경제학상 수상자이자 핵문제전문가 토마스 쉘링(T. C. Schelling)은 미국의 핵억제력 감축이 오히려 핵전쟁의 위험을 높일 것이라고 경고했다.[3] 일본에서는 만약 미국이 ‘핵무기 없는 세계’를 추진할 경우에 확장억제력에 의존하고 있는 일본의 안전보장을 어떻게 담보할 것인가에 대한 문제제기가 있었다.[4]

무엇보다 오바마 대통령의 취임 직후 북한은 제2차 핵실험을 실시한 데 이어, 재선된 직후에도 제3차 핵실험을 강행하였다. 2016년 1월의 제4차 핵실험은 앞선 세 차례의 핵실험과 달리 핵융합 반응을 활용한 것으로 북한이 주장해 온 핵무기의 소형화, 경량화에 한발 더 접근한 것처럼 보였다.[5] 또한 북한은 대륙간탄도미사일(ICBM)로 전용될 수 있는 장거리로

2 Barak Obama, “Obama Prague Speech On Nuclear Weapons”. (http://www.huffingtonpost.com/2009/04/05/obama-prague- speech-on-nu_n_183219. html, 검색일 2016/4/16)

3 Thomas C. Schelling, “A world without nuclear weapons?”, *Dædalus*, Fall, 2009, pp. 124~129.

4 Gregory Kulacki, *Japan and America's Nuclear Posture*, Union of Concerned Scientists, March 2010, pp. 3~4.

5 폭발력은 2006년 1차 핵실험에서 인공지진파 3.9규모로서 1kT로, 2009년 2차 핵실험에선 지진파 4.5규모로 2~6kT로 추정된 데 비해, 3차 핵실험에서는 4.9~5.2규모로서 10여 kT인 것으로 추정된다.

켓의 발사에도 성공해 머지않아 미 본토까지 도달하는 능력을 갖추게 될 것으로 보인다.

중국의 핵무기 전력도 빠르게 현대화하고 있어 동북아 핵균형을 무너뜨리는 요인이 되고 있다. 중국은 국방전략의 기조인 '적극방어'를 견지한다고 밝히면서도, 반접근 · 지역거부전략을 넘어 지상발사 탄도미사일(ICBM)과 잠수함 발사 탄도미사일(SLBM)을 실전 배치하여 미 본토를 타격할 수 있는 단계에 와 있다. 무엇보다 오랫동안 견지해 왔던 핵 선제불사용 정책에 대한 입장이 크게 흔들리고 있다는 점이 새로운 위협요인으로 등장하고 있다.

북한의 4차 핵실험과 중국의 핵전력 현대화는 미 대선의 주요 쟁점으로 떠올랐다.[6] 미 공화당의 대통령 후보인 도널드 트럼프는『뉴욕타임스』(2016.3.25)[7]와의 인터뷰에서 미군이 주둔하지 않을 경우 한국과 일본이 독자적 핵무장 능력을 보유하는 것을 지지하겠다고 말하면서, "일본이 (핵무기를) 갖는 것은 미국에게는 그리 나쁜 일은 아니다"라고 덧붙였다. 3월 29일 CNN 주최 타운홀 미팅에서도 그는 한국 · 일본의 핵무장을 용인할 수 있다는 입장을 재확인하면서 "일본과 한국이 핵무장을 통해 스스로 방어능력을 키우거나, 아니면 미국에 방위비를 더 내야 한다"고 주장했다.

일본이 보유하고 있는 막대한 양의 플루토늄과 '안보 목적의 원자력 이용 허용'과 같은 핵무장의 법적 제약 완화는 또 다른 정세불안 요인으로 대두하고 있다. 2015년 말 현재 일본은 핵폭탄 6,000여 개를 만들 수

6 Brian Padden, "Trump's Rise Could Legitimize Nuclear Hawks in Asia", *Voice of America*, May 10, 2016.

7 *The New York Times*, March 25, 2016.

있는 플루토늄 47.8톤을 보유하고 있다. 설상가상으로 2018년부터는 로카쇼무라 재처리시설이 본격 가동하게 되면 플루토늄의 양은 획기적으로 늘어나게 된다. 오는 2018년 7월로 재처리권한을 보장한 「미・일 원자력 협정」의 시한이 만료되기 때문에, 막대한 양의 플루토늄에 대한 일본정부의 태도에 따라 동북아 불안요인으로 등장할 수 있다.

이처럼 북한의 잇단 핵실험과 중국의 핵무기 현대화, 일본의 플루토늄 과다보유 및 원자력의 안보적 이용 등 동북아지역의 전략적 핵균형이 변화 조짐을 보이면서 '핵 시대의 종언'이라는 염원은 받아들이기 쉽지 않은 희망이 되어가고 있다. 어느 한 나라의 핵무기 전력 강화는 다른 나라에게 핵위협으로 느껴져 핵개발을 촉발하는 전형적인 '안보딜레마'가 동북아지역에서 전개되고 있는 것이다.

탈냉전시기 국제사회가 한때 기대했던 '핵 시대의 종언'이란 것은 사실상 핵무기국가들의 전략적 핵 균형 속에서 주어진 불안정한 평화구조였는지 모른다. 동북아 차원에서 북한은 핵무기 개발을 통해 이러한 핵 균형을 변화시키고 있고, 중국은 미국과의 신형대국관계 구축을 내걸며 핵전력 현대화를 가속화하고 있다. 이것은 비핵무기국가를 자처하는 한국과 일본에게 새로운 도전요인으로 작용하고 있는 것이다.

제3부는 동북아지역의 핵균형 변화 실태를 살펴보고 시사점을 도출하는 것이 목적이다. 먼저 제2차 핵시대 이후 핵억제 정책의 한계와 '핵무기 없는 세계' 비전을 위한 국제적 노력에 대해 알아본다. 이어서 세계 핵대국인 미국과 러시아의 동북아 핵전략을 살펴보고, 중국과 일본, 남북한의 핵개발 능력을 평가한다. 이를 토대로 향후 동북아지역의 새로운 국제 핵질서(international nuclear order)에 대해 △한・일 핵무장에 따른 핵균형과 △동북아 비핵무기지대의 2개 시나리오를 검토한다.

제2장

# 세계 차원의 전략적 핵균형과 '핵무기 없는 세계'

# 제2장
# 세계 차원의 전략적 핵균형과 '핵무기 없는 세계'

## 1. 핵억제 태세의 한계와 제2차 핵시대의 도래

### 1) 핵억제 태세의 한계

1991년 소련이 붕괴되면서 미·소 양대 강국끼리만 핵무기 경쟁하던 시대가 끝나고 수많은 나라들이 핵개발에 뛰어드는 시대가 되었다. 콜린 그레이는 『제2차 핵시대』(1999)에서 미·소의 핵경쟁 시대를 '제1차 핵시대'라 규정하고, 냉전이 끝난 뒤 리스크를 두려워 하지 않는 수많은 지역의 국가들끼리 경쟁하는 시대를 '제2차 핵시대'라고 규정하고 있다.[8]

냉전이 막을 내리기 전까지 상호확증파괴(MAD)는 냉전시대의 핵억제 태세로서 미·소 간의 핵전쟁을 억제하는 데 중요한 기능을 하였다. 미국은 1960년대 중반무렵 소련의 어떠한 선제 핵공격에도 잔존 핵전력으로 소련의 도시와 산업시설 등 가치표적을 궤멸시킬 수 있는 대소(對蘇) 확

8 Gray, *The Second Nuclear Age*, p. xii.

증파괴능력을 갖추게 되었다. 그러나 몇 년 지나지 않아 소련도 대미(對美) 확증파괴능력을 갖추는 데 성공하였다. 결국 1972년 5월 ABM조약을 체결함으로써 MAD 태세가 확립되었다.

그 뒤 미국의 핵전략은 공격목표를 소련의 가치표적을 넘어 전략핵전력을 파괴하는 군사표적으로 전환했으나, 기본적으로 MAD 태세에 바탕을 둔 것이었다. 이처럼 미국의 핵전략도 기본적으로 자국민의 안전을 상대국가의 이성적 판단(공포감)에 맡기는 '보복억제력'에 기반한 것이었기 때문에, 만약 상대가 이성적 판단을 제대로 못할 경우에는 억제효과가 제한될 수밖에 없었다.

이러한 기존 핵전략의 한계를 뛰어넘기 위해 레이건 미 행정부는 적국의 핵공격을 무력화하여 소기의 목적을 달성 못하게 하는 '거부적 억제력'에 기반한 새로운 전략구상을 내놓았다. 그것이 바로 1983년 3월 레이건 대통령이 발표한 '전략방위구상(SDI)'이다. SDI는 우주공간에 배치한 방위망을 중심으로 다층 탄도미사일망을 구축하여 ① 소련의 선제공격을 무력화하고, ② 인명 등의 손실을 최소화하며, ③ 공격무기의 가치를 낮춰 공격핵무기 감축을 이끌어내며, ④ 사고나 오인에 의한 핵미사일의 발사를 미연에 막을 수 있다는 장점을 갖고 있었다.[9]

냉전 종식 이후 '제2차 핵시대'가 열리면서 리스크를 두려워하지 않는 국가나 테러집단의 출현으로 핵억제가 먹히지 않는 경우가 점차 늘어났다. 이러한 문제의식 속에서 부시 미 행정부는 『NPR 2002』을 발간해 기존의 핵억제 전략인 MAD 태세를 공식 파기하는 한편, 미사일방위구상(MD)의 적극 추진과 함께 전술핵무기의 사용의지를 천명하는 등 '일방적

---

9 小川伸一, 菊地茂雄, 高橋杉雄, "冷戰後の核兵器国の核戰略", 『防衛研究所紀要』 第3巻 第1号, 2000年 6月, p. 9.

확증파괴(UAD)'라는 새로운 핵억제 독트린을 제시했다.

이처럼 부시 행정부는 전임 클린턴 대통령 때 추진해왔던 정책들을 전면적으로 재검토('Anything But Clinton')하면서 한편으로 '전력방위구상'을 추진하여 러시아와 핵군축 협상을 진행시켰고, 다른 한편으로 핵개발을 시도하는 국가들에 대해서는 '핵 선제 사용' 옵션을 남겨 압박을 가하는 등 탈냉전시기 미국 주도의 새로운 핵질서를 구축하고자 하였다.

하지만 부시 행정부의 재임 8년 동안 세계가 좀 더 안전해진 것이 아니라 오히려 불안정해졌다. 부시 행정부 기간 동안 9.11테러사태가 발생하고 북한이나 이란이 핵개발을 본격화했을 뿐만 아니라 테러집단의 손에 핵무기가 넘어갈 가능성마저 대두되는 불안한 상황이 되어 버렸다.

이러한 배경 속에서 2007년 1월 냉전시기에 미국의 핵무기 증강에 핵심적인 역할을 했던 미국의 초당파 원로정치인인 조지 슐츠 전 국무장관(레이건 행정부), 윌리엄 페리 전 국방장관(클린턴 행정부), 헨리 키신저 전 국무장관(닉슨 행정부), 샘 넌 전 상원 군사위원장(민주당) 등 4명은 핵억제 전략의 한계를 인정하고 근본적인 핵전략의 전환을 촉구하기에 이르렀다.

이들은 "냉전시대에는 국가안보의 유지를 위해 핵무기가 억제수단의 역할을 담당하였다. 하지만 냉전이 끝나면서 미・소 사이의 상호억제 독트린은 이제 시대착오적인 것으로 바뀌었다"고 인정하고, 국가안보를 위해 "핵무기에 의존하면 할수록 점점 더 위험해지는 결과를 초래하고 그 유용성은 오히려 감소하게 된다"며 핵무기의 폐기를 위해 함께 노력하자고 호소하였다.[10]

---

10 George P. Shultz, William J. Perry, Henry A. Kissinger and Sam Nunn, "A World Free of Nuclear Weapons", *The Wall Street Journal*, January 4, 2007.

### 2) 핵무기 없는 세계와 '글로벌 제로'

미국의 초당파 원로정치인 4명은 핵억제론의 한계를 인정하는 데 그치지 않고, 핵무기 없는 세계를 실현하기 위한 대안을 제시하였다. 이들은 "시급히 어떤 새로운 행동을 취하지 않으면 조만간 미국이 보다 불안정하고 심리적으로 혼란스러우며 냉전기 억제전략보다 경제적으로 훨씬 값비싼 대가를 치러야 할 새로운 핵시대에 빠져들고 말 것"이라고 주장했다. 이들은 미국이 핵무기 보유국들의 지도자들과 함께 '핵무기 없는 세계'를 공동의 목표로 삼아 함께 노력할 것을 촉구하면서 다음 8가지 권고사항을 발표하였다.[11]

① 핵무기가 실전배치된 냉전기의 핵태세를 바꾸고 조기경보시간을 늘려 우발적이거나 미승인된 핵무기가 사용될 위험을 줄인다.

② 모든 핵무기국가의 핵무기 보유량을 현저히 줄이기 위한 노력을 계속한다.

③ 전진배치를 위해 만들어진 단거리 핵무기를 폐기한다.

④ 포괄적 핵실험금지조약(CTBT)의 비준을 위해 신뢰를 증진하고 주기적으로 검토하여 최근에 달성된 기술적 진전의 혜택을 활용하는 등 주요국 및 미 상원이 함께 초당파적 운동을 개시한다.

⑤ 전 세계에 산재한 모든 핵무기 및 무기급 플루토늄, 고농축 우라늄(HEU)에 대해 최고의 안전기준을 적용한다.

⑥ 핵공급자그룹(NSG) 및 국제원자력기구(IAEA)와 협력하여 원전원료용 우라늄을 적정가격으로 살 수 있도록 보장하는 한편, 국제우라늄의 재고 관리와 우라늄 농축과정을 통제한다. 전력 생산 뒤

11 Shultz, Perry, Kissinger and Nunn, "A World Free of Nuclear Weapons".

에 방출되는 사용후 핵연료가 제기하는 확산문제도 적절히 다룰 필요가 있다.

⑦ 세계적으로 무기급 핵분열물질(fissile material)의 생산을 중단하고 고농축우라늄의 민간사용을 줄여나간다. 그리고 전 세계의 연구시설에서 무기급 우라늄을 축출하여 안전하게 관리한다.

⑧ 지역 핵국가의 등장을 조장하는 지역분쟁과 대결의 해소 노력을 배가해야 한다. 또한 핵무기 없는 세계라는 목표를 달성하기 위해 어떤 국가나 국민을 위협하는 핵관련 행위를 저지하거나 대항하는 효과적인 정책 마련이 필요하다.

이러한 '핵무기 없는 세계'의 권고를 받아들여 2008년 12월 파리에서 세계 차원에서 핵폐기를 달성하기 위해 노력하는 핵군축운동인 '글로벌 제로(Global Zero)'가 탄생하였다. 이 캠페인은 미 · 러의 새로운 핵군축 조약 체결을 시작으로 점차 다른 모든 핵무장국가들로 확대하여 마지막 4단계로 2030년까지 완전하고 검증 가능하게 모든 핵무기를 폐기하는 핵군축 일정을 제시하였다.[12]

미국의 오바마 대통령도 원로정치인 4명의 호소에 적극 호응하여, 2009년 4월 5일 21세기 핵무기의 미래에 관한 '프라하 연설'을 했다. 이러한 연설에 앞선 4월 1일 오바마 미 대통령과 메드베데프 러시아 대통령이 미 · 러 정상회담을 갖고 "양국은 핵무기 없는 세계를 달성할 것을 서약한다"는 내용을 담은 공동성명을 발표했다. 그 동안 핵감축에 대한 미 · 러 양국의 합의는 여러 차례 있었지만, '핵무기 없는 세계'라는 목적을 공유하고 공개적으로 밝힌 것은 이번이 처음이다.[13]

**12** Futter, 『핵무기의 정치』, pp. 295~296.

**13** Editorial, "Nuclear endgame: The Growing appeal of zero", *The Economist*, Jun 16th 2011.

오바마 대통령은 '프라하 연설'에서 오늘날 냉전은 끝났지만 냉전의 유산인 수천 개의 핵무기가 여전히 존재하고, 글로벌 차원의 핵전쟁 위협은 낮아졌지만 핵공격 위협은 높아졌고, 더 많은 나라들이 핵무기를 확보하고 핵실험을 계속하고 있으며 암시장에서 핵기술과 핵물질이 거래되고 있다고 지적하고 있다. 그는 결론적으로 "핵무기 없는 세계의 평화와 안정을 추구하는 미국의 확고한 의지를 분명하고 확신에 찬 목소리로 천명합니다"라며 '핵무기 없는 세계'를 만들어갈 비전을 밝혔다.[14]

## 2. '핵무기 없는 세계'와 NPT의 역할

### 1) 핵무기와 관련된 세 가지 유형의 국가

"악마는 작은 데 숨어 있다(The Devil is in the Detail)"는 서양 속담처럼, 핵무기 없는 세계라는 비전에 대해 미·러 양대 핵강국의 대통령이 동의했고 전 세계의 많은 사람들이 지지했다고 하더라도 이를 현실에서 구현하기 위해서는 도처에 숨어 있는 '악마들'을 물리치고 넘어서지 않으면 안 된다.

오늘날과 같은 제2차 핵시대에서 '핵무기 없는 세계'를 실현하는 것은 제1차 핵시대 때보다 훨씬 복잡하고 어렵다. 제1차 핵시대 때는 미·소 양대 핵강국이 보유한 핵탄두의 삭감과 운반수단의 제한을 중심으로 핵군축이 어느 정도 가능했지만, 제2차 핵시대에서 신흥 핵보유국에게는

14 오바마 미 대통령의 '프라하 연설문' 전문(全文)은 다음을 볼 것. Barak Obama, "Obama Prague Speech On Nuclear Weapons". (http://www.huffingtonpost.com/2009/04/05/obama-prague-speech-on-nu_n_183219. html, 검색일 2016/4/16)

핵군축이 사실상 핵폐기를 의미하기 때문에 응할 가능성이 높지 않다.

신흥 핵보유국들이 자국의 핵무기를 포기하면서까지 기존 핵대국의 핵우산·확장억제력에 의존하려고도 하지 않겠지만, 설사 핵우산에 들어가고자 해도 미·러 핵강대국의 핵전력이 대폭 삭감되었기 때문에 핵우산을 담보할 수 있는 신뢰성이 크게 떨어져 있다. 잠재 핵보유국들이 핵무기를 개발하지 않는다는 보장이 없다는 점도 신흥 핵보유국의 핵무기 포기를 어렵게 만든다. 그밖에도 핵무기를 포기할 경우 오히려 재래식 전쟁을 겪게 될지 모른다는 의구심도 해소되지 못하고 있다.

이와 같이 어려운 조건 속에서도 '핵무기 없는 세계'라는 장기적인 비전을 실현하기 위해서는 우선적으로 제2차 핵시대에서 핵무기 개발과 관련이 있는 국가들에 대해 살펴볼 필요가 있다. 제2차 핵시대에는 핵무기와 관련된 국가들을 크게 NPT가 공인한 핵무기국가, NPT밖에서 이미 핵무기를 보유한 국가, 그리고 아직 핵무기는 개발하지 않았지만 민수용 원자력 프로그램을 갖고 있고 상대적으로 선진화된 군사기반기설을 보유하고 있어 단기간 내 핵무기 제조가 가능한 국가 등 세 부류로 나눌 수 있다.

제1유형은 NPT가 인정하고 있는 핵무기국가(Nuclear-Weapon States)이다. NPT는 핵무기국가를 "1967년 1월 1일 이전에 핵무기나 핵폭발 장치를 제조하고 폭발시킨 국가"로 정의하고 있으며, 여기에 해당되는 국가는 미국, 러시아, 영국, 프랑스, 중국 등 5개국이다. 이러한 NPT의 규정은 명백히 차별적인 내용이지만 핵비확산의 필요성에 공감했기 때문에 다수의 비핵무기국가들이 이를 지지하였다.

제2유형은 차별적인 조약이라는 이유로 또는 국가안보상의 이유로 NPT에 가입하지 않고 핵무기를 개발해 보유하고 있는 국가들로 이른바 신흥 핵보유국이다. 여기에 해당하는 국가로는 이스라엘, 인도, 파키스탄이 있다. 남아공화국도 핵무기를 보유했었으나 안보 여건이 개선되면서 자발적으로 핵무기를 포기하였다. 북한의 경우는 NPT에 가입한 상태에서 비밀리에 핵무기 개발을 추진했다가 NPT를 탈퇴한 이후 핵실험을 실시한 특이한 경우이다.

제3유형은 핵무기를 개발하지는 않고 있으나 언제라도 핵무기를 개발할 수 있는 기술적, 경제적 여건을 갖추고 있으며 국제안보적인 이유로 핵무기를 개발할 동기를 갖고 있는 핵문턱국가(threshold nuclear-weapon states) 또는 잠재 핵보유국(virtual nuclear-weapon states)이다.[15] 여기에 해당하는 대표적인 나라로는 플루토늄 대국이라고도 불리는 일본을 들 수 있으며, 분단국가인 한국과 대만도 큰 틀에서는 여기에 포함시키는 경우도 있다.

현재 민수용 원자력발전소를 운용하고 있는 32개국 가운데 공인 및 신흥 핵보유국과 선진화된 군사기반을 갖추고 있는 잠재 핵보유국까지 포함하면 15개국 이상이 된다. 브라질이나 아르헨티나, 이란 등은 공식적으로 핵무기 포기를 선언했으나, 국제환경이 변화하여 안보상의 이유로 약속을 파기하고 핵개발에 나설 가능성도 완전히 배제할 수 없다.[16]

그런데 동북아지역에는 이와 같은 세 부류의 핵(잠재)국가들이 모두 존재한다. 역외국가인 미국을 포함해 러시아, 중국은 제1부류에 속하는 국가이고, 북한이 신흥 핵보유국으로서 제2부류에 속하며, 일본과 한국, 대만 등이 핵문턱국가로서 제3부류에 속한다. 따라서 동북아 지역은 핵

15 Futter, 『핵무기의 정치』, pp. 95~98.

16 한국수력원자력발전 및 세계원자력협회(WNA)의 자료에 따르면, 2016년 5월 말 현재 국가별 원자력 발전소 현황을 보면, 미국이 99기(건설중 5)으로 가장 많고, 프랑스 58기(+1기), 일본 43기(+3기), 러시아 35기(+8기), 중국 32기(+22기) 순이며, 한국은 25기(+3기)로 세계 6위이다. 그 뒤로 인도가 21기(+6기)로 뒤를 잇고 있다. 『연합뉴스』 2016년 6월 25일.

무기 개발 경쟁의 진원지가 될 위험성을 안고 있으며, 자칫하면 핵전쟁의 화약고가 될 수도 있다. 그런 점에서 어느 지역보다도 동북아지역은 '핵무기 없는 세계'라는 이상을 추구할 절박한 필요성을 안고 있다.

〈표 3-1〉 핵무기 관련 국가의 분류

| 분 류 | 특징 | 해당국가[1] |
|---|---|---|
| 일류 핵보유국 (공인핵무기국가) | 1967년 1월 1일 이전에 핵실험을 실시한 나라들로서 NPT가 핵무기보유를 국제적으로 공인된 나라들 | **미국**, **러시아**, 영국, 프랑스, **중국** |
| 이류 핵보유국 (신흥핵보유국) | NPT에 가입하지 않거나 가입한 뒤 탈퇴하여 핵실험을 실시하고 핵무기를 보유한 나라들 | 인도, 이스라엘, 파키스탄, **북한** |
| 잠재 핵보유국[2] (핵문턱국가) | 민수용 원자력 프로그램을 갖고 있으면서 상대적으로 선진화된 군사 기반기설을 보유하고 있어 단기간 내 핵무기 제조가 가능한 나라들 | **일본**, **한국**, **대만**, 브라질, 이란, 사우디아라비아 |

*1) 해당국가 명단 중 돋움체는 동북아지역 내 국가(역외국가인 미국 포함)
2) 핵문턱국가의 명단은 Futter, 『핵무기의 정치』, pp. 97~99를 참고로 작성.

### 2) NPT체제의 역할

'핵무기 없는 세계'의 꿈은 냉전이 끝나고부터 시작된 것이 아니다. 이미 핵무기가 개발된 초기부터, 특히 핵비확산을 지향하는 핵무기확산방지조약(NPT)이 체결되면서부터 시작되었다. 비록 한계가 있지만, NPT는 나름대로 핵비확산체계를 구축하여 '핵무기 없는 세계'로 나아가고자 한 것이다.

그렇다면 NPT의 어떤 내용이 '핵무기 없는 세계'를 지향한 것인가? NPT는 핵무기국가와 비핵무기국가의 의무를 달리 규정하고 있다.

먼저, 핵무기국가의 핵군축 의무이다. NPT 제6조는 "조속한 일자 내의 핵무기 경쟁 중지 및 핵군비 축소를 위한 효과적인 조치에 관한 협상과 엄격하고 효과적인 국제적 통제 하의 일반적이고 완전한 군축에 관한 조약 체결을 위한 협상을 성실히 추진하기로 약속"하고 있다. 이를 통해 핵무기 경쟁의 조속한 중단 및 핵군축(nuclear disarmament)을 추진하는 근거가 되었다.

또한 NPT는 핵무기국가의 핵군축 의무를 뒷받침하기 위해 "조약의 이행을 검토하기 위해 5년마다 회의를 소집할 것"(제8조)과 "발효일로부터 25년이 지난 뒤 조약을 무기한 유효한 것으로 할지 추후 일정 기간만 연장할지 결정하기 위한 회의를 소집할 것"(제10조)을 명시했다. 이 규정에 따라 5년마다 NPT 재검토회의를 개최해 오고 있다. 특히 NPT가 발효된 지 25년이 되던 1995년에는 NPT재검토 · 연장회의가 열렸다.

1995년의 NPT 재검토 · 연장회의에서는 핵무기 없는 세계로 나아가기 위한 3가지 결정(① 조약의 재검토과정 강화, ② 핵비확산과 핵군축을 위한 원칙과 목적, ③ NPT의 무기한 연장)을 내렸다. 또한 NPT의 무기한 연장을 뒷받침하기 위해, NPT재검토회의를 위한 준비위원회를 매년 개최하고, 5가지의 핵군축 이행프로세스 - ① 포괄적 핵실험금지조약(CTBT) 협상 완료 및 발효, ② 무기급 핵분열물질생산금지조약(FMCT) 협상의 개시 및 조기 완료, ③ 핵무기 감축결의 이행, ④ 긴장지역의 비핵무기지대 발전, ⑤ 비핵무기국가에 대한 소극적 안전보장 조치의 강화를 결의하였다.[17]

다음, 비핵무기국가에게는 비확산 의무를 부과하는 대신, 원자력의 평

17 1995년 NPT평가회의 내용에 관한 소개와 평가는 다음을 볼 것. 日本防衛庁, 『大量破壊兵器の拡散問題について』, pp. 16~19. 참고로 2000년 4월의 제6차 NPT재검토회의에서는 **핵무기국가들의 핵무기 완전폐기**, 무기급 핵분열물질생산금지조약(FMCT)의 5년 내 타결, 인도 · 파키스탄 · 쿠바 · 이스라엘 등의 NPT 가입 등을 주 내용으로 하는 합의문을 채택하였다.

화적 이용권을 보장하고 있다. NPT 제2조는 "핵무기 비보유국에게는 핵무기의 반입, 제조, 그 외의 방법으로 취득하지 않기로 약속"할 것을 요구하는 대신에, 제3조에서 "국제원자력기구(IAEA)의 포괄적 안전조치 협정을 체결한다는 조건으로 원자력의 평화적 이용을 인정한다"고 규정하고 있는 것이다.

지역 차원의 공동안보를 통해 비핵무기국가들의 핵무기 개발경쟁을 제도적으로 막기 위해 핵군축 이행프로세스의 일환으로 비핵무기지대 창설이 지속적으로 추진되고 있다. 특히 1995년 NPT 재검토 · 연장회의에서 긴장지역의 비핵무기지대 창설을 촉구한 뒤로, 기존의 두 곳에다가 동남아 비핵무기지대조약(1995), 아프리카 비핵무기지대조약(1996), 중앙아시아 비핵무기지대조약(2006) 등 세 곳이 추가로 창설되어 모두 다섯 곳이 비핵무기지대가 되었다(<표 3-2> 참조).

〈표 3-2〉 핵무기확산금지조약(NPT)의 내용(요지)

| 전 문(前文) | | -핵전쟁의 참화와 전쟁의 위험을 방지하고 인류의 안전을 보장하기 위해 평화적인 원자력활동에 대해 IAEA 안전조치를 적용<br>-원자력 기술의 평화적 이용에 의한 이익은 모든 당사국에게 제공<br>-핵무기 경쟁의 중지와 핵군축을 위해 모든 국가가 협력하고 노력 |
|---|---|---|
| 제1조 | 핵보유국의 의무 | -핵무기 및 핵폭발 장치 또는 그 관리의 양도 금지<br>-핵 비보유국의 핵무기 및 핵폭발 장치의 제조, 획득, 관리에 대한 원조 및 장려 금지 |
| 제2조 | 핵보유국의 의무 | -핵무기 및 핵폭발장치 또는 관리권 양수 금지<br>-그러한 무기의 제조, 획득 또는 그 과정에서 그와 관련된 원조 수령 금지 |

| | | |
|---|---|---|
| 제3조 | 안전조치 | -핵 비보유국의 영역 또는 관할 하에 있는 모든 평화적 원자력 활동의 선원물질 또는 특수 핵분열성 물질에 대해 안전조치 적용<br>-조약의 최초 발효일 후 기탁국은 18개월 이내에 안전조치협정 발효 의무<br>-안전조치가 적용되지 않는 선원물질과 특수핵분열성 물질 및 관련 장비는 핵 비보유국에게 제공 금지 |
| 제4조 | 원자력의 평화적 이용 | 원자력의 평화적 이용에 있어서 조약의 어떠한 규정도 당사국의 권리에 영향을 주지 않으며, 국제협력을 장려 |
| 제5조 | 평화적 핵폭발* | 핵폭발의 평화적 응용으로 생긴 이익은 핵비보유 당사국과 공유 |
| 제6조 | 핵군축 | 핵무기 경쟁 중지 및 핵군축; 완전한 군축조약 체결을 위한 교섭 수행 |
| 제7조 | 비핵지대 | 핵무기가 없다는 것을 보장하기 위한 지역적 조약 체결권 |
| 제8조 | 조약의 개정, 평가회의 | -조약 당사국의 개정안 제출권<br>-핵 보유국과 IAEA 이사국의 찬성을 포함한 조약 당사국의 과반수 찬성으로 개정<br>-조약개정의 효력은 핵 보유국과 IAEA 이사국의 비준서를 포함한 조약 당사국 과반수의 비준서가 기탁되어야 발생<br>-조약의 목적과 규정의 실현을 보증하기 위해 5년마다 평가회의 개최 |
| 제9조 | 기탁국, 발효 | 비준서 및 가입서는 기탁국인 미국, 영국, 러시아 정부에 기탁; 비준서 또는 가입서 기탁 일자에 발효 |
| 제10조 | 탈퇴, 조약 연장 | -당사국의 이익에 해로운 경우 탈퇴권 보유, 탈퇴 3개월 전에 조약 당사국과 유엔 안보리에 통고<br>-조약 발효 후 25년이 경과한 후 무기한 또는 일정 기간 연장에 대해 조약 당사국 과반수 찬성으로 결정 |
| 제11조 | 공식언어 | 영어, 러시아어, 프랑스어, 스페인어, 중국어 |

* 포괄적 핵실험 금지조약(CTBT) 채택과 함께 사문화된 조항

<출처> "Treaty on the Non-Proliferation of Nuclear Weapons". 우리말 번역문은 대한민국 외교부, 『군축 · 비확산 편람』, 외교부 군축비확산과, 2013, pp. 22~24를 바탕으로 작성함.

## 3. '핵무기 없는 세계'로 가는 두 갈래길

### 1) 첫 번째 길: 핵무기국가들의 핵군축 실현

핵무기국가에게 요구되는 핵군축의 의무는 △방사능 낙진의 위험에서 비롯됐지만 핵무기의 수직적 확산과도 직결되는 핵실험의 금지, 그리고 △비핵무기국가들에게 직접적인 위협이 되는 핵탄두 및 운반수단의 감축 등 크게 두 가지로 나눠볼 수 있을 것이다.

먼저, 핵실험의 금지는 핵무기국가인 미국, 러시아, 영국, 프랑스, 중국의 5개국 모두에게 적용될 뿐만 아니라, 신흥 핵보유국인 인도, 파키스탄, 이스라엘, 그밖에 핵개발을 추진하는 국가들에게도 적용되는 것이다. 핵실험과 관련해서 지금까지 「부분적 핵실험금지조약(PTBT)」과 「포괄적 핵실험금지조약(CTBT)」의 두 가지가 체결되었다.

하나는 1963년 모스크바에서 미국, 옛 소련, 영국 등 3개국이 체결한 PTBT로서 정식 명칭은 「대기권, 외기 및 수중에서의 핵무기실험 금지조약(Treaty of Banning Nuclear Weapons Tests in the Atmosphere in Outer Space and Under Water)」이다. 이 조약은 지하를 제외한 모든 핵폭발을 금지토록 하여 핵무기 경쟁을 억제하고, 핵폭발로 인한 방사능 낙진이 환경을 오염시키지 못하도록 하기 위한 것이다.

그러나 이 조약은 여러 가지 면에서 한계를 갖고 있었다. 지하 핵실험을 허용하고 있을 뿐만 아니라, 핵저장량의 감축을 규정하지 않고 핵무기 생산의 중지나 전시 핵무기 사용의 제한도 담지 못하고 있다. 또한 조약의 이행을 통제할 수 있는 기관, 현지조사 체제, 국제감독기구 등을 갖추지 못했다.

다른 하나는 1996년 9월 유엔총회에서 채택된 CTBT이다. 이 조약은 다국간 군축교섭 무대인 제네바 군축회의에서 1994년 1월부터 논의가 시작되었으며, IAEA에 원자로 시설을 보유한 것으로 보고된 44개국의 서명과 비준이 있어야 공식 발효된다. 협상의 막판에 인도・파키스탄・북한이 기존 핵보유국의 시한부 핵군축을 조건으로 내걸며 서명을 거부하였다. 또한 2016년 6월 30일 현재 핵무기국가인 미국과 중국, 그리고 이스라엘, 이란, 이집트 등 5개국은 비준하지 않았다.[18]

CTBT는 PTBT의 약점을 보완해 새로운 핵개발 및 PTBT에서 제외된 지하핵실험 등 모든 핵실험을 금지하기 위한 것으로, 장소와 목적을 가리지 않고 모든 형태의 핵실험 전면금지를 규정하고 있다. 따라서 대기권, 외기권, 수중뿐만 아니라 지하까지 포함하여 일체의 장소에서 어떠한 형태의 핵실험도 금지하고 있으며 '평화적' 목적의 핵실험도 금지하고 있다.[19]

다음, 핵탄두 및 운반수단의 감축과 관련해서 살펴보자. 5개 핵무기국가 가운데 미국과 러시아를 제외한 3국의 핵탄두 비중은 미미한 편이다. 그렇기 때문에 핵실험 금지조약들과 달리 핵탄두 감축협상은 대부분 미국과 러시아 중심으로 이루어졌다. 그 동안 미・러 양국 사이에는 제1, 2차 전략무기제한협정(SALT I, II), 중거리핵전력(INF) 폐기조약, 제1~4차 전략무기감축조약(START I, II, III) 및 전략공격능력삭감조약(모스크바조약, SORT)이 추진되었다.

SALT-I은 ABM조약과 전략무기제한잠정협정(SALT-I 잠정협정)으로 구성되었는데, 1969년에 협상을 개시하여 1972년에 타결되었다. 그러나 ABM조약은 2002년 미국의 탈퇴로 무효화되었다. SALT-II는 ICBM, SLBM 및 MIRV형 미사일의 총량 감축 및 새로운 공격용 전략핵무기의 개발을 금지한 것으로, 1981년까지 감축을 완료하기로 했으나 미 의회의

18 CTBTO 홈페이지 참조(http://pws.ctbto.org/the-treaty/status-of-signature-and-ratification 검색일 2016/6/30).

19 CTBT에 관한 자세한 내용을 다음을 참조할 것. 외교부, 『군축・비확산 편람』, pp. 28~34.

비준 거부로 기한을 넘기는 바람에 1985년 효력을 상실하였다. INF 폐기 조약은 핵탄두 장착용 중거리 및 단거리 지상발사 미사일 전체를 폐기하는 것으로 1988년에 발효되어 1991년 폐기가 완료되었다.

냉전이 끝난 직후 전략무기감축협상이 시작되었다. START-I은 운반수단 1,600개, 배치 핵탄두수를 6,000개로 삭감하기로 하였으며, 이 가운데 ICBM과 SLBM의 배치탄두수를 4,900개, ICBM과 SLBM의 투사중량을 3,600톤으로 제한하기로 하였다. 또한 소련의 대형 ICBM을 반으로 줄이기로 합의하였다. 이 조약은 1991년에 조인되어 1994년에 비준되었으며, 2001년까지 감축이 완료되었다.

START-II는 배치핵탄두의 수를 미국이 3,000개로, 러시아가 3,500개로 줄이기로 합의했으며, 이 가운데 SLBM의 보유수를 미국이 1,700개로, 러시아가 1,750로 제한하였다. 그리고 지상발사 MIRV를 모두 폐기하고, 러시아의 SS-18도 해체하기로 하였다. 1993년에 조인한 뒤 미국(1996년)과 러시아(2000년)가 비준을 완료했으나, 미국이 추진하는 미사일방어망(MD)을 둘러싼 대립으로 이행이 중단되었다.

START-III는 1999년에 협상이 개시되어 배치 핵탄두를 미국이 2,000개로, 러시아가 2,500개로 삭감키로 하고, 보유 핵탄두도 처음으로 규제대상에 포함시키는 데 합의했으나 더 이상 진전이 없었다. 이러한 목표는 2002년 5월부터 개시된 Moscow조약(SORT) 협상에 반영되었다. Moscow조약의 핵탄두 감축목표는 미국이 1,700개, 러시아가 2,200개였다. 여기에 운반수단은 포함시키지 않았지만, 재활용을 막기 위해 감축된 핵탄두를 모두 해제·폐기하기로 하였다. 이러한 Moscow조약의 감축목표는 예정됐던 2012년까지 완료되었다.

미·러 양국은 START-I과 Moscow조약에 이어, 2011년 10년 시한의 New START를 발효시켜 2018년까지 목표로 미국, 러시아가 각각 보유한

1,790기와 1,556기의 배치 핵탄두수(2011년 9월 기준)를 모두 1,550개로, 미사일과 폭격기 등 운반수단을 800기로 핵전력의 감축을 추진 중이다. 이에 따라 미국은 3,000발 이상의 핵탄두, 러시아는 4,000발을 퇴역 후 폐기시킬 예정이다.[20]

하지만 미, 러 양국이 양적으로 핵탄두의 수를 줄인다고 해서 핵억제 체계의 포기를 목표로 하고 있는 것은 아니다. 미국은 ICBM, 탄도미사일 잠수함(SSBN)으로 동맹국에 대한 핵우산 제공을 계속 유지하고 있으며, NATO회원국들과 핵무기 공유 정책(nuclear sharing policy)을 시행하고 있다. 또한 불량국가를 대상으로 사용될 벙커버스터(Bunker Buster)의 개발도 계속되고 있다. 이 개발을 위해 핵실험이 필요하기 때문에 미국이 CTBT를 비준하지 않고 있는 것이다.

20 日本外務省, 『日本の軍縮・不擴散外交』(第六版), 2013年 3月, pp. 19~21 참조.

〈표 3-3〉 미 · 러 사이의 핵군축 협상 목표와 진행결과

| 핵군축 협상 명칭 | 주요내용 | 진행 결과 |
|---|---|---|
| 제1차 전략무기제한협상 (SALT I) | 탄도탄요격미사일(ABM) 제한 조약과 전략무기제한(SALT-I) 잠정협정으로 구성 | 1969년 협상 개시,1972년 5월 타결, ABM조약은 2002년 미국 탈퇴로 무효화 |
| 제2차 전략무기제한협상 (SALT II) | ICBM, SLBM 및 MIRV 미사일의 총량 감축 및 새로운 공격용 전략핵무기 개발을 금지 | 1979년 6월 조인, 1981년까지 감축키로 했으나, 미 의회의 비준 거부로 기한을 넘겨 1985년 실효. |
| 중거리핵전력 폐기조약 (INF 폐기조약) | 핵탄두 장착용 중거리와 단거리 지상 발사 미사일 전체를 폐기 | 1987년 조인. 1988년 발효, 1991년 폐기 완료 |
| 제1차 전략무기감축조약 (START I) | 운반수단 1,600, 배치핵탄두 6,000 (ICBM+SLBM 배치탄두수 4,900), ICBM + SLBM 투사중량 3,600톤, 소련의 대형 ICBM 반감 | 1991년 조인, 1994년 비준, 2001년 감축 완료 |
| 제2차 전략무기감축조약 (START II) | 배치 핵탄두 3,000(미) ~ 3,500(러), SLBM은 1,700~1,750, 지상발사 MIRV 전폐, 러시아 SS-18 해체 | 1993년 조인 뒤 미국(1996)과 러시아(2000) 비준했으나 MD 둘러싼 대립으로 이행 중단 |
| 제3차 전략무기감축조약 (START III) | 배치핵탄두 2,000(미) ~ 2,500(러) (보유핵탄두 규제 첫 포함) | 1999년 협상 개시, 무진전 |
| 전략공격능력삭감조약 (Moscow조약, SORT) | 핵탄두 1,700(미) ~ 2,200(러) (운반수단 불포함, 해제 · 폐기 포함) | 2002년 체결. 2012년을 감축기한으로 설정, 감축 완료 |
| 제4차 전략무기감축조약 (New START) | 2018년까지 배치 핵탄두 1,550(미, 러), 운반수단(미사일 + 폭격기) 800 (2011. 9 기준, 미국 · 러시아는 각각 1,790기와 1,556기 핵탄두 보유) | 2010년 조인, 2011년 발효 |

5개국이 보유한 핵탄두의 수는 NPT가 발효된 1970년에 38,000개였으나, 핵군비경쟁이 절정에 달했던 1986년에는 65,000개로까지 늘어났다.[21] 그 뒤 미·러 핵군축협상의 결과로 2016년 3월 1일 현재 실전배치 핵탄두와 예비비축탄의 수를 합쳐 15,350개 정도로 크게 줄어든 상태이다.[22] 그리고 미 국무부 군축국이 2016년 4월 1일 현재 New START에 따른 핵운반수단 및 핵탄두의 감축으로 발표한 미·러 양국의 운반수단은 각각 741기와 521기, 운반수단에 장착된 핵탄두의 수는 각각 1,481개와 1,735개이다(<그림 3-1> 참조).[23]

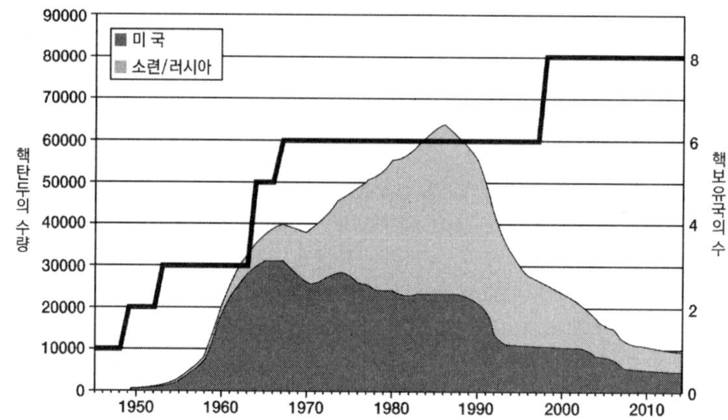


〈그림 3–1〉 미국과 소련/러시아의 핵탄두 비축수의 변화

21 日本外務省,『日本の軍縮・不拡散外交』(第六版), p. 158. 이 가운데 미·러 두 나라의 보유량은 63,000개이고, 나머지 국가들의 핵탄두 수는 2,000개이다. Union of Concerned Scientists, "Success in Cutting U.S. and Russian Nuclear Arsenals". (www.ucsusa.org/armscontrol successes 검색일 2016/4/21)

22 Hans M. Kristensen and Robert S. Norris, "Status of World Nuclear Forces", FAS, March 1, 2016. (http://fas.org/issues/nuclear-weapons/status-world-nuclear-forces 검색일 2016/4/21)

23 Bureau of Arms Control, Verification, and Compliance, "New START Treaty Aggregate Numbers of Strategic Offensive Arms Fact Sheet", US Department of State, April 1, 2016. (http://www.state.gov/t/avc/rls/2016/255377.htm 검색일 2016/4/17)

### 2) 두 번째 길: 비핵무기국가들의 비핵무기지대 창설

핵무기확산방지조약(NPT)은 핵무기국가의 핵군축과 함께 비핵무기국가의 핵비확산을 의무화하고 있다. 하지만 인도, 파키스탄, 이스라엘, 남아공화국과 같이 NPT에 가입하지 않고 독자적으로 핵무기를 개발해 보유한 국가나 우크라이나, 카자흐스탄처럼 핵무기보유국인 소련의 일원으로 핵무기를 보유하였던 국가의 존재는 NPT의 허점을 보여주는 것이었다.

다행히 남아공화국은 백인정권에서 흑인정권으로 교체되는 시점인 1991년에 자발적으로 6개의 핵무기를 포기한다고 선언하였고, 소련이 해체되면서 분리 독립된 우크라이나, 카자흐스탄, 벨로루시 3개국이 수천 개의 핵무기를 러시아에 넘기고 자발적으로 핵무기 비보유국이 되었다. 리비아와 이란의 경우는 국제사회의 압력을 받아 핵무기의 개발을 중단하였다.

하지만 무엇보다 NPT 규정에 따른 핵비확산의 의무를 모범적으로 이행하고 있는 대표적인 사례는 바로 비핵무기국가들과 핵무기 포기국가들이 추진하고 있는 '비핵무기지대(Nuclear Weapon-Free Zone)'의 창설이다. NPT 제7조는 특정한 지역을 비핵지대로 창설하기 위한 국가의 권리를 규정하고 있다. 비핵무기지대는 핵 비확산 체제를 보완하는 중요한 요소일 뿐 아니라, '핵무기 없는 세계'로 나아가는 데 있어 중요한 단계로 인식되고 있다.[24] 1975년 12월 11일 유엔총회 결의 3472B(XXX)에서 밝힌 비핵무기지대의 정의는 다음과 같다.[25]

"비핵무기지대는 유엔 총회에 의해 그 지위가 인정되며, 어떤 국가

24 외교부, 『군축 · 비확산 편람』, p. 48.

25 UN Document A/RES/3472B(XXX), December 11, 1975.

집단이 주권의 자유로운 행사를 통해 조약 또는 협약에 의해 설정된 지대로 간주된다. (A) 적용되는 지대의 경계 설정절차를 포함해, 해당 지대에 적용되는 핵무기의 완전한 부재(statute of total absence of nuclear weapons)를 내용으로 하는 문서규정이 확립되어야 하며, (B) 그러한 문서규정에서 발생하는 의무 이행을 보장할 국제적인 검증 및 통제체계가 만들어져야 한다."

전 세계적으로 비핵무기지대 조약에는 중남미 비핵무기지대 조약(「틀라텔롤코 조약」)과 남태평양 비핵무기지대 조약(「라로통가 조약」), 동남아시아 비핵무기지대 조약(「방콕 조약」), 중앙아시아 비핵무기지대 조약(「세메이조약」), 아프리카 비핵무기지대 조약(「펠린다바 조약」) 등 5개가 존재한다.

현존하는 5개 비핵무기지대들의 공통적인 특징은 크게 다음 세 가지이다.[26] 첫째, 회원국의 핵무기 부재이다. 해당 지역 안에서 핵무기의 개발·제조·실험·보유·배치를 금지한다. 다만 핵탑재 군함·항공기의 통과와 기항은 각국에 맡기고 있다. 둘째, 핵무기국가에 의한 소극적 안전보장을 명문화하고 있다. 어찌 보면 이것이 비핵무기국가들이 비핵무기지대에 참가하는 가장 커다란 동기라고 할 수 있다. 셋째, 비핵무기지대 조약의 이행·감시기구를 설치하도록 규정하고 있다.

비핵무기지대 회원국들의 의무를 담은 핵무기 부재와 비확산 항목은 세부적으로 △평화적인 핵폭발, △핵탑재 군함 및 항공기의 일시통과와 기항, △방사성폐기물 투기, △핵시설 공격 등을 담고 있다. 이 세부 항목

26 우메바야시 히로미치(김마리아 옮김), 『비핵무기지대: 핵 없는 세계로 가는 길』, 서해문집, 2014, pp. 20~23; 이삼성, 우메바야시 히로미치 외, 『동북아시아 비핵지대』, 살림출판사, 2005, p. 16.

들은 비핵무기지대 별로 차이가 난다. 5개의 비핵무기지대 조약 가운데, 「아프리카 비핵무기지대 조약」은 1996년 4월에 참가국들의 서명을 마쳤으나 이견 조율 때문에 2009년 7월에야 비준이 완료되었다.

여기서 중요한 것은 핵무기국가들의 의무를 담은 소극적 안전보장 항목이다. 이 항목에 대해 「중남미 비핵무기지대 조약」은 유일하게 핵무기국가 5개국이 모두 서명 및 비준했지만, 「남태평양 비핵무기지대 조약」와 「아프리카 비핵무기지대 조약」은 핵무기국가 중 미국만이 비준을 하지 않았다. 「중앙아 비핵무기지대 조약」에는 핵무기국가들은 비준하지 않은 채 서명만 한 상태이다.

하지만 「동남아 비핵무기지대 조약」에는 핵무기국가 5개국이 서명조차 하지 않고 있다. 이 조약의 특정조항을 둘러싸고 ASEAN국가들과 핵무기국가 간에 이견이 있기 때문이다. 이 조약의 제1조 개념정의에서 비핵무기지대를 조약체결국의 영역(territorries, 영토 · 영해 · 영공) 외에 대륙붕(continental shelves)과 배타적경제수역(EEZ)을 포함시키고 있다.[27] 제2조에서 유엔헌장과 해양법에 따른 무해통항권, 군도 항로대 통항권 등을 인정하고는 있지만, 핵무기보유국들은 주권국가의 권리를 넘어선 요구들을 받아들이기 어렵다는 입장이다.

끝으로, 비핵무기지대 조약의 준수기구는 지역별로 차이를 나타내고 있다. 이것은 비핵무기지대 회원국들은 대개 핵비확산 문제에 국한하지 않고 지역의 안보현안을 포함하시키는 경우가 많기 때문이다.[28] 비핵무기지대만을 특화해서 관리하는 곳(「중남미 비핵무기지대 조약」, 「동남아 비핵무기지대 조약」)이 있는가 하면, 원자력협력을 포함해 관리하는 곳

27 "Treaty on the Southeast Asia Nuclear Weapon-Free Zone". (http://disarmament.un.org/treaties/t/bangkok/text 검색일 2016/3/1).

28 우메바야시, 『비핵무기지대』, p. 23.

(「아프리카 비핵무기지대 조약」), 그리고 경제협력 등과도 포괄해서 관리하는 곳(「남태평양 비핵무기지대 조약」), 그리고 비상설기구인 연례 자문회의와 비상자문회의를 두어 관리하는 곳(「중앙아시아 비핵무기지대 조약」)이 있다.

2016년 6월 말 현재 비핵무기지대에 참가한 나라들은 모두 115개국이며, '비핵무기 지위 선언'을 발표한 몽골까지 포함하면 모두 116개국이다. 몽골은 1992년 유엔총회에서 오치르바드 대통령이 「몽골 비핵무기 지위 선언」을 발표했고,[29] 1998년 9월 유엔총회는 이 선언을 환영하는 「비핵 지위에 관한 결의」를 채택했다. 5대 핵보유국은 2000년 유엔총회에서 「몽골에 협력하는 서약의 재확인」이름의 공동성명을 발표했다. 국제사회는 몽골의 지위가 아직 완전한 비핵무기지대라기보다는 전단계인 '구상 단계'로 간주하고 있다.

현재 거론되고 있는 비핵무기지대 구상으로는 남아시아 비핵무기지대와 동·중유럽 비핵무기지대, 중동비핵무기지대, 동북아비핵무기지대 구상 등이 있다. 이 가운데 동북아 비핵지대 구상은 뒤에서 자세히 살펴보기로 하고, 이 절에서는 남아시아 비핵무기지대 구상과 동·중유럽 비핵무기지대 구상, 중동비핵무기지대 구상의 현황에 대해서만 살펴보기로 한다.

남아시아 비핵무기지대 구상은 인도가 핵실험을 실시한 직후인 1974년 12월 파키스탄이 제안하였다. 이 구상의 대상국가로는 인도, 파키스탄, 방글라데시, 스리랑카, 네팔, 부탄, 몰디브 등 남아시아지역협력연합(SAARC, 1985년 창립)의 7개국이다. 이 제안에 대해 인도와 파키스탄의 핵개발을 우려한 5대 핵무기국가들이 지지했으나, 1998년 인도의 추가핵

**29** "Mongolia's non-nuclear status", http://www.wikipedia.org.

〈표 3-4〉 세계 5대 비핵무기지대의 현황

(2016. 6)

| | | 라틴아메리카 비핵무기지대 조약 (Tlatelolco Treaty) | 남태평양 비핵무기지대 조약 (Rarotonga Treaty) | 동남아 비핵무기지대 조약 (Bangkok Treaty) | 아프리카 비핵무기지대 조약 (Pelindaba Treaty) | 중앙아시아 비핵무기지대 조약 (Semei Treaty) |
|---|---|---|---|---|---|---|
| 서명 및 발효 연월 | | 1967.2.14/ 1968.4.22 | 1985.8.6/ 1986.12.11 | 1995.12.15/ 1997.3.27 | 1996.4.11/ 2009.7.15 | 2006.9.8/ 2009.3.21 |
| 지역 및 참가국 | | 중남미,서인도 제도 33개국 | 남태평양 13개국 | 동남아시아 10개국 | 아프리카대륙 54개국 (서사하라 포함) | 중앙아시아 5개국 |
| 참가국 및 비준 현황 | | 33개국/ 33개국 | 13개국/ 13개국 | 10개국/ 10개국 | 54개국/ 35개국 | 5개국/ 5개국 |
| (1) 핵무기부재·비확산 | 평화적인 핵폭발 | 인정 | 사용 금지 | 사용 금지 | 사용 금지 | 사용 금지 |
| | 핵탑재 군함, 항공기 일시 통과, 기항 | 규정 없음 | 각국에 위임 | 각국에 위임 | 각국에 위임 | 각국에 위임 |
| | 방사성 폐기물 투기 | 규정 없음 | 해양투기 금지 | 해양투기 및 공중방출 금지 | 이동, 수입, 투기 전면금지 | 투기 전면금지 |
| | 핵시설 공격 | 규정 없음 | 규정 없음 | 규정 없음 | 금 지 | 규정 없음 |
| (2) 핵무기에 의한 공격 위협 및 공격 금지 (소극적안전보장) | | 모든 핵보유국 서명 · 비준 | 러시아, 중국, 영국, 프랑스 서명 · 비준/ 미국은 서명만 | 5대 핵보유국 미서명 | 프랑스, 영국, 러시아, 중국 서명 · 비준/ 미국은 서명만 | 5대 핵보유국 서명만 |
| (3) 비핵무기 지대조약 준수기구 | | 라틴아메리카 핵무기 금지를 위한 기구 (OPANAL) | 남태평양 경제협력협의 위원회 | 동남아 비핵 지대위원회, 집행위원회 | 원자력에 관한 아프리카 위원회 | 비상설기구 (연례자문 회의, 비상 자문회의) |

실험과 뒤이은 파키스탄의 핵실험으로 정부 차원의 논의가 중단된 상태이다.[30]

동·중유럽 비핵무기지대 구상은 냉전시대인 1956년 소련이 처음 미국에 제안하였으며, 폴란드가 이를 지역차원으로 발전시켰다. 대상으로 거론된 국가로는 발트 3개국(에스토니아, 라트비아, 리투아니아), 비세그라드 4개국(폴란드, 체코, 슬로바키아, 헝가리), CIS 3개국(벨라루스, 우크라이나, 몰도바), 루마니아, 불가리아 등 12개 국이다. 탈냉전시대에 들어와 1995년부터 벨라루스와 우크라이나가 이 구상을 다시 제기하면서 활기를 띠었다. 그러나 이 국가들 가운데 독립국가연합(CIS) 3개국을 제외한 9개국이 모두 NATO의 동방 확대에 속해 있어 이 구상은 더 이상 힘을 받지 못하고 있다.[31] 특히 러시아의 크림반도 합병으로 야기된 우크라이나 사태로 사실상 논의가 중단되었다.

중동 비핵무기지대 구상은 1974년 12월 유엔총회에서 결의안 A/RES/3263(XXIX) 이래 2015년 12월 유엔총회의 결의안 A/RES/70/24까지 지금껏 한 해도 빠지지 않고 채택되어 오고 있다. 특히 결의안 A/RES/70/70에서는 역내 신뢰구축조치로서 중동 비핵무기지대 구상이 세계비확산체제와 지역의 평화안정에 중요함을 강조하면서 이스라엘에 대해 NPT 가입, IAEA 전면적 안전조치에 따른 모든 핵시설의 관리를 촉구하고 있다.[32] 그러나 중동의 유일한 핵보유국인 이스라엘이 NCND정책을 취하고 있어, 이 구상은 아직 제안에 머물러 있는 상태이다.

---

**30** 우메바야시, 『비핵무기지대』, pp. 163~165.

**31** 우메바야시, 『비핵무기지대』, pp. 63~64 및 pp. 165~168.

**32** 유엔총회 결의안은 다음을 볼 것. http://research.un.org/en/docs/ga/quick/regular/70

제3장

# 동북아 지역의 핵균형 및 핵전략의 변화

# 제3장
# 동북아 지역의 핵균형 및 핵전략의 변화

## 1. 세계 핵대국 미·러의 동북아 핵전략

### 1) 미국의 동아시아 확장억제 정책

억제 정책은 크게 자국의 영토에 대한 군사공격을 막기 위한 직접억제(direct deterrence)와 다른 나라에 대한 군사공격을 막는 확장억제(extended deterrence)로 구분된다.[33] 직접억제의 상황은 미국과 같은 강대국이 개입하지 않는 이웃국가들과의 영토분쟁이 발생할 때 종종 발생한다. 다른 한편, 확장억제의 상황은 강대국이 개입될 때 종종 발생한다.

미국은 줄곧 동아시아의 동맹국과 우호국에 대해 확장억제력의 제공을 약속했다. 2001년 9.11테러 이후 부시 정부는 『NPR 2002』를 발표하면서 '핵 선제공격 독트린'을 천명하고 북한을 이란, 이라크와 함께 '악의 축'으로 규정하였다. 여기서 미국은 잠재적 핵공격 대상국을 늘렸을 뿐 아니라 핵태세를 뒷받침하기 위해 기존의 보복억제력에 기초한 삼원체계

---

**33** P. K. Huth, "Deterrence and International Conflict: Empirical Findings and Theoretical Debate," *Annual Review of Political Science,* Vol. 2, 1999, pp. 25~48.

(Triad)를 재래식 무기를 포함한 공격체제, 소극적 · 적극적인 방어체계, 인력 · 기술의 개선 등 국방인프라를 포함하는 신삼원체계(New Triad)로 확대했다.[34]

2009년 4월 오바마 대통령의 유명한 '프라하 연설'에서 밝힌 '핵무기 없는 세계'에 기초하여 새로운 『2010년 4년주기 국방검토보고서(QDR 2010)』와 『2010년 핵태세검토보고서(NPR 2010)』가 발표되었다. 여기서 미국의 동아시아 안보정책과 확장억제 정책을 읽어볼 수 있다.

먼저, 『QDR 2010』에서 미국은 한국과 일본에 대한 확장억제력과 같은 방위현시(defense presence)를 지역안정의 유지와 동맹국의 안전보장에 적용하도록 동맹국 및 동반자국들과 함께 노력한다고 밝히고 있다.[35] 또한 아시아지역에 대한 억제력과 신속 대응능력의 증대가 필요하다는 점을 강조하고, 한반도에서 억제력과 방위능력, 지역 및 범세계 방위협력을 위한 장기적인 능력을 강화하기 위해 한미연합군 태세를 발전시켜 나갈 것임을 약속하고 있다.

다음, 『NPR 2010』에서 미국은 "NPT회원국이면서 비확산의무를 다하는 비핵무기국가에 대해 소극적 안전보장을 약속"하였다.[36] 이것은 NPT 탈퇴국가 및 위반국가에 대해 소극적 안전보장(NSA)을 제외한다는 '제한적 핵선제공격 독트린'을 의미한다. 이란 핵문제가 타결되었기 때문에, 미국의 핵선제공격 대상국은 핵무기국가를 제외하면 북한만 남게 되었다. 보고서는 또한 동맹국 및 우호국에 대한 확장억제력 제공을 거듭 확인하면서, 이를 위해 미국 내에 소량의 핵무기를 보관한다고 밝히고 있다.[37]

---

**34** DoD, *Nuclear Posture Review Report 2002*, January 9, 2002.

**35** DoD, *Quadrennial Defence Review 2010*, February 1, 2010, p. 66.

**36** DoD, *Nuclear Posture Review Report 2010*, March 1, 2010, p. 15.

**37** DoD, *Nuclear Posture Review Report 2010*, March 1, 2010, p. 27.

오바마 행정부 들어 두 번째 발표된 『QDR 2014』은 미국의 아시아재균형 정책을 설명하면서, "지역안보를 유지하고, 적국을 억제하고, 동맹국과 우호국을 지원하고, 안보문제에 공동으로 대처하기 위해 다른 나라들과 협력"한다고 밝히고 있다.[38] 또한 핵무기의 역할을 지속적으로 축소할 것이지만, 동맹국의 보호와 재래식 공격에 대해 핵억제력이 중요한 역할을 할 것이라고 밝히고 있다.[39]

최근 미국의 한반도 확장억제 정책과 관련하여, 한·미 정상회담에서 발표된 「2015 북한에 관한 한미 공동성명」(2015. 10. 16)에서는 "한·미 동맹은 북한의 핵·탄도미사일 프로그램뿐 아니라 여타 도발에 의한 평화 및 안전에 대한 위협에 대응한다는 공약을 견지하고 있다. 우리는 확고한 억지 태세를 유지할 것이며, 북한의 모든 형태의 도발에 보다 잘 대응할 수 있도록 지속적으로 우리의 동맹을 현대화하고 긴밀한 공조를 증진시켜 나갈 것이다."라면서 동맹에 의한 대응 의지를 밝혔다.[40]

또한 브룩스(Vincent K. Brooks) 주한 미 사령관도 지명청문회에서 한국에 대한 핵우산 제공이 매우 중요하며 위기 시 미국이 대응할 수 있는 옵션의 일부가 돼야 한다는 입장을 밝혔다. 또한 그는 사드(THAAD)를 도입해 통합적이고 다층적 방어체계를 구축하고 미국과 탄도미사일 방어체계의 상호 운용성을 강화해야 한다고 주장하면서 중국의 우려에도 불구하고 THAAD 배치에 대한 강한 의지를 표명하였다.[41]

---

**38** DoD, *Quardrennial Defense Review 2014*, March 4, 2014, pp. 16~19 및 pp. 34~35.

**39** DoD, *Quardrennial Defense Review 2014*, March 4, 2014, p. 32.; 부형욱, "2014년 QDR평가 및 한국 안보에의 함의", 『동북아안보정세분석』, 한국국방연구원, 2014년 3월 19일, p. 5; 김현욱, "미국의 2014 4년 주기 국방검토보고서(QDR) 분석과 함의", 『주요국제문제분석』, 국립외교원, 2014년 4월 3일, p. 4.

**40** 「2015 북한에 관한 한미공동성명(Joint Statement on North Korea)」(2015.10.16.)

**41** The U.S. Senate Armed Services Committee, "Hearings to examine the nomination of General

〈표 3-5〉 최근 미국의 동북아 확장억제 정책 공약

| | 확장억제 및 안보공약 |
|---|---|
| QDR 2010 | △ 한국과 일본에 확장억제력 제공<br>△ 아시아지역의 억제력과 신속 대응능력 증대 |
| NPR 2010 | △ 미국은 NPT회원국이면서 비확산의무를 다하는 비핵무기국가에 대하여 소극적 안전보장을 약속 → 북한은 소극적 안전보장 대상에서 제외<br>△ 동맹국 및 우호국에 확장억제력을 제공하며, 이에 대비해 미국 내 소량의 핵무기를 확장억제용으로 보관 |
| QDR 2014 | △ 핵무기 역할을 지속적으로 축소할 것이지만, 북한 등 핵위협에 대처하기 위해 핵무기가 더욱 중요<br>△ 북한 등이 미국이나 동맹국에 대한 재래식 공격에 대해서도 확장억제력 제공 |

<출전> DoD, *Quadrennial Defence Review 2010.*; DoD, *Nuclear Posture Review Report 2010.*; DoD, Nuclear Posture Review Report 2014.

## 2) 러시아의 동아시아 핵전략

러시아는 미국을 제외한 다른 핵무기국가들처럼 자국의 핵전략이나 핵무기 사용조건 등에 관한 정보를 거의 발표하지 않고 있다. 글로벌 차원의 핵무기국가인 러시아는 동북아 지역에 핵우산을 제공하는 동맹국이 없기 때문에 별도로 이 지역을 겨냥한 핵전략을 채택하고 있지는 않다. 러시아는 직면한 외부의 군사위협 가운데 NATO의 동유럽 확대로부터 오는 위협을 가장 높게 보고 있기 때문에, 자국의 핵 표적을 NATO회원국들에게 맞추고 있다.

러시아 핵전력의 임무는 옛 소련 시절부터 비교적 그대로 유지되어 왔다. 냉전시기 옛 소련은 중부유럽에서 핵무기에 의존하지 않고도 재래식

Vincent K. Brooks". 및 『연합뉴스』 2016년 4월 20일.

전력만으로 바르샤바조약기구(WTO)군이 NATO군에게 승리할 수 있을 것이라고 보고 있었다. 그렇기 때문에 줄곧 핵 선제불사용 정책을 주장해 왔다. 하지만 냉전이 종식되면서 안보환경이 바뀌자 옛 소련을 계승한 러시아의 입장이 변화되었다.

냉전이 끝난 이후 러시아는 대규모전쟁의 가능성이 낮다고 평가해 옛 소련시대부터 물려받은 대규모 군대를 해체하고, 소규모 분쟁에 적합한 기동성 있는 부대로 재편하고 있다. 1994년 1월 미·러 양국 정상은 우발적 작동과 오사용을 막기 위해 상대국 도시에 핵미사일을 겨누지 않기로 한 「전략미사일 조준해제 협정(Strategic Missile de-targeting Agreement)」을 체결하였다.[42] 그러나 그 뒤 러시아는 서방국가에 비해 우세했던 재래식 군비를 축소하는 대신, 전력의 공백을 메우고 억제력을 유지하기 위해 사실상 핵 선제사용 정책으로 전환했다.[43]

2010년판 「러시아연방 군사독트린」은 오랫동안 유지해 오던 핵 선제불사용 정책을 공식 파기하였다. 2014년 12월에 일부 수정해 발표된 「러시아연방 군사독트린」에서도 대규모 전쟁의 가능성을 낮게 보고 지역분쟁에 대비해야 한다고 밝히고 있으며, 핵무기의 사용가능성을 폭넓게 규정하고 있다.[44] 핵 사용과 관련하여 "러시아는 핵무기나 여타 대량살상무기, 아울러 재래식 무기에 의한 침공이라 하더라도 국가존립이 위협받을 때에는 핵무기를 사용할 자체의 권리를 갖는다"고 규정하고 있다.[45]

42 Bruce G. Blair, "Russian Nuclear Policy and the Status of Detargeting", Brookings Institute, March 17, 1997. (http://www.brookings.edu/research/testimony/1997/03/17 defense-blair 검색일 2016/4/23)

43 Kristensen and Norris, "Russian nuclear forces 2016", p. 3.

44 日本外務省, 『日本の軍縮・不拡散外交』(第7版), 2015年 3月, pp. 29~30.

45 Russian Federation, *Military Doctrine of the Russian Federation, approved by Russian Federation President V. Putin*, published on the Russian presidential website on December 26, 2014.

이러한 핵정책 변화움직임은 공식문서상에 나타난 것보다 빠른 2008년부터 나타나기 시작했다. 러시아는 NATO의 미사일 방어시설, 그리고 WMD와 무관한 국지전이나 지역전쟁에 대해 핵무기 사용가능성을 표명했으며, 군사훈련에도 서유럽국가들에 대한 전술핵무기 공격을 포함시키기 시작했다. 푸틴 대통령이 참석한 2015년 연례국방간담회에서는 잠수함발사용 무인수중함을 공개하면서 가치표적에 대한 핵공격 가능성을 거론하였다.

최근 러시아는 NATO회원국 국경에 많은 수량의 전술핵무기를 배치해 놓고 있지만,[46] 상대적으로 동북아지역에서의 군사활동은 활발하지 않은 편이다. 다만, 오호츠크해 주변에서 태평양함대의 실탄사격훈련과 중국과의 합동연습을 실시해 오고 있고, 쿠릴열도에 대한 상륙저지훈련을 실시하는 등 일본과 영토분쟁에 대비하는 모습을 보이고 있다.[47]

## 2. 지역 핵국가 중국의 핵개발 능력과 핵전략

### 1) 중국의 핵개발 경과와 핵전력

중국은 일본에 대한 미국의 핵폭탄 투하와 옛 소련의 핵실험 성공을 보고, 1949년 건국 직후부터 핵개발에 관심을 가졌다. 특히 중국이 핵무장을 결심한 것은 중국인민지원군이 한국전쟁에 참전한 초기 아이젠하워

Kristensen and Norris, "Russian nuclear forces 2016", p. 3에서 재인용.

46 The U.S. Senate Armed Services Committee, "Hearings to examine the nomination of General Vincent K. Brooks", p. 27.

47 日本防衛省, 『東アジア戰略概觀2016』, 防衛省防衛硏究所, 2016, p. 230.

미 대통령이 한반도에 핵무기 사용가능성을 암시한 데 이어 실제로 미국이 태평양에 핵자산을 이동시킨 것이 계기가 되었다. 특히 1953년 2월 2일 아이젠하워 대통령이 일반교서를 발표하는 연설에서 중국이 타이완에 대한 공격을 중지하지 않으면 핵무기를 사용할 수 있음을 경고한 뒤부터 중국은 본격적으로 핵개발을 결심하게 된다.[48]

중국은 옛 소련으로부터 원자력 기술을 얻고자 요구했지만, 마오저뚱(毛澤東)의 야심을 우려했던 스탈린은 줄곧 이를 거부했다. 1954년과 1958년 두 차례에 걸쳐 중국은 타이완 진먼타오를 공격해 타이완 해협의 위기를 고조시켜 미·중 대립을 유도하면서 옛 소련으로부터 핵무기 기술을 얻으려고 하였다. 마침내 1957년 10월 중국은 스탈린 사후 소련 내에서 후루시쵸프 파와 스탈린 파가 대립할 때 후루시쵸프를 지지하는 조건으로 핵무기 제조기술을 옛 소련으로부터 이전받는 데 성공했다.[49]

1964년 10월에 신장위구르 자치구 지역에서 고농축우라늄을 이용해 첫 번째 핵실험을 실시하였고, 1966년 두 차례의 증폭핵분열탄 핵실험을 거쳐 1967년 12월 제5차 핵실험에서 수소폭탄의 실험에 성공하였다. 32개월만에 이루어진 원자폭탄(핵분열) → 수소폭탄(핵융합)의 핵실험 성공은 핵보유국 가운데 최단기간에 통과한 기록이다. 중국은 1969년 9월 제10차 핵실험에서 수소폭탄의 소형 경량화에 성공했다.

뒤이어 중국은 1970년 인공위성 동방홍(東方紅) 1호를 쏘아올려 (준)중거리 탄도미사일의 능력을 확보하였고, 이후 1984년 정찰위성용 정지위

48 Bruce Cumings, "Korea: Forgotten Nuclear Threats", NAPSNet Policy Forum 05-03A, Nautilus Institute, January 11th, 2005. (http://nautilus.org/napsnet/napsnet-policy-forum/ 0503a_cumings-html 검색일 2013/4/19)

49 ユン・チアン, ジョン・ハリデイ(Jung Chang, Jon Halliday, 土屋京子譯), 『マオ: 誰も知らなかった毛沢東』(下巻), 講談社, 2005, p. 119.

성의 발사에도 성공하였다. 1981년 10월에는 1기 3탄의 다탄두재돌입발사체(MRV)의 개발에 성공했으며, 다탄두각개목표재돌입발사체(MIRV)인 DF-5B는 2015년에야 실전 배치하였다.[50] 미 국방부는 2015년 4월 19일에 시험발사한 DF-41도 MIRV 능력을 갖춘 것으로 평가하고 있다.[51] 1982년 10월 재래식 잠수함에서 탄도미사일 사출시험에 성공한 데 이어 1988년 9월 원자력잠수함에서 탄도미사일 사출시험에 성공함으로써 명실공히 SLBM 능력을 갖추게 되었다.[52]

현재 중국은 핵실험과 핵탄두 제조에 일부 사용한 것은 제외하고도 고농축우라늄(HEU) 16,000kg과 무기급 플루토늄 1,800kg 정도의 재고가 있는 것으로 추정되고 있다.[53] 중국은 핵탄두의 수량을 크게 늘리지 않으면서 핵운반수단의 성능개량에 힘을 쏟고 있다. ICBM인 DF-5는 아직 액체연료 고정식이었으나 2007년부터 실전배치된 ICBM DF-31A는 고체연료를 사용하는 이동식 발사체를 운용하고 있다. 또한 2015년에 실전배치된 진급(Jin class) 원자력잠수함 5척은 사거리 8,000km이상인 쥐랑-2(JL-2) SLBM을 1척당 12발씩 탑재한 것으로 보인다. 이로써 중국은 제한적이나마 미국이나 러시아에 대해 일정한 보복능력을 갖추게 된 것으로 평가되고 있다.[54]

---

**50** Kristensen and Norris, "Chinese nuclear forces, 2015", p. 78.

**51** Kristensen and Norris, "Chinese nuclear forces, 2016", p. 207.

**52** 平松茂雄, 『中国、核ミサイルの標的』, 角川文庫, 2006年, pp. 47~49 및 p. 231

**53** The U.S.-China Economic and Strategic Review Commission, *2012 Report to Congress of the U.S.-China Economic and Security Review Commission*, November 9, 2012, p. 182.

**54** "中国の相互確証破壊戦略", (https://ja.wikipedia.org 검색일 2016/4/17).

〈표 3-6〉 중국의 핵전력 현황

(2016. 6)

| | 명 칭 | 발사체 수량 | 배치연도 | 범위(km) | 핵탄두 수량 |
|---|---|---|---|---|---|
| 지상발사 탄도미사일 | DF-4 | ~10 | 1980 | 5,500+ | ~10 |
| | DF-5A | ~10 | 1981 | 13,000+ | ~10 |
| | DF-5B | ~10 | 2015 | ~12,000 | ~30 |
| | DF-15 | ? | 1990 | 600 | ? |
| | DF-21 | ~80 | 1991, 2000, 2016 | 2,150 | ~80 |
| | DF-26 | ? | (2017) | 4,000+ | ? |
| | DF-31 | ~8 | 2006 | 7,000+ | ~8 |
| | DF-31A | ~25 | 2007 | 11,000+ | ~25 |
| | DF-41 | N.A. | ? | ? | N.A. |
| | 소 계 | ~143 | | | ~163 |
| 잠수함발사 탄도미사일 | JL-1 | N.A. | 1986 | 1,000+ | N.A. |
| | JL-2 | (48) | (2015) | 7,000+ | (48) |
| | 소 계 | (48) | | | (48) |
| 공중폭격기 | H-6 | ~20 | 1965 | 3,100+ | ~20 |
| | Fighter? | ? | ? | N.A. | ? |
| 순항미사일 | DH-10 | ~250 | 2006? | 1,500? | ? |
| | DH-20? | ? | ? | ? | ? |
| 합 계 | | | | | ~183(260) |

<출전> Kristensen and Norris, “Chinese nuclear forces, 2016”, p. 206.

### 2) 중국의 제한억제 전략으로의 전환과 ‘핵 선제불사용 정책’ 포기 가능성

중국은 국방백서 등을 통해 자국의 핵전략 기본목표를 타국이 핵무기를 사용하거나 사용위협을 못하도록 억제하는 데 두어 왔으며, 핵 선제불사용 정책과 비핵무기국가 및 비핵무기지대에 대한 조건 없는 핵무기 불사용, 핵무기 전면금지와 철저한 폐기를 주장해 왔다. 그리고 자위를 위한 핵 보복능력과 국가안보에 필요한 만큼의 핵무기 제한보유 원칙을 견지해 왔다.55

55 孙向丽, “中国核战略研究”, 『核战略比较研究』, 2014, pp. 14~15.

그 외에도 중국은 한국과 일본에 대한 미국의 핵우산 제공이 북한은 물론 중・러의 핵위협에 대항하는 한・일 양국의 핵무기 보유 의지를 완화시키는 데 커다란 역할을 해 왔다고 평가하며 용인하는 태도를 보여 왔다.[56] 중국은 북한의 핵보유가 현실화되어 한국, 일본으로 핵 도미노 현상을 일으키는 것을 막기 위해 미국의 핵우산 제공이 긍정적인 역할을 하고 있다고 인식했던 것이다.[57]

그러나 2013년 3~4월 미국이 확장억제력을 과시하기 위해 B-52 전략 핵폭격기와 B-2스텔스기를 한반도에 출격시키고, 북한이 핵전쟁 위협으로 맞서는 상황이 벌어지자 중국 내의 분위기가 비판적으로 바뀌고 있다. 기존에는 미국의 핵우산 정책이 한국이나 일본의 핵보유를 억제한다며 긍정하는 입장이었으나, 최근 들어서는 오히려 북한의 핵보유를 촉진한다는 비판적인 인식으로 바뀐 것이었다.

특히 2013년 10월 한・미 연례안보대화(SCM)에서 양국 국방장관이 북한의 핵사용 징후부터 실제 핵사용까지를 여러 단계로 나눠 단계별로 한・미 양국의 대응 방안을 정립한 '맞춤형 억제전략'을 발표하자 중국은 크게 반발하고 있다. 중국 측 학자들은 1978년부터 시작된 미국의 핵우산 약속이 한국의 비핵화를 억제하였지만 선제공격의 내용을 담은 한・미 양국의 '맞춤형 억제전략'은 오히려 북한의 핵보유를 촉진한다며 부정적으로 보기 시작한 것이다.[58]

이처럼 중국이 미국의 핵우산 정책을 비판하기 시작한 것과 함께, 시진핑 체제가 들어서면서 첫 핵실험 이후 견지해 오던 '핵 선제불사용 정책'

---

56 崔立如(중국 현대국제관계연구원 원장, 당시)과의 인터뷰. 2007년 5월 16일.

57 조성렬, 『뉴 한반도비전: 비핵평화와 통일의 길』, 백산서당, 2012, p. 127.

58 王林昌, "韓國對軍事威懾的迷信令人憂," 『環球時報』 2013年10月17日 및 천펑쥔(陳峰君), "미국의 핵우산전략", 『내일신문』 2013년 10월 17일.

을 언급하지 않아 한때 논란이 됐다. 2010년도 중국의 국방백서까지는 "핵 선제사용을 기초로 한 핵억제 정책을 포기한다"고 분명히 밝히고 있다.[59] 그런데 2013년에 발간된 국방백서는 핵 선제불사용 정책의 내용을 삭제하여 논란이 됐었지만, 2015년도 국방백서에 "핵 선제불사용 정책"을 다시 포함시켜 일단 논란을 잠재웠다.[60]

하지만 중국 내에서는 핵 선제불사용 정책의 한계를 지적하는 목소리도 없는 것은 아니다. 중국 국방대학 교수인 리시앤롱(李显荣)과 같은 전문가는 중국의 선제불사용 정책에 대해 ① 대규모 침략을 받고 재래식전력으로 더 이상 막기 힘들 때, ② 대만 통일전쟁 때 대규모로 외세가 개입할 때, ③ 재래식 군사충돌이 계속되다가 핵전쟁으로 확전될 때 핵무기의 사용이 필요할 수 있다며 그 한계를 지적하고 있다.[61]

중국의 핵전략과 관련해 논란이 됐던 두 번째 쟁점은 중국이 우크라이나에 대해 핵우산 제공을 약속했는지 여부이다. 2012년 12월 5일 시진핑 중국 국가주석은 빅토르 야누코비치 우크라이나 대통령과 「동반자 관계 심화를 위한 합동성명」을 발표하면서, "유엔 안전보장이사회 결의와 1994년 중국과 우크라이나가 발표한 성명에 근거해 우크라이나에 대한 외부의 핵무기 공격 또는 위협이 닥친다면 중국은 상응하는 안전보장을 제공하겠다"고 명시했다. 여기서 말하는 '안전보장'이 핵우산 제공을 의미한다는 언론보도도 있지만,[62] 그보다는 우크라이나가 핵공격을 받았을 때 중국이 원조 및 지원을 제공하겠다는 의미의 '적극적 안전보장(PSA)'

---

**59** 中华人民共和国国务院办公室,『2010年国防白皮書:中国的国防』, 2011年3月.

**60** 中华人民共和国国务院办公室, 『中国武装力量的多样化运用』, 2013年4月 및 中华人民共和国国务院办公室, 『中国的军事战略』, 2015年 5月.

**61** 李显荣, 『论核战略』, 人民出版社, 2014, pp. 354~358.

**62** "中国为乌克兰撑起"核保护伞", 『河南商报』 2013年 12月 10日.

을 약속하고 있는 것으로 봐야할 것이다.[63]

초기 중국의 핵억제 전략은 핵 선제불사용 원칙의 표명, 소극적 안전보장의 약속 등과 함께 ICBM의 이동식 발사체 확보와 산중격납고의 설치 등을 통해 생존성을 높이는 정책을 취하는 등 최소억제의 요소들을 갖고 있었다. 특히 중국은 제한된 명중도와 핵무기 배치수량을 고려할 때 미국에 대한 핵억제 전략으로 가치표적에 대한 대량확증보복(제2격) 능력을 갖춘 최소억제력을 갖췄다고 볼 수 있다.[64]

그러나 중국이 핵무기의 즉응능력과 명중도를 높이고 배치 수량을 늘려 나가는 등 핵전력이 강화되면서 이미 1990년대 후반부터 점차 제한억제전략으로 전환해 가고 있는 것으로 보인다. 특히 중국이 러시아나 주변국가들에 대해서는 DF-34, DF-4 등 전구급 탄도미사일을 이용함으로써 '제한 핵옵션(LNO)' 능력을 갖춘 제한억제를 수행할 수 있는 것으로 평가된다.[65] 최근 전략미사일방어망 구축에 나서면서 중국의 핵억제 전략이 '징벌적 억제' 위주에서 점차 '거부적 억제'를 병행하는 방향으로 이행하는 것으로 보는 평가도 나오고 있다.[66]

---

**63** 1995년 4월 중국정부는 국가성명을 통해 '조건 없는' 소극적 안전보장(消极安全保证)과 함께 비핵무기국가가 핵위협이나 핵공격을 받았을 때 대항・구제조치를 취해 준다는 적극적 안전보장(积极安全保证)을 약속한 바 있다. 中华人民共和国国务院办公室, 『1998年国防白皮書』, 1998年 7月. 이는 2015년 국방백서에서도 재확인되고 있다. 日本外務省, 『日本の軍縮・不拡散外交』(第7版), p. 30.

**64** 小川伸一 外, "冷戰後の核兵器國の核戰略", pp. 28~29.

**65** Ming Zhang, "Today's China: What Threat?", *The Bulletin of the Atomic Scientists*, Vol. 55, Issue 5, September/October 1999, p. 56 및 이재학, "억제이론으로 본 중국의 핵억제전략", pp. 105~115.

**66** Bruce W. MacDonald and Charles D. Ferguson, *Understanding the Dragon Shield: Likelihood and Implications of Chinese Strategic Ballistic Missile Defense,* Federation of American Scientists, September 2015; Bruce W. MacDonald and Charles D. Ferguson, "Chinese Strategic Missile Defense: Will It Happen, and What Would It Mean?", *Arms Control Today*, November 2015.

## 3. 핵 문턱국가 일본의 핵개발 능력과 핵무장 가능성

### 1) 플루토늄 대국 일본의 핵무장 잠재력

일본은 세계 유일의 핵 피폭국가로서 공식적으로 핵무장 가능성을 철저하게 배제하면서도 실제로는 착실하게 핵개발 능력을 정비해 왔다. 일본은 1955년 12월 「원자력기본법」의 제정을 통해 '원자력의 평화적 이용'을 법적으로 명문화하고, 1968년 사토 총리가 '핵무기의 제조・보유・도입 금지'를 약속한 '비핵 3원칙'을 발표하였다. 현재 일본은 △ 비핵 3원칙의 견지, △ 핵무기 폐기를 향한 핵군축, △ 미 핵억제력 의존, △ 핵에너지의 평화적 이용 등 4대 핵정책을 내세우고 있다. 이 가운데 미 핵억제력 의존 정책은 중국 핵무기에 대한 우려가 깔려 있는 것이다.

일본은 일찍이 핵무장을 금지하고 평화적 이용으로 제한한 「원자력기본법」을 제정했지만, 그것은 미국으로부터 연구용 원자로를 공급받기 위해서였다. 1955년 일본은 「미・일 원자력 연구협정」의 체결을 통해 미국으로부터 연구용 원자로를 공급받았으며, 그 뒤 「미・일 원자력 일반협정」(1958), 「미・일 신원자력협정」(1968)을 체결했다. 일본원자력산업의 규모가 커지면서 농축우라늄의 수요가 크게 늘어나자, 일본은 농축우라늄의 수입량 확대를 위해 1973년 「미・일 신원자력협정」을 추가로 개정하였다.

원자력협정의 추가개정으로 '미국의 사전 동의 아래' 일본은 미국과 원자력협정을 체결한 국가에게 플루토늄을 수출할 수 있는 길을 확보했지만, 1977년 카터행정부 때 제정된 「핵 비확산법(NNPA)」(1978)에서 '제3국 위탁 재처리'를 금지하면서 미국과 충돌하기도 하였다. 이에 따라 일본정부는 영국・프랑스에 위탁해 오던 사용 후 핵연료의 재처리를 위해 도카이무라(東海村)에 재처리시설을 건설하기로 결정했다.

하지만 재처리할 사용후 핵연료의 원재료가 미국으로부터 수입한 것이기 때문에 미국 측의 사전동의 문제가 발생하자 미 · 일 양국은 1982년부터 16차례의 협상을 거쳐 미국의 인허가 및 통제권을 30년 동안 일본에게 부여하는 내용의 「미 · 일 원자력협정」을 타결지었다. 이 협정은 양국 의회의 소정 절차를 마친 뒤 1988년 7월에 발효되었다. 이로써 일본은 핵무기를 보유하고 있지는 않지만, 2015년 말 현재 플루토늄을 47.8톤나 보유하고 있어 핵무기 6,000여 개를 제조할 수 있는 잠재능력을 갖추고 있다.

현재 일본은 농축우라늄용 원심분리기와 연간 800t에 달하는 사용후 핵연료의 재처리 능력을 갖추고 있다. 또한 일본은 GEKKO-XII라는 핵융합 실험장치를 보유하고 있어 핵무기를 개발할 때 핵실험을 반드시 할 필요가 없다.[67] 이 때문에 미 합동군사령부는 첨단기술력을 갖고 있는 일본이 하고자 한다면 언제라도 빠르게 핵무기를 제조할 수 있다고 평가하고 있다.[68] 따라서 높은 기술력을 갖춘 일본의 핵무장 가능성은 항상 열려 있다고 볼 수 있는 것이다.

### 2) 일본 내 핵무장론과 법적제약의 완화

일본의 핵무장 문제는 동북아 국제정치에서 끊임없이 제기되는 의혹이다. 이에 대한 일본정부의 기존 입장은 「원자력기본법」과 '비핵 3원칙'이 있기 때문에 일본의 핵무장은 불가능하다는 것이었다. 그런데 일본은 핵능력을 보유한 데 이어, 일본의 핵무장을 막아온 국내의 법제도적 장치

67 신성택, "핵무장 넘보는 일본의 핵능력", 「Online Series」 12-25, 통일연구원, 2012.

68 US Joint Forces Command, *Joint Operating Environment 2010 - Ready for Today, Preparing for Tomorrow*, February 18, 2010, p.45.; Emma Chanlett-Avery, Mary Beth Nikitin, "Japan's Nuclear Future: Policy Debate, Prospects, and U.S. Interests", *CRS Report for Congress*, February 19, 2009.

의 빗장들이 하나씩 풀리고 있다.

먼저, 일본정부는 '비핵3원칙'이 정부의 방침일 뿐 헌법이 금지하고 있는 것이 아니라는 입장을 내놓아 원칙적으로 핵무장이 헌법 위반이 아니라는 입장을 밝힌 바 있다. 1978년 3월 일본참의원 예산위원회에서 내각 법제국장은 핵무장과 헌법과의 관계에 대해 "자위를 위한 필요최소한도의 전력은 … 핵무기이든 통상무기이든 이것을 보유하는 것은 (헌법 제9조가) 금지하고 있는 바가 아니다"[69]라고 유권해석을 내리고 있다. 즉, '비핵3원칙'에 대한 일본정부의 공식입장은 헌법에 따른 금지가 아니라 정책판단에 따라 보유하지 않는다는 해석인 것이다.

다음, 2012년 6월 일본 국회가 "원자력이 국가의 안전보장에 이바지" 한다는 조항을 추가한 「개정 원자력기본법」과 「원자력규제위원회설치법」을 통과시켰다. 당초 「원자력기본법」에는 일본의 원자력개발을 평화목적에 한정한다고 규정해 왔으나, 「개정 원자력기본법」의 제11조와 제14조에 '안전보장에 이바지'한다고 원자력의 기본방침을 변경함으로써 34년 만에 원자력의 군사적 이용과 핵무장의 법적 제약을 완화했다.

이번 원자력 기본방침의 변경에 대한 의구심은 법안 성립과정에서 드러난다. '안전보장에 이바지한다'는 문구는 당초 일본 정부가 각료회의에서 결정한 법안에는 없었으나 국회의 법안수정 협의 과정에서 자민당의 요구로 추가된 것이다. 또 법안이 중의원을 통과한 이후에 국회 홈페이지에 게재하지 않는 등 여론수렴과 공론화 과정이 생략됐다.[70]

---

69 조성렬, "일본 핵정책의 이중성과 핵무장 옵션", 『국제정치논총』 제39집 3호, 1999, pp. 158~159.

70 이에 대해 藤村修 관방장관이 "평화이용의 원칙은 흔들리지 않으며, 군사전용의 생각은 전혀 없다"고 밝히고 있다. 원자력의 안보 목적 이용에 대해 대부분의 신문이 비판하고 있는 반면, 우파인 산케이신문만 옹호하고 있다. "「原子力の憲法」こっそり変更", 『東京新聞』 2012年6月21日. "原子力基本法「安全保障」は不信招く", 『朝日新聞』 2012年6月22日. "原子力基本法「安全保

이번 원자력 기본방침의 변경이 안고 있는 문제는 일본정부와 의회가 끊임없이 군사대국의 지향성을 드러냈다는 점이다. 일본은 2011년 12월 '무기수출 3원칙'을 완화해 외국과의 무기 공동개발과 수출의 길을 텄을 뿐만 아니라, 우주의 군사적 이용을 가능케 하는 「우주기본법」(2008.5)을 제정하고 이에 맞춰 "우주의 평화적 목적에 한한다"는 조항을 삭제한 「개정 우주항공연구개발기구(JAXA)법」(2012.6)을 통과시켰다.

과연 일본은 핵무장에 나설 것인가? 1968년 NPT의 체결 직후 내각조사실은 일본의 핵정책에 대해 종합적으로 검토했는데, 일본이 몇 개 정도의 플루토늄 원폭을 만들 수는 있으나 가까운 장래에 유효한 핵전력을 창설할 수는 없다고 결론을 내렸다.[71] 당시 방위청 방위국장인 쿠보 타쿠야(久保卓也)도 방위력 정비 방향을 종합 검토하면서, 국토가 좁고 인구밀도가 높으며 외부 위협도 없기 때문에 미국의 핵우산에 의존하면서 언제라도 상당한 핵장비를 갖출 수 있는 현 체제를 유지하는 것이 바람직하다고 결론지었다.[72]

1995년 제5차 NPT재검토회의에서 NPT의 무기한연장이 결정된 직후에도 일본정부는 핵문제에 대한 보고서를 작성하였다.[73] 방위청이 직접 작성한 이 보고서는 탈냉전기 미국의 확장억제 전략과 전구미사일방위구상(TMD)에 대해 강한 불신감을 드러내면서 일본 핵무장의 의의와 조건

---

障目的」は不要", 『毎日新聞』, 2012年6月23日. "原子力基本法「安全保障」明記は当然だ", 『産経新聞』 2012年6月24日.

71 內閣調査室, 『日本の核政策に關する基礎的研究(その一): 獨立核戰力創設の技術的・組織的・財政的可能性』(昭和四十三年九月), 1968年9月 및 內閣調査室, 『日本の核政策に關する基礎的研究(その二):戰略的・國民心理的・外交的側面』(昭和四十五年一月), 1970年1月.

72 久保卓也, "防衛力整備の考え方", 1971年2月20日. (http://www.ioc.u-tokyo.ac.jp/~worldjpn/documents/texts/JPSC/19710220.O1J.html 검색일 2016/4/23)

73 日本防衛庁『大量破壊兵器の拡散問題について』, 防衛庁長官官房広報課, 1995年 5月29日.

을 검토하고 있다. 결론적으로 방위청 보고서는 현단계에서 일본의 핵무장 선택은 결코 유리하지 않으며 미국의 확정억제에 의존하는 것이 가장 좋은 선택이라고 밝히기는 했으나, 유엔안보리 상임이사국 확대를 통해 일본이 핵 발언권을 넓힐 것을 주장하고 있다.

그런 가운데 일본의 핵 재처리를 허용한 「미・일 원자력협정」의 시한이 2018년 7월로 다가오면서 일본의 과잉 플루토늄 과잉보유 문제를 둘러싸고 국제적인 시선이 일본에 모아지고 있다. 이에 대해 아베 총리는 2016년 4월 1일에 있었던 '2016 워싱턴 핵안보정상회의' 연설과 기자회견 등을 통해 "이용 목적이 없는 플루토늄은 갖지 않는다"는 원칙을 밝혔다.[74] 하지만 보유하고 있는 막대한 양의 플루토늄을 어떻게 처리할지 분명한 입장을 표명하지는 않았다.

핵무기국가 중국의 군사력 증강에 대응해 미국이 아시아재균형 정책을 추진하고 있지만, 지금 일본 내에서는 오바마 대통령의 '프라하 연설'에서 밝힌 '핵무기 없는 세계' 구상이 일본에 대한 확장억제력을 약화시키지 않을까 하는 데 대한 불안과 불신이 강하다.[75] 일본정부는 이러한 의구심을 내세워 오바마 행정부가 내걸었던 핵무기 역할의 축소에 반대하면서 미국과의 사전협의를 통해 『NPR 2010』에 재래식 무기의 공격에도 핵무기를 사용할 수 있다는 내용을 삽입하도록 영향력을 행사했다.[76]

미 MIT대학 사무엘스 교수는 일본이 북한의 위협과 중국의 핵위협에 대한 미국 핵우산의 취약성을 핑계로 핵무기 보유를 추진할 가능성이 있다고 전망하고 있다.[77] CSIS 보고서 『미 아시아-태평양 재균형 2025』

74 首相官邸, "首相内外記者会見", 平成26年3月25日 (www.kantei.go.jp 검색일 2016/4/23)

75 Kulacki, *Japan and America's Nuclear Posture*, p. 1 and pp. 3~4.

76 Gregory Kulacki, *Japan and America's Nuclear Posture: An Update*, Union of Concerned Scientists, November 2013, pp. 1~3.

(2016)는 일본이 비핵국가 중 유일하게 우라늄 농축과 재처리시설을 보유하고 있으면서 전략적 가치를 높이는 데 활용하고 있다고 평가하고 있다.[78] 이러한 점을 미루어 볼 때 현재 일본정부가 미국의 확장억제력에 의존하는 정책을 채택하고 있지만, 외부 안보환경의 변화에 따라 언제든지 핵무장을 추진할 가능성을 열어 놓고 있다.

## 4. 북한의 핵보유국 주장과 한국의 비핵화 정책

### 1) 북한의 핵보유국 주장[79]

미국의 부시 2기 행정부가 막 출범한 직후인 2005년 2월 10일 북한외무성은 돌연 핵무기 보유를 선언했다. 당시까지만 해도 6자회담의 동력이 소진되지 않았을 때였고 기술적으로도 북한의 핵프로그램이 핵무기 개발단계로까지는 못 갔을 것이라는 판단이 많았다. 하지만 북한은 2006년 10월 9일 제1차 핵실험을 실시했고, 2008년 8월 김정일 국방위원장의 와병 이후 핵시설의 불능화를 중단하고 핵프로그램을 재가동하여 공공연하게 핵무기 개발에 나섰다.

김정일 위원장의 사망 이후 북한은 ICBM으로 전용가능한 장거리로켓 은하3호의 발사와 제3차 핵실험을 나름대로 성공리에 마친 뒤, 2013년 3월 31일에 열린 조선노동당 중앙위원회에서 김정은 체제의 전략적 노선

77 Richard J. Samuels and James L. Schoff, "Japan's Nuclear Hedge: Beyond "Allergy" and Breakout", *Strategic Asia 2013-14: Asia in the Second Nuclear Age*, NBR, October 2013, pp. 257~258.

78 CSIS, 『미 아시아-태평양 재균형 2025』, 한국해양전략연구소, 2016, p. 302.

79 북한의 핵무기 능력과 핵전략에 대한 자세한 검토는 이 책의 제1부 및 제2부를 참조할 것.

으로 '경제건설과 핵무력을 동시에 발전시킨다'는 경제건설-핵무력건설 병진노선을 채택하였다. 이러한 병진노선에 따라 △자립적 핵동력공업을 발전시켜 전력문제를 해결하고, △세계 비핵화 전까지 핵무력을 질량적으로 확대 강화하겠다고 천명하였다.

북한은 '병진노선'을 내걸면서 핵무장이 경제건설에 도움이 된다는 논리를 폈다. 김정은 제1비서(당시)는 당 중앙위원회의 보고를 통해 "지금 미국과 그 추종세력들은 우리를 군비경쟁에 끌어들여 경제강국 건설과 인민생활 향상을 위한 우리의 투쟁에 난관을 조성하려고 책동"하고 있다면서, "새로운 병진노선은 국방비를 늘이지 않고도 적은 비용으로 나라의 방위력을 더욱 강화하면서 경제건설과 인민생활 향상에 큰 힘을 돌릴 수 있게" 한다는 논리를 전개했다.[80]

또한 북한은 4월 1일에 개최된 최고인민회의 제12기 7차 회의에서 새로운 법령 「핵보유국 지위 공고화 법」을 채택하면서 "우리의 핵무력이 세계의 비핵화가 실현될 때까지 우리 공화국에 대한 침략과 공격을 억제, 격퇴하고 침략의 본거지들에 대한 섬멸적인 보복타격을 가하는 데 복무한다는 것을 법제화했다"고 취지를 밝혔다.[81] 헌법 전문(前文)에 이어 법령 제정을 통해 북한은 핵보유국임을 기정사실화하고 자신의 핵전략과 정책을 법적으로 정당화하고 있다.

그 뒤 북한은 우리 정부가 설정한 '레드라인'을 무시하고 2016년 1월 6일 제4차 핵실험을 실시했다. 북한당국은 「공화국 정부 성명」을 발표해 다음과 같이 주장하였다. "첫째, 우리 공화국은 책임 있는 핵보유국으로서 침략적인 적대세력이 우리의 자주권을 침해하지 않는 한 이미 천명한

80 『조선중앙통신』 2013년 3월 31일.

81 『조선중앙통신』 2013년 4월 1일.

대로 먼저 핵무기를 사용하지 않을 것이며 어떤 경우에도 관련수단과 기술을 이전하는 일이 없을 것이다. 둘째, 미국의 극악무도한 대조선 적대시정책이 근절되지 않는 한 우리의 핵개발중단이나 핵포기는 하늘이 무너져도 절대로 있을 수 없다. 셋째, 우리의 정의로운 핵억제력을 질량적으로 부단히 강화해 나갈 것이다."

노동당 기관지 『로동신문』은 자신의 핵개발 목표는 핵억제력을 확보하는 데 있다면서 김정은 위원장의 말을 인용해 다음과 같이 주장하였다. "우리가 보유한 핵무력이 상대해야 할 진짜 '적'은 핵전쟁 그 자체라고 하시면서 핵타격능력이 크고 강할수록 침략과 핵전쟁을 억제하는 힘은 그만큼 더 크다고, 핵무력을 질량적으로 억척같이 다져나가는 것이 우리 조국강토에 들씌워질 핵전쟁의 참화를 막을 수 있는 가장 정당하고 믿음직한 길"이라고 강변하였다.[82]

이처럼 북한당국이 대남, 대미 핵위협과 함께 '병진노선'을 내건 것으로 볼 때, 적어도 김정은 체제 하에서는 쉽게 한반도 비핵화를 위한 협상에 나설 것으로 보이지 않는다. 하지만 북한의 경제건설과 핵무력 증강이라는 두 마리 토끼를 잡으려는 '병진노선'은 성공하기가 하늘의 별따기와 같다. 북한은 스스로 CNC 산업혁명 등을 통한 자강력 제일주의와 신의주 특구를 포함한 경제개발구를 통한 '개방'으로 경제강국 건설을 이루겠다고 나섰지만, 국제사회의 대북제재가 흔들리지 않고 유지되는 한 '사실상의' 핵보유국이라는 북한의 지위는 오래 지속될 수는 없을 것이기 때문이다.[83]

---

**82** 『로동신문』 2016년 3월 9일.

**83** 조성렬, 『뉴 한반도비전』, pp. 112~114.

### 2) 미 확장억제력에 기댄 한국의 비핵화 정책

주한미군은 대규모 철수를 앞둔 1958년에 남한지역에 전술핵무기를 배치하였으며 중국이 핵실험한 직후인 1966년에는 그 수량이 1,000개에 달하기도 했다.84 그러나 냉전이 끝나면서 1991년 7월 모스크바에서 체결된 제1차 전략무기감축조약(START-I)과 1987년에 조인된 INF 폐기조약에 따라 1991년 9월 27일 한반도에서 주한미군의 핵무기 철수가 완료되었다. 그리하여 9월 28일 부시대통령은 "공군용을 제외한 모든 전술핵의 폐기"를 선언했고, 10월 5일 소련 고르바쵸프 서기장도 "모든 전술핵 폐기"를 선언했다.

이러한 상황에서 1991년 11월 8일 노태우 대통령은 북한측에게 '한반도 비핵화 공동선언'을 제안하였으며, 12월 18일에는 '한반도 핵부재 선언'을 발표했다. 그 뒤 3차례의 남북고위급회담을 거친 끝에 12월 31일 「한반도 비핵화 공동선언」이 채택되었고 1992년 1월 20일 정원식 국무총리와 연형묵 정무원 총리가 서명해 2월 19일에 발효되었다. 양측의 합의에 따라 북한은 공동선언이 서명된 직후인 1월 30일 IAEA와 안전협정을 체결했다.

「한반도 비핵화 공동선언」은 한반도 비핵화를 통해 핵전쟁 위험을 제거하여 한반도 평화를 정착하고 평화통일에 유리한 조건과 환경을 조성하며 아시아는 물론 세계의 평화와 안전에 이바지한다고 밝혔다. 주요 내용은 ① 핵무기의 시험·제조·생산·접수·보유·저장· 배비(配備)·사용의 금지, ② 핵에너지의 평화적 이용, ③ 핵재처리시설 및 우라늄 농축시설 보유 금지, ④ 비핵화를 검증하기 위해 상대측이 선정하고 쌍방

---

**84** Hans M. Kristensen, "A history of U.S. Nuclear Weapons in South Korea", *Nuclear Brief* September 28, 2005. (http://www.nukestrat.com/korea/koreahistory.htm 검색일 2013년 4월 1일)

이 합의하는 대상에 대한 상호 사찰, ⑤ 공동선언 발효 후 1개월 이내에 남북 핵통제공동위 구성 등이다.

그러나 북한은 남북합의를 깨고 2006년 10월 9일 제1차 핵실험을 감행했으며, 그 뒤로도 제2, 3, 4차 핵실험을 계속했다. 북한은 제2차 핵실험에 앞서서 2009년 1월 30일 조국평화통일위원회 명의로 "정치군사적 대결 상태 해소와 관련한 모든 합의사항들"에 대한 무효화를 일방적으로 발표하면서 그 대상에 「한반도 비핵화 공동선언」도 포함시켰다. 그 뒤로 북한은 일사천리로 핵무기 개발에 박차를 가했다.

우리 정부는 북한이 4차 핵실험으로 핵무기 고도화 완성 단계로 진입하고 있고, 수년 내에 소형화와 경량화에 도달할 가능성이 높다고 판단하여, 북한의 제4차 핵실험에 대해 강력한 경고의 메시지를 보냈다. 2015년 10월 16일 한・미 정상회담에서도 「북한에 관한 한미공동성명」을 발표하여 북한 핵문제를 "최고의 시급성과 확고한 의지를 갖고 다루기"로 합의하였다.[85]

하지만 우리 정부와 국제사회의 경고에도 불구하고 2016년 1월 7일 북한은 제4차 핵실험을 강행했다. 그러자 정몽준 전(前)한나라당 대표와 노재봉 전(前)총리 등 보수계인사들은 「한반도 비핵화 공동선언」의 폐기를 천명하고 NPT 탈퇴가 필요하다고 주장했다. 특히 국회 국방위원장을 역임한 원유철 의원까지도 집권당의 원내대표 국회연설에서 핵무기 보유를 주장했다. 국내 학계 일각에서도 이러한 핵무장론에 가세하고 있다.[86]

최근 국내에서 「한반도 비핵화 공동선언」 폐기와 NPT 탈퇴를 넘어 미

85 「2015 북한에 관한 한・미 공동성명」(Joint Statement on North Korea), 2015년 10월 16일.

86 정성장, "북한의 핵능력 고도화와 한국의 독자적 핵무장 방안: 효율적인 안보와 남북대화의 병진 모색", 북한연구학회 춘계학술회의 발표논문, 2016년 4월 1일, pp. 167~181.

국 전술핵무기의 재도입, 독자 핵무장론이 등장하는 이유는 미국의 확장억제가 제대로 작동하지 않을 수 있다는 우려 때문이다. 북한 핵미사일의 사거리 증대로 북한이 남한에 대해 핵공격을 감행하더라도 핵탄두를 탑재한 북한의 장거리미사일로 인해 미국 본토가 위험해지는 상황 때문에 미국이 대북 추가 핵보복을 주저할 가능성을 배제할 수 없다는 것이다.

하지만 이러한 움직임에도 불구하고, 한국 내에서는 미국의 확장억제력에 의존하면서 일본을 핵개발의 모델로 삼아 잠재적 핵역량을 증진시켜 나가야 한다는 의견이 대다수이다.[87] 미국의 전술핵무기를 남한지역에 재배치하는 방안은 현 단계에서는 실현 가능성이 매우 낮은 것으로 보인다. 이는 핵무기에 대한 의존을 점차 감소시켜 나가겠다고 밝힌 미국의 『NPR 2010』에도 역행하는 것이기 때문이다.[88] 또한 한국은 핵무기 보유가 기존의 국제 핵질서에 대한 전면 도전이 되는 것으로, 연쇄적으로 일본과 대만의 핵무장을 불러일으키고 동북아지역의 핵 군비경쟁을 촉진시켜 오히려 한국의 안보에 불리하게 작용할 수 있다고 판단하고 있다.

**87** CSIS, 『미 아시아-태평양 재균형 2025』, p. 302.

**88** DoD, *Ballistic Missile Defense Review Report*, February 2010, pp. 4~6.

제4장

# 동북아의 중장기 핵질서: 한·일 핵무장인가, 비핵무기지대화인가

# 제4장
# 동북아의 중장기 핵질서: 한 · 일 핵무장인가, 비핵무기지대화인가

## 1. 새로운 동북아 핵질서의 모색

### 1) 새로운 동북아 핵질서의 세 가지 시나리오

글로벌 차원의 핵균형은 미국과 러시아 사이에 형성되어 있고, 동북아시아 지역 차원의 핵균형은 한 · 일 양국에 대한 미국의 확장억제력과 러시아, 중국의 핵전력 사이에 이루어져 있다. 북한은 냉전 시기에 사회주의 진영의 일원으로 러 · 중의 편승을 통해 자유주의 진영과 균형을 취해왔지만, 오늘날과 같이 사회주의 진영이 무너진 상황에서 더 이상 편승할 보호국이 없게 되자 북한이 핵무장을 통해 나름대로 독자적인 생존공간을 확보하고자 하고 있는 것으로 보인다.[89]

이처럼 북한이 독자적으로 핵무장을 시도하고 있고 중국의 핵전략 전환 가능성이 높은 가운데, 한국과 일본 내에서 미국 확장억제력의 신뢰감에 대한 의문이 증폭되고 있다. 이에 따라 동북아시아의 국제 핵질서 변

89 서 훈, 『북한의 선군외교: 약소국 북한의 강대국 미국 상대하기』, 명인문화사, 2008.

화 가능성이 높아지고 있다. 앞으로 동북아시아의 핵질서는 어떻게 재편될 것인가? 새로운 핵질서는 안보적 관심사를 협상을 통해 해소해 가는 안보-안보 교환방식에 따라 크게 경성균형(hard balancing)과 연성균형(soft balancing)과 과도적 형태의 세 가지로 나누어 전망해 볼 수 있다(<표 3-7> 참조).[90]

첫째, 대칭적 경성균형 핵질서는 비핵무기국가들이 자신들에 대한 핵무기국가의 핵공격 내지 핵무기에 의한 공격위협을 해소하기 위해 핵무기를 개발·보유하거나 미국의 전술핵무기를 공유 내지 도입함으로써 핵균형을 이루는 것이다.[91] 경성균형의 방안으로는 북한이 사실상 핵무기 보유국이 되고 이에 대항해 한국과 일본이 핵무장을 함으로써 북한에 대한 핵균형을 이루고, 나아가 중국, 러시아에 대해 핵균형을 이룸으로써 새로운 핵질서가 만들어지는 것이다.

둘째, 비대칭적 연성균형 핵질서는 외교적 협상을 통해 국제법, 국제제도 등의 보장을 통해 비핵무기국가들의 안보 우려를 해소해 주는 것이다.[92] 연성균형 방안으로는 동북아 지역 내에 있는 핵무기국가 미, 러, 중 3국과 비핵무기국가 남북한과 일본 3국이 모두 참가하는 동북아 안보협력기구이나 동북아 비핵무기지대를 창설하여 핵무기국가들이 비핵무기

---

**90** 북한 핵문제에 대한 경성균형, 연성균형 방식의 적용에 대해서는 다음을 볼 것. 조성렬, "북핵 외교적 해법의 실패와 시사점: 6자회담 재평가와 재개논의를 중심으로." 『국제관계연구』제19권 제2호, 2014년 가을호, pp. 72~73; 조성렬, "한반도문제해결과 3단계 평화론: 적극적 평화론을 중심으로", pp. 33~69.

**91** 경성균형에 관한 이론적 논의는 다음을 참조할 것. Stephen Walt, "Alliance Formation and the Balance of World Power", *International Security*, vol. 9, no. 4, 1985, pp. 3~43.; Kenneth N. Waltz, *Theory of International Relations,* New York: Addison-Wesley Publishing, 1979.

**92** 연성균형에 관한 이론적 논의는 다음을 참조할 것. Robert A. Pape, "Soft Balancing against the United States", *International Security*, vol.30, no.1, 2005, pp. 7~45; T.V. Paul, "Soft Balancing in the Age of U.S. Primacy", *International Security*, vol. 30, no.1, 2005, pp. 46~71.

국가들에게 소극적 안전보장의 제공을 보장하는 국제법에 의거해 제도화된 핵질서이다.

셋째, 비대칭적 과도형 핵질서는 북한의 핵보유국화가 기정사실화되는 가운데 미국이 한국과 일본에 대한 강화된 확장억제력을 제공하고, 한국과 일본도 미국의 핵우산 속에서 재래식 공격능력을 한층 강화하는 것이다. 이는 북한의 핵보유국 지위를 공식적으로 인정할 수 없지만 북한의 비핵화까지 상당한 시간이 소요된다는 점에서 대칭적인 경성균형 또는 연성균형이 완성될 때까지 과도적으로 성립되는 핵질서이다.

다음 소절에서는 잠정적인 성격을 지닌 비대칭적 과도형의 핵질서를 제외하고, 이념형(ideal type)인 대칭적 경성균형과 연성균형 방식에 관해 보다 구체적으로 살펴보기로 한다.

〈표 3-7〉 동북아시아의 새로운 핵질서: 3가지 시나리오

| 유 형 | 내 용 | 방 식 | 추진방안 |
|---|---|---|---|
| 대 칭 적 경성균형 | 북한의 핵보유국화, 한・일의 핵무장 | 북한의 사실상 핵보유국 지위 확보, 한・일의 핵무장으로 핵무기국가 미・러・중과 핵균형 | 북한의 SLBM 및 ICBM체계 완성 및 실전 배치와 이에 대응해 미국의 일정한 양해 아래 한국과 일본의 연쇄 핵무장 |
| 비대칭적 연성균형 | 동북아 비핵무기지대 창설 | 북한 비핵화 및 남북한・일본의 비핵무기지대 조약 체결, 미・러・중 의회의 소극적 안전보장 비준 | 한・일 양국이 먼저 비핵무기지대 창설에 합의한 뒤, 이에 대한 미・러・중의 소극적 안전보장 약속을 동력으로 삼아 북한의 비핵화를 유도하는 2단계 과정을 거쳐 성립 |
| 비대칭적 혼 재 형 | 북한의 핵보유국화, 미국의 對韓, 對日 강화된 확장억제력 제공 | 북한의 사실상 핵보유국 지위가 유지되는 가운데 한・일은 미국의 핵우산 속에서 재래식 공격능력을 한층 강화 | 북한의 핵보유국 지위를 인정할 수 없지만 북한의 비핵화까지 시간이 소요되기 때문에 6자회담 통한 북핵의 동결 및 비확산 관리와 미국의 핵우산 속에서 한국, 일본의 강화된 재래식 억제력을 통한 비대칭적 균형이 과도적으로 혼재 |

### 2) 핵확산 낙관론과 한 · 일 핵무장론: 대칭적 경성균형

케네츠 왈츠(Kenneth Waltz) 등 신현실주의 국제정치학자들은 일본의 핵무기 보유가 세력균형을 가져와 오히려 핵전쟁을 억지하는 효과가 있다고 주장한 바 있다.[93] 핵확산 낙관론을 펴는 국제정치학자들은 핵보유국가가 많아질수록 핵전쟁의 상호 파멸위험을 인식한 핵보유국 사이에 핵억제가 성립해 전쟁위험이 오히려 감소한다고 본 것이다.

핵확산 낙관론이 아니더라도 중국이 동아시아의 군사강국으로 부상하면서 사실상 '책임 있는 이해상관자(responsible stakeholder)'의 역할에 대한 기대가 사라지고 있는 점이 일본의 핵무장을 부추기는 요인이 될 수 있다. 미국의 아시아 재균형 정책이 다른 국제분쟁이나 재정문제 때문에 제한적으로 추진되는 가운데, 중 · 일 간의 센카쿠열도(중국명 댜오위섬) 분쟁과 남중국해 분쟁이 벌어지고 있고, 중국의 '화전군(火箭軍)'이 핵미사일 능력을 지속적으로 증강시키고 있다.

현재 미국 내에서는 일본의 핵무장 가능성에 대해 몇 가지 검토가 이루어지고 있다. MIT대학의 사무엘스와 쇼프 등은 일본의 핵무장 시나리오를 ① 일본이 미국으로부터 핵탄두 200개와 순항미사일 200기를 구매해 핵무장하는 '턴키'구매, ② 미국제 핵미사일을 대여 받아 거기에 맞는 운반수단을 공동개발하는 기술도입생산, ③ 미국의 핵탄두를 일본에 배치해 미 · 일 공동으로 관리하는 핵무기 공유, ④ 재래식 공격력 증강의 네 가지로 나누어 검토하고 있다.[94]

---

93 K.N. Waltz, "Nuclear Myths and Political Realities", *American Political Science Review*, Vol.84, No.3, September, 1990 ; K.N. Waltz, "The Emerging Structure of International Politics", *International Security*, Vol.18, No.2, Fall, 1993 참조.

94 Samuels and Schoff, "Japan's Nuclear Hedge", pp. 258~262.

비확산정책교육센터(NPEC)의 이스턴은 일본의 핵무장 시나리오를 세 가지로 나누어 상세히 검토하고 있다. 제1시나리오는 소규모 핵전력을 확보하여 억제 실패 때 적절한 제2격 능력을 보유하는 것을 목표로 하는 것이고, 제2시나리오는 대규모 핵전력 확보로 중국의 선제공격에 맞선 독자적이고 생존 가능한 억제를 추진하는 것이고, 제3시나리오는 재래식 전력을 증강해 중국의 미사일 전력을 무력화하는 거부적 억제 전략이다(<표 3-8> 참조).[95]

**95** Ian Easton, "Japanese Strategic Weapons Programs and Strategies", pp. 1~2.

〈표 3-8〉 일본의 핵무장 시나리오

| | 시나리오 I<br>소규모 핵전력 | 시나리오 II<br>대규모 핵전력 | 시나리오 III<br>증강된 재래식전력 |
|---|---|---|---|
| 전 략<br>목 표 | **최소억제**<br>(對중·북 억제 및 對미 전략적 가치 향상) | **최대억제**<br>(중국의 선제공격에 맞선 독자적이고 생존가능한 억제; 북한 불겨냥) | **확장억제**<br>(생존성 확보 및 제한적 재래식 보복타격력) |
| 소 요<br>전 력 | 핵폭탄 28~84개<br>(저폭형) | 핵폭탄 400~1,200개<br>(저폭형 200~600<br>고폭형 200~600) | 통막회의, 공·해군기지 정비, Soryu급 잠수함 성능개량 전자전사이버전 능력보강, 순항미사일 180~500기 |
| 독트린 | 핵 선제불사용,<br>핵비확산,<br>미 핵우산과의 통합운용 | 대규모 핵확증보복 | 생존성 강화,<br>제한적 재래식 확증보복 |
| 표 적 | • 주요 가치표적: 베이징(8), 상하이(6) | • 정치표적: 최고지도부 참수<br>• 핵 군사표적:<br>지휘통제기구(3~40),<br>핵탄두저장소(1~30),<br>핵잠수함기지(2~6),<br>미사일 사이로(2~6),<br>미사일발사대(1~300) | • 재래식 군사표적: 전략공군 방어망(3~60), 공군기지(15~25), 지역사령부(15~30), 통신시설(15~25), 해군항(3~6), 미사일발사대(40~75), 위성(2~30), 군수거점(5~60) |
| 비 용 | 37~87억 달러 | 524~1,518억 달러 | 95~314억 달러 |

* 핵폭탄: 저폭형(5~20kT), 고폭형(20~150kT), **핵탄두 수량: 표적 1곳x핵탄두 2개

<출저> Ian Easton, "Japanese Strategic Weapons Programs and Strategies: Future Scenarios and Alternative Approaches", *Nonproliferation Policy Education Center*, May 5, 2015로부터 필자가 작성.

북한 핵문제의 해결 전망이 어두워지면서 한국의 정치권에서도 핵무장론이 대두하고 있다. 집권여당의 주요 인사들이 미국 전술핵무기의 재반입 내지는 독자 핵무기 개발을 주장하고 있다. 이에 대해 브룩스 주한미군 사령관은 2016년 4월 19일 인준청문회에서 미국이 핵우산을 제공하지 않는다면 한국이 스스로의 안보를 위해 자체적인 핵무장에 나서는 방안을 검토할 것으로 보인다고 경고했다.

빌 클린턴 행정부에서 미 국무부 비확산차관보를 지냈고, 오바마 행정부에서 비확산군비통제 특보를 맡고 있는 아인혼 등은 한국내 핵무장론이 소수의 의견에 불과하기 때문에 우려할 상황은 아니라고 평가하면서도, 핵무장론이 확산을 막기 위해 확장억제력의 보장뿐만 아니라 미국 핵정보의 공유 및 핵결정과정 참여와 같은 연합억제(combined deterrence)의 필요성을 제기하고 있다.[96]

미국과학자연맹 회장인 퍼거슨(C. Ferguson)은 한국의 핵무장 가능성에 대해 △강화된 현상유지, △포위, △이이제이 등 세 가지 시나리오를 검토하고 있다.[97] 가능성이 가장 높을 것으로 예상하는 시나리오는 한국이 중국과 미국이 북핵문제 해결에 발 벗고 나서도록 촉발하는 데 사용할 '외교적 핵'을 개발한 뒤, 실패할 경우 연간 10개 이상의 핵개발에 본격 나서는 것이다. 그밖에는 북한 외에 일본의 핵무장에 대응한 포위, 공동의 안보위협에 대처한 한・일 공동핵개발 등을 상정하고 있다(<표 3-9> 참조).

96 Robert Einhorn, Duyeon Kim, "Will South Korea go nuclear?" *Bulletin of the Atomic Scientists*, August 15, 2016.

97 Charles D. Ferguson, "How South Korea Could Acquire and Deploy Nuclear Weapons", Nonproliferation Policy Education Center, May 5, 2015, pp. 5~33.

〈표 3-9〉 한국의 핵무장 시나리오

| | 시나리오 I<br>강화된 현상유지 | 시나리오 II<br>포 위 | 시나리오 III<br>이이제이(以夷制夷) |
|---|---|---|---|
| 전략<br>목표 | ① 1단계: 외교적 핵<br>② 2단계: 최소억제 | 최소억제<br>(북한/중국, 일본 핵전력 억제) | 한・일 공동개발<br>(한・일 방위조약 체결) |
| 전략<br>운용 | ① 최소량의 핵무기보유<br>② 미・중의 북핵 해결 실패, 일본의 핵무기 개발, 북한 핵무력 증강 때 연간 10개 이상 핵탄두 본격 개발 | 1개국 이상 핵보유국으로부터 오는 위협에 대처하기 위하여 제2격용 핵무기 확보 | 한・일 양국이 분할된 핵 지휘통제체계 구축 |
| 잠재<br>능력 | △핵탑재용 운반수단 (현무-2,3미사일, F-15S/F-16S)<br>△대규모 민간핵시설 | △핵무기 탑재용 (핵)잠수함* 4~5척+ 확보<br>△F-15S/F-16S + 공중급유기 조기경보기, 정찰위성 | △한국:첨단탄도・순항미사일, 첨단핵무기용 Tritium<br>△일본: PUREX재처리시설, Monju고속증식로 |

* 3,000톤 KSS-3급 잠수함: 탄도미사일용 수직발사대, 사거리 1,500km[98]

<출처> Ferguson, “How South Korea Could Acquire and Deploy Nuclear Weapons”를 참고하여 필자가 작성

### 3) 핵확산 비관론과 동북아 비핵무기지대화: 비대칭적 연성균형

핵확산이 역내 세력균형을 가져와 오히려 전쟁 가능성을 낮춘다고 보는 핵확산 낙관론의 전망과 달리, 역내에 존재하고 있는 북한과 같은 ‘불량국가’ 때문에 핵무기의 사용 가능성을 완전히 배제할 수 없다는 핵확산 비관론이 힘을 얻고 있다. 설사 역내 국가들이 모두 핵무기를 보유하여

98 NTI, “South Korea Submarine Capabilities”, September 28, 2015. (http://www.nti.org/analysis/articles/south-korea-submarine-capabilities, 검색일 2016/4/20)

핵균형이 이루어진다고 해도 오히려 재래식 군사력에 의한 충돌 가능성이 더 높아진다는 글렌 스나이더(1961)의 '안정·불안정의 역설'이 발생할 수 있다.

한·일 핵무장론과 관련해 한국정부는 황교안 국무총리의 국회 답변을 통해 "정부는 한반도에 핵이 있어선 안 된다는 확고한 방침을 갖고 있다"면서, "핵무기 없는 세상의 비전이 한반도에서 시작돼야" 하며 "정부는 핵 비확산에 대한 국제의무를 준수하면서 원자력의 평화적 이용에 노력하고 있다"고 밝혔다.[99] 일본정부도 스가 요시히데(菅義偉) 내각관방장관을 통해 "핵을 보유하지 않는다는 정부의 기본정책은 변화가 없다"면서 "'핵을 갖지도, 만들지도, 반입하지도 않는다'는 비핵 3원칙을 견지할 것"이라고 재확인했다.[100]

물론 한·일 핵무장론은 미국 정부의 입장과도 거리가 멀다. 2016년 3월 30일 조시 어니스트 백악관 대변인은 "일본과 한국이 핵무기를 얻는다는 전망은 정세를 극도로 불안정하게 만드는 것"이라면서 "트럼프의 주장은 미국이 오랫동안 추구하고 국제사회가 지지해온 정책과 직접 배치된다"고 반박했다.[101] 6월 29일 토니 브링큰 미 국무부 부장관도 "한·일 양국이 핵무기 보유를 추진한다면 세계를 역내 핵무기 경쟁에 뛰어들게 만들 것"이라며 한·일 핵무장론에 거부감을 표시했다.[102] 이와 관련해 이종렬 북한 국제문제연구소 부소장은 CNN 인터뷰에서 "미국이 우리에게는 핵무기 프로그램을 포기하라고 말하면서 동맹국들에는 핵무기를 가지라고 하는 것은 이중 잣대가 아니냐"며 "완전히 터무니없고 불합리

99 『연합뉴스』 2016년 2월 18일.

100 『연합뉴스』 2016년 3월 28일.

101 『연합뉴스』 2016년 3월 30일.

102 『연합뉴스』 2016년 6월 30일.

하다"며 비난했다.[103]

오늘날 동북아지역에서는 미, 러, 중의 기존 핵무기국가 외에도 북한의 비공식적인 핵무장이 진행되고 있다. 비핵무기국가인 일본과 한국도 민간 원자력발전의 인프라를 갖고 있어 일단 핵개발을 시작한다면 빠른 시간에 핵무장을 할 수 있는 잠재적인 핵능력을 갖추고 있다. 만약 한・일 두 나라 중 어느 한 나라가 핵무장을 시작한다면 이는 곧바로 다른 나라의 핵개발로 이어질 가능성이 크며, 이는 또다시 러시아와 중국 등 기존 핵무기국가들을 자극해 동북아지역은 핵군비경쟁에 휩싸이게 될 것이다.

그런 점에서 비대칭적 연성균형(Asymmetrical Soft Balancing)을 통해 동북아지역에서 핵무기국가인 미국이나 중국, 러시아에 의한 비핵무기국가들에 대한 위협을 제거할 뿐만 아니라, 북한의 비핵화 실현과 잠재적 핵보유국가인 일본의 핵능력도 통제하는 장치가 필요하다. 지금까지 제안된 방안들이 동북아 및 한반도의 안보균형보다는 북한의 비핵화에 초점을 맞춘 것이라고 한다면,[104] 미국과 중국과 같은 핵무기 보유국들과 플루토늄 대국 일본의 책임도 일정 정도 지우는 방식으로 북한의 비핵화를 유도하는 방안을 생각해 볼 수 있을 것이다.

이와 관련하여 그 동안 정부회의(1트랙)나 6자회담에서 거론되지 않았던 동북아 비핵무기지대(NWFZ-NEA: Nuclear Weapon-Free Zone in

**103** 『연합뉴스』 2016년 4월 17일.

**104** 전성훈, 『한반도의 비핵화 실현과 남북한・일본 3국 비핵지대 창설』, 통일연구원, 1999; Hiromichi Umebayashi, "A Northeast Asia Nuclear Weapon-Free Zone(NEA-NWFZ)", *Peace Depot & Pacific Campaign for Disarmament and Security Briefing Paper*, April, 2004; 이삼성, 우메바야시 외, 『동북아시아 비핵지대』.; 김승국, 『한반도의 평화 로드맵』, 한국학술정보, 2008; Chung-in Moon, "The Six-Party Talks and building a nuclear-free Northeast Asia", East Asia Forum, May 20th, 2012; Peter Hayes, Roger Cavazos, "North Korean and US Nuclear Threats: Discerning Signals from Noise", The Asia-Pacific Journal, April 09, 2013.

Northeast Asia) 구상에 대해 주목해 볼 필요가 있다.[105] 이것은 미, 러, 중과 같이 NPT가 인정한 공식 핵보유국가들의 기득권을 인정함으로써 기존의 핵질서를 유지・존중하면서도 한반도 및 한반도 주변구역에서 미국과 중국의 핵무기 배치를 제한하거나 비핵무기국가들에 대한 소극적 안전보장을 약속함으로써 한반도 비핵화는 물론 일본마저 핵무장을 영원히 포기토록 하여 새로운 핵무기 보유국의 출현을 막는 방안이다.

## 2. 동북아 비핵무기지대의 가능성 모색

### 1) 동북아 비핵무기지대의 국제안보적 의의

냉전해체 직후 미국의 초군사력을 상대할만한 국가가 없는 상태에서 북한은 외교, 국제법, 국제제도 등으로 체제안전을 도모하는 연성균형을 꾀하기 위해 6자회담에 참가하기도 했다. 줄곧 대미 접근을 통해 북・미 수교나 한반도 평화체제 등을 통해 체제안전을 추구해 왔던 것이다. 이와 같은 연성균형 정책은 경성균형 정책보다 확실한 안전보장책은 아니지만, 나름대로 안전보장의 효과는 제공해 왔다. 하지만 핵무기 보유 쪽으로 방향을 선회하면서 북한은 독자적인 경성균형을 추구하고 있다.

근년에 들어 북한의 핵무기 보유와 핵무기국가인 중국의 군사력 확장을 배경으로 샌프란시스코 체제에 대한 현상변경이 시도되면서 동북아지역의 안보상황이 급변하고 있다. 이는 샌프란시스코 체제를 군사적으로

105 Umebayashi, “A Northeast Asia Nuclear Weapon-Free Zone (NEA-NWFZ).”; Peter Hayes and Richard Tanter, “Key Elements of Northeast Asia Nuclear-Weapons Free Zone (NEA-NWFZ)”, Nautilus Institute, November 13, 2012.

뒷받침했던 미국의 국력이 점차 약해진 데 따른 것으로, 최근 미 공화당 대선후보 트럼프의 한·일 핵무장론을 계기로 양국 내에서 핵 불균형 상황을 타개하기 위해 핵무장을 통한 대칭적 경성균형을 이루어야 한다는 목소리도 일부 나오고 있다.

하지만 제1시나리오의 경성균형에 따른 핵질서는 '핵무기 없는 세계'라는 인류의 염원과 배치될 뿐만 아니라, 한국과 일본이 국가정책으로 채택할 가능성이 거의 없는 것이다. 제3시나리오에 따른 비대칭적 과도형 핵질서도 북한의 핵보유국 지위를 사실상 인정해야 하는 것이라는 점에서 국제사회가 받아들이기 어렵다. 제3시나리오는 과도적으로 성립할 수는 있겠지만 안정적인 질서는 아니다. 그런 점에서 비록 오랜 시간이 걸리고 우여곡절을 거쳤지만 가장 바람직한 동북아 핵질서는 제2시나리오인 동북아 비핵무기지대(NWFZ-NEA)의 창립 방안이다.

동북아 비핵무기지대는 핵무기국가들에게는 비핵무기국가의 핵무장 포기의 대가로 소극적 안전보장을 국제조약을 통해 약속하는 것이고, 비핵무기국가들에게는 소극적 안전보장을 대가로 핵무장을 포기하는 연성균형 방식인 것이다. 이처럼 비핵무기지대의 창설을 통해 핵무기국가와 비핵무기국가들이 안보-안보 교환에 따른 연성균형을 이룩하는 것이다. 특히 비핵무기지대 조약은 특정 지역 내에서 핵무기의 완전금지를 목표로 하고 있기 때문에 NPT보다 규제의 범위가 넓으며 국제법에 기반한 조약의 형태를 띠기 때문에 강력한 규범력을 갖고 있다.

이와 같은 동북아 비핵무기지대 구상이 성공하기 위해서는 무엇보다 핵심당사자인 남북한과 일본이 이러한 연성균형 방식의 안보-안보 교환을 '등가'로 인식하고 받아들여야만 한다. 이미 핵무기의 실전배치 직전에 와 있는 북한이 그 동안 추구해 온 경성균형 방식을 버릴 수 있는지와 비핵무기국가로서 미, 러, 중의 기득권에 대해 불만을 가져온 일본이 이를 수용할 것인지가 관건이다. 아울러 미, 러, 중 3국의 핵무기국가가 의회의 비준절차를 거쳐 남북한과 일본에 대한 소극적 안전보장을 제공할 것인가도 매우 중요한 요소이다.

### 2) 동북아비핵무기지대의 초기 구상과 발전

동북아 비핵무기지대 구상은 오랫동안 1.5트랙에서 역내 각국 전문가들 사이에서 논의가 축적된 것인 만큼, 일단 참가국들의 협의가 시작된다면 발족까지는 그다지 오래 걸리지 않을 것으로 보인다. 또한 북한이 이 메카니즘을 이해하고 동의한다면, 현재와 같은 갈등의 동북아를 평화와 협력의 동북아로 만들어 갈 수 있는 현실적인 대안으로 적극 검토해 볼 수 있을 것이다. 동북아 비핵무기지대 구상은 크게 세 가지 형태로 발전되어 왔다.

제1구상은 존 엔디콧(John Endicott)이 처음 제안한 것으로, 한반도의 DMZ를 중심으로 반경 약 2,000km의 원을 그려 그 속을 비핵무기지대로 한다는 원형지대 제안이다. 그 뒤 이 구상은 비핵무기지대 안에 미국 영토가 포함되어야 균형이 잡힌다는 지적을 받아들여, 미국의 알래스카지역 일부가 포함된 타원형지대로 확대된 비핵무기지대 구상으로 발전되었다.

제2구상은 우메바야시(梅林)가 제안한 것으로, 동북아시아에서 남북한과 일본 3개국이 비핵무기지대 조약을 체결하고 NPT상의 핵무기국가인 미국, 러시아, 중국이 소극적 안보보장(NSA)을 포함한 비핵무기지대 존중의 의정서에 참가하여 이를 보장한다는 제안이다. 이 구상은 기존 핵무기국가의 핵군축을 직접 규정하고 있지는 않으나, 북한이 비핵화에 동의하고 추진한다면 미국이 『NPR 2010』에서 제외시켰던 소극적 안전보장(NSA) 약속을 북한에게도 적용할 수 있을 것이다.

핵무기국가와 비핵무기국가의 형평성이나 북한의 핵군축 주장을 고려하면 제1구상이 타당할 것으로 생각되지만, 과거 1.5트랙의 동북아 제한적 비핵무기지대(LNWFZ-NEA) 회의에서 보여준 미, 중, 러의 태도를 고려할 때 후자가 보다 현실적이다. 당시 제1구상의 초안(원형 비핵무기지대안)에 대해 중국과 러시아가 거부하였으며 미국도 미 핵전력의 자유로운 이동을 제약하는 협정에 동의할 수 없다는 입장을 밝힌 바 있기 때문이다.[106]

제3구상은 클린턴 행정부 때 미 국무부 정책기획국장을 역임한 핼퍼린의 제안으로, 동북아시아 비핵무기 지대의 창설을 포함한 새로운 포괄적 접근법이다. 그는 △한국전쟁의 종전선언, △안보에 관한 항구적 협의체 설치, △상호 적대관계의 청산 선언, △원자력 및 기타 에너지 기술, △제재 종결과 조약 위반에 대한 대응, △비핵무기지대의 창설 등 6개 항목을 담은 「동북아 포괄적 평화 · 안보 협정」(가칭)의 체결을 제안하고 있다.[107] 이 제안은 동북아시아 비핵화라는 우선과제의 해결을 목표로 하면서, 상황이 진전되면 역내 안보문제를 포괄적으로 다룬다는 단계적인 방안이다.[108]

미국의 피터 헤이즈, 로저 카바조스는 핼퍼린의 구상을 비핵무기지대에 초점을 맞춰 보다 구체화했다. 그들은 동북아 비핵무기지대의 성립조건으로 △전쟁상태 종식, △상설 안보위원회 창설, △상호 비적대 선언,

---

**106** 동북아 제한적 비핵무기지대화(LNWFZ-NEA) 구상의 경과에 대한 소개는 다음을 볼 것. 조성렬, "새로운 동북아 안보환경과 한국의 안보전략 방향",『국제문제연구』 제7권 제2호 통권 26호, 2007 여름, pp. 28~30.; 임채홍, "동북아 제한적비핵지대화에 대한 역사적 고찰", 국방부 군사편찬연구소 『군사』 제77호, 2010년 12월, pp. 325~356.

**107** Morton H. Halperin, "A Proposal for a Nuclear-Weapon-Free-Zone in Northeast Asia", *Global Asia*, Vol. 6, No. 4, Winter 2011.

**108** 우메바야시, 『비핵무기지대』, p. 234.

△원자력 및 기타 에너지 지원, △대북제재 해제의 다섯 가지를 제시하였다.109 이 안은 6자회담의 틀을 넘어 일본, 한국, 북한, 몽골, 캐나다를 비핵무기지대로 만들고 5대 핵보유국을 핵보유국 차원에서 관여케 하는 방안이다. 이것은 포괄적인 동북아 안보협력기구의 전망 속에서 동북아의 새로운 핵질서를 모색한 것이다.

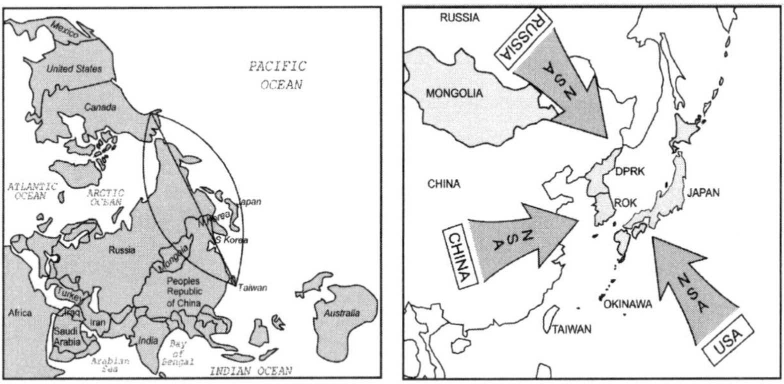


출처: Hiromichi Umebayashi, “A Northeast Asia Nuclear Weapon-Free Zone”, April 2004, pp. 4~5.

〈그림 3–2〉 동북아 비핵무기지대에 대한 두 가지 구상

### 3) 동북아 비핵무기지대의 조약화 문제

‘핵무기 없는 세계’를 향한 세계적인 핵군축 및 비확산 논의는 동북아 비핵무기지대에 관한 논의와 밀접히 연관되어 있다. 2013년 7월 유엔군축회의(CD)가 처음으로 동북아시아 비핵무기지대를 의제로 삼아 공식적

109 Peter Hayes and Roger Cavazos, “North Korean and US Nuclear Threats: Discerning Signals from Noise”, *The Asia-Pacific Journal*, Vol. 11, Issue No. 14, No. 2, April 8, 2013.

으로 논의를 시작하여 최종권고안을 유엔 사무총장에게 제출하기도 했으며, 같은 해 9월 몽골 대통령도 유엔 핵군축 고위급회의 연설을 통해 동북아시아 비핵무기지대의 설립을 위해 협력할 의사가 있음을 밝혔다.[110]

이처럼 동북아시아 비핵무기지대 구상은 비정부간 협의의 차원을 넘어 유엔총회의 무대에서 국제법적인 구속력을 갖춘 비핵무기지대 조약의 차원에서 논의되고 있다. 그리고 비핵무기지대 논의에서 더 나아가 이 조약에 의해 설립된 조약 준수위원회가 지역 차원에서 군사력의 투명성을 높여 역내 국가 간의 신뢰구축을 촉진하는 데도 기여할 수 있도록 논의가 확대되고 있다.

동북아 비핵무기지대가 성립하기 위한 조건을 이해하기 위해서는 이미 수립된 세계 5대 비핵무기지대의 성립과정을 이해할 필요가 있다. 세계 5대 비핵무기지대 조약은 해당 지역의 안보상황과 각국의 이해를 반영하고 있기 때문에 오랜 협상과정을 필요로 했다. 그런 점에서 동북아 비핵무기지대 구상이 현실적으로 성공적으로 추진되기 위해서는 핵무기 국가를 포함한 모든 관계국들이 동의할 것, 해당 지역뿐만 아니라 세계 전체의 평화와 안전에 이바지할 것, 적절한 사찰・검증이 수반될 것, 공해에서의 항행의 자유를 포함한 국제법의 원칙들에 합치할 것 등을 갖춰야 한다.[111]

첫째는 핵무기 부재 및 비확산 문제를 처리하는 **비핵무기지대 참가국들의 의무** 문제이다. 현재 북한과 일본은 플루토늄 재처리시설과 우라늄 농축시설을 모두 보유하고 있는 반면, 한국은 두 시설 모두 보유하고 있지 않다. 따라서 원자력의 평화적 이용이라는 차원에서 국제적인 권리는 존

**110** 우메바야시, 『비핵무기지대』, pp. 234~235.

**111** 日本外務省, 『日本の軍縮・不拡散外交』(第6版), p. 41.

중하되, IAEA의 철저한 감독 아래에 두는 방안을 채택해야 할 것이다.

동북아 비핵무기지대 조약이 기존의 동맹관계를 부인하는 것이 아니므로, 이 비핵무기지대에 핵무기를 탑재하지 않은 군함, 비행기 등의 통과와 일시적인 기항은 각국에게 위임하도록 한다. 또한 방사능폐기물의 투기를 전면적으로 금지하며, 특히 러시아의 동해에 대한 방사성폐기물 투기가 금지되도록 해야 할 것이다. 그밖에 이 조약이 인정하고 있는 핵 시설들에 대해서는 공격 금지를 명문화한다.

둘째는 핵무기에 의한 공격 위협과 공격 금지를 어떻게 처리할 것인가 하는 이른바 **'소극적 안전보장(NSA)'**의 문제이다. 미국은 북한의 완전하고 되돌이킬 수 없는 비핵화가 달성될 경우 새로운 핵태세보고서(NPR)에서 북한을 소극적 안전보장 정책의 목록에 포함시켜야 한다. 미 행정부가 이 조약에 서명한다고 해도 미 의회가 비준 동의하지 않으면 발효되지 못하므로, 미 행정부는 미 의회의 비준 동의 이전까지 북한에 대한 불가침을 보장하는 「북·미 불가침 잠정협정」을 체결하여 북한의 안보우려를 불식해 주도록 노력한다.

러시아와 중국은 동북아 비핵무기지대의 비핵무기국가들에 대해 소극적 안전보장을 제공하고 회원국 도시에 핵미사일을 겨누지 않기로 하는 '조준해제 협정(detargeting agreement)'을 미국 이외의 국가들과도 체결하도록 한다.[112] 러시아는 냉전시기에 채택했다가 2010년에 공식 파기한 '핵 선제불사용 정책'을 동북아 비핵무기지대 회원국들에 대해 다시 적용할 것임을 천명해야 한다. 중국도 조약 내 비핵무기국가들의 우려를 불식

112 미국과 러시아, 중국이 체결한 핵 조준해제 협정에 관해서는 다음을 볼 것. Bruce G. Blair, "Russian Nuclear Policy and the Status of Detargeting", Brookings Institute, March 17, 1997.; Charles A. Meconis, "U.S.-China Confidence-Building More Important Than Detargeting", *Global Beat Issue Brief*, No. 39, Center for War, Peace and the News Media, July 14, 1998.

하기 위해 기존의 '핵 선제불사용 정책'을 변경하지 말아야 하며 현재 불투명한 핵전력의 관리를 보다 투명하게 해야 한다.

셋째는 **비핵무기지대조약의 준수기구**를 만드는 문제이다. 이것은 기존의 4대 비핵무기지대에서도 모두 갖고 있듯이, 비핵무기지대 조약의 준수를 관리 · 감독하기 위해 가칭 '동북아 비핵무기지대 위원회'를 설치하도록 한다. 이 위원회를 통해 남북한과 일본의 모든 핵시설에 대한 사찰 · 검증을 실시할 수 있도록 한다. 그리고 중장기적으로 이 조약 준수기구는 핵문제의 관리 · 감독을 넘어 동북아지역의 군사적 신뢰구축을 향상시킬 수 있도록 하는 제도적 토대로 활용한다.

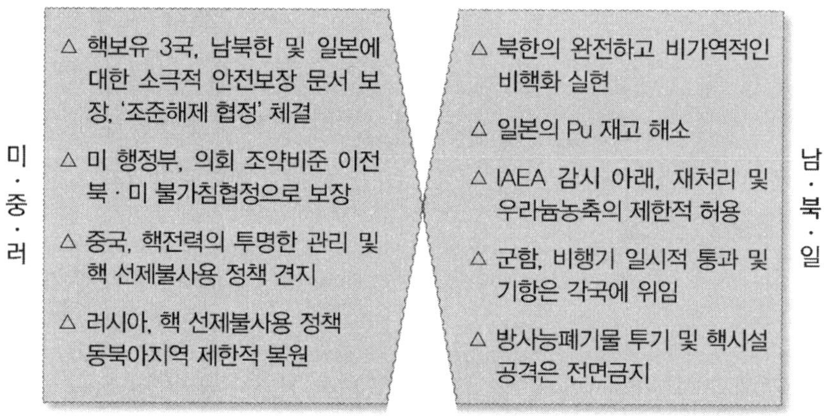


〈그림 3-3〉 동북아 비핵무기지대 구상: 핵–비핵 국가 간의 '안보–안보 교환'

## 3. 관련국들의 입장과 과제

### 1) 비핵무기국가 남북한과 일본의 입장

동북아시아 비핵무기지대 구상이 현실화되기 위해 가장 중요한 것은 비핵무기국가들인 남북한과 일본의 입장이다. 따라서 여기서는 먼저 각국에서 나온 제안이나 구상, 그밖에 이와 관련된 움직임을 살펴본 뒤, 각국 정부의 공식입장을 살펴보기로 한다.

먼저, **북한의 각종 제안이나 구상**은 체제 특성상 북한당국의 입장을 나타내고 있다. 1980년에 열린 제6차 당대회 개회사에서 김일성 주석은 연방제 통일방안을 발표하면서 한반도를 "영원한 평화지대, 비핵지대"로 만들자고 제안했다. 1981년에는 일본사회당과 공동으로 '동북아 비핵평화지대 창설에 관한 공동선언'을 발표하기도 했다. 1986년부터는 동북아 차원이 아니라 한반도 차원에 국한된 '조선반도 비핵평화지대 창설'을 제안했으며, 1987년에는 북한외무성이 '조선반도 비핵평화지대에 대한 선언'을 발표했다.

냉전 직후 우리 측의 제안에 북측이 호응하여 1992년 1월 20일 남북한은 「한반도 비핵화 공동선언」에 서명했는데, 이는 북한이 다른 관련 당사자와 맺은 한반도 비핵화 관련 첫 공식 합의였다. 김일성 주석은 사망 직전인 1994년 6월 30일 벨기에 노동당 중앙위원장을 만나서 한반도 비핵지대화를 언급할 때까지 15년 동안 무려 36번이나 반복해서 '조선반도 비핵평화지대'를 제안했다.[113] 그 뒤 1993~94년 제1차 핵위기 이후로 북한은 더 이상 비핵지대를 주장하지 않았다.

113 "폴리인터뷰: 백학순 ①, 2013년 3~4월에 겪었던 '핵무기 사용 위협'으로 인한 한반도 초긴장 전쟁위기 재현되지 않게 하려면 대화해야", 인터넷 신문 『폴리뉴스』, 2014년 7월 29일. (http://www.polinews.co.kr/news/article.html?no=210977 검색일 2016/4/25)

북한이 한반도 비핵무기지대에 대해 다시 언급한 것은 김정은 정권이 들어선 2013년 6월 16일 국방위원회 대변인 중대담화 때이다. 19년 만에 밝힌 한반도 비핵무기지대 주장에서 북측은 "남조선을 포함한 조선반도 전역의 비핵화이며 우리에 대한 미국의 핵위협을 완전히 종식시킬 것을 내세운 가장 철저한 비핵화"라고 주장했다.[114] 같은 해 10월 23일 외무성 담화에서는 "동시행동으로 조선반도에 대한 외부의 실제적인 위협을 완전히 제거하는 데 기초하여 전 조선반도를 핵무기 없는 지대로 만드는 과정"이라며 '비핵화' 대신에 '핵무기 없는 지대'라는 개념을 사용하였다.[115]

이처럼 북측은 1981년에 일본사회당과의 공동성명에서 '동북아 비핵평화지대'라는 용어를 사용한 것이 유일하지만, 그 대신에 엔디콧 박사가 제안한 1.5트랙의 동북아 제한적 비핵무기지대(LNWFZ-NEA)의 정례회의 가운데 중국에서 개최된 회의에만 참석하였다. 1992년 3월 베이징에서 개최된 동 개념의 공개발표회와 2000년 9월 베이징에서 열린 제6회 확대고위급회의(ESP), 그리고 2006년 3월 상하이에서의 제10차 확대고위급회의에 각각 북한대표가 참석하였다.[116] 이것으로 볼 때, 북측은 자신들이 영향을 미칠 수 없는 동북아 비핵무기지대보다 한반도문제에 집중하고 있는 것으로 보인다.

다음, **한국정부의 입장**은 아직 공식적으로 나온 것이 없다. 외교부가 발간한 가장 최근판인 『군축 · 비확산 편람』(2013)에는 전 세계의 비핵무기지대에 관해 상세히 설명하면서도, 이에 대한 우리 정부의 입장이 표명

114 『조선중앙통신』 2013년 6월 16일.

115 『조선중앙통신』 2013년 10월 23일.

116 임채홍, "동북아 제한적비핵지대화에 대한 역사적 고찰", 국방부 군사편찬연구소, 『군사』 제77호, 2010년 12월, pp. 337~341.

되어 있지 않다. 다만, 1.5트랙의 논의를 통해 국내의 전문가들이나 정부 관계자들은 동북아 비핵무기지대 구상에 대해 큰 관심을 나타내고 있다.117

실제로 우리나라는 2001년 10월 서울과 2004년 6월 제주, 2008년 10월 대전에서 1.5트랙의 LNWFZ-NEA 확대고위급회의를 주관하여, 각각 '서울조약(The Seoul Treaty)'의 마련, '제주의정서(Jeju Protocol)' 채택, 2008 대전선언문(Daejeon Declaration)'의 채택에서 주도적인 역할을 하였다. 특히 서울에서 개최된 회의에서는 동북아 비핵무기지대 조약의 초안이라고 할 수 있는 '서울조약'(가칭)이 발표되면서 논의는 활기를 띠었다.

그러나 2003년 1월 북한이 재차 NPT 탈퇴를 선언하면서 제2차 북핵위기가 발생하고, 이를 해결하기 위한 6자회담이 개최되면서 점차 동북아 비핵무기지대보다는 당면한 한반도 비핵화를 우선시하는 분위기가 만들어졌다. 2004년 제주에서 열린 제9차 LNWFZ-NEA회의에서도 회의 의제가 제한적 비핵무기지대 논의 방향에 대한 검토뿐만 아니라 6자회담에 대한 평가와 전망, 제한적 비핵무기지대 구상이 어떻게 북핵문제 해결에 기여할 수 있는지로 초점이 옮겨졌다. 이후 국내에서는 일부 전문가나 시민단체  차원에서 논의가 이어져올 뿐 정부 차원의 논의는 사실상 중단된 상태이다.

끝으로, **일본 내의 움직임과 입장**은 동북아 비핵무기지대와 관련해 가장 활발하고 분명하다. 가장 두드러진 활동은 일본 내 제2당인 민주당의

117 임형주, 『동북아의 비핵지대화 논의경과와 우리의 대응방향』, 한국전략문제연구소 연구용역 보고서, 2000년 1월.; 전진호, "일본, 북핵 해결 수단으로 비핵지대 외교정책화 가능", 『월간 통일한국』 311권, 2009년 11월, pp. 33~35.; 노병렬, "미국, 핵무기 의존도 높아 핵무기정책 전환 필요", 『월간 통일한국』 311권, 2009년 11월, pp. 36~38.; 임수호, "북한, 비핵지대화와 핵보유국 양자택일 요구", 『월간 통일한국』 311권, 2009년 11월, pp. 39~41.; 임채홍, "동북아 제한적비핵지대화에 대한 역사적 고찰".

움직임이다. 2008년 8월 8일 일본민주당 핵군축촉진의원연맹(의장 오카다 가쓰야)이 '3+3안'의 틀을 채용한 6개국 동북아시아 비핵무기지대 조약의 초안을 발표하였다. 2010년 7월 뉴욕에서 열린 '비핵무기지대 조약 체결국 및 서명국 회의'에서 핵감축을 위한 의원 네트워크(PNND)의 한국지부와 일본지부 국회의원들이 '3+3 틀'의 동북아시아 비핵무기지대를 지지한다는 성명을 발표하기도 했다.[118]

일본정부는 2002년부터 『일본의 군축 · 비확산 외교』를 발간해 오고 있는데, 제1~4판까지는 동북아 비핵무기지대화에 대해 아무런 언급이 없었다. 그러다가 일본민주당 중심의 연립정권이 발족한 뒤인 2011년 3월에 발간된 제5판에서는 '동북아시아 비핵무기지대'라는 단어를 처음 사용하면서 다음과 같이 평가하고 있다. "일본을 포함하는 동북아시아 비핵무기지대 구상에 대한 일본의 견해는… 자국의 안전과 동북아의 안보환경 개선을 위해서는 북한 핵문제 해결을 위한 노력이 우선되어야 한다고 생각한다."[119]

민주당 정권 때 초안이 작성되어 자민당이 집권한 2013년 3월에 발간된 제6판에서는 동북아 비핵무기지대와 관련해 "근래에는 한국, 일본, 북한이 비핵무기지대가 되고 여기에 미국, 중국, 러시아가 소극적 안전보장을 제공하는 3+3구상이 일정한 주목을 받고 있다"고 평가하고 있다. 하지만 일본정부의 '북한 핵문제 우선해결'이라는 입장은 바뀌지 않았다.[120] 2015년에 출간된 제7판에서도 '3+3구상'에 대해 의미를 두면서도 북한

---

118 이 성명 발표에 한국은 3개 정당에서 7명, 일본은 민주당이 주축이 되어 6개 정당에서 85명의 국회의원이 서명하였다. 우메바야시, 『비핵무기지대: 핵 없는 세계로 가는 길』, p. 241에서 인용.

119 日本外務省, 『日本の軍縮 · 不拡散外交』(第5版), p. 71.

120 日本外務省, 『日本の軍縮 · 不拡散外交』(第6版), p. 42.

핵문제뿐 아니라 역내 핵무기국가인 중국과의 불균형을 들어 이 구상에 부정적인 인식을 드러내고 있다.[121]

### 2) 핵무기국가 미국, 러시아, 중국의 입장

그렇다면, 과연 이러한 동북아 비핵무기지대 구상에 대해 관련된 핵무기국가들은 어떤 입장을 취하고 있고 앞으로 어떤 입장을 취할 것으로 예상되는가? 핵무기국가의 입장은 △동북아 비핵무기지대의 구상에 담긴 내용과 △당면한 북핵문제의 해결방향과 어떻게 연결지을 것인가에 따라 달라진다.

2001년 10월 서울에서 열린 제7차 LNWFZ-NEA 확대고위급회의에 참가했던 당시 미국과 러시아, 중국의 태도는 '제한적 비핵무기지대' 구상에 대해 모두 부정적이었다. 당시 이 회의에서는 '원형 비핵무기지대안'이 제출되었는데, 미국이 포함되지 않은 원형 구상에 대해 중국과 러시아가 거부 입장을 분명히 하였으며 미국도 미 핵전력의 자유로운 이동을 제약하는 협정에 동의할 수 없다는 입장을 밝혔다.

초기 구상이 핵무기국가들의 반발에 부딪히자 이를 보완한 것이 앞서 살펴본 미국의 알래스카 일부가 포함된 '타원형 비핵무기지대 안'이다. 이 안에 대해 핵무기국가들이 공식적인 반대입장을 표명하지는 않았으나 자국의 핵억제력을 제한하는 것이라는 점에서 그다지 호의적이지 않았다. 결국 핵무기국가들의 기득권을 인정한 바탕 위에 제한적인 비핵무기지대를 만들자는 '3+3구상'이 2004년에 제출되면서 핵무기국가들이 관심을 보이기 시작했다.

먼저, **미국**의 기존 입장에 따른다면 한반도 비핵화를 넘어선 동북아

---

**121** 日本外務省, 『日本の軍縮・不拡散外交』(第7版), p. 59.

비핵무기지대에 대해서는 반대하는 입장이다. 동맹국인 한국과 일본에 대한 확장억제력 제공을 통해 대륙국가인 러시아, 중국과 세력균형을 이루고 있으므로 미국은 자국의 핵전력에 대한 어떠한 제한도 받아들일 수 없기 때문이다.[122]

다만 핵억제전략이 제대로 기능할 수 없게 됐다는 판단 아래 '핵무기 없는 세계'라는 비전이 제시됐기 때문에 '불량국가'인 북한의 핵문제를 해결하는 데 동북아 비핵무기지대 구상이 도움이 된다면 미국이 굳이 반대하지 않을 것으로 보인다.

실제로 6자회담이 장기 교착상태에 빠지자 전직 미 국무부 관리인 모튼 핼퍼린 등 미국의 핵전문가들은 타개책의 일환으로 동북아 비핵무기지대를 포함한 포괄적인 조약을 제안하고 있다. 이처럼 '3+3구상'에 기초한 동북아 비핵무기지대 구상이 한반도 비핵화를 성취하는 방안의 하나이고 미국의 전문가들 사이에서도 제기되는 방안의 하나라는 점에서 대안이 될 수 있을 것이다.

다만, 동북아 비핵무기지대가 이 지역에 대한 미국의 자유로운 접근을 어렵게 하고 기존의 동맹관계를 훼손할 경우에는 반대할 가능성이 높다. 따라서 핵무기를 탑재한 미 군함이나 미 항공기가 지대내 국가(한국 · 일본 등)에 기항, 착륙, 영공통과를 할 경우에는 '동북아 핵무기지대 위원회'에 사전통고하고 허가를 요구하면 가능하도록 해야 한다. 허가 여부는 지대 내 국가의 주권적 권리에 기반한 판단에 맡기도록 한다면 미국이 반대할 명분은 크게 줄어들 것으로 생각된다.[123]

다음, 중국과 러시아는 이러한 동북아 비핵무기지대 구상에 대해 환영

---

122 노병렬, "미국, 핵무기 의존도 높아 핵무기정책 전환 필요", 『월간 통일한국』 311권, 2009년 11월, pp. 36~38.

123 이삼성, 우메바야시 외, 『동북아시아 비핵지대』, p. 85.

할 것으로 예상된다. 중국과 러시아로서는 핵무기국가로서의 기득권이 훼손당하지 않으면서, 일본의 핵무장을 제도적으로 차단할 수 있고 북핵 문제를 평화적으로 해결할 수 있는 방안이기 때문이다.[124] 실제로 중국정부는 『중국국방백서』의 발간 이후 줄곧 비핵무기지대(无核武器区)에 대해 조건 없는 지지를 표명한 바 있다.

중국 외교부 산하 중국국제문제연구원이 발간한 『글로벌 핵태세 평가보고서(2011/ 2012)』에서도 '중국은 비핵지대를 설립하려는 관련국들의 노력을 일관되게 존중하고 지지해 왔으며 아프리카 비핵무기지대 조약과 중앙아시아 비핵무기지대 조약의 발효를 환영한다'고 밝힌 바 있다. 나아가 '중동에서 비핵무기지대를 조속히 건립하도록 관련국들이 공동으로 노력할 것'을 촉구하고 있다.[125] 동북아 비핵무기지대에 대한 구체적인 언급은 없지만 기본적으로 같은 입장일 것으로 예상되고 있다.

다만, 러시아는 2010년에 「러시아연방 군사독트린」을 발표하면서부터 기존의 '핵 선제불사용 정책'을 폐기했는데, 동북아 비핵무기지대가 원활히 작동되기 위해서는 비핵무기지대의 회원국(남북한, 일본)에 대해 '핵 선제불사용 정책'을 '조건 없이' 적용해야 한다. 러시아 정부의 입장에서 보더라도 군사독트린의 주요대상은 NATO회원국들인데다가 쿠릴영토의 영유권을 놓고 갈등을 빚고 있는 일본의 핵무장을 막기 위해 군사독트린에서 '예외조항'을 신설하는 등의 방식으로 정책을 수정하는 것이 국익에 도움이 될 것이다.

---

**124** 조성렬, "새로운 동북아 안보환경과 한국의 안보전략 방향", pp. 28~30.

**125** 中国国际问题研究院, 『全球核态势评估报告(2010/2011)』, 时事出版社, 2011年11月. 이강규, 「중국 "글로벌 핵태세평가보고서(2010/2011)"의 주요 내용과 의미」, 『주간국방논단』 제1359호, 2011년 5월 9일, p. 4에서 재인용.

제5장

# 우리 국가안보에 주는 시사점

# 제5장
# 우리 국가안보에 주는 시사점

북한의 사실상 핵무기 보유국화와 중국의 핵능력 고도화 · 현대화, 일본의 핵개발에 대한 법적 제약 완화와 같이 현재 벌어지고 있는 3국의 핵상황은 새로운 동북아 핵질서의 형성을 추동하는 모멘텀으로 작용하고 있다. 특별한 돌발변수 없이 현 추세가 유지된다면, 새로운 동북아 핵질서는 북한의 핵보유국화가 기정사실화되고, 중국은 미 · 러 중심의 핵질서에 도전장을 내미는 양상을 보일 가능성이 높아지고, 일본은 이를 구실로 국내적 제약을 뛰어넘어 핵무기 개발까지 갈 수도 있다.

치열해지는 동북아 핵경쟁 속에서 미국은 북한의 핵보유국 지위를 결코 인정하지 않으며, 중국의 핵 도전에 대해서는 자체적인 핵능력 강화와 더불어 동맹과의 협력을 통해 대응해 나갈 것이다. 또한 한 · 일 양국에 대해서는 일부에서 거론되고 있는 핵무장론에 거듭 반대하면서 확장억제력에 대한 신뢰성 제고의 노력과 함께 재래식 전력의 증강을 지원함으로써 한 · 일 양국에 대한 비핵국가 유지라는 동북아 핵정책의 틀을 유지해 나갈 것으로 보인다.

미국은 조만간 일본과 「미 · 일 원자력협정」의 개정작업에 들어갈 예정이지만, 새로운 협정을 통해 일본을 인도와 같은 지위의 'NPT밖의 핵무기국가'로 인정해 줄 가능성은 거의 없다. 미국은 인도가 NPT 미가입 상태에서 핵실험을 실시한 것이어서 엄밀히 말해 불법이 아니기 때문에 '사후적으로' 인도를 NPT밖의 핵무기국가로 추인할 수 있었다. 이에 비해 NPT회원국인 일본의 핵무기 개발을 인정하는 것은 국제비확산체제의 근간을 허물 위험성을 내포할 뿐만 아니라, 한국이나 대만의 핵무장을 불러올 가능성이 높다.

이와 같은 일련의 동북아 핵 환경 속에서, 북한에 대한 국제사회의 일치된 비핵화 압력과 2018년 7월의 시한을 앞둔「미・일 원자력협정」개정작업의 착수는 바람직하고 새로운 동북아 핵질서의 형성을 위해 좋은 기회를 제공해 줄 수 있을 것이다. 북한의 핵무기보유국 지위에 대해서는 유엔안보리의 5개 상임이사국들은 물론이고 유엔총회의 대북제재 결의를 통해 이를 인정하지 않는다고 만장일치로 결의한 바 있다. 또한「미・일 원자력협정」의 개정 논의가 시작되면, 그 동안 우려를 자아냈던 일본의 과도한 플루토늄 보유문제를 해결할 수 있는 실마리를 찾을 수 있다. 그런 점에서 동북아 비핵무기지대 구상을 실현할 수 있는 기회가 될 수 있는 것이다.

그렇지만 동북아 비핵무기지대 구상의 실현을 위해서는 넘어야 할 3가지 장벽이 있다. 첫째는 김정은 체제의 생존이 걸려있어 북한의 핵포기가 쉽지 않으리라는 점이다. 둘째는 일본이 비핵무기지대의 필요성에 대해 원칙적으로 인정하면서도 북한의 핵포기가 우선이라고 지적하며 핵문턱국가의 지위를 포기하지 않으리라는 것이다. 셋째는 핵무기국가들에 대한 불신 때문에 비핵무기국가들이 소극적 안전보장에 대한 약속만으로 핵개발의 가능성을 원천봉쇄 당하는 것을 받아들이기 어렵다는 것이다.

하지만 이러한 장벽에도 불구하고 동북아 비핵지대 구상을 추진할 수 있는 동력도 존재한다.

먼저, 일본 내에는 현 집권 자민당처럼 미국의 핵우산에 대한 의존 정책을 지지하는 입장만 있는 것이 아니라, 민주당이나 공명당, 공산당과 같은 정당이나 평화운동 시민단체 등 동북아 비핵무기지대 구상을 지지하고 있는 세력이 존재한다. 이 때문에 쿨라키는 미국정부가 '핵무기 없는 세계'라는 전망목표와 배치되는 방식으로 일본에게 확장억제력 제공을 강화하고 있는 점에 대해 비판하고 있다.[126]

다음으로, 동북아 비핵무기지대 구상은 직면해 있는 북한 핵문제를 당장 해결할 수 있는 해법이라기보다는 동북아 핵질서의 재편을 통해 북한 핵문제를 해결할 수 있는 동북아 지역의 핵안보 환경을 만들어가는 방식이다. 그런 점에서 동북아 비핵무기지대의 논의에 착수하는 것은 북한의 핵문제 해결에 유리한 환경을 제공해 준다,

이어서, 외국의 사례를 보더라도 비핵무기지대의 제안에서 성립까지는 오랜 시간이 걸렸다는 점에서 우선 논의를 착수하는 것이 중요하다. 아프리카국가들은 1961년에 유엔총회에서 비핵무기지대화를 선언했지만, 프랑스의 사하라사막 핵실험과 남아공의 비밀핵개발 등을 거쳐 35년이 지난 후에야 조약이 체결되었다. 중남미국가들은 1958년에 비핵무기지대를 선언하고 1968년에 조약까지 체결했지만, 조약의 성립 이후에도 브라질과 아르헨티나의 핵개발 의혹이 계속되다가 1991년에야 완전히 해소되었다. 동남아비핵무기지대도 1971년 '동남아 평화자유중립지대 선언'을 채택한 이래 24년이 지난 1995년에 성립되었다. 남태평양이나 중앙아시아 비핵무기지대도 제안에서 성립까지 10여 년이 걸렸다.[127]

**126** Kulacki, *Japan and America's Nuclear Posture*, p. 7.

**127** 우메바야시, 『비핵무기지대』, pp. 245~246.

이처럼 동북아 비핵무기지대 구상은 국제 핵질서 재편의 관점에서 제시된 '장기적 대안'인 것이다. 이 구상의 실현을 위해서는 강대국의 역학관계, 각국의 국내 정치역학, 역내 국가들의 핵전력 수준 등과 연관되어 있기 때문에 긴 안목으로 추진해야 한다. 그렇지만 모든 조건이 유리하게 바뀔 때까지 기다릴 것이 아니라, 우선 한・일 양국부터 동북아 비핵무기화 논의에 착수할 필요가 있다. 이것은 크게 세 가지 면에서 새로운 동북아 핵질서에 유리한 국면을 조성할 수 있을 것이다.

첫째, 한・일 비핵무기지대 논의의 착수는 조만간 재개될 「미・일 원자력협정」의 개정 논의에서 국제사회가 우려하고 있는 과도한 일본의 플로토늄 보유문제를 해결하기 위한 긍정적인 압력으로 작용할 수 있다.

둘째, 한・일의 비핵무기지대 논의를 북한의 핵무기 문제와 연결시켜 나간다면 이른바 북한의 안보 우려 가운데 일부를 해소해 줄 수 있어 6자회담이 열렸을 때 북한 핵문제의 해결에도 의미 있는 진전을 가져오는 데 긍정적인 효과를 줄 수 있다.

셋째, 한・일의 비핵무기지대 논의는 중국의 핵군비 가속화를 막을 수 있는 명분과 근거를 제공할 수 있다. 중국은 '중국의 꿈(中國夢)'에 대한 야망을 정당화하기 위해 북한의 핵무기 보유화뿐만 아니라 일본의 과도한 플루토늄 문제에 대해서도 비판해 왔기 때문이다.

동북아 비핵무기지대 구상이 현실성을 띠기 위해서는 무엇보다 당면한 과제로 제기되고 있는 한반도 비핵화 논의를 기본으로 하면서 기존 한・일 정부가 내건 정책과 밀접히 관련을 맺으면서 추진되어야 한다. 그런 점에서 동북아 비핵무기지대의 기본틀과 이념을 바탕으로 한국정부가 견지해 온 「한반도 비핵화 공동선언」과 일본정부가 견지해 온 「비핵4정책」을 재규정하고, 한반도 비핵화에 대한 6개국 합의사항인 「9.19공동성명」의 내용을 결합하여 창조적으로 재구성해야 할 것이다.

# 제4부
# 우주공간의 군비경쟁과 우주안보

제1장

# 전략공간의 확대와 우주공간의 군사적 이용

# 제1장
# 전략공간의 확대와 우주공간의 군사적 이용

우주공간의 군사적 이용은 냉전시기 미국이 소련의 핵탄두 탑재 대륙간탄도미사일(ICBM) 발사를 탐지하기 위해 조기경보위성을 활용하면서 시작됐다. 이처럼 우주공간의 군사적 이용은 핵무기의 사용 및 억제와 밀접히 관련되어 있다. 그 뒤 우주공간의 군사화는 재래전에도 적용되었는데, 1991년의 걸프전쟁에서 미국이 각종 인공위성을 활용한 첨단무기를 선보이면서 본격화되었다. 걸프전쟁에서 조기경보위성은 이라크의 전술미사일인 스커드의 발사를 탐지하는 데 사용되었고, 위치관측위성은 GPS를 이용해 이라크군 탱크에 정밀유도타격(PGM)을 가할 수 있게 해주었다.[1]

냉전 및 탈냉전 시기의 미국은 압도적인 기술우위를 국제정치에서의 권력자원으로 삼아 우주기술과 원자력기술 등의 제공을 통해 동맹국에 대한 통제를 강화해 왔다. 그러나 탈・탈냉전의 시기에 들어와 인공위성

1 日本防衛省,『東アジア戦略概観2016』, 2016, p. 11.

의 활용도가 크게 늘어나고 각국의 기술력이 향상되면서 독자적으로 우주개발에 나선 국가들이 늘어났다. 특히 신흥 핵보유국인 인도, 파키스탄, 이스라엘은 물론 북한도 우주공간의 군사화에 뛰어들었다. 이로 인해 오랫동안 유지되어 왔던 미국의 독주체제가 크게 흔들리고 있다.

1957년 10월 옛 소련이 세계 최초로 인공위성 '스푸트니크 1호'의 발사에 성공하고 1958년 미국도 '익스플로러 1호'를 발사하면서 미·소 양국은 본격적인 우주개발경쟁에 들어갔다. 그 뒤 1965년 프랑스에 이어 1970년 2월과 4월에 각각 일본과 중국이 잇달아 세계 4번째와 5번째로 인공위성 '오오스미(おおすみ)'와 '동방홍 1호(東方紅1号)'를 쏘아올리는 데에 성공하였다. 이처럼 한반도를 둘러싼 주변 4대 강대국들은 일찌감치 우주개발에 뛰어들어 상당한 수준에 도달하였다.

특히 현대전쟁의 양상이 육·해·공군의 분리된 군사작전에서 점차 이들을 통합하는 형태로 발전하고 유도무기의 발달로 인해 군용통신과 위성항법체계의 필요성이 늘어남에 따라 우주공간의 군사적 이용이 활발해지고 있다. 이에 따라 우주개발경쟁이 아시아 다른 나라들로까지 확대되고 있다. 이러한 우주개발경쟁은 우주 군비경쟁으로 이어질 가능성이 매우 높다는 점에서 안보적으로 더욱 중요해지고 있다.[2]

일본은 전범국가라는 굴레 때문에 우주의 군사적 이용이 크게 제약 받았다. 그러나 일본은 뛰어난 과학기술력을 바탕으로 단기간 내에 우주개발의 선진대국으로 성장하고 있다. 이를 바탕으로 일본자위대는 해외작전, 해상영토분쟁에 대비한 감시활동영역의 확대, 특히 미국과 미사일방위(MD) 체계의 공동개발을 위하여 군사통신위성과 정찰위성을 도입하는

2 Kyle Niemeyer, "Asia's space race could turn into an arms race", December 12, 2011. (http://arstechnica.com/science/2011/12/asias-space-race-could-turn-into-aarms-race 검색일 2016/5/14)

등 우주공간의 군사적 이용을 늘리고 있다. 최근에는 미국과 협력해 GPS를 보완하는 지역위성항법체계 준텐조(QZSS)를 개발해 완성단계에 와 있다.

일본보다 다소 늦었던 중국의 우주개발은 초기부터 군사목적에서 출발했다. 원자폭탄과 수소폭탄의 실험을 잇달아 성공시킨 뒤 곧바로 핵탄두 운반용 미사일의 개발에 나선 것이다. 그 뒤 점차 유인우주비행, 우주정거장, 달탐사에 성공한 데 이어, 2020년까지 독자적인 우주정거장 건설 계획도 세워놓고 있다.[3] 현재 중국은 민군양용의 다목적인 위성항법체계인 베이더우(Beidou)를 이미 운용하고 있고, 2020년에 글로벌 서비스를 시작한다는 목표로 추진 중이다.

주변 강대국들에 비해 남북한의 우주개발은 한참 늦게 시작되었고 기술수준도 낮은 편이다. 한국은 2006년에 첫 군사통신위성이라고 할 수 있는 무궁화 5호를 발사하였으며, 새로 건설한 나로우주센터에서 로켓을 쏴올려 2013년에 처음으로 위성궤도에 진입하는 데 성공하였다. 북한은 1998년 8월 대포동 1호 로켓을 이용해 인공위성 '광명성 1호'를 지구궤도에 올려놓았다고 주장했지만 국제적으로 인정받지 못했다. 그러다가 2012년 12월 12일 북한은 마침내 '은하 3호-2호기'에 실어 광명성 3호 인공위성을 지구저궤도에 진입시키는 데 성공하였다. 이로써 북한은 세계 10번째의 우주개발국이 되었다.

이처럼 냉전기간 동안 줄곧 미국의 일방적인 우주패권이 유지되어 왔지만, 러시아의 부활과 중국의 급부상이 이루어지면서 이를 견제하기 위한 중국과 러시아의 우주군사화가 속도를 내고 있다. 중국의 빠른 우주군

3 중국의 우주과학 계획에 관해서는 吳季, 『2016-2030年空間科學規劃研究報告』, 中國科學院, 2016年3月 및 이것을 요약한 한중과학기술협력센터, 「Issue/Report: 중국의 우주과학 중장기 발전 로드맵」, KOSTEC, 2016년 제9호를 볼 것.

사화가 동북아지역에서 세력균형을 무너뜨릴 가능성이 높아지자 일본도 법적 제약을 완화하여 본격적으로 우주군사화에 뛰어들고 있다.

그런 가운데, 우주공간의 군비경쟁을 방지해야 한다는 국제적인 논의도 활발하게 이루어지고 있다. 1967년에 달과 기타 천체를 포함한 우주공간의 탐사 및 이용에 관한 국가활동을 규제하기 위한 원칙을 담은 「외기권조약」이 체결되었는데, 이것은 1963년에 발효된 우주공간에서의 핵실험을 금지한 부분적 핵실험금지조약(PTBT)을 보완한다는 성격을 띠고 있었다. 하지만 각국들이 우주공간에 군사무기를 전개하고 지상 · 공중 · 우주에서 인공위성을 요격하는 ASAT무기가 개발되는 등 우주의 무장화가 이루어지자 이를 규제하기 위한 새로운 국제규범의 제정 필요성이 대두하였다.

제4부에서는 우선 우주공간의 군비경쟁 유형을 4세대로 나누어 검토하고 우주 군비경쟁을 막기 위한 국제적인 노력에 대해 살펴본다. 이어서 미국을 비롯해 러시아, 중국의 우주군사전략 및 우주군 전력을 분석해 보고, 일본과 남북한의 우주개발전략 및 우주군사화 동향을 알아본 뒤 각국의 우주역량을 비교해 본다. 끝으로 이러한 우주공간을 활용한 주요국의 군사적 동향이 우리 안보에 미치는 정책시사점을 검토한다.

제2장

# 우주공간의 군사적 이용과 우주 군비경쟁

# 제2장
# 우주공간의 군사적 이용과 우주 군비경쟁

## 1. 핵무기의 발달과 우주 군비경쟁

### 1) 새로운 전쟁공간으로서의 우주공간

지구를 둘러싼 상공은 공기(air)가 분포해 있는 지상 500km까지의 대기권(atmosphere)과 공기가 없는 지상 1,000km 이상의 외기권(exosphere), 그리고 올라갈수록 공기가 점점 희박해지는 500~1,000km의 외기권 하부경계로 구분된다. 대기권에서는 공기저항이 존재하기 때문에 질량에 따른 '가속도의 법칙'(뉴턴 제2법칙)이 작용된다. 외기권에서는 공기저항을 받지 않기 때문에 비행체를 이동시키려면 '관성의 법칙'(뉴턴 제1법칙)과 '작용-반작용 법칙'(뉴턴 제3법칙)의 적용을 받는다.

대기권은 공중(空中)이라고 부르기도 하며 공군의 작전영역이다. 이에 비해 외기권은 우주(宇宙, outer space)라고도 부르는데, 관성의 법칙에 따르기 때문에 비행체의 질량은 이동에 영향을 주지 않지만 방향을 바꾸거나 가속하려면 작용-반작용의 법칙을 이용해야 하며 비행체의 단(段)분리 등을 통해 추가동력을 얻는다. 이 공간에 인공위성이 떠다니며 활동하고 있다. 이러한 외기권은 우주군의 작전영역이다.

저궤도(LEO, Low Earth Orbit) 위성은 위성이 작동할 수 있는 최저고도인 150km에서 고도 1,000km 사이의 궤도를 돈다. 150km 고도에서는 초속 8km 속도로 1시간 30분 만에 지구 한 바퀴를 회전한다. 화상위성, 정찰위성, 전자첩보위성, 통신위성, 기상위성 등이 이 공역을 돌고 있다.

중궤도(MEO, Middle Earth Orbit) 위성은 고도 1,000km에서 35,000km 사이의 공역을 회전하며, 이 넓은 공역을 도는 군사위성은 전체의 6%에 불과하다. 고도 약 20,000km의 궤도를 12시간 못 미쳐 회전하는 글로벌 위치측정(GPS) 위성이 대표적인 중궤도위성이다.

정지궤도(Geostationary Orbit) 위성은 적도상공의 고도 36,000km에서 궤도를 초속 3km로 돌고 있으며, 지구와 같은 속도와 방향으로 회전하기 때문에 지구상의 같은 지점의 상공에 정지해 있는 것처럼 보인다. 미사일조기경보위성, 통신위성, 전자첩보위성의 대부분이 정지궤도를 돌고 있으며, 전체 군사위성의 40% 가까이가 정지궤도위성이다.

타원궤도(Elliptical Orbit) 위성은 고도 16,000km 바깥쪽의 타원궤도를 돌며, 과거 미국의 핵폭발 탐지위성 벨라와 같이 최고고도 100,000km에 달하는 것도 있었다. 러시아의 미사일조기경보위성은 근거리 1,500km, 장거리 40,000km의 타원궤도를 돌고 있다. 지금도 조기경보위성의 대부분은 이 공역을 회전하고 있다.

2016년 1월 1일 현재 운행중인 인공위성은 1,381기이며, 이 가운데 미국이 568기로 전 세계 위성 보유량의 41%를 기록하고 있고 중국이 177기, 러시아 133기, 나머지 나라들의 합이 503기로 뒤따르고 있다. 미국의 위성 이용 실태를 용도별로 보면, 미국의 위성 568기 가운데 민간용이 15기, 상업용이 273기, 정부용이 131기, 군사용이 149기를 차

지하고 있다.[4]

〈표 4-1〉 군사위성의 종류와 활동내용

(2016월 1월 현재)

| 위성종류 | 수량(%) | 궤도 및 주기 | 용도 |
|---|---|---|---|
| 저궤도 | 759 (55.0%) | 고도 150km~1,000km (고도 150km의 경우 초속 8km) | 화상위성, 정찰위성, 전자첩보위성, 통신위성, 기상위성 |
| 중궤도 | 92 (6.6%) | 고도 1,000km~35,000km (2만km에서 1회전 12시간) | 위치측정위성 |
| 정지궤도 | 493 (35.7%) | 고도 36,000km (1회전 24시간) | 미사일조기경보위성, 통신위성, 전자첩보위성의 대부분 |
| 타원궤도 | 37 (2.7%) | 고도 16,000km 바깥쪽 타원궤도 | 미사일조기경보위성 |
| 합 계 | 1,381 (100%) | | |

<출전> UCS Satellite Database, 2016를 바탕으로 필자가 작성.

### 2) 핵무기의 발달과 공군과 우주군의 분리 · 통합

우주공간의 군사적 이용, 즉 우주 군사화는 2차 세계대전 말기 독일군이 V2로켓의 개발에서 시작되었지만, 우주공간에서의 군비경쟁이 본격화한 것은 핵무기의 등장에 따른 것이다. 핵무기의 확산이 무대를 우주공간으로까지 확대하게 된 데는 다음과 같이 네 가지 측면에서 기술혁신이 있었기 때문에 가능했다.[5]

첫째, 핵폭탄이 탄두(warhead) 형태로 소형화, 경량화가 이루어져 우주로켓의 첨단부에 핵폭탄이 탑재될 수 있게 되었다. 70년대에 들어와 미국

4 Union of Concerned Scientists, *UCS Satellite Database 2016.* February 26, 2016.

5 藤岡 惇, “核兵器の進化と宇宙の軍事化”, 『立命館經濟學』 第58巻, 第5・6号, 2009年, pp. 459~460.

의 포세이돈급 핵잠수함 탑재 미사일은 첨단부에 10~14개의 핵탄두가 장착될 수 있을 만큼 무게 몇십 kg, 크기 1m 이하로까지 소형화, 경량화되었다. 오늘날 핵폭탄을 핵탄두와 거의 동의어로 사용하게 된 것도 핵폭탄의 소형화, 경량화가 이루어졌기 때문이다.

둘째, 우주로켓기술의 발전이다. 핵무기의 운반수단이 초기 항공기에서 미사일로 바뀌었다. 로켓기술은 원래 군사용으로 개발된 것이지만 지금은 오히려 과학탐사나 상업목적으로 더 많이 활용되고 있다. 그래서 지금은 양자를 구분하여 군사용 로켓을 '미사일', 기타 용도의 로켓을 종전대로 '로켓'으로 부르며, 중립적인 용어로 '발사체(launching vihicle)'라고 부르기도 한다.

셋째, 인공위성과 컴퓨터를 매개하는 통신기술의 혁명적 발전이다. 컴퓨터의 발달로 무인미사일에 장착된 핵탄두를 공격목표에 정확히 유도할 수 있게 되었고 명중정확도가 비약적으로 향상되었다. 1980년대 들어와 10,000km급 ICBM의 명중오차(CEP)가 수백m 이내로 줄었기 때문에 폭발력을 크게 줄여도 표적을 확실하게 파괴할 수 있게 되었다.

넷째, 저출력 핵탄두를 제작하거나 출력에너지의 질을 변환할 수 있는 기술의 진전이다. 핵폭탄의 위력이 급속히 낮춰져 1970년대에 들어서면 100kT으로까지 떨어졌으며, 증폭장치의 부착 여부밖에 없을 정도로 위력의 차이가 없어져 지금은 수소폭탄과 원자폭탄을 구분하지 않고 '핵폭탄' 또는 '핵탄두'라고 부르고 있다.

이처럼 핵무기의 소형화, 경량화가 이루어지고 출력을 조절할 수 있게 개량되고 원격조정장치 내지 자기유도장치가 부착되면서 핵무기의 운반수단인 우주무기가 본격적으로 개발되기 시작하였다. 우주무기의 개발이 본격화됨에 따라 1945년 8월 히로시마와 나가사키에 핵폭탄을 투하하는 임무를 맡았던 미 공군의 역할이 모호하게 되었다. 1957년 10월 옛 소련이 스푸트니크 인공위성을 외기권인 지구궤도 위에 올려 놓으면서, 대기권에서 작전을 담당하는 공군의 임무를 우주전의 영역까지 확장할 것인지 아니면 우주전을 전담하는 우주군을 별도로 둘 것인지 하는 논의가 계속되어 왔다.

대기권과 외기권은 작용하는 물리법칙이 서로 다르기 때문에 무기체계도 차이가 나는 것이 사실이다. 하지만 모든 전쟁이 지상을 바탕으로 전개된다는 현실에서 볼 때, 대기권과 외기권의 구분에 따라 군대의 편제를 달리해야 하는지 논란이 되는 것도 사실이다. 우주공간이 전통적인 지상, 바다, 공중과 같은 재래식 전쟁공간과 다른 제4의 전쟁공간이라는 점에 대해서는 공감하면서도, 정작 우주공간을 전담할 독립된 군종인 우주군의 조직을 별도로 운영할 것인가 하는 점은 작전효율의 문제나 예산상의 문제로 인해 창설과 폐지를 반복해 왔다. 실제로 미국과 러시아 내에서도 우주군을 독립된 군종(軍種)으로 운영하는 문제가 쉽게 결론을 내리지 못한 채 오늘에 이르렀다.

미국은 공군이 우주전의 주임무를 담당해 왔으며 2002년 6월에 핵전쟁을 담당하는 미 전략사령부(USSTRATCOM) 예하로 우주공간 활용의 작전을 담당하는 미 우주사령부(US Space Command)가 사실상 흡수 · 통합되었다. 러시아는 우주전을 담당하는 부대가 핵 · 미사일을 담당하는 전략로켓군과는 별도로 공군과 우주군 사이에서 통합과 분리를 반복하다가 2015년 8월에 와서 러시아항공 · 우주군(VKS)으로 통합되었다. 중국은 별도의 우주전 조직 없이 1966년 6월에 창설된 이래 제2포병이 핵미사일과 함께 우주전을 담당해 오고 있으며, 2015년 12월에 화전군(火箭軍)으로 이름만 바꾸었다.

## 2. 우주공간의 무장화와 우주 군비경쟁

### 1) 우주전의 4대 핵심요소

1957년 10월 4일 소련이 인류 최초로 스푸트니크 인공위성을 쏘아올리면서 우주전의 막을 올렸다. 이듬해 1월 31일 미국이 익스플로러 위성을 쏘아올리고 한발 더 나아가 1959년 군사정찰위성을 성공적으로 발사하면서 미・소 간의 우주 군비경쟁이 본격화되었다.

우주전의 핵심적인 요소는 우주전력(space forces)이며, 우주전력은 자국 영역에서 행하는 군사활동 외에 다른 나라의 영역에서 군사작전을 지원하는 역할도 담당한다. 우주전 이론가인 벤자민 람베쓰(Benjamin S. Lambeth)에 따르면, 우주전력의 임무는 크게 우주전력강화, 우주통제, 우주전력의 응용, 우주지원 등 넷으로 나눌 수 있다.[6] 이러한 구분은 약간씩 변형은 있지만 기본적으로 오늘날 우주전의 핵심개념으로 널리 받아들여지고 있다.

우주전력 강화(space force enhancement)란 우주공간에 배치된 군사자산을 통해 지상이나 해상, 공중 작전과 연계하여 전력을 강화시켜 주는 우주전의 임무를 가리킨다. 이처럼 우주전력의 임무는 다른 군사영역과 협력하여 효율성을 상승시켜 주는 '통합'에 주목적이 있다.[7]

1991년 걸프전쟁은 우주공간의 작전지원으로 지상전의 유효성을 강화한 우주전력강화의 대표적인 사례이다. 걸프전에서 인공위성은 전장의 상황을 실시간으로 파악하여 작전할 수 있도록 지원하였다. 우주전력 강화에 사용되는 우주무기체계는 크게 기상위성과 미사일경보체계, 군위성

---

**6** Benjamin S. Lambeth, "Airpower, Spacepower, and Cyberwar", *Joint Force Quaterly*, Vol. 60, No.1, 2011, pp. 48~49.

**7** スーロン, 『現代の軍事戦略入門』, p. 329.

통신망, 위성항법체계 등이 있다.

우주통제(space control)란 "우주공간에서 행동의 자유를 확보하고, 필요할 경우 우주공간에서 적이 가진 행동의 자유를 거부하는 것"으로 정의된다.[8] 이러한 정의에 따라 미 공군은 우주통제의 임무를 대(對)우주작전, 우주통제의 목표를 우주우세(space superioty)라고 규정하고 있다.

2000년대 중반까지 미국의 우주우세를 깨뜨릴 만한 도전자가 없었지만, 2007년 중국이 지대위성 미사일로 저궤도상의 인공위성을 파괴하는 것을 보면서 미국 내에서 이를 새로운 도전으로 인식하고 우주통제의 중요성에 다시 주목하기 시작했다. 우주통제에 활용되는 시스템으로는 정찰위성, 신호정보체계, 핵 탐지체계, 우주광역감시체계 등이 있다.

우주전력의 응용(space force application)에 대해 2001년에 설립된 럼스펠드 위원회는 "우주공간에서, 그리고 우주공간을 통하여 전력을 투사하는 것"이라고 정의내렸다. 이러한 정의를 받아들여, 미 합참은 우주공간의 전력 응용을 "우주공간 안이나 우주공간을 통과, 혹은 우주공간으로부터 행해져 지상 표적에게 리스크를 가하는 상황을 지켜보면서 분쟁의 흐름과 성패에 영향을 주는 전투행위"로 구체화하였다.

미 공군은 이를 위해 우주공간을 '통과'하는 ICBM과 우주공간 '안'에서 적을 요격하는 BMD, 그리고 우주공간'으로부터' 지구로 전력투사할 수 있는 무기체계의 필요성을 역설하였다. 우주력 활용 시스템으로는 대륙간탄도미사일, 미사일 경보프로그램, 조기경보체계, 탄도미사일방어프로그램(레이저비행기, 초기격추기, 개량 조기경보 레이다, 궤적감지위성, 우주레이저) 등이 있다.

8 M. V. Smith, *Ten Propositions Regarding Spacepower*, AL.: Air University Press, 2002, p. 5. ス-ロン, 『現代の軍事戰略入門』, p. 330에서 재인용.

우주지원(space support)이란 지상에서 인공위성의 발사 및 발사기지의 관리, 궤도 위의 인공위성 시스템의 일상적 관리, 잃어버리거나 파괴된 인공위성의 보완 등의 임무를 가리킨다.

### 2) 우주 군비경쟁과 우주전의 진화

우주개발의 초기에는 우주공간의 군사용 통신이나 위치측정, 정보수집 등 간접적인 안전보장의 용도로 사용되었으나 최근에는 직접적인 공격용도로 변화하였다. 근년에 들어와 위성요격(ASAT) 무기체계, 레이저위성, 요격미사일, 지상발사 레이더빔 등 직접적으로 군사무기의 개발로 이어지는 경우가 빈발하고 있는 것이다. 우주의 군사적 이용은 미국이 주도하고 러시아, 중국 등이 추격하고 있는 양상으로, 전쟁의 발전양상을 중심으로 크게 네 단계로 진화한 것으로 파악할 수 있다.[9]

제1세대의 우주전은 냉전시기 미·소 양대국이 상대국의 핵 선제사용을 감시하기 위해 정찰위성과 조기경보위성(미사일발사 탐지위성), 군사통신위성 등을 우주공간에 배치하여 대기권 밖의 저층을 통과하는 탄도미사일의 비행경로를 파악하는 능력을 갖추는 데 목적을 두고 있던 초기 우주전의 양태이다.[10]

미·소 양국이 대량보복 전략과 상호확증파괴 전략을 채택하고 미사일 조기경보체계를 통한 우주공간에서의 군비경쟁이 본격화하자, 1963년 「부분적 핵실험금지조약」과 1967년 「외기권조약」이 체결되고 마침내 1972년 미·소 간에 「탄도요격미사일제한조약」(이하 ABM 조약)이 체결되었

9 福島康仁, "宇宙空間の軍事的価値をめぐる議論の潮流ー米国のスペースーパワー論の手掛かりとして", 『防衛研究所紀要』 第15巻 第2号, 2013年 2月, p. 57.

10 藤岡 惇, "ミサイル防衛と宇宙の軍事化を考える", 『世界』 2007年 4月号.

다. 이를 통해 미·소 양국은 상호확증파괴(MAD) 전략에 따른 '공포의 균형'을 이룰 수 있게 되었다.

제2세대의 우주전은 1983년 레이건 미 대통령이 전략방위구상(SDI)을 제시하면서 시작된 것으로, 우주공간에 탄도미사일 요격시스템을 배치하여 상대방의 미사일 공격을 무력화함으로써 군사적 우위를 유지하려는 구상이다. 이것은 우주공간에 거부적 억제력을 구축함으로써 상호확증파괴가 가져온 '공포의 균형'을 깨기 위한 것으로, 우주공간의 무기체계 배치 경쟁을 가져왔다.

미국의 SDI는 그 뒤 정권에 따라 부침을 겪으면서 미사일방위(MD) 구상으로 발전하였고, 부시 행정부의 MD 개발정책 발표 이후 미국의 정책 변화로 「ABM조약」은 미 상원을 통과하지 못한 상태에서 폐기되었다. 러시아도 미국의 감시와 요격을 피하기 위해 이동식발사대(TEL)를 늘리고 다탄두각개표적재돌입(MIRV)행 탄도미사일의 개발하였다. 그 뒤 러시아의 MIRV 지상용 미사일은 제2차 전략핵무기감축조약(START II)에 따라 모두 폐기되었다.[11] 하지만 미국의 MD는 추진을 둘러싼 논란이 아직도 계속되고 있다.[12]

제3세대의 우주전은 2003년 부시 행정부의 '럼스펠드 위원회'가 주도했던 군사혁신(RMA)에 따라 등장한 것이다. 냉전시대에 구축된 우주공간과 사이버공간에 대한 압도적인 지배력을 배경으로 무기체계의 '신경계통'을 우주로 옮겨, 우주를 기반으로 각종 무기를 통합적으로 운용하고

11 Union of Concerned Scientist, "New START Overview-Verification, Force Structure, and Requirements", May 2011. (http://www.ucsusa.org/nuclear_weapons_and_global_security/nuclear_weapons/policy_issues/new-start-general-fact-sheet.html 검색일 2016/5/29)

12 Laura Grego, "A History of Anti-Satellite Programs", Union of Concerned Scientists, January 2012, pp. 13~14.

자 하는 우주전의 단계이다. 이 단계의 전쟁을 미 국방부는 '네트워크중심전(NCW, Network Centric Warfare)'이라고 부르고 있다. 네트워크 중심전은 지휘통제, 통신, 감시, 조기경보, 항법 등을 위해 인공위성을 군사적으로 이용하는 전쟁 양상을 지칭한다.[13]

미국은 2003년 3월에 시작된 이라크전쟁에서 이러한 네트워크중심전을 처음으로 구현하였다. 미국은 중동 상공에 대량의 정찰위성과 통신위성, 조기경계위성을 이동시켜 전략정보를 장악한 뒤에 선제공격을 가하였다. 당시 미군의 모든 작전은 우주에서 통합적으로 지휘・조정되고 전과가 평가되었다. 폭탄과 미사일의 60%가 GPS위성에 의해 정밀하게 유도되고, 후세인 정권의 타도에 크게 기여하였다.

제4세대의 우주전은 제3세대 우주전 양상에서 활약하고 있는 정찰, 감시 임무의 군사위성을 궤도상에서 파괴하거나 무력화하기 위한 군사작전을 가리키는 것이다. 각국이 우주공간에다 군사용 인공위성을 띄어놓고 네트워크중심전을 전개하는 등 전략적 중요성이 한층 높아졌기 때문에, 이에 대항해 지상이나 공중에서 우주공간의 군사위성을 요격하거나 우주공간의 군사위성이 지상, 공중 또는 같은 우주공간의 위성을 공격하여 파괴하거나 무력화하는 무기를 개발하기 시작하였다.

상대국의 군사위성에 대항하여 이들을 공격할 우주전의 무기체계를 위성요격 무기라고 부르는데, 중국은 지상에서 우주공간의 위성을 요격하는 실험을 몇 차례 실시한 바 있다. 이에 비해 러시아는 지구궤도 상에 매복했다가 유사시 상대방의 위성을 파괴하는 이른바 킬러위성을 중점적으로 개발하고 있으며, 미국은 전투기에서 발사되는 공-대-우주

13 Women's International League for Peace and Freedom, "Outer space: Militarization, weaponization, and the prevention of an arms race". (www.reachingcriticalwill.org 검색일 2013/4/8)

(Air-to-Space) 위성요격무기체계를 중점적으로 개발하고 있다.[14]

제4세대 우주전의 양상을 우주공간의 무장화(Weaponization of Outer Space)라고도 부르는데, 파괴력을 가진 우주기반 장치들을 지구궤도 위에 올려 놓는 것이기 때문이다. 많은 전문가들은 우주기반의 자산들을 공격하거나 우주무기를 구성하기 위해 설계되거나 사용되는 지상기반 무기체계도 우주무기(space weapons)로 간주하며 종종 초음파공격무기도 포함하여 우주의 무장화로 해석하기도 한다.

〈표 4-2〉 우주전의 세대별 특징

| | 시 기 | 주요 정책 | 전쟁 양상 |
|---|---|---|---|
| 제1세대 | 스푸트니크 발사 (1957년 이후) | - 정찰위성 · 조기경보위성 · 군사통신위성 등 우주공간 배치로 군사정보 수집<br>- 외기권 저궤도를 미사일 비행경로로 활용 | 핵 · 미사일 등 감시정찰, 군사정보 수집 |
| 제2세대 | 전략방위구상 발표 (1983년 이후) | - 우주공간에 요격시스템 배치<br>- MIRV, TEL, SLBM 개발 가속화 | 응징(확증보복)에서 거부(적극방어)로 억제전략의 변화 |
| 제3세대 | 이라크전쟁 (2003년 전후) | - C4IR기능을 우주로 이동배치, 우주 공간을 기반으로 한 각종 무기체계를 통합적으로 운용 | 네트워크중심전(NCW)<br>- 지상전 지원 |
| 제4세대 | 중국의 ASAT 실험 (2007년 이후) | - 지상발사 요격미사일로 적의 위성을 파괴하여 C4IR기능을 무력화<br>- 위성공격위성으로 적의 위성을 파괴 | 「우주판 진주만 공격」<br>- 위성공격무기 우주공간의 전장화 |

<출전> David E. Lupton, *On Space Warfare: A Space Power Doctrine,* Alabama: Air University Press, 1988 및 藤岡 惇, "ミサイル防衛と宇宙の軍事化を考える", 『世界』, 2007年 4月号의 내용을 참조하여 필자가 작성

14 장영근, "우주 군사화와 우주무기화", 국가미래연구원, 「IFS POST」, 2014년 9월.

## 3. 우주공간의 무장화를 막기 위한 국제규범 문제

### 1) 제4세대 우주전의 시대와 우주국제규범을 둘러싼 쟁점

우주전의 진화는 '우주의 평화적 이용'을 규정한 국제규범에도 영향을 미쳤다. 1967년에 「외기권 조약」이 채택될 당시 우주공간에 대한 가장 큰 위협은 핵무기의 공격이었다.[15] 그런데 레이건 미 행정부가 '전략방위구상(SDI)'을 추진하면서 「외기권 조약」의 일부 내용과 충돌되는 문제가 제기되었다. 이러한 모순을 잘 드러낸 것이 「ABM조약」이다. 미 행정부는 당초 소련정부와 합의하여 체결했지만, 막상 이것이 미국의 군사적 우주활동을 제약하지 않을까 하는 우려가 제기되어 미 상원이 비준을 거부했다.

그 뒤 우주기반 지상공격무기와 지상기반 위성요격기술 등 이른바 제4세대의 우주무기들이 개발되면서 외기권에서의 군비경쟁이 가속화되고 있다.[16] 기존의 「외기권 조약」은 우주전 제1~3세대의 '우주의 군사화'에 대해 우주의 평화적 이용에 저촉하지 않는다고 간주하여 금지하지 않고 있다. 그러나 우주전 제4세대인 '우주의 무장화'에 대해서는 우주의 평화적 이용에 반하는 것으로 해석하여 이를 규율해야 한다는 점에 각국이 공감하고 있다. 이에 따라 새롭게 외기권에서의 군비경쟁 방지를 위한 논의가 활발히 전개되고 있다.

첫째, 지구정지궤도의 활용 문제이다. 정지궤도는 지구 적도상공 3만 6,000㎞에 위치한 1차원 공간으로, 공간적 제약이 있고 주변 위성과의 주파수 간섭을 피하기 위해 국제전기통신연합(ITU)이 엄격하게 주파수 대

15 「외기권조약(Outer-space Treaty)」의 정식명칭은 「달과 기타 천체를 포함한 외기권의 탐색과 이용에 있어서의 국가 활동을 규율하는 원칙에 관한 조약(Treaty on principles governing the activities of States in the exploration and use of outer space, including the moon and other celestial bodies)」이다.

16 외교부, 『2013 군축 · 비확산 편람』, pp. 204~205.

역을 관리하고 있다. 이 문제에 대해 개도국과 선진국 간에 커다란 입장 차이를 보이고 있다. 개발도상국들은 「보고타 선언」(1976)을 통해 이 문제를 '외기권의 평화적 이용 위원회(COPUOS)'에서 논의할 것을 주장하고 있는 반면, 미국과 서유럽 선진국들은 이 문제를 자신들의 영향력이 큰 ITU에서 논의할 것을 주장하고 있다.

둘째, 영공과 우주의 경계획정 문제이다.[17] 이 문제는 COPUOS 초창기부터 논의되고 있으나, 각국들이 커다란 이견을 보이고 있어 아직 합의에 도달하지 못하고 있다. 미국과 서방국가들은 우주공간의 제한 없는 자유로운 접근이라는 견지에서 경계획정에 반대하고 있다. 반면, 러시아, 중국 및 개도국들은 미국, 유럽연합 등 강대국의 무한정한 우주이용을 견제한다는 관점에서 경계획정에 찬성하고 있다.

셋째, 5개 우주조약의 지위와 적용 문제이다. 2016년 5월말 현재 5개 우주조약의 비준국가는 「외기권조약」 114개국, 「구조협정」 91개국, 「책임협약」 88개국, 「등록협약」 53개국, 「달조약」 20개국에 불과하여 아직 우주조약 전체를 세계 보편적인 조약으로 간주하기 어려운 점이 있다.[18] 이 때문에 유엔총회는 매년 5개 우주조약에 대한 각국의 비준 또는 가입을 권고하는 내용을 결의문에 포함시키고 각국 외교장관에게 이를 촉구하는 서한을 발송하고 있다. 기존 우주조약들의 지위와 적용 문제를 넘어, 러시아와 중국은 현 우주조약들이 최근 급격하게 발전하는 우주활동을 제대로 담고 있지 못하다며 이를 보완하여 우주이용과 탐사에 관한 포괄적인 단일한 우주조약의 제정을 주장하고 있다.

넷째, 외기권 탐사 및 평화적 이용의 문제이다. '외기권 탐사 및 평화적

17 박원화, "우주법 분야의 국제동향 및 우리 정부에 대한 시사점 연구", 『국제법 동향과 실무』, Vol. 10, No. 1-2, 통권 제26호, 2011, pp. 30~31.

18 유엔의 국제협약에 참가한 국가들의 명단은 다음을 통해 검색할 수 있다. https://treaties.un.org/pages/UNTSOnline.aspx?id=1.

이용에 관한 유엔회의'(UNISPACE)는 지금까지 1968년, 1982년 1999년 3차례 COPUOS 특별회의의 형식으로 개최되었는데, 여기서 우주과학기술과 그 응용현황을 평가하고 우주활동에서 국제협력 증진방안을 강구하였다. UNISPACE를 통해 우주기술의 실질적인 활용 증진을 목적으로 우주응용전문가 직책을 신설하고 이 전문가의 권고에 의해 유엔 우주응용프로그램(SAP: Space Application Program)을 실시하고 있다.[19]

다섯째, 우주공간에서의 군비경쟁을 막기 위한 새로운 국제규범의 창설 문제이다. 국제규범의 창설과 관련된 3대 의제는 △우주의 군사적 이용 금지, △우주에서의 핵 동력원 사용, △우주쓰레기(space debris) 등이다. 최근 크게 대두된 우주쓰레기 문제는 기능이 정지된 위성이나 궤도에 올라탄 로켓 첨단부들, 그밖에 1980년대 중반 소련이 실시한 실험과 2007년 1월 중국의 위성파괴실험에서 나온 파편, 2009년 2월 미국 Iridium-33과 러시아 Kosmos-2251이 고도 800km 궤도상 충돌로 발생한 대량의 파편 등이 있다.[20]

미국은 2006년 8월 부시 대통령이 발표한 「미국의 국가우주정책」에서 5개의 우주조약 외에 러시아와 중국이 주장하는 새로운 우주조약을 채택하는 데에 반대하였다.[21] 여기서 제2항의 여러 원칙 중 여섯 번째에서 "우주에 대한 미국의 접근이나 사용을 금지·제한하는 새로운 법률체제나 여타 제한의 설정에 반대한다"고 명시하고 있다. 이에 따라 미국은 2006년 12월의 유엔총회 결의로 제안된 모든 우주무기에 반대한다는 내용이 담긴 「우주보호조약」(안)에 반대했고, 이스라엘은 기권했다.[22]

---

19 http://www.un.org/events/unispace3 참조. (검색일 2016/5/15)

20 野木恵一, "進む宇宙アセットの作戦への組み込み-オバマ政權の連合宇宙作戦センタ-", 『軍事研究』, 2011年 5月号, pp. 115~116.

21 The White House, *U.S. National Space Policy*, August 31, 2006.

22 UN General Assembly Session 61 Verbotim Report 67. A/61/PV.67 page 6. 6 December 2006. (검색일 2016/5/14)

〈표 4-3〉 우주공간과 관련한 유엔 결의 및 국제조약

| 조약명 | 주 요 내 용 | 처 리 상 황 |
|---|---|---|
| 유엔총회 결의 RES1962 (XVIII) | 우주개발의 자유, 우주의 점령이나 주권 주장을 통한 전유화 금지, 국제법의 준수, 국제책임, 우주인의 구조, 인류 전체의 이익 지향 등 9개의 총칙을 포함 | - 1963.8. PTBT 체결<br>- 1963.10. 핵무기 비롯한 WMD의 우주배치를 금지하는 유엔총회 결의<br>- 1963.12. 유엔총회,「외기권의 탐사 및 이용에 관한 국가의 활동을 규율하는 법원칙 선언」 |
| 외기권 조약 (Outerspace Treaty) | 자유이용원칙, 전유화 금지, 국제법의 적용, 평화적 이용원칙, 국제책임의 원칙, 국제협력의 원칙 등을 규정 | - 1966.12. 유엔총회, RES222(XXI)으로 결의안 채택<br>- 1967.1.27. 체결<br>- 1967.10.10. 발효<br><br>* 한국: 1967.10.13. 비준 |
| 구조협정 (Rescue Agreement) | • 외기권조약 제5조(우주비행사 구조) 및 제8조(우주물체 반환)를 세부규율<br>• 우주물체의 조난이나 비상착륙시 관련 사실의 통보, 우주비행사의 구조 및 우주비행사, 우주물체의 발사국으로의 인도를 의무화 | - 1968.4.22. 체결<br>- 1968.12.3. 발효<br><br>* 한국: 1969.4.4. 비준 |
| 책임협약 (Liability Convention) | • 외기권조약 제6조(우주활동의 국가책임)를 구체적으로 적용<br>• 우주물체로 인한 손해가 지구상에서 또는 비행중인 항공기에 대해 발생한 경우, 지상이 아닌 곳에서 다른 우주물체나 그 안의 사람 또는 재산에 대해 발생한 경우 책임 범위를 규정 | - 1972.3.29. 체결<br>- 1972.9.1. 발효<br><br>* 한국: 1980.1.14. 비준 |

<table>
<tr><td>등록협약<br>(Registration Convention)</td><td>• 외기권조약 제8조(우주물체의 관할권)를 구체화<br>• 우주물체를 지구궤도나 그 이상에 발사한 국가는 관련 등록부를 마련하여 발사한 우주물체를 등록하고 유엔 사무총장에게 통보할 것과 유엔사무국도 우주물체의 전체 등록부를 유지할 것을 규정</td><td>- 1975.1.14. 체결<br>- 1976.1.14. 발효<br><br>* 한국: 1981.10.14. 비준</td></tr>
<tr><td>달협정<br>(Moon Agreement)</td><td>• 정식 명칭:「달과 기타 천체에서의 국가행위를 규율하는 협정」<br>• 군사적 이용을 보다 더 엄격히 규제하고 천체를 태양계에만 국한<br>• 주요 내용:<br>- 달 탐사 및 이용은 모든 국가의 이익을 위하여 수행되어야 할 것<br>- 달의 천연자원은 인류 공동유산임<br>- 달 자원의 개발을 규율하는 국제체제를 설정</td><td>- 1972.12.5. 유엔총회 채택<br>- 1979.12.18. 체결<br>- 1984.7.11. 발효<br><br>* 미국, 러시아 등 주요 우주개발국 및 한국 등은 현재 미가입</td></tr>
<tr><td>기 타</td><td colspan="2">•「직접 TV 국제 방영을 위한 국가들의 인공위성 이용을 규율하는 원칙」(1982.12)<br>•「우주로부터 지구의 원격탐사에 관한 원칙」(1986.12)<br>•「외기권에서의 핵연료원(Nuclear Power Sources) 사용에 관한 원칙」(1992.12)<br>•「특히 개도국의 요구를 고려하여 모든 국가들의 혜택과 이익을 위한 외기권의 탐사 및 평화적 이용에 있어 국제협력에 관한 선언」(1996.12)</td></tr>
</table>

<출전> 외교부,『2013 군축 · 비확산 편람』, pp. 202~204의 내용을 바탕으로 작성

### 2) PAROS조약 제정을 둘러싼 최근 동향

그런 가운데, 러시아와 중국은 공동으로 2002년과 2008년, 2014년 잇달아 「외기권 내 무기배치 및 외기권 목표물에 대한 위협 및 무력사용 금지조약(PPWT)」의 초안을 유엔 군축회의(CD)에 제출하였다.[23] 이 초안은 위성공격 무기의 사용을 제한하는 중요한 조항을 담고 있었으나, 중・러에게 유리한 지상기반 또는 이중용도의 위성공격무기 개발・배치를 제한하는 조항은 일부만 포함하고 있었다. 이 때문에 미국은 「미국의 국가우주정책」에 의거해 이 조약 초안에 반대 표결하였다.[24]

2010년 6월 오바마 미 대통령은 새로운 「미국의 국가우주정책」을 발표하면서 유엔 군축회의(CD)를 통한 외교적인 노력에 보다 개방적인 태도를 보이겠다는 의사를 피력하였다.[25] 하지만 오바마 대통령의 우주정책은 군비통제 조치에 관한 초안을 작성하고 제출하기 위해 적극 나서겠다는 뜻이 아니라, 군축회의에서 '협상이 아닌' 토론을 지지한다는 소극적인 태도를 보여준 정도였다.

2010년 유럽연합(EU)은 2008년 12월 EU이사회의 승인을 받아 「우주활동에 관한 행동규범(Code of Conduct for Outer Space)」초안을 만들고 잠재적 서명국들과 협의에 착수하였으며, 2014년 3월 개정안을 내놓았다.[26] 유럽연합의 주목적은 안전한 우주활동을 보장하기 위한 '투명성 및

---

23 D. DeFrieze, "Defining and regulating the weaponization of space", The International Relations and Security Network, 2014. (http://www.isn.ethz.ch/Digital-Library/Articles/ Detail/?id=182863 검색일 2016/5/15)

24 J. Su, "The "peaceful purposes" principle in outer space and the Russia-China PPWT Proposal", *Space policy*, Vol. 26, No. 2, 2010, pp. 81~90.

25 The White House, *National Space Policy of the United States of America*, June 28, 2010.

26 Europian Union, *DRAFT International Code of Conduct for Outer Space Activities* (revised), March 31, 2014. (http://www.eeas.europa.eu/non-proliferation-and-disarmament/pdf/space_code_

신뢰구축조치(TCBM)'를 담은 새로운 규범을 국제행동규범(ICoC)으로 채택하는 것이다. 초안의 주요내용은 ASAT무기의 개발과 전개를 제한하지 않지만, 우주쓰레기 방지 및 자위나 안전의 이유를 제외하고는 그 사용을 금지하도록 규정하자는 것이다.

미국은 기존 규범을 강화하자는 자국의 입장을 견지하면서도, 유럽연합 및 다른 국가들과 함께 '우주활동에 관한 국제행동규범(ICoC, International Code of Conduct for Outer Space Activities)'을 논의할 것이라고 밝히면서 2012년에 유럽연합이 제시한 새로운 규범에 서명하는 등 전향적인 입장을 취하였다.[27] 이 규범은 우주쓰레기(debris)의 발생을 줄이는 것을 주요 목표로 하고 있어 사실상 중국의 위성요격실험 견제를 주목적으로 한 것으로 볼 수 있다.

2015년 12월 7일 유엔총회는 전년도에 이어 외기권의 평화적 이용에 관한 결의안 가운데 군비경쟁 방지를 촉구한 제1초안, 중국 · 러시아의 PPWT 개정안 내용을 담은 선(先)무기배치 금지의 제2초안 등 제출된 2개를 총회 결의안으로 채택하였다.[28]

제1초안은 외기권에서의 군비경쟁 방지(on prevention of an arms race in outer space)를 위해 "모든 나라들, 특히 주요 우주 개발국가들에게 외기권의 평화적 이용에 기여하도록 활동해 줄 것과 그곳에서의 군비경쟁을 막을 것, 그리고 그러한 목적에 반하는 행동을 자제할 것을 요청한다"는 내용이다. 이 결의안에 179개국이 투표하여 반대한 나라는 없었지만

conduct_draft_vers_31-march-2014_en.pdf 검색일 2016/5/15).

27 Melissa S. Hersh & Ajev Lele, "A Code of Conduct for Space", *The Diplomat*, Feb. 17, 2014.

28 On Recommendation of First Committee, General Assembly Adopts More than 50 Drafts, Including New One on 'Ethical Imperatives' for Nuclear Disarmament Seventieth Session, 67th Meeting, December 7, 2015. (http://www.un.org/press/en/2015/ga11735.doc.htm 검색일 2016/5/16)

이스라엘과 미국이 기권하였다.

제2초안은 외기권에 먼저 무기를 배치하지 않음(No first placement of weapons in outer space)으로써 우주 군비경쟁을 막고, "외기권에서 무기가 배치되지 않았다는 것을 보증할 수 있도록 다른 수단들이 기여할 수 있다"는 점을 강조하였다. 129개국이 투표에 참가하여 조지아, 이스라엘, 우크라이나, 미국 등 4개국이 반대하였고, EU회원국들을 포함해 46개국이 결의안에 기권하였다.

이처럼 새로운 우주공간의 질서 구축의 주도권을 둘러싸고 기존의 우주강국인 미국이 기득권을 유지하려는 입장과 도전국인 러시아, 중국이 자국에게 유리한 신질서를 형성하려는 입장이 여전히 팽팽하게 맞서고 있다.[29] 하지만 중국과 미국의 잇단 인공위성 요격실험과 미국-러시아 인공위성의 충돌사건 등을 계기로 우주물체에 대한 위해 금지, 우주쓰레기 문제 등에 대한 관심이 커지고 있어 향후 우주공간의 평화적 이용에 관한 논의가 진전될 것으로 전망되고 있다.

**29** 중국의 전문가들은 외기권을 둘러싼 외교전략목표로서 △국방수요・국내경제건설의 충족, △과학기술혁신・세계공간영역의 선도지위 확보, △국제협력사업의 전개・추진 등 3가지를 들고 있다. 仪名海, 郝江东, 周 慎,『外层空间国际关系』, 清华大学出版社, 2015, pp. 250~251.

〈표 4-4〉 우주공간의 평화적 이용을 위한 국제규범 논쟁

| | 외기권 내 무기배치 금지조약(PPWT)<br>(초안 2008, 개정안 2014) | 우주활동에 관한 행동규범(ICoC)<br>(초안 2010, 개정안 2014) |
|---|---|---|
| 제출국가 | 러시아, 중국 | 유럽연합 |
| 기본내용 | ① 지구궤도에 어떤 종류의 무기배치도 금지<br>② 우주물체에 대한 위협이나 무력사용을 금지<br>③ 다른 국가의 ①, ② 활동지원의 금지 | ① 안전한 우주활동을 보장하기 위한 투명성 및 신뢰구축조치(TCBM)<br>② 기존 우주관련 국제법의 엄격한 집행<br>③ 현안으로 떠오르고 있는 우주쓰레기 문제 집중 제기 |
| 한 계 | • 지상기반 위성공격무기의 개발 및 실험 배치 금지에 대한 조항 누락<br>• 무기용도로 활용될 수 있는 이중용도 위성을 제한한다는 조항의 누락<br>• 구체적인 검증방안 조항의 누락 | • 조약과 달리 국제법적 구속력이 없는 국제규범에 불과<br>• 우주공간의 무기배치에 대한 금지 규정 미비<br>• 우주강대국의 기득권 유지 |
| 현 황 | - 2008.2. 조약안을 CD에 정식 제출<br>- 비동맹국가들이 지지<br>- CD작업계획이 채택되지 못해 미진전 | - 미국의 지지<br>- 2012.7. UN내에 15개국 전문가로 구성된 GGE가 첫 회의 개최 |

<출전> Treaty on Prevention of the Placement of Weapons in Outer Space and of the Threat or Use of Force against Outer Space Objects.; *EU, DRAFT International Code of Conduct for Outer Space Activities.*

# 제3장
# 동북아 4대국의 우주군사전략 및 군비경쟁

# 제3장
# 동북아 4대국의 우주군사전략 및 군비경쟁

## 1. 미국의 우주군사전략과 우주군 전력

### 1) 미국의 우주군사전략

미국의 우주군사전략은 우주전 양상의 진화에 따라 발전되어 왔다. 그런 가운데 제3세대 우주전의 막을 연 것은 나중에 미 국방장관이 된 럼스펠드 이다. 2001년에 발간된 「미 국가안보 우주공간 관리통괄 사정을 위한 위원회 보고서」(위원장 럼스펠드)에 따르면, 우주공간에 대해 4개의 서로 다르면서 연결된 활동분야가 있다고 밝히고 있다.[30] 4개 분야는 △우주정거장과 같은 민생분야, △통신과 관련된 상업분야, △감시정찰과 같은 정보분야, △군사통신 · 미사일탐지와 같은 군사분야 등이다.

2003년 럼스펠드 국방장관의 군사혁신(RMA)이 발표된 이후 미 공군의 공식문서인 「대(對)우주작전(Counterspace Operations)」(2004)[31]과 「우주

30 Donald H. Rumsfeld, Chair, *Report of the Commission to Assess United States National Security Space management and Organization*, Washington D.C.: January 2001, p. 33.

31 US Air Force, *Counterspace Operations*, Washington D.C.: Air Force Doctrine Document 2-2.1,

작전(Space Operations)」(2006),[32] 미 합참의 「우주작전(Space Operations)」(2009)[33] 등에는 우주전의 제3세대와 제4대를 포괄하는 미국의 우주독트린이 잘 설명되어 있다.[34]

첫째는 우주공간에서의 상황인식으로, 어떤 종류의 우주선이 궤도상에 있고 그것이 어디를 향하고 어떤 능력이 있으며 우주비행사에 대해 어떤 임무를 부여하고 있는지에 대하여 우주공간 안에서, 혹은 우주공간으로부터, 나아가 우주공간을 통하여 언제나 감시할 수 있어야 한다는 것이다.

둘째는 방어적인 대(對)우주작전으로, 아군의 시스템을 적의 공격으로부터 보호하기 위한 수동적, 적극적인 방어가 포함되어 있다. 수동적인 방어로는 시스템의 강화, 우주시스템의 단순한 분산화를 들고 있고, 적극적인 방어로는 궤도에서의 기동 또는 적의 추적을 피하기 위한 전파방해 등을 들고 있다.

셋째는 공격적인 대(對)우주작전으로, 적의 우주공간 활용을 적극적으로 배제하기 위한 작전을 가리킨다. 미 공군의 우주통제 전략에 따르면, 정보의 조작과 왜곡에 의한 기만(deception), 물리적인 손해를 입히지 않고 일시적으로 시스템 능력의 못쓰게 하는 방해(disruption), 마찬가지로 일시적으로 시스템 능력을 배제하는 거부(denial), 물리적인 손해를 입히면서 반영구적으로 시스템 능력을 낮추는 열화(degradation), 그리고 반영구적으로 시스템의 능력을 배제하는 파괴(destruction)가 포함된다.

August 2, 2004.

**32** US Air Force, *Space Operations*, Washington D.C.: Air Force Doctrine Document 2-2, November 27, 2006.

**33** US Joint Chiefs of Staff, *Space Operations*, Washington D.C.: Joint Pub 3-14, January 6, 2009.

**34** スーロン, 『現代の軍事戦略入門』, pp. 332~333.

미 우주작전의 공격표적으로는 궤도상의 인공위성, 지상기지와 인공위성 사이의 통신, 지상의 기지국, 그리고 발사시설이 포함된다. 이처럼 공격적인 우주작전에는 지상의 결절점이나 터미널 시설에 대한 공중폭격, 지상으로부터의 공격 내지는 적의 인공위성 파괴 등을 통해 우주공간에 대한 접근을 방해, 지연, 거부하는 전방위적인 능력을 포함하고 있다.

보다 세부적인 우주군사전략은 앞에서 밝힌 우주전략의 관점에서 이를 구체화한 미 공군우주사령부의 임무를 통해 확인할 수 있다. 미 공군우주사령부(AFSPC)는 설립목적을 "공군과 조국을 위하여 우주와 사이버공간에 탄력적이고 수행할 수 있는 군사능력을 제공하는 데 있다"고 규정하고 있다. 이러한 임무의 수행을 통해 미 공군 우주사령부는 우주에 대한 접근을 보장함으로써 우주전장을 미 전투요원들이 신뢰할 수 있도록 만드는 활동을 한다.

이와 더불어 미 공군 우주사령부는 부대의 주요 임무를 다음 세 가지로 밝히고 있다.[35] 첫째는 우주전력 지원(Space forces support)으로 위성 및 여타 고부가 탑재물을 다양한 발사체를 사용하여 우주로 쏘아올리고 이 위성들이 우주 한가운데서 일단 작동하는 데까지의 임무를 담당한다. 둘째는 우주통제(Space control)로서 감시, 부정(negation), 보호, 우주정보 분석을 포함하는 대(對)우주작전을 통해 우주의 친화적 이용을 보장한다. 셋째, 전력 강화(Force enhancement)로서, 위성기반의 기상, 통신, 정보, 미사일경보, 위성항법을 제공함으로써 즉각적으로 전투요원들을 지원한다.

오바마 정부는 2011년 1월 국방방관과 국가정보장관(DNI) 공동명의로

35 Wikipedia, "Air Force Space Command". (https://en.wikipedia.org/wiki/Air_Force_Space_Command 검색일 2016/5/14).

「국가안전보장우주전략(NSSS, National Security Space Strategy)」을 발표했는데, 여기서 우주공간이 점차 군사적 도전을 받고 있다고 지적하며 다층억제와 회복탄성력(resilience), 우주상황인식(SSA)의 강화를 통해 안정적인 우주이용을 확립하고자 하였다. 다층억제를 위해 제1층으로 우주활동에 관한 국제규범을 강화하고, 제2층으로 동맹국들과 연합을 형성하며, 제3층으로 회복탄력성을 강화하고, 제4층으로 공격 대응능력을 보유한다는 방침을 제시하였다.[36]

2014년 3월 미 국방부가 발표한 『QDR 2014』에서는 적대세력이 우주를 이용하여 정보수집 · 감시 · 정찰(ISR)을 행한다거나 정밀타격을 가해올 경우에 대비해 미국의 이니셔티브를 가속화해야 한다고 밝혔다.[37] 또한 2015년 9월에 공표된 미 공군의 「공군 미래작전 개념」에서도 적대세력에 의한 우주작전 이용에 대항해야 한다고 강조하는 한편, 우주쓰레기의 발생 가능성을 우려해 물리적 파괴를 수반하지 않는 수단의 개발이 필요하다고 밝히고 있다.[38]

### 2) 미국의 우주군: 공군과의 분리와 통합

미국은 1985년 9월 23일 세계 최초로 미 우주사령부(US Space Command)를 창설하여 우주전쟁의 체제를 갖추기 시작했다. 미 우주사령부는 단일 군종이 아니라 우주관련 임무를 맡고 있는 육 · 해 · 공군 및 해병대의 부대들을 통일적으로 지도하는 임무를 맡고 있었다. 미 우주사

36 DoD and Office of the Director of National Intelligence, *National Security Space Strategy, Unclassified Summary*, January, 2011, p. 3.

37 DoD, *Quadrennial Defense Review 2014*, March 2014, p. 37.

38 US Air Force, *Air Force Future Operating Concept: A View of the Air Force in 2035,* September 2015, p. 19.

령부 예하에는 육군 우주사령부(USARSPACE)와 해군 우주사령부(NAVSPACECOM), 공군 우주사령부(AFSPC)가 있으며, 중심역할을 담당하고 있는 곳은 공군 우주사령부였다.

미 공군 우주사령관이 사실상 미 우주사령관을 겸직하고 있다. 미 공군 사령부뿐만 아니라 미 우주사령부, 그리고 미군과 캐나다군의 합동조직인 북미 항공우주방위사령부(NORAD)가 콜로라도주에 있는 피터슨 공군기지 한 곳에 모여 있다. 그리고 세 개의 사령부는 미 공군 대장이 겸직하고 있고, NORAD 부사령관은 캐나다 중장이 맡고 있다.[39]

미 우주사령부는 전략공군사령부(SAC)의 후신으로서 네브라스카 주 오마하 남쪽의 오풋(Offutt) 공군기지에 사령부를 두고 있는 전략사령부(US Strategic Command, 1992년 설립)와 통합하여 2002년 10월에 임무별로 편성된 3개의 통합전투사령부 가운데 하나인 미 전략군사령부(USSTRATCOM)로 개편되었다(<그림 4-1> 참조).

이렇게 해서 미 우주사령부는 없어지고 중심역할을 하던 공군우주사령부(AFSPC)는 작전계통상 통합전투사령부인 미 전략군사령부 예하의 공군구성군 사령부가 되었다. 하지만 공군우주사령부는 콜로라도 피터슨 공군기지에 사령부를 두고 있는 미 공군의 주요 사령부이기도 하다. 여기에는 정규 미 공군뿐만 아니라, 공군 예비대, 군무원, 민간인 등을 포함해 전 세계 88개 지역에서 38,000여 명이 임무를 수행하고 있다.[40]

이처럼 미 전략군사령부 예하의 공군우주사령부(AFSPC)가 여전히 미군의 우주전 임무를 담당하고 있으며, 여러 종류의 인공위성과 발사체,

39 野木惠一, "地上で戰う宇宙の兵士, 米中露「宇宙軍」の榮枯盛衰", 『軍事硏究』, 2016年 1月号, pp. 98~103.

40 Wikipedia, "United States Space Command". (http://en.wikipedia.org/wiki/United_States_Space_Command 검색일 2016/5/14).

사이버작전을 통해 전 세계에 있는 미군의 작전을 지원한다. 특히 2009년 8월 공군우주사령부는 예하에 제24공군의 비상대기부대와 함께 사이버작전의 임무도 맡았다. 2009년 12월 1일에는 공군우주사령부가 담당했던 전략핵 대륙간탄도미사일(ICBM)의 임무를 새로 창설된 공군 글로벌타격사령부(AFGSC)로 이관하였다.[41]

공군 우주사령부 외에도 공군 조직으로 전략사령부 예하에 우주전과 관련된 '우주합동기능구성사령부(JFCC Space)'가 있는데, 공군 편제로는 제14공군이다. 여기서는 전략사령부 사령관의 지시에 따라 할당된 조정, 계획 및 우주작전수행의 임무를 위한 작전입안, 직무수행, 군대관리를 담당하는 등 미군의 군사우주작전 전반을 감독한다.

그밖에 다음과 같은 조직들이 우주전을 지원하고 있다. 미국, 영국, 캐나다, 호주 4개국이 참가하는 통합우주작전센터(JSpOC, Joint Space Operations Center)가 있는데, 2005년에 창설된 이 부대는 우주에 관한 전략, 전투계획, 전투작전, 정보·감독·정찰, 통합우주격납고 등을 담당한다. 제50우주항공단(50th SW)은 궤도상에 있는 미국의 군사위성 전체를 관제하는 역할을 담당한다. 북미우주사령부(NORAD)는 우주쓰레기를 포함해 우주물체를 상시 감시하는 역할을 담당한다.[42]

**41** Wikipedia, "United States Strategic Command". (http://en.wikipedia.org/wiki/United_States_Strategic_Command 검색일 2016/5/14).

**42** 野木恵一, "進む宇宙アセットの作戦への組み込み", p. 116.

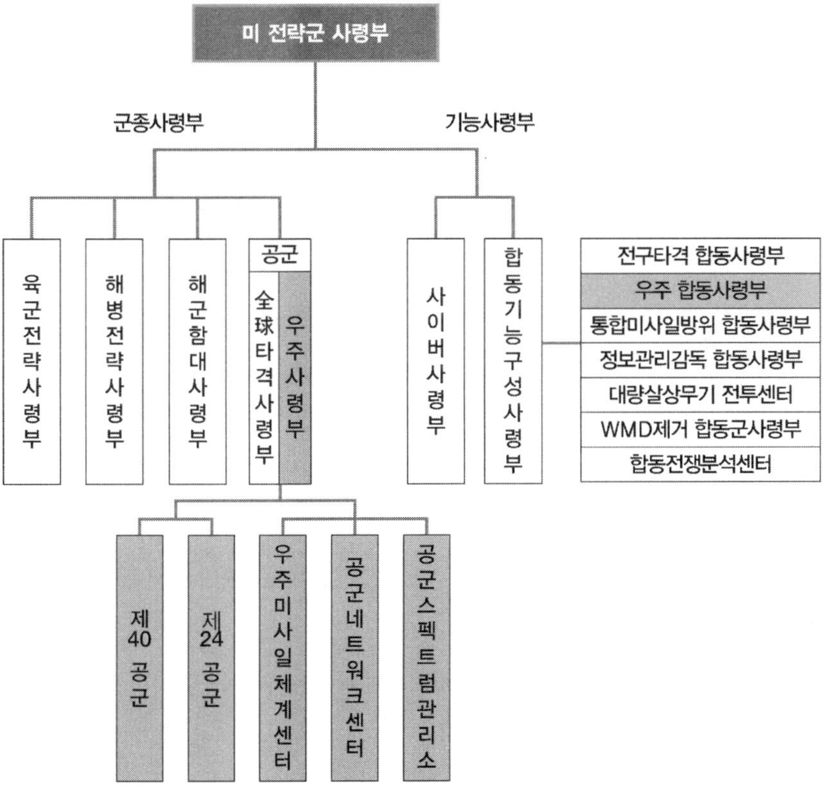


〈그림 4-1〉 미국의 우주전 관련 조직

### 3) 미국의 우주전 전력 평가

미 공군은 우주전력(space power)에 대해 "우주공간으로의, 또한 우주공간으로부터, 혹은 우주공간을 통하여 목표를 달성하기 위해 필요로 하는 활동을 실행하여 영향을 미칠 수 있는 국가가 가진 종합적인 힘"으로 정의하고 있다.[43] 이 가운데 미 공군은 감시·정찰과 군사통신·미사일 탐지와 같은 우주전력의 구축과 작전수행을 담당하고 있다.

이를 위해 미 우주전력은 우주력 증진(Space Force Enhancement)을 위한 자산으로 통신위성, 위치관측위성, 기상위성을 보유하고 있으며, 우주력 통제(Counter Space)를 위한 자산으로는 정찰위성, 레이더영상위성, 신호정보위성, 핵 탐지체계, 우주광역감시체계, 우주감시 등의 자산을 갖고 있다. 우주력 활용(Space Force Application)을 위해서는 대륙간탄도미사일, 미사일경보, 조기경보체계, 미사일방어프로그램 등을 운용하고 있다.

앞에서 보았듯이, 2016년 1월 현재 미국은 지구궤도에 568기의 위성을 띄워 놓고 있으며, 이들 가운데 민간용이 15기, 상업용이 273기, 정부용이 131기, GPS체계에 사용되는 31개의 위성들을 포함해 군사통신위성, 정찰위성, 조기경보위성 등이 149기로서 군사용이 전체 운용중인 위성의 26.2%를 차지하고 있다.[44]

미국은 위치관측위성으로 대표적인 위성항법체계인 GPS의 주요한 기반을 제공하고 있다. 미국은 1993년에 GPS를 공식적으로 공개하면서, 중단없이 무료로 세계 어디에나 제공하겠다고 약속하였다. GPS체계의 개발은 1960년대로 거슬러 올라가지만, 민간용도로 개발된 것은 1983년 소련공군에 의한 대한항공기 격추 사건 직후 레이건 미 대통령의 명령에 따른 것이다. 그리고 1991년 걸프전에서 대(對)이라크 정밀타격전을 전개하는 데 큰 전과를 거두었다. 미국의 GPS체계는 이론적으로 특정 시점에 특정 지역에 한해 임의로 서비스를 중단시킬 수 있는 기능을 갖추고 있다.[45]

---

43 US Air Force, *Space Operations*, p. 1.

44 Union of Concerned Scientists, *UCS Satellite Database 2016.*

45 이러한 GPS의 기능 때문에 미국이 북한과 같은 특정국가에 대해 전시뿐만 아니라 유엔 안보리의 경제제재 차원에서 해당국가의 GPS 사용을 임의로 중단시켜 전력, 은행, 여타 산업에 타격을 가할 수 있다. Adrew E. Kramer, "Russia Challenges the U.S. Monopoly on Satellite Navigation", *The New York Times*, April 3, 2007.

근년 들어 미국은 제4세대 우주전을 수행하기 위한 위성요격(ASAT)무기의 개발에 초점을 맞추고 있다. 미국은 1980년대 전반까지 지상에서 미사일을 발사해 적의 위성을 파괴하는 ASAT실험을 실시했었지만, 1985년 9월의 실험을 끝으로 중단하였다. 그 대신 지상에서 적외선광선을 위성에 조사(照射)하여 파괴하는 '미라클실험'은 1997년 9월까지 실시하였다.

새롭게 미국의 ASAT무기 개발에 자극제가 된 것은 2007년 중국의 ASAT무기 실험이었다. 중국의 위성 요격실험 성공은 미국의 우주전 전문가들에게 '잠재적'이라고만 생각했던 우주의 위협이 현실화된 것을 의미했다. 하지만 운동에너지에 의한 물리적 파괴는 엄청난 우주쓰레기를 만들어내어 우주공간의 이용 자체를 어렵게 만들 수 있는 것이다.[46] 이러한 평가에 따라 미국은 비운동에너지 무기의 개발에 나서, 실험우주선체계(USA-165), 근거리영역자외선실험(NFIRE), 우주기반 요격(SBI) 등 우주기반 ASAT무기를 개발하고 있거나 완료하였다.[47]

현재 우주전의 핵심부서인 미 공군우주사령부가 보유하고 있는 자산들은 크게 인공위성, 발사체, 우주상황인지체계, 탄도미사일경보레이더 등을 들 수 있다.

인공위성으로는 첨단극고주파 군통신위성(AEHF), 군사통신위성(DSCS), 군사위성(DMSP), 조기경보위성(DSP), 극초단파함정통신위성(FSCS-UHF), 위성항법체계(GPS), 전략군사통신위성(MILSTAR), 나토-II, 나토-IV 통신, 우주기반 우주감시체계(SBSS) 등이 있다. 발사체로는 델타2호(Delta II), 아틀라스5호(Atlas V), 델타4호(Delta IV)를 보유하고 있다.

---

46 スーロン, 『現代の軍事戦略入門』, p. 334.

47 Wikipedia, "Anti-satellite_weapon". (https://en.wikipedia.org/wiki/Anti-satellite_weapon 검색일 2016/6/6).

우주상황인지체계로 공군위성통제망(AFSCN), 마우이-광학추적확인설비(Maui-OTI), 지상기반 전자광학심층우주감시체계, 수동우주감시체계, 신속공격확인탐지보고체계, AN/FPS-85 우주추적레이더 등을 갖고 있다. 탄도미사일경보레이더로는 AN/FPS-115 PAVE PAWS, AN/FPS-108 Cobra Dane, AN/FPQ-16 시계확보 레이더 특성화체계(PARCS), 해상기반 X-밴드레이더, 탄도미사일조기경보체계(BMEWS) 등이 있다.

미 공군우주사령부 외에 미 해군도 해상기반 미사일 방어망을 구축하고 있다. 미 해군 함대사령부는 2008년 이지스함의 해상발사 미사일 방어망으로 고도 240km에 있는 인공위성을 파괴하는 실험을 성공리에 마쳤다. 이지스함의 요격기술은 일본과 공동으로 개발되어 운영되고 있는 것이기 때문에 현재 일본도 위성공격능력을 일부 보유하고 있는 것으로 평가되고 있다.

## 2. 러시아의 우주군사전략과 우주군 전력

### 1) 러시아의 우주군사전략

최근 들어 러시아는 군현대화의 일환으로 우주전력을 강화해 있고 있다. 우주전력의 강화 방향은 자국의 우주이용을 늘려나가는 것뿐만 아니라 적의 우주이용을 저지하는 능력을 증강하는 쪽으로도 개발하고 있다. 이것은 우주분야에서 미국 등 서방진영의 우주우세(space superiority)가 압도적이기 때문이다.

이러한 인식 하에서 러시아는 미국에 이은 전통적인 우주강국이지만 공식적으로는 우주공간의 군사적 이용에 반대하고 있으며, 공격용이든 방어용이든 우주공간에 어떠한 무기도 배치해서는 안 된다는 입장을 취하며 우주군비통제를 지지해 오고 있다. 실제로 러시아는 중국과 함께 2002년과 2008년, 그리고 2014년에 잇달아 우주공간에서 무기배치에 반대하는 새로운 우주조약을 제안해 오고 있다.

이와 동시에 러시아는 미국의 우주우세에 군사적으로 맞서기 위해 위성항법체계인 GLONASS를 개발해 나가면서 동시에 '비대칭조치(asymmetric measures)'를 강화해 오고 있다. 이 조치들은 크게 인공위성과 같은 적의 우주자산을 파괴하는 하드킬(hard kill) 수단과 전자방해 등으로 적의 우주활동을 무력화시키는 소프트킬(soft kill) 수단으로 대별해 볼 수 있다.[48]

하드킬 수단으로는 적의 군사위성에 접근하여 자폭하여 파괴시키는 킬러위성, 적의 군사위성을 요격해 기능을 마비시키는 우주기반 레이저 위성요격무기와 항공기기반 레이저 위성요격무기, 지상기반 위성요격미사일 등이 있다. 러시아는 냉전 종식 이후 하드킬 수단의 개발을 중단했으나 최근년에 들어 개발 작업에 재착수하였다.

소프트킬 수단으로는 미국의 우주우세를 지탱해주는 근간이라고 할 수 있는 GPS체계를 무력화하는 GPS 방해시스템을 들 수 있다. 러시아가 GPS재밍 등을 통해 미국의 GPS체계를 무력화할 수 있다면 미국의 우주우세는 붕괴될 가능성도 있다. 다른 하나는 최근 러시아가 소프트킬 수단으로 2013년부터 개발에 나선 이동식전자방해시스템(Krasukha-4)이다. 이 시스템은 지상레이더, 공중조기경보기(AWACS), 정찰위성에 대한 전자방해 등의 기능을 갖고 있다.[49]

---

**48** 小泉 悠, "米国の宇宙優勢に対抗するロシアの「非対稱措置」", 『軍事研究』, 2016年 2月号, p. 208.

**49** 小泉 悠, "米国の宇宙優勢に対抗するロシアの「非対稱措置」", pp. 219~221.

### 2) 러시아 우주군의 창설과 항공・우주군으로의 재편

러시아군은 옛 소련 시절부터 지상군, 해군, 공군을 비롯해 1948년에 창설된 국토방공군(V-PVO)과 1959년에 창설된 전략로켓군(RVSN) 등 5군종 체제를 유지해 왔다. 전후에 창설된 2개의 군종은 각각 지상군의 고사포부대와 포병부대에서 파생・확대된 것이다. 소련의 붕괴 뒤 1998년이 되어 국토방공군은 폐지되어 공군으로 흡수되었다.

러시아 우주군사조직의 모태는 1982년에 만들어진 국방부 산하의 군사우주군이다. 군사우주군은 1967년 포병 예하에 있던 대(對)미사일군과 대(對)우주방위군이 통합 재편된 것이다. 소련이 붕괴한 뒤에 러시아 연방군으로 바뀌자 1992년 8월 10일 러시아 우주군로 명칭이 바뀌었다. 이 부대는 1997년 7월에 러시아 전략로켓군과 통합되었다가 2001년 1월에 재차 독립군종으로 부활하였다.

그 뒤 2006년에 푸틴 대통령이 내건 2016년까지 목표의 「항공・우주방위구상」에 따라 미사일방위와 우주방위부대를 공군에 통합할지 여부가 논의되었는데, 마침내 2010년 11월 30일 메드베데프 대통령은 항공 및 우주의 방위는 하나의 전략사령부 밑에 두고 참모본부와 국방부는 우주군을 기초로 한다는 결정을 내렸다.

2011년 12월 1일에 우주군이 모든 우주방위와 몇 가지 항공방위가 같은 병과에 묶어 항공・우주방위군(VVKO)이 되었다. 항공・우주방위군의 임무는 대(對)미사일방위, 위성감시, 로켓발사기지의 관리운영, 우주 관련 기술개발과 시험, 요원의 교육・훈련 등을 담당하는 것이다.

러시아는 2015년 8월 1일자로 러시아 항공・우주군(VKS)을 발족시켰는데, 러시아공군(VVS)과 러시아항공・우주방위군(VVKO)의 지휘계통을 통합한 것이다. 공중과 우주에 걸친 공간의 군사적인 중요성이 높아지면서 공군과 우주부대의 산하에 있는 방공, 미사일방위부대를 하나의 지휘계통으로 묶어 방위력을 높이고자 한 것으로 보인다.[50] 이처럼 항공・우주방위군(VVKO)는 「항공・우주 방위구상」에 따라 러시아 항공・우주군(VKS)으로 재탄생하여 오늘에 이르고 있다.[51]

항공・우주방위군(VVKO)에는 우주전을 담당하는 방공미사일방위사령부, 우주사령부와 플레세츠크(Plesetsk) 우주기지가 배속되어 있다. 방공・미사일방위사령부는 지상기반 미사일부대를 운용하고 있으며, 우주기반 지상공격에 대해서도 대비태세를 갖추고 있다. 우주사령부는 예하에 153 티토브(Titov)기념우주관제센터, 제821종합우주감시센터, 제820종합미사일공격경보센터를 두고 있다. 제821종합우주감시센터는 두나이(Dunay)레이더기지, 크로나(Krona)우주물체관측장, 크로나-N우주물체관측장, 순간우주감시복합체, 오크노(Okno)우주감시국, 오크노-S우주감시국 등으로 편성되어 있다(<그림 4-2> 참조).

현재 러시아 항공우주방위군이 보유하고 있는 무기체계는 △미사일공격조기경보체계로서 보르네즈(Voronezh)레이더, 한차비치(Hantsavichy)레이더, 다르얄(Daryal)레이더, 드네스트르(Dnestr)레이더, 오코(Oko)조기경계위성을 보유하고 있으며, △우주감시체계로서 오크노(Okno)우주감시국, 크로나(Krona)우주물체관측장이 있다. 또한 △미사일방위체계로 A-135탄도탄요격미사일체계 및 Don-2N레이더를 갖추고 있다.

50 共同通信, “ロシア航空宇宙軍を編成”, 『共同通信』 2015年 8月 3日.

51 野木恵一, “地上で戦う宇宙の兵士,米中露 「宇宙軍」の栄枯盛衰”, pp. 96~98.

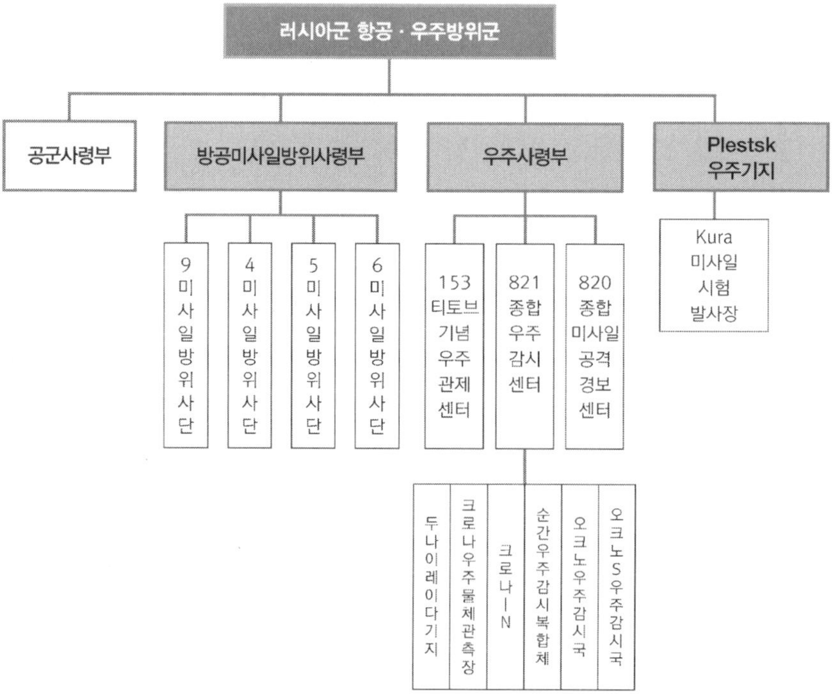


〈그림 4-2〉 러시아의 우주전 관련 조직

### 3) 러시아의 우주전 역량

#### ① C4IR 군사용 위성체계

러시아는 국력의 회복과 더불어 우주공간의 군비경쟁에 뛰어들었다. 러시아는 미국처럼 정찰위성에서 군사통신위성, 위치관측위성, 조기경보위성, 기상위성에 이르기까지 다양한 군사위성과 민군양용위성을 함께 운용하고 있다. 특히 2000년대 들어와 러시아는 냉전 종식 이후 재정난 때문에 가동을 중단했던 옛 소련의 위성항법체계인 글로나스(GLONASS,

GLObal NAvigation Satellite System)의 재건 작업에 나섰다.

글로나스는 옛 소련이 미국의 GPS에 맞서기 위해 우주공간에 군사용 위성항법체계의 건설을 시작했다가 재정난으로 가동을 중단했던 것이다. 러시아는 2007년까지 8개의 위성을 쏘아올려 글로나스 체계를 완성하여 러시아와 인근 유럽, 아시아 일부에서 자체 수요를 해결한 뒤, 2009년까지 전 세계를 아우르는 체계를 완비해 미국의 GPS 체계와 본격 경쟁하게 되었다.[52]

러시아가 글로나스의 재건에 나서게 된 배경은 냉전 종식 이후 러시아 정부의 재정형편이 나아진데다가, 21세기 들어와 위성항법체계의 경제적 효용성이 매우 빠른 속도로 높아졌으며, 미국과 불편한 외교관계에 있는 나라들을 끌어들임으로써 외교안보적 영향력을 확대하는 데 필요하다고 판단했기 때문이다. 따라서 글로나스 위성항법체계가 완성되면 러시아는 미국과 불편한 관계에 있는 중앙아시아, 중동의 국가들이나 북한에게 GPS 대신에 글로나스 체계를 제공할 수 있어 '러시아의 부활'을 이루는 데 크게 기여할 수 있게 된다.[53]

2011년에는 GLONASS의 서비스가 전 세계를 망라할 수 있게 됨으로써 15년 만에 완전히 부활하였다. 러시아는 해외위성기지의 제약 때문에 글로나스의 정확도가 GPS의 90% 수준임을 감안해, 이를 개선하기 위해 2020년까지 북극에 기존 3개에다가 추가로 4~7개의 지역관제국을 설치하기로 하였으며,[54] 미국의 알래스카의 텔러 시에도 설치하는 방안을 미

52 鈴木基也, "ロシアの戰略兵器'グロナス衛星網'", 『軍事硏究』, 2010年8月号, pp. 228~241.

53 小泉 悠, "冷戰後最大規模の国家武器計畫GPV-2020(第3回):ロシアの海軍力・戰略核・宇宙戰力近代化", 『軍事硏究』, 2011年5月号, pp. 91~93.

54 Darya Kezina, "New GLONASS stations to appear in Antartica", *Russia Beyond The Headlins*, April 24, 2015.

국과 협상중이다.[55] 2015년 12월 말 현재 러시아국방부는 글로나스의 실용성을 확보하기 위한 최종시험에 들어갔다.[56]

러시아는 글로나스위성을 직접 이용하여 2015년 9월에 시작된 시리아 작전에 투입하였다. 러시아는 약 10기의 화상정찰위성, 민생용지구관측위성, 신호정찰위성을 시리아 정찰에 투입하였고, 일부 위성은 작전지원을 위한 궤도로 이동 배치하였다. 또한 러시아는 글로나스를 활용하여 KAB-500S 항공폭탄과 칼리브르(Kalibr) NK/3M-14T수상함 발사 순항미사일, 칼리브르/3M-14 잠수함발사 순항미사일, KH-101공중발사 순항미사일을 시리아 작전에 처음 투입하는 등 우주공간을 군사적으로 적극 활용하고 있다.[57]

### ② 위성요격(ASAT) 무기체계

러시아는 70년대 위성요격무기의 개발을 위한 초보적인 실험을 실시하였다. 1980년대 초반 옛 소련은 미국의 공중기반 위성요격무기체계에 대항해 MiG-31에서 발사할 수 있는 공-대-우주(air-to-space) 레이저무기를 개발하려는 프로그램을 계획하고, 알마즈 군사우주기지에 고정된 리히테르(Rikhter) R-23 자동포를 장착하는 실험을 실시했다. 1987년에는 메가와트급 레이저를 장착한 우주궤도전투기지를 구상했으나 발사에 실패했다. 하지만 이러한 계획들은 소련 붕괴 뒤 예산 부족으로 무기한 연

---

**55** 러시아 측의 알래스카 내 글로나스 지역관제국 설치 요구에 대해 미국은 국가안보상의 이유로 일찌감치 거부의사를 밝혔으나, 러시아 측은 러시아 내 GPS 지역관제국의 사용을 제한하겠다며 압박을 가한 것으로 알려졌다. Interfax, "Russia keen on putting GLONASS stations in Alaska", *Russia Beyond The Headlins*, July 16, 2014.

**56** Ivan Cheverko, "Russia plans to launch GLONASS in 2015", *Russia Beyond The Headlins*, June 10, 2015.

**57** 日本防衛省,『東アジア戰略槪觀 2016』, p. 12.

기되었다.[58]

그러다가 2009년 8월 러시아 공군이 위성요격무기 프로그램을 재개했으며, 2010년 5월 러시아 항공・우주방위사령부는 러시아가 우주의 잠재 표적을 파괴할 수 있는 새로운 무기를 개발중이라고 밝힌 바 있다. 현재 항공기 기반의 레이저 위성요격무기인 소콜 에쉬론 체계(Sokol Eshelon system)가 2013년에 개발이 완료되어 A-60 전투기(Il-76 개량형)에 탑재되었다.[59] 그 뒤 2015년 11월 18일 러시아는 누돌(Nudol) 위성요격미사일의 발사실험에 성공하는 등 위성요격무기의 개발에 박차를 가하고 있다.[60]

## 3. 중국의 우주군사전략과 우주군 전력

### 1) 중국의 우주군사전략: 우주지배권(制天權)과 공천일체(空天一體)

중국은 우주전을 전담하는 조직이 없을 뿐만 아니라 명확한 우주전략도 내놓은 적이 없다. 중국은 우주공간(太空)이 군사전략적으로 중요하다는 점은 강조하면서도 정작 우주군(太空軍)이나 우주전(太空戰)에 대한 별도의 언급은 없다. 지금까지는 우주공간과 관련된 임무가 공군과 제2

58 Wikipedia, “Anti-satellite_weapon”. (https://en.wikipedia.org/wiki/Anti-satellite_weapon 검색일 2016/5/14).

59 Pavel Podvig, “Russia to resume work on airborne laser ASAT”, Russian Strategic Nuclear Forces, 13 November 2012. (http://russianforces.org/blog/2012/11/russia_to_resume_work_on_airbo.shtml 검색일 2016/5/14)

60 Bill Gertz, “Russia Flight Tests Anti-Satellite Missile-Moscow joins China in space warfare buildup”, *The Washington Free Beacon*, December 2, 2015.

포병 양쪽으로 분산되어 있었던 것으로 보이며, 2015년 12월 31일 종전의 7대 군구(軍區)를 5대 전구(戰區)로 개편하는 군구조 개혁을 단행하면서 사이버전의 연구개발과 우주전 전략수립을 담당하는 전략지원부대를 신설하였다.

지금까지의 중국 우주군사전략에 대해서는 2015년 5월 26일 중국국방부가 발표한 『2015 중국국방백서』에서 찾아볼 수 있다. 백서는 중국군의 기본군사전략을 '적극방어 전략'이라고 규정하면서, 전쟁형태의 변화와 국가안보정세를 고려할 때 '정보화 국부전쟁 승리'(打赢信息化局部战争)가 되어야 한다고 정리하고 있다.[61] 중국군은 걸프전을 비롯한 다른 나라의 전쟁들로부터 얻은 교훈으로 현대전에서 승리하는 열쇠는 '정보지배권'(制信息權)의 확립에 있다고 생각하고 있으며, 이를 뒷받침하기 위해 '우주지배권(制天權)'이 불가결한 구성요소라고 생각하고 있다.[62]

2014년 4월 시진핑 주석은 공군에 대하여 '공천일체, 공방겸비(空天一體, 攻防兼備)'의 강대한 공군 건설을 서두를 것을 요구하였고,[63] 『2015 중국국방백서』는 중국공군의 임무를 "공천일체, 공방겸비의 전략적 요구에 맞춰 기존의 국토방공(國土防空)에서 공방겸비(攻防兼備)로 전환하고 정보화작전을 필요로 하는 항공우주방위체계를 구축"하는 것이라고 규정하고 있다.[64]

최근 군구조 개혁 때 화전군(火箭軍)으로 명칭이 바뀐 제2포병(당시)은 우주전 전략개념인 '우주지배권(制天權)'을 내세우고 있다. 중국을 둘러

---

**61** 中华人民共和国国务院办公室, 『中国的军事战略』, 2015年5月.

**62** Dean Cheng, "The PLA's Interest in Space Dominance: Testimony before US-China Economic and Security Review Commission", The Heritage Foundation, February 18, 2015, p. 2.

**63** 日本防衛省, 『中国安全保障レポ-ト』, p. 21.

**64** 中华人民共和国国务院办公室, 『中国的军事战略』.

싼 안보위협요소 가운데 하나로 우주공간에서 전략경쟁이 격화된 점을 들면서, 핵·미사일로 특화된 제2포병의 우주전 임무에 대해 "우주군비 태세를 바짝 따라잡음으로써 우주에 대한 안전위협과 도전에 맞서고 우주자산의 안전을 지키는 것(密切跟踪掌握太空态势, 应对太空安全威胁与挑战, 保卫太空资产安全)"이라고 규정하고 있다.[65]

근년 들어 미·러 간에 핵무기 감축이 진행되면서 재래식 탄두미사일의 중요성이 증대되자, 제2포병은 자신의 임무를 종전의 핵무기 운용 일변도에서 육·해·공군과의 합동작전에 부응할 수 있도록 일반무기의 겸비능력을 개선하고 정밀타격력 제고, 정예화, 효율화의 실현 등 전력체계를 정비하는 방향으로 조정하고 있다.

중국인민해방군은 대(對)우주무기를 우주지배권을 획득하기 위한 수단으로 보고 있다. 이러한 방침에 따라 중국군은 군사목적으로 이용가능한 각종 위성들을 정비하고 있다. 그 가운데에서도 위성항법체계인 '베이더우(北斗)'에 대해서는 민군양용위성이라고 밝히면서도, 미국의 전략사령부가 GPS를 운영하고 있는 것처럼 중국도 민간이 아닌 군부가 베이더우 지역위성항법체계를 관리하고 있다.

중국의 위성요격무기가 미국 등의 우려를 불러오고 있는 가운데, 중국의 위성요격무기의 개발이 미국의 위성들을 요격하는 데 목적이 있는 것이 아니라 중국의 핵심시설들을 보호하기 위해 전략미사일 방어망(MD)을 구축하려는 전략의 일환이라는 평가도 최근 미국에서 나오고 있다. 향후 중국이 미국에서 의구심을 갖고 있는 '중국판 MD'를 구축할 것인지, 한다면 어떤 방식으로 할 것인지에 대해 관심이 모아지고 있다.[66]

---

**65** 中华人民共和国国务院办公室, 『中国的军事战略』.

**66** Timothy Farnsworth, "China Conducts Missile Defense Test", *Arms Control Today*, March 2013, pp. 22~23.; Bruce W. MacDonald and Charles D. Ferguson, *Understand the Dragon Shield:*

### 2) 화전군으로의 명칭 변경과 전략지원부대의 신설

중국의 우주군과 관련된 조직은 중국인민해방군 화전군(火箭軍)이 있으며, 이것은 기존 '제2포병'의 명칭이 변경된 것이다.[67] 제2포병은 1957년 포병사령부 내에 소련이 제공한 지대지미사일을 장작한 제802포병의 창설이 효시이며, 1961년 포병사령부 내에 4개의 탄도탄부대가 창설되었다. 이처럼 미사일부대가 증설되고 1964년 핵실험에 성공하자, 1966년 6월 중국공산당 중앙위원회의 결정으로 7월 1일 '제2포병'이 정식으로 창설되었다. 이처럼 '제2포병'은 처음부터 핵무기의 운용을 위해 만들어진 군사조직인 것이다.

그 뒤 중국은 사거리를 연장하고 명중도를 높인 신형 미사일 동풍2호와 동풍3호를 개발하여 제2포병에 배치하였으며, 1980년 10월에는 「제2포병 작전대강」을 발표하였다. 그리고 생존력을 높이기 위해 핵미사일 발사기지를 지하화하는 '창청프로젝트(長城工程)'을 시작하였다. 그리고 1984년에는 「제2포 작전조례」, 「제2포 각급지도부공작세칙」, 「미사일여단・대대의 작전조례」 등을 제정하여 현재와 같은 발사기지(군단급)-려(사단급)의 체제를 확립하였다.[68]

그리고 1988년 중국공산당 중앙군사위원회는 공식적으로 중국판 최소억제전략인 '유한핵보복전략'을 공개하였다. 1998년에는 「제2포병 탄도미사일 규칙」을 공표하여, 재래식 탄도미사일의 선제사용을 용인하였으

*Likelihood and Implications of Chinese Strategic Ballistic Missile Defense*, Federation of American Scientists(FAS), September 2015, pp. 22~29.; Bruce W. MacDonald and Charles D. Ferguson, "Chinese Strategic Missile Defense: Will It Happen, and What Would It Mean?", *Arms Control Today*, November 2015.

**67** 日本防衛省, 『東アジア戰略概觀 2016』, p. 118.

**68** 田中三郎, "戰略偵察兵器開發と宇宙軍事プログラム", 『軍事研究』, 2013年 1月号, pp. 91~94.

며, 2011년에는 실제 전투에서 중국군이 수세로 몰리는 상황에서 핵무기를 선제사용하여 전황을 타개하는 전략을 승인하였다.

2015년 12월 31일 발표된 군구조 개혁에서 주목되는 것은 중국인민해방군이 기존의 지역단위인 군구(軍區)에서 탈피해 전구(戰區)를 창설함으로써 육・해・공군 등을 총괄하는 통합작전지휘체제를 구축했다는 점이다.[69] 아울러 제2포병의 명칭을 화전군(火箭軍)으로 변경하였을 뿐만 아니라, 사이버전과 우주전략을 담당하는 전략지원부대를 창설하였다는 점이다. 전략지원부대의 사령원으로는 제2포병의 군사과학원장 출신이, 정치위원으로는 베이징군구 정치위원 출신이 각각 취임했다.[70]

갓 창설된 전략지원부대는 군사과학원 출신이 책임자로 임명된 것으로 볼 때 사이버전의 연구・개발과 우주전의 전략수립을 임무를 담당하게 될 것으로 보인다. 이는 향후 독립적인 군종으로 격상하기 위한 준비 임무를 띠고 있을 가능성이 있다. 하지만 단기간 내 실현은 시기상조이며, 화전군이 핵미사일 전력 및 우주전력의 주력을 담당하고 전략지원부대가 연구・개발 및 전략 수립 등 지원업무를 담당할 것으로 보인다.

---

**69** 화전군의 새로운 임무가 핵전력으로 국한되고, 동펑21-C(DF21-C)와 대잠 탄도미사일인 동펑21-D(DF21-D) 등 재래식탄두의 운용은 육군으로 이관할 것으로 보는 분석도 있다. 田中三郎, “中国国務院, 国防白書 ‘中国的軍事戰略’-‘海洋强国’ 建設, 海外利權確保“, 『軍事研究』, 2015年 11月号, pp. 198~199.

**70** 日本防衛省, 『東アジア戰略概觀 2016』, p. 119.

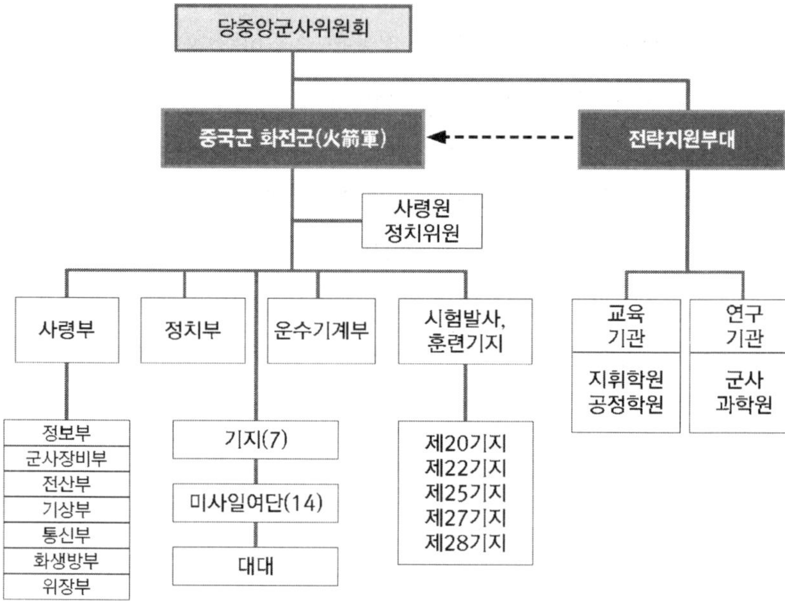


<출전> 김석규, "소련과 중국의 전략로켓부대 창군과정과 북한 상황 분석", 『국방정책연구』 제30권 제2호, 2014년 여름(통권 제104호), p. 106에서 수정하여 재작성.

〈그림 4-3〉 중국의 화전군(火箭軍) 편성도

### 3) 중국의 우주전 전력 평가

#### ① C4IR 군사용 위성체계

2015년 12월 중국군 내에 '전략지원부대'가 창설되면서 담당하게 될 임무가 관심을 끌고 있다. 일본방위청 방위연구소는 '전략지원부대'의 임무에는 사이버전과 전자전뿐만 아니라 우주로부터의 작전지원이 포함되어 있다고 평가하고 있다.[71] 이 점을 볼 때 이 부대가 중국군 내에서 우주전을 후방에서 지원하는 임무를 담당하는 것으로 추정되고 있다.

중국인민해방군은 군사목적으로 이용가능한 각종 위성들을 정비하고 있다. 현재 중국은 앞으로 우주의 군사적 이용을 한층 활발히 전개한다는 입장이며, 조기경보위성의 실용화를 위해 실증위성을 쏘아올린 계획도 세워놓고 있다. 군사통신위성, 정찰위성과 더불어 조기경보위성이 실용화되면 이미 서비스를 시작한 지역위성항법체제 베이더우(北斗)와 더불어 중국군은 C4IR용 인공위성 체계를 완비하게 된다.[72]

현재 중국군의 우주전 능력과 관련해 가장 주목을 받고 있는 것이 콤파스(COMPASS) 위성항법체계이다. 미국의 GPS처럼 민군양용으로 개발되고 있는 베이더우 지역위성항법체계에 의한 위성측위(PNT)서비스는 2008년 베이징 올림픽에 맞춰 첫 선을 보였고, 2012년부터 아시아・태평양지역에서 서비스가 시작되어 2016년 6월 1일 현재 30개국이 사용 중이다.[73] 지역항법체계인 베이더우에 이어 2020년무렵에는 35기 체계를 갖춘 콤파스 글로벌 위성항법체계가 전 세계에서 서비스가 시작될 예정이다.[74]

---

**71** 日本防衛省, 『東アジア戦略概観 2016』, p. 13.

**72** 田中三郎, "獨自の衛星で宇宙・空・海洋を支配下に-中國海洋進出の「天空一体戰略」", 『軍事研究』, 2013年 12月号, pp. 57~61.

**73** 2016년 6월 중국은 미국의 GPS, 러시아의 Glonass에 이어 세계 3번째로 국제해사기구(IMO)로부터 항행권(nautical operations)을 승인받았으며, 항공기와 핸드폰에 적용할 표준화를 위해 국제민간항공기구(ICAO)과 3세대동반자프로젝트(3rd Generation Partnership Project)의 승인 취득도 추진하고 있다. Zhao Lei, "Global reach targeted in Beidou drive", *China Daily*, June 17, 2016.

**74** The State Council Information Office, *China's Beidu navigation satellite system*, June 16, 2016.

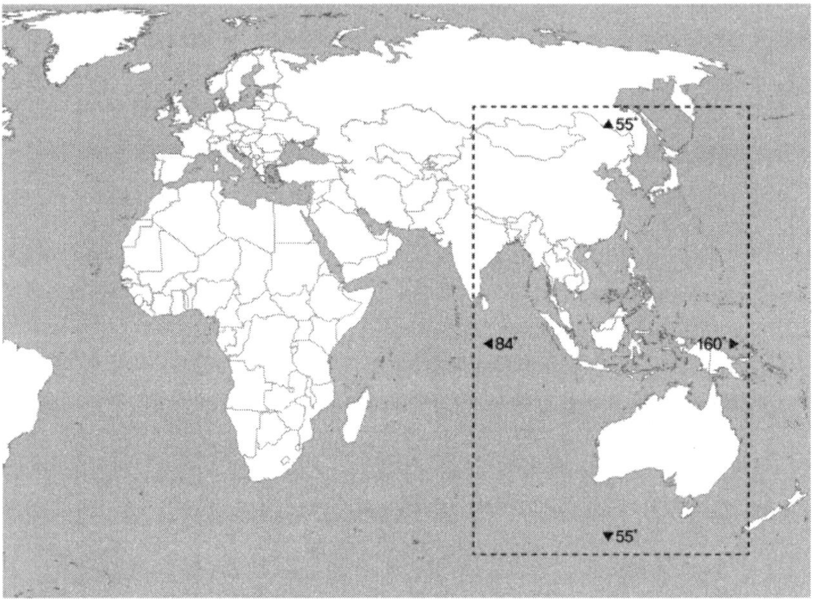


<출전> 田中三郎, "中國の對艦彈道ミサイルとは何か(後篇)- 戰略偵察兵器開發と宇宙軍事プログラム", 『軍事研究』, 2013年 1月号, p. 93.

〈그림 4–4〉 중국 베이더우 지역위성항법체계의 서비스범위

② 위성요격(ASAT) 무기체계

중국이 기능중지된 자국의 인공위성 요격에 성공하면서 중국의 위성요격(ASAT)무기 능력이 주목을 끌고 있다. 위성요격용 탄도미사일은 초속 수~수십km로 돌고 있는 인공위성을 맞히는 것이기 때문에 정교한 기술이 필요하다. 그렇기 때문에 중국 이전에는 미국과 러시아만 갖고 있던 기술이다. 중국은 지금까지 네 차례에 걸쳐 지상기반 요격미사일 발사실험을 실시했다.

그런데 2007년 1월 11월 중국은 지상의 이동발사대(TEL)에서 SC-19 ASAT 미사일을 발사해 865km를 날아가 노후화된 자국의 기상위성 펑윈

(風雲, FY-1C)을 파괴하는 위성요격무기의 실험에 성공하였다. 첫 번째 요격실험의 성공으로 중국은 미국, 러시아에 이어 ASAT를 가진 3번째 국가로 기록되었다. 이때 10cm 이상의 우주쓰레기(debris)만 650개 이상 발생해 구름 형태로 지금도 외기권 공간을 떠돌아다니는 문제를 야기했다.

두 번째와 세 번째 실험은 2010년 1월 11일과 2013년 1월 28일에 각각 실시됐는데, 대기권 밖을 비행하는 탄도미사일(CSS-X-11)을 홍치(紅旗·HQ)-19미사일로 요격하는 실험이었다. 이 실험에 사용한 요격미사일은 사거리 2,500km의 DF-21을 개량한 것으로, 중국국방부는 "지상기반 중간단계 미사일 요격 기술 시험"이었다고 발표했다.[75] 대기권 밖의 미사일을 격추시키는 것은 우주공간의 인공위성을 요격하는 것보다 훨씬 어렵기 때문에 고도의 ASAT기술을 확보한 것으로 평가되고 있다.[76]

2013년 5월에도 인공위성 요격무기의 발사실험이 실시되었는데, 이때 사용된 요격미사일은 지구정지궤도의 인공위성을 요격할 수 있는 능력을 갖춘 DN-2이다. 2015년 10월에 중국은 DN-3라고 불리는 한층 개선된 운동에너지를 이용한 ASAT무기의 시험발사를 실시했다. 현재 중국은 운동에너지를 이용한 ASAT무기 외에도 지향성에너지나 전파방해(재밍)을 이용한 대우주무기를 개발하고 있는 것으로 평가된다.[77]

중국은 미국으로부터의 우주공격으로부터 베이더우 위성항법체계를 보호하기 위해 이미 2013년 중국국방과학기술대학 위성항법센터 등을 통

75 Timothy Fansworth, "China Conducts Missile Defense Test", *Arms Control Today*, Vol. 43, No. 2, March 2013, pp. 22~23.

76 이장훈, "우주전쟁 준비하는 중국-中이 美위성 50기 공격時 美 경제에 파멸적 영향", 『월간조선』 2012년 8월호.

77 日本防衛省, 『東アジア戰略概観 2016』, p. 16.

해 베이더두 시스템으로의 전파간섭을 막을 전자기 쉴드(shield)의 개발에 성공했다고 발표하기도 했다.[78] 또한 우주공간에서 우주쓰레기와의 충돌을 막기 위해 2015년 6월에는 우주쓰레기 관측 · 응용센터를 국가항천국 내에 설치하였으며, 마침내 2016년 6월 25일 차세대 운반로켓 창청(長征) 7호에 탑재된 아오롱(遨龍) 1호를 통해 우주쓰레기를 제거하는 작업을 성공리에 수행하는 등 뛰어난 기술력을 과시하였다.[79]

## 4. 일본의 우주개발 전략과 우주군사화 동향

### 1) 우주공간의 군사적 이용을 위한 법적 제약 완화

일본은 헌법 제9조에 따른 우주군사화의 제약으로 군사안보 목적의 우주개발이 불가능했기 때문에 민간부문의 우주개발에 힘을 쏟았다.[80] 일본은 고체연료로켓인 '펜슬로켓'(1955)을 독자개발했다가 미국의 액체연료 로켓인 '토르 델타'의 기술도입으로 정책을 선회하였다. 1960년대 후반「외기권조약」비준과 미 · 일 협상에서 평화적 이용이 문제가 되면서 일본 내에서 우주의 평화적 이용에 관한 논의가 시작되었다. 1969년 5월 9일 일본의회는 '우주공간의 활용에 나서되 군사적 이용을 금지하는 결의안'을 채택하였다.

같은 해 5월 일본정부는 미국의 로켓기술을 받아들이기 위해 '우주개

---

**78** 日本防衛省,『東アジア戦略概観 2016』, p. 22.

**79**『뉴시스』 2016년 6월 27일.

**80** 스즈키 가즈토(鈴木一人) (이용빈 옮김),『우주개발과 국제정치: 경쟁과 협력의 이면』, 도서출판 한울, 2013, p. 217.

발사업단(NASDA)'을 설치하기로 하였으며, 한참 뒤인 2002년 12월 독립 행정법인인 우주항공연구개발기구(JAXA)로 확대 개편해 우주개발을 본격화하였다. 그 뒤 우주과학연구소(ISAS), 항공우주기술연구소(NAL), 우주개발사업단(NASDA)을 통합하여 우주항공분야의 기초연구와 개발·이용을 위한 기관으로 우주항공연구개발기구(JAXA)를 만들었다.

우주공간의 군사적 이용이라고 할 수 있는 일본의 정찰위성은 「우주기본법」이 성립되기 훨씬 이전인 1998년에 내각회의에서 개발이 결정되어, 2003년 3월 28일 군사용 광학위성 1호기가 발사되었다.[81] 이것은 일본정부가 긴급한 안보위협이라는 논리를 내세워 군사용 정보수집위성의 발사를 결정한 데 따른 것이다.

일본이 우주 군비경쟁에 뛰어든 이유는 중국에 대응하기 위한 것이다. 중국이 2007년 1월에 인공위성 요격시험에 처음으로 성공하자, 이에 자극을 받은 일본은 2008년 5월 28일 "방위목적의 군사이용을 허용하고 자위대가 최첨단 전용위성을 보유할 수 있도록 한다"는 내용을 담은 「우주기본법」을 일본의회에서 통과시켰다. 이 법은 미사일발사를 탐지하는 조기경보위성과 정찰위성을 2015년까지 도입한다는 계획을 담고 있다.[82] 일본은 1998년에 정보수집위성(실제로는 정찰위성)을 쏘아올렸지만, '비군사적 목적' 때문에 여러 가지 제약을 받고 있었다. 그러나 「우주기본법」의 성립으로 불완전했던 정찰위성의 성능을 향상시킬 수 있게 되었다.

2011년 9월 일본 민주당정권이 들어서서도 우주군사화 작업은 지속됐다. 노다 내각은 「우주기본법」을 개정했을 뿐만 아니라 「일본우주항공개발기구(JAXA) 설치법」을 개정하여 위성을 활용한 미사일방어(MD) 시스

**81** 春原 剛, 『誕生 国産スパイ衛星: 独自情報網と日米同盟』, 日本経済新聞社, 2005, pp. 124~134.

**82** http://stage.tksc.jaxa.jp/spacelaw/country/japan/date/a_japan_uchu_kihonhou(jap).pdf (검색일 2013/4/15).

템 구축 등 우주무기 연구개발의 길을 열어 놓았다. 2012년 6월 27일에는 일본의회 내각위원회가 「우주기본법」 제14조에 맞춰 「JAXA설치법」개정안을 통과시켰다.[83]

개정된 「JAXA설치법」은 JAXA의 소관부처를 기존의 문부과학성에서 문부과학성과 내각부의 공동 관리로 개정하여 우주개발체제를 정비했다. 이에 맞춰 「내각부 설치법」도 개정하여, 내각부에 우주정책의 사령탑인 '우주전략실'과 총괄역할을 담당할 '우주심의관'을 설치했다. 이러한 법 개정에 따라 일본은 정찰위성이나 조기경계위성의 연구개발이 가능하게 되어 미사일방위(MD)의 명중도 향상을 추진할 수 있게 되었다(<그림 4-5> 참조).

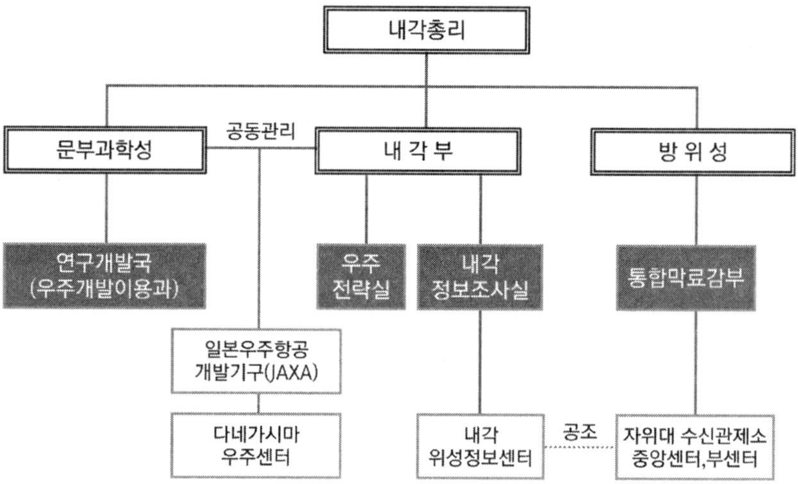


〈그림 4-5〉 일본의 우주개발 및 우주전 대비 체계

83 일본의 우주 관련법령에 대해선 다음을 볼 것. http://stage.tksc.jaxa.jp/spacelaw/country/japan/japan_index.htm. (검색일 2013/4/15).

### 2) 일본의 군사용 우주개발 현황

#### ① 군사통신위성 및 정찰위성의 도입

일본의 육·해·공 3개 자위대는 작전부대의 지휘통제를 위해 민간에서 차용하여 X밴드 위성통신을 운용해 왔다. 일본방위성은 민간 보유의 X밴드 위성통신 시스템이 설계수명을 다하게 됨에 따라, 후속으로 군사전용의 차기 X-밴드 통신위성을 보유하는 계획을 수립했다.84

일본은 「방위대강」에서 정한 '동적 방위력'의 구축과 향후 예상되는 자위대 통신량의 대폭적인 증가에 대처할 수 있는 회복탄력성이 뛰어난 군사전용의 고속대용량통신위성을 구상하고 있다. 자위대 전용의 차기 X-밴드 통신위성 3기 체제를 구축하여 고속대용량통신을 가능케 해 증대하는 통신량에 대처하고, 통신시스템 공통화를 통한 자위대 전체의 정보 공유를 실현하며, 일원화된 통신 통제를 통한 통합막료감부의 통합운용을 실현한다는 목표를 세워놓고 있다.85

군사용 정보수집위성은 기본체계를 기준으로 광학위성 2기와 레이더위성 2기의 정보수집위성 4기로 구성되며, 매일 지구표면에서 약 490km 저고도를 태양동기준회귀궤도를 따라 돌면서 정찰임무를 수행한다. 일본의 정보수집위성들은 0.8m 이하의 분해능을 갖추고 있으며, 일본열도에 근접했을 때 화상데이터들을 열도 남북으로 배치된 수신관제소 및 중앙·부(副)센터로 보내져 내각위성정보센터(300여 명 근무)에서 해석하게

84 日本防衛省, 「次期Ｘバンド衛星通信整備事業に関する基本{的な考え方」, 平成23年8月(2011年 8月).

85 일본방위성은 차기 X-밴드 통신위성 체제의 구축을 통해 자위대가 대규모 재해파견, 해상경비 임무, 탄도미사일방위(KAMD) 대처 등이 가능토록 목표를 세워놓고 있다. 軍事情報研究會, "自衛隊のサイバー・宇宙情報作戰と海外派遣作戰", 『軍事研究』, 2012年 1月号, p. 132.

된다.

일본의 정보수집위성은 1998년 8월 북한 대포동1호('은하1호') 발사에 따른 위협해 대처한다는 명분으로, 같은 해 12월 내각회의에서 개발이 결정되어, 2003년 3월 군사용의 광학 및 레이더 1호기를 발사함으로써 본격화되었다. 특히 2013년 1월 우주항공연구개발기구(JAXA)는 가고시마(鹿兒島)현 다네가시마(種子島) 우주센터에서 레이더4호 위성과 광학 실증 위성 등 2기의 정찰위성을 쏘아올렸다.[86]

일본은 이미 주간촬영용 광학위성과 야간촬영용 레이더위성을 운용하고 있으며, 2015년 3월에는 해상도 41cm인 광학5호기의 발사에 성공했다. 일본은 2016년에 레이더 5호기의 발사, 2017년에 광학6호기 등을 필두로 2033년까지 레이더위성과 광학위성을 각각 6기씩 쏘아올린다는 계획이다.

② 지역위성항법체계

일본은 25cm의 높은 정확도의 위치측정을 가능케 하는 인공위성 4기로 구성된 준텐죠 위성체계(準天頂, QZSS) 계획을 추진 중이다. QZSS는 일본에서 수신가능한 특정지역 위에만 머무르는 위성 4기에다가 오차를 줄이기 위해 총 7기를 띄워 미국의 GPS를 보완 및 보강하는 것이다.[87]

이 사업은 미국정부가 일본정부에게 글로벌 위치측정체계(GPS), 광역 보강체계(WAAS) 및 글로벌 위치측정위성체계(GNSS)의 국제적인 협력 활동을 제안하면서 시작되었다.[88] 일본정부는 미국의 제안을 받아들여

86 時事通信, "情報衛星２基、打ち上げ成功＝レーダー４号と光学実証機－Ｈ２Aで、偵察体制確立へ", 『時事通信』 2013年 1月 27日.

87 Adrew E. Kramer, "Russia Challenges the U.S. Monopoly on Satellite Navigation", *The New York Times*, April 3, 2007.

1998년 9월 22일 양국 정상이 서명한 「전 세계적 위성측위체계의 이용에서 미·일 협력에 관한 공동성명」을 채택한 뒤, 2002년 12월부터 정기적으로 양국간 GPS전체회의와 기술실무그룹 회의를 정례적으로 실시해 오고 있다.

2005년 제44차 중의원 의원선거에서 자민당은 “국가기반으로서 위성위치측정의 확립과 골격적 공간정보의 정비”를 공약하며 독자적인 고(高)정밀도 위치측정위성의 발사 계획을 밝혔다.[89] 이에 따라 일본정부는 내각관방에 위치측정·지리정보체계 등 추진회의를 설치하고 2006년 3월 「준텐쵸 위성체계계획의 추진에 관한 기본방침」을 발표하였다.[90] 2008년에 첫 위성을 쏘아올린 준텐쵸 위성

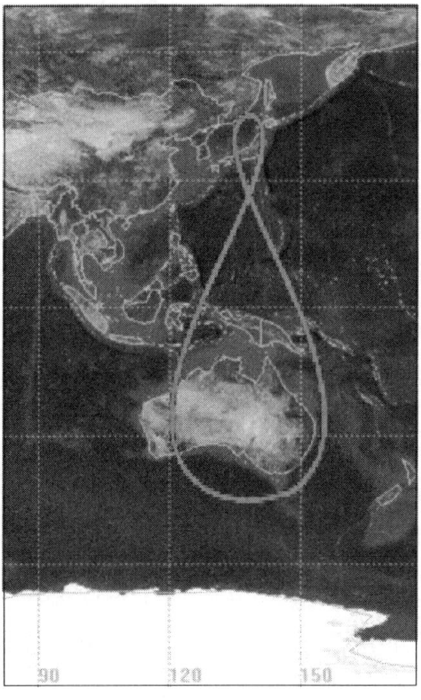


<출전> ウィキペディア, “準天頂衛星”.

〈그림 4-6〉 준텐쵸 위성항법체계의 서비스범위

88 평화목적을 위한 기본적인 우주기반 PNT서비스의 이용을 개방하기 위해 이용자에게 직접 요금을 물리지 않고 제공한다는 원칙적 입장을 견지하고 있다.

89 自由民主党 2005年第44回衆議院議員選挙, 「自民党政権公約2005自民党の約束」. (https://www.jimin.jp/jimin/jimin/2005_seisaku/120yakusoku/index.html 검색일 2013/12/18).

90 宇宙航空研究開發機構, “人工衛星・探査機準天頂衛星初号機「みちびき」”. (http://www.jaxa.jp/projects/sat/qzss/index_j.html 검색일 2013/12/18).

체계는 다음 3단계로 추진된다.

제1단계로 일본정부는 2010년 9월 11일 먼저 준텐쵸 위성의 실용시험기를 발사해 기술실증, 이용실증 등 체계의 유효성을 검증했으며, 2011년 7월 QZSS의 첫 호기가 본격적으로 운용을 개시한 데 이어, 미국의 괌, 하와이 2곳에 기지국을 개설하였다. 이를 통해 미·일은 민생용 신호의 공존성 및 상호운용성, 체계설계 및 기술성능의 투명성 등 우주기반의 위치측정분야에서 장기간에 걸쳐 미국과 협력해 오고 있다.

제2단계로, 추가로 3기의 위성을 쏘아올려 체계의 실증을 실시하여 준텐쵸 위성체계를 구축한다. 일본정부는 2013년에 미츠비시 측에 인공위성 3기를 발주하고 2017~2019년 사이에 로켓을 발사하여 지구궤도에 올려놓는다는 계획을 확정해 놓고 있다. 이 계획이 완료되면, 2019년부터 4기 체제의 준텐쵸 위성체계가 정상적으로 가동할 수 있게 된다.[91]

제3단계로, 준텐쵸 위성체계를 기반으로 3기를 더 쏘아올려 7기 위성체제로 이루어진 일본지역선진항법체계(JRANS)를 구축하기 위한 「멀티 GNSS 아시아」 프로젝트로 확대·강화한다는 계획이다. 이 프로젝트가 완성되면 도시나 산간 어디나 안정된 위치측정을 가능케 될 뿐만 아니라, 아시아·태평양지역에서 우주기반의 위성측위(PNT) 서비스도 시행할 수 있게 된다.

### 3) 일본 우주개발의 특징과 향후 군비경쟁 참여 전망

그 동안 일본은 헌법적인 제약 때문에 스핀온(Spin-On) 방식으로 연구중심의 인공위성 개발에 주력했다. 그러나 방위 목적의 우주이용을 허용한 「우주기본법」(2008)을 계기로 민간 주도의 상업용, 군사용 인공위성 개

91 『読売新聞』 2013年 3月 30日.

발에 본격 나섰다. 현재 일본자위대는 우주공간에서의 직접적인 살상무기가 아닌 인공위성을 활용한 우주정보작전능력의 향상에 주력하고 있다.

일본자위대는 제3세대의 네트워크중심전 체계를 구축하기 위해 현재 조기경계위성의 개발을 검토하고, 전파정보수집위성의 기술연구, 데이터 중계위성의 민간위성 전용 등을 추진하고 있다.[92]

첫째, 조기경보위성은 고성능 적외선센서로 탄도미사일의 발사를 재빨리 탐지하여 경보를 발하는 기능을 갖는다. 일본은 아직 조기경보위성을 보유하고 있지 않아 현재 미군위성에 의한 조기경계정보에 의존하고 있다. 조기경보위성의 개발자금이 많이 들기 때문에 재해감시에도 사용할 수 있는 다목적형 조기경계위성의 개발을 검토하고 있다.

둘째, 전파정보수집위성은 일본 상공으로 날아다니는 군사통신전파나 각종 무기가 방출하는 전파를 방수하는 기능을 갖는다. 전파정보수집위성은 2011년도에 소요가 제기되어 현재 우주를 이용한 C4ISR 정보수집 정찰능력 기능 강화를 위해 2파장적외선센서 기술의 연구가 진행 중이다.

셋째, 군사용 데이터중계위성은 통신위성이나 정보수집위성 등이 모은 각종 데이터들을 언제나 어떤 위치에서나 순간적으로 일본으로 송신할 수 있게 하기 위한 위성이다. 현재 JAXA가 민간용 데이터중계기술위성 '코다마'를 이미 개발 · 보유하고 있기 때문에, 자위대가 민간통신위성의 차용 등을 검토하고 있다.

일본헌법 제9조가 공격용 무기의 보유를 금지하고 있기 때문에, 현재로서는 일본자위대는 제4세대 우주전의 핵심전력으로 위성요격(ASAT) 무기의 개발과 보유가 불가능한 실정이다. 군사용 정보수집위성의 통상

92 軍事情報研究會, "自衛隊のサイバー・宇宙情報作戰と海外派遣作戰", p. 135 및 田中三郎, "戰略偵察兵器開發と宇宙軍事プログラム", 『軍事研究』, 2013年 1月号, pp. 91~94.

적 운용도 아직은 방위성이 아니라 내각관방의 내각정보조사실에 속한 내각위성정보센터가 담당하고 있다. 하지만 「우주기본법」이 개정되었기 때문에 현재 아베 내각이 추진중인 헌법개정이 이루어진다면, 일본은 별도의 법 제정이나 개정 없이도 위성요격무기(ASAT weapons)를 개발에 나설 수 있게 될 것이다.

제4장

# 남북한의 우주개발 현황과 국제비교

# 제4장
# 남북한의 우주개발 현황과 국제비교

## 1. 북한의 우주개발 현황과 우주군사화 실태

### 1) 북한의 우주개발 현황

북한의 우주로켓 개발은 중국의 경우처럼 군사목적으로 시작되었다. 그렇기 때문에 북한의 우주개발은 지구관측, 통신 등에 필요한 인공위성의 개발보다는 당장 군사적으로 전용가능한 발사체의 개발에 우선순위를 두었다. 북한은 1960년대부터 옛 소련과 중국으로부터 액체추진 미사일 기술을 도입하려 했으나 실패하자 독자 개발로 방향을 선회하였다.

북한은 1976년 중동전쟁에서 비밀리에 이집트를 군사지원한 대가로 확보한 스커드-B 미사일을 분해 · 조립하는 역설계공학(reverse engineering)을 통해 발사체 제조기술을 습득했다. 이때 북한은 미사일을 개발하기 위한 생산기반과 지상연소시험장, 연구개발시설 등을 구축한 것으로 보인다. 1980년대에 들어와 북한은 스커드-B의 복제품 및 개량품을 생산해 화성 5호와 6호라는 이름으로 이란에 수출했을 뿐만 아니라, 1993년에 독자 개발한 중거리미사일 노동1호(화성7호)의 기술을 파키스탄과 이란에 이전

하여 국제문제를 일으키기도 했다.[93]

북한이 역설계공학 방식으로 미사일을 독자개발할 수는 있었지만, 시스템공학인 우주기술을 높은 수준으로 확보하기는 어려웠다. 북한의 우주기술 가운데 미사일시스템기술과 제작기술은 러시아의 잠수함 발사용 미사일을 개발해 온 마카예프(Makeyev) 연구소로부터 확보한 것으로 보이며, 액체추진체 엔진은 스커드 엔진을 개발하였던 이사예프(Isayev)연구소로부터 획득한 것으로 추정된다. 그밖에 북한의 위성기술과 발사장 건설기술은 중국으로부터 받은 것으로 추정되고 있다.[94]

ICBM으로 전용될 수 있는 장거리로켓 기술을 보면, 지금까지 북한은 1998년 8월 이후 장거리로켓을 6차례 발사하였다. 이 가운데 2012년 12월 12일의 은하3호 2호기와 2016년 2월 7일의 광명성 4호를 제외한 네 차례의 로켓발사는 모두 실패하였다. 하지만 북한측은 2012년 4월 13일에 발사한 은하3호 제1호기만 실패로 인정하고 나머지는 성공했다고 주장하고 있다. 북한의 장거리로켓 발사 현황은 <표 4-5>와 같다.

북한은 상대적으로 우주로켓 및 중장거리 미사일 분야에서 한국보다 앞선 것으로 평가되고 있다. 상대적으로 한국이 이 분야에 취약한 것은 「한・미 미사일 지침」에 따라 중장거리 발사체 및 고체연료의 개발에 제약을 받았기 때문이다. 대포동1호, 은하 2, 3호 등을 스커드 엔진, 노동엔진, 무수단의 4D10 엔진 등 세 종류의 엔진을 종합해서 각종 미사일을 개발하고 있지만 기술적인 수준은 아주 높은 것은 아니다.[95]

---

**93** 장영근, "남북한 미사일 기술격차와 대응방안", 국가미래연구원 「IFS Post」, 2014년 8월, p. 4.

**94** 채연석, "북한의 항공우주기술 개발동향 및 수준", 『북한의 과학기술, 어디까지 왔나?』, 2015년 5월 26일, 북한연구학회-과학기술정책연구원 공동학술회의 발표문, p. 12.

**95** 채연석, "북한의 항공우주기술 개발동향 및 수준", p. 18.

〈표 4-5〉 북한의 장거리로켓 발사 현황

| | 백두산1호 (대포동1호) | 백두산2호 | 은하2호 (대포동2호) | 은하3호 제1호기 | 은하3호 제2호기 | 광명성호 |
|---|---|---|---|---|---|---|
| 발사체 제 원 | 길이 25m<br>지름 1.3m<br>무게 22ton | 길이<br>32~40m<br>지름 2.2m<br>무게 60ton | 길이 32m<br>1단 지름<br>2.4m<br>무게 85ton | 길이 32m<br>1단 지름<br>2.4m<br>무게 90ton | 길이 32m<br>1단 지름<br>2.4m<br>무게 90ton | 길이 32m<br>1단 지름<br>2.4m<br>무게 90ton |
| 위 성 | 광명성1호 | 없음<br>(미사일) | 광명성2호 | 광명성3호 | 광명성3호<br>2호기 | 광명성4호 |
| 발사일 | 1998.8.31 | 2006.7.5 | 2009.4.5 | 2012.4.13 | 2012.12.12 | 2016.2.7 |
| 발 사 장 소 | 동해위성<br>발사장<br>(무수단리) | 동해위성<br>발사장<br>(무수단리) | 동해위성<br>발사장<br>(무수단리) | 서해위성<br>발사장<br>(동창리) | 서해위성<br>발사장<br>(동창리) | 서해위성<br>발사장<br>(동창리) |
| 결 과 | 실 패 | 실 패 | 실 패 | 실 패 | 성 공 | 성 공 |
| 실패시 원 인 | 3단 분리<br>실패<br>(1,620km<br>비행) | 1단 분리<br>실패<br>(발사 40여<br>초 만에<br>공중폭발) | 3단 분리<br>실패<br>(3,800km<br>비행) | 1단 분리<br>실패<br>(460km<br>비행하다<br>공중폭발) | - | - |

<출전> 장영근, “남북한 미사일 기술 격차와 대응방안” 및 채연석, “북한의 항공우주기술 개발동향 및 수준”을 참고하여 작성.

북한이 쏘아올린 은하 로켓이 그 자체로 군사용 장거리 탄도미사일이라고 할 수는 없으나, 탄두부의 대기권 재돌입기술만 적용한다면 우주로켓과 장거리 탄도미사일의 기술적 원리가 차이가 없기 때문에 군사용으로 간주해도 틀리지는 않을 것이다. 일본의 경우에 상업용 우주왕복선(스페이스 셔틀)의 개발을 명분으로 내걸었지만 사실상 탄도미사일의 대기권 재돌입기술을 확보하기 위한 실험이었다고 평가되는 것과 동일한 이치이다.

현재 북한의 과학기술 수준으로 볼 때 네트워크중심전(NCW)이 가능하도록 지원하는 인공위성 체계를 단기간에 갖춘다는 것을 불가능하다. 북한이 궤도 진입에 성공해 전파교신에 성공했다고 주장하는 광명성1호는 물론이고, 최근에 발사 성공한 무게 100kg짜리 광명성 4호도 아직 지구사진을 촬영하지는 못한 것으로 보인다. 우리나라가 1992년에 발사한 무게 50kg짜리 우리별 1호가 지구사진을 촬영해 송신한 것과 비교할 때, 북한의 위성수준은 아직 초보적인 것으로 보인다.

북한은 광명성 2호기의 발사준비가 끝났다고 선언한 뒤 2009년 3월 12일 「외기권조약」과 「등록협약」에 가입했다.[96] 이것은 북한이 우주의 평화적 이용권을 내세워  탄도미사일과 별도로 우주개발을 지속하기 위한 의도로 보인다. 하지만 2012년 12월 은하3호 발사 이후 유엔안보리는 결의안(UNSCR 2087)을 채택하여 조선우주공간기술위원회(KCST)를 제재대상으로 이름을 올렸다.

KCST는 노동당 중앙위원회와 내각의 지도를 받고 있었는데, 대포동1호(백두산 1호)와 은하 발사체(백두산 2호) 등 우주발사체와 광명성 위성의 연구제작과 개발을 담당해 왔으며, 무수단리와 평북 동창리에 있는 동해와 서해 위성발사장을 운영하고 있다. KCST가 안보리 결의 2087호에 따른 제재대상에 오르자 국가우주개발국을 만들어 탄도미사일의 개발프로그램을 넘겨주었다.[97]

북한 국가우주개발국은 지난 2013년 4월 광명성 3호-2호기 발사 이후 북한이 「우주개발법」을 제정하면서 함께 신설된 조직으로, "우주개발계획의 작성과 실행, 우주개발사업에 대한 감독과 통제를 통일적으로 지도

96 KCNA, "KCNA Report on DPRK's Accession to International Space Treaty and Convention", *KCNA,* March 12, 2009.

97 『연합뉴스』 2016년 2월 5일.

관리하는 국가의 중앙지도기관"이라는 지위를 갖고 있다.98 국가우주개발국은 위성관제종합지휘소와 평양 근교에 있는 산음동연구소를 운영하고 있는 것으로 알려졌다. 동해와 서해의 위성발사장은 국가우주개발국 산하로 되어 있지만, 액체연료용 미사일 발사장도 겸하고 있어 러시아의 경우처럼 북한군 전략군이 관장하고 있는 것으로 보인다(<그림 4-7> 참조).

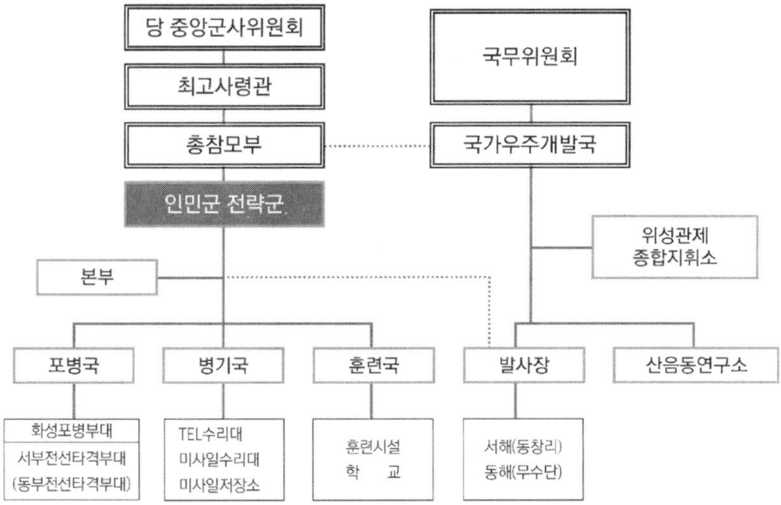


〈그림 4-7〉 북한의 우주전 관련 조직

98 국가우주개발국은 2015년 10월 12~16일에 열린 국제우주연맹(IAF) 제66차 총회에서 회원가입이 잠정승인됐으나, 한국항공우주연구원과 유엔 대북제재위원회 전문가패널이 "북한 국가우주개발국은 유엔 안보리 제재대상으로 지정된 조선우주공간기술위원회(KCST)와 같은 기구"라며 반대의사를 표명하여 취소된 것으로 보도됐다. 『통일뉴스』 2015년 10월 20일.

### 2) 북한의 국가우주개발계획과 우주군사화의 방향

2012년 10월 19일 유엔총회 제 67차 '외기권의 평화적 이용 위원회(COPUOS)' 회의의 안건 토론에서 북한대표로 참석한 박길연 외무성 부상은 "조선은 국가우주개발전망계획에 따라 인공지구위성발사를 위한 연구개발사업을 꾸준히 진행하여 자체의 힘과 기술로 제작한 위성을 여러 차례 쏘아 올렸다"면서 "우주군사화와 우주기술 협조의 정치화를 견결히 반대"하며 "강성국가 건설에 필요한 실용위성들을 계속 쏴 올릴 것"이라는 북한의 입장을 밝혔다.[99]

이처럼 북한은 김정일 정권이 공식 출범한 1998년부터 제1차 과학기술발전 5개년계획을 수립하고, 5단계에 걸친 「5개년 과학기술발전계획」을 통해 우주공간기술을 개발하여 2022년까지 과학기술강국의 지위를 확고히 한다는 목표를 세워놓고 있다. 이러한 과학기술발전계획의 일환으로 북한은 「국가우주개발전망계획」에 따라 2009년에 향후 추진하게 될 몇 가지 우주개발계획을 내놓았는데, 2022년까지 극소형 위성의 개발과 위성항법체계(GPS), 지리정보체계(GIS)의 도입이 포함되어 있다.[100]

북한 우주공간기술위원회는 2012년 12월에 발표한 대변인 성명에서 "1단계로 가까운 몇 해안에 나라의 경제발전에 필수적인 통신, 자원탐사, 기상예보 등을 위한 실용위성들을 쏘아올리고 그 운영을 정상화할 것..... 현재 시험통신위성 '광명성 2호'를 운반로케트 '은하 2호'로 쏘아올리기 위한 준비사업이 함경북도 화대군에 있는 동해위성발사장에서 본격적으로 진행되고 있다"며 지속적인 우주개발을 추진할 것임을 밝혔다.[101]

---

**99** 『조선중앙통신』 2012년 10월 26일.

**100** 『로동신문』 2009년 2월 8일.

**101** 『조선신보』 2012년 12월 13일.

2012년부터 북한은 「국가우주개발 5개년 계획(2012~16)」을 본격적으로 추진하고 있는 것으로 보인다. 첫해년도인 2012년 4월 13일과 12월 12일 두 차례에 걸쳐 은하3호(광명성 3호 탑재)를 발사하여 첫 번째는 실패하고 두 번째는 성공하였다. 북한은 광명성 3호를 지구관측위성이라고 주장하고 있는데, 지구저궤도에는 올려진 것으로 보이나 제대로 작동되지 않은 것으로 평가되고 있다.

5개년 계획의 두 번째 단계에서 북한은 지구관측위성의 다음으로 정지위성의 개발에 착수하고, 관제지휘소 능력을 보강・확충하여 대량운반로켓도 개발한다고 밝힌 바 있다. 이에 따라 북한은 평양시내에 우주관계종합지휘소를 건설하고, 앞으로 외국의 위성을 상업발사한다는 구실로 좀 더 많은 위성발사가 가능하도록 동창리의 서해발사장 지역을 중심으로 외국 발사참관인 주거지역을 설정하고 새로운 건물들을 건축하였다. 또한 군사용으로 개발된 기존의 무수단리 발사장에서 남동쪽으로 1.7km 떨어진 곳에 동해발사장을 새로 건설하고 있다.[102]

북한은 2015년 말에 서해우주발사장(동창리 소재)에서 기존 50m의 발사대 높이를 67m로 증축하는 공사를 마무리하였다. 이로써 이 위성발사대에서는 지난번에 발사했던 은하3호 로켓보다 길이나 추진력이 큰 로켓도 발사할 수 있을 것으로 보인다.[103]

5개년 계획의 마지막해인 2016년 2월 북한은 은하3호에서 이름만 바꾼 광명성호를 이용해 지구관측위성이라고 주장하는 광명성 4호를 쏘아올려 지구저궤도에 안착시키는 데 성공하였다. 북한매체들은 "지구관측위

102 북한과 관련된 매체는 2009년 4월 5일 발사된 로켓과 관련해서는 '국가우주개발전망계획'에 따른 것이라고 밝힌 바 있다. "조선우주공간기술위원회 대변인 담화", 『조선신보』 2009년 2월 24일.

103 『연합뉴스』 2016년 1월 28일.

성의 다음 단계의 과제는 정지위성의 개발, 운영"이라며 "(북한이) 관제지휘소의 능력을 보강, 확충하고 '은하 3'호보다 더 큰 대형운반로케트의 개발에도 착수한다"고 주장했다.

이처럼 북한이 2016년까지 「국가우주개발 5개년 계획」을 마무리하게 되면, 다음 단계의 우주개발계획으로 넘어갈 것으로 보인다. 북한으로서는 과학기술적인 준비와 군사적 수요에 따라 일단은 상용 지구관측위성에서 시작하면서, 점차 군사목적의 정찰위성에서 시작해 군사통신위성, 위치관측위성의 순서대로 개발해 나갈 것으로 전망된다.

제1단계 군사위성은 북한이 지구관측위성이라고 내세운 '광명성' 위성 시리이즈이다. 광명성 3호 1호기를 발사와 관련하여 일본에 있는 조선대학 이공학부 교수인 임정혁은 광명성 1, 2호는 지구의 자전방향으로 도는 시험위성이지만 광명성 3호는 극궤도를 도는 실용위성이라고 평가하며 한반도와 그 주변을 면으로 관측할 수 있다고 평가하고 있어, 광명성 3호가 실용화된다면 정찰위성으로 활용할 가능성이 높다.[104]

제2단계 군사위성의 개발은 군사통신위성이 될 것으로 전망된다. 북한 내에 핸드폰의 보급이 350만 대로 늘어나는 등 민간용 통신위성에 대한 수요도 일정 부분 작용하겠지만, 무엇보다 군사통신용으로 활용할 가능성이 크다. 현재 북한군의 정보통신체계는 유무선 통신망을 중심으로 운용하고 있으며, 위성통신으로는 영국의 상업용 국제해상통신망(INMARSAT)을 이용하고 있다. 따라서 북한군은 자신들이 개발한 핵·미사일의 지휘통제체제를 독자적으로 구축하기 위해서도 군사통신위성의 확보에 나설 것으로 보인다.

제3단계 군사위성의 개발은 지역위성항법체계를 구축하기 위한 위치

---

**104** 『연합뉴스』 2012년 12월 14일.

관측위성의 발사로 추정된다. 그동안 『로동신문』을 비롯한 북한매체들은 위성항법체계의 중요성에 대해 강조해 왔고,[105] 5단계에 걸친 「5개년 과학기술발전계획」을 통해 핵기술과 더불어 우주공간기술을 개발하여 2022년까지 극소형 위성의 개발과 위성항법체계(GPS)와 지리정보체계(GIS)의 도입을 과제로 내세운 바 있다.[106] 북한이 독자적인 지역위성항법체계를 갖추기 위해서는 고도 36,000km의 정지위성을 쏘아올릴 능력을 갖춰야 한다.

북한은 인공위성의 개발과 병행하여 우주전의 주요 군사적 수단인 위성요격(ASAT)무기의 개발에도 나설 가능성도 있다. 북한이 네트워크중심전으로 전환하기 위한 인공위성 지원체계의 구축을 중장기적으로 추진하면서도 단중기적으로 한미연합군의 대북 위성감시체계를 당면한 위협으로 인식하여 위성요격무기의 개발에 나설 수도 있을 것이다. 현재 무인기의 개발과 함께 대함 순항미사일, 노동미사일, 대포동미사일과 같은 중장거리 탄도미사일을 운용하고 있기 때문에, 이러한 장거리탄도미사일 기술을 적용해 인공위성 요격미사일을 개발할 가능성이 있는 것이다.

105 김치관, "북한, 미국과 '제2의 우주전쟁' 돌입하나- 북 위성발사 장기목표는 'GPS 구축'", 『통일뉴스』 2012년 12월 7일에서 재인용.

106 『조선신보』 2012년 12월 13일.

## 2. 한국의 우주개발과 우주공간의 안보적 활용 실태

### 1) 한국의 우주개발 현황

우리 정부는 독자적인 한국형 발사체를 개발하기 위한 우주기술을 확보하는 데에 많은 재정을 투입하고 있다. 우주산업은 장기적인 경제적 이득과 관련이 있어 미래 산업으로 중요할 뿐만 아니라, 북한으로부터의 핵・미사일 위협에 대처하기 위한 첨단기술의 확보를 위해서도 필요하다. 한국은 나로우주센터를 건설해 운용 중이며, 나로호 발사 성공에 필두로 자체 기술로 인공위성과 미사일을 개발할 수 있게 될 것이다. 우리나라는 미국에 대한 의존을 줄이면서 한반도를 방위할 수 있는 우주계획을 추구하고 있는 것이다.

우주개발을 담당하고 있는 한국항공우주연구원(KAERI)는 1989년 기계연구소 부설로 만들어졌다가 1996년에 독립했다. 이후 우주개발을 본격 추진하여 1999년 다목적 지구관측위성을 쏘아올리는 데 성공했다. 북한이 군사목적 때문에 발사체의 개발에 우선순위를 두었다면, 우리의 경우는 「한・미 미사일 지침」에 따른 사거리 제약 때문에 발사체 분야보다는 인공위성의 개발에 중점을 두어왔다. 그렇기 때문에 그 동안 한국은 발사체를 다른 나라의 기관이나 기업에 의존할 수밖에 없었다. 그런 가운데서도 짧은 간 안에 과학로켓인 KSR-I, II, III를 개발하는 등 발사체의 기술적 기반을 다져왔다.

우리나라는 2001년부터 발사체의 독자개발전략에서 국제협력 방식으로 선회하였다. 2004년 9월 우리나라는 러시아와 「한・러 우주기술협력협정」을 맺고 선진적인 발사체 기술을 확보하기 시작했고, 마침내 2013년 1월 30일 한국형 발사체(KSLV)인 나로 1호의 발사에 성공하였다. 그리하여 같은 해 11월 우리나라는 관계부처 합동으로 '제2차 우주개발진흥 기본계획'의 수정안인 「우주개발 중장기 계획」을 수립하여 한국형 발사체와 이에 의한 인공위성 추진계획을 구체화하였다.

한국형 발사체 개발 사업은 총 3단계로 진행된다. 먼저, 나로호 개발을 통해 확보한 기술과 경험을 토대로 독자적인 한국형 발사체(KSLV-II)를 개발해 2017년 시험발사체를 쏘아올린다는 계획이었다. 이를 통해 75톤급 액체엔진의 성능을 검증하고, 2020년까지 수송능력 1.5톤인 한국형 발사체를 저궤도에 쏘아올린다는 계획이었다. 하지만 발사체의 연료탱크 용접 문제 등으로 10개월가량 시기가 늦춰질 전망이다.[107]

한국형발사체는 정지궤도 및 대형 위성 발사가 가능하도록 대형화도 추진돼 발사 능력향상과 해외 위성발사 서비스시장에도 진출한다는 계획을 갖고 있다. 2030년까지는 수송능력을 저궤도 8톤 이상, 중궤도 및 정지궤도 3톤 이상이 되는 '중궤도 및 정지궤도 발사체'를 개발한다는 계획이다. 그리고 2040년까지는 수송능력을 저궤도 15~20톤, 정지궤도 5~6톤으로 끌어올린 대형정지궤도 발사체를 쏘아올린다는 계획도 마련해 놓고 있다.

우리나라는 한국형 발사체의 개발과 더불어 이를 이용한 인공위성 발사계획도 수립해 놓고 있다. 2020년까지 저궤도 한국형 발사체를 이용하여 차세대 중형위성 1기 및 달 탐사선을 발사하고, 2021~2030년 기간에는 저궤도 한국형 발사체를 이용하여 차세대 중형위성 23기, 차세대 소형위성 4기, 다목적 실용위성 2기와 해외위성 7기를 수주해 발사한다는 계획을 갖고 있다. 아울러 이 기간에 중궤도, 정지궤도 한국형 발사체를 개발해 2027년쯤에 3톤급 인공위성을 발사한다는 계획이다. 또한 2031~2040년 기간에는 저궤도와 정지궤도에 대한 상업용 위성의 발사서비스를

107 『연합뉴스』 2016년 7월 1일.

〈표 4-6〉 한국의 우주발사체 발사 및 개발 현황

| 발사체명 | 발사일 | 중량 | 발사고도 | 용도 | 비고 |
|---|---|---|---|---|---|
| 1단형 고체추진 과학로켓(KSR-Ⅰ) (Sounding Rocket) | 1993.6.4.<br>1993.9.1. | 1.2톤 | 101km | 오존층 탐사,<br>로켓 성능시험 | 1단 |
| 2단형 고체추진 과학로켓(KSR-Ⅱ) (Sounding Rocket) | 1998.6.11. | 2.0톤 | 124km | 오존층 탐사, 천체X-ray 측정, 위성구도 이온층 전자환경 측정 | 2단 |
| 액체추진 과학로켓(KSR-Ⅲ) (Sounding Rocket) | 2002.11.28. | 5.6톤 | 80km | 한반도 표준대기 상태 측정, 미소 중력환경 측정, 궤도환경 이론층 탐사, 천체X-ray 관측 | - |
| 나로호 (KSLV-Ⅰ) | 2013.1.30. | 140톤 | 300~1,500km 타원궤도 | 100kg급 소형위성을 지구저궤도에 올리는 능력 보유 | 2단 |
| 한국형 발사체 (KSLV-Ⅱ) | 개발중 (2021 목표) | 200톤 | 600~800km 원궤도(태양 동기궤도) | 1.5톤급 소형위성을 지구저궤도에 올리는 3단 능력 보유 | 3단 |

<출처> 외교부,『2013 군축 · 비확산 편람』, pp. 200~201에서 일부 수정.

실시한다는 구상이다.108

현재 강대국 간에는 위성항법체계의 개발경쟁이 한창 벌어지고 있다. 미국이나 러시아, 유럽연합, 중국과 같은 글로벌 위성항법체계의 구축은 국력이나 경제적 효용성으로 볼 때 무리일 수밖에 없지만, 일본의 준텐죠 위성항법체계와 같이 지역적으로 제한된 지역위성항법체계의 구축은 장기적으로 필요하다. 우리나라는 2030년부터 인공위성을 쏘아올리기 시작

108 외교부, 『2013 군축 · 비확산 편람』, p. 200.

해 2040년에 독자적인 위성항법체계를 구축한다는 계획이다.[109]

한국항공우주연구원은 정지궤도 위성을 사용하여 현행 GPS 오차를 실시간으로 정밀하게 줄여 맞춤형 내비게이션 정보를 제공해주는 한국형 초정밀 GPS 보정시스템(SBAS)을 개발하고 있다. 한국형 초정밀 GPS 보정시스템인 'KASS'의 개발이 완료되면 우리나라는 미국, 유럽, 일본 등에 이어 세계 7번째 SBAS 보유국이 될 것으로 예상된다. 2019년 7월부터 항공기를 제외한 모든 영역에 무상으로 정밀위치정보를 제공하며, 3년간의 검증 및 안정화 기간을 거쳐 2022년 10월부터 국내 공역을 비행하는 항공기에도 서비스가 확대될 예정이다.

〈표 4-7〉 한국의 인공위성 발사 및 운영 현황

| 분류 | 위성명칭 | 발사시기 | 궤도 | 중량 | 임무 | 비고 |
|---|---|---|---|---|---|---|
| 과학기술위성 (STSAT) | 우리별 1호 | 1992.8.11. | 1,300km 원궤도 | 50kg | 위성제작 기술습득 | 2004.12 임무종료 |
| | 우리별 2호 | 1993.9.26 | 800km 태양동기궤도 | 50kg | 위성부품 국산화 | 2002.6 임무종료 |
| | 우리별 3호 | 1999.5.26 | 720km 태양동기궤도 | 110kg | 지상관측 과학관측 | 2002.7 임무종료 |
| | 과학위성 1호 | 2003.9.27 | 685km 태양동기궤도 | 106kg | 우주환경 측정 | 관측임무종료/ 위성체기술 검증 위해 운용중 |
| | 과학위성 2호 | 2009.8 | 300~1,500km 저궤도 | 100kg | 선행 기술시험 | 발사실패로 소실 |
| | 과학위성 3호 | 2013.11 | 600km 태양동기궤도 | 170kg | 적외선영상 자료수집 | 2014.3부터 운용중 |
| 통신방송위성 (무궁화) | 1호 | 1995.8.5 | 35,786km 정지궤도 | 1,459kg | 방송통신 | 2005.12. 폐기 |
| | 2호 | 1996.1.14 | 35,786km 정지궤도 | 1,459kg | 방송통신 | 임무종료, 해외임대 |
| | 3호 | 1999.9.4 | 35,786km 정지궤도 | 2,800kg | 방송통신 | 2011.9 임무종료, 매각 |

109 관계부처 합동, 「우주개발 로드맵- 우주개발 중장기계획」(제2차 우주개발진흥기본계획 수정), 미래창조과학부, 2013년 11월.

| | | | | | | |
|---|---|---|---|---|---|---|
| | 5호 | 2006.8 | 35,786km | 4,500kg | 방송통신 | 운용중 |
| | 6호 (올레) | 2010.12 | 35,800kg 정지궤도 | 1,129kg | 방송통신 | 운용중 |
| | 통신위성 | 2019(TBO) | - | - | - | - |
| DMB 위성 | 한별위성 | 2004.3.13 | 대한민국SK텔레콤과 일본 MBC)가 공동으로 위성소유 | | | 운용중 |
| 정지궤도 복합위성 | 천리안1 | 2010.6 | 35,786km 정지궤도 | 2,500kg | 공공통신망 구축, 기상 해양 관측 | 운용중 (운용수명 7년) |
| | 천리안 2A | 2018.5 | 35,786km 정지궤도 | 3,500kg | 기상관측 | 예 정 |
| | 천리안 2B | 2019.3 | 35,786km 정지궤도 | 3,500kg | 해양, 환경 관측 | 예 정 |
| 다목적 실용위성 (아리랑) | 1호 | 1999.12.21 | 685km 태양동기궤도 | 470kg | 기상관측 해양관측 | 2008.1 임무종료 |
| | 2호 | 2006.7.28 | 685km 태양동기궤도 | 800kg | 기상관측 | 2015.9 임무종료 |
| | 3호 | 2012.5 | 685km 태양동기궤도 | 800kg | 70cm해상도 적외선센서 | 운용중 |
| | 5호 | 2013.8 | 550km 태양동기궤도 | 1,315kg | 전천후 영상레이더 | 운용중 |
| | 3A | 2015.3 | 528km 태양동기궤도 | 1,100kg | 55cm 고해상도 | 운용중 |
| | 6호 | 2019 | 505km 태양동기궤도 | 1,100kg | 50cm 영상레이더 | 예 정 |
| 차세대 중형위성 | 1호 | 2018(TBO) | 505km 태양동기궤도 | 500kg | 50cm 전자광학 | 예 정 |
| | 2호 | 2019(TBO) | | | | 예 정 |
| | 3호 | 2020(TBO) | | | | 한국형 발사체 KSLV-Ⅱ 탑재 |

■ 표시는 현재 운용중인 인공위성.

<출처> 한국항공우주연구원 홈페이지(www.kari.re.kr)

### 2) 우주공간의 안보적 활용

정부 차원에서 항공우주군의 창설에 대한 언급이 나오고 있다. 이것은 근년 들어 벌어지고 있는 동북아지역에서의 우주 군비경쟁과 무관하지 않다. 일찍부터 중국과 일본이 우주개발에 막대한 재정을 쏟아붓고 있고, 일찍이 우주발사체의 축적된 실적과 함께 네트워크중심전의 핵심 우주자산이라고 할 수 있는 위성항법체계의 가동에 들어갔다. 또한 북한도 우주의 평화적 이용을 내세우며 1998년부터 ICBM으로 전용될 수 있는 우주발사체 개발에 뛰어들었다.

이런 상황에서 정부차원에서 우주군의 창설 필요성이 언급된 것은 이상할 것이 없다. 2001년 3월 공군사관학교 졸업식에서 김대중 대통령은 100년 앞을 내다보는 거시적 안목과 치밀한 준비가 필요하다면서 "21세기 항공우주군 건설 비전의 실현"의 중요성을 강조하였다. 이를 바탕으로 공군은 「공군비전 2025」을 수립해 발표하였다.

노무현 정부는 2008년을 항공우주군으로의 도약을 위한 원년으로 내걸고, 2007년 1월 공군작전사령부 내에 우주전략처를 설치하고 같은 해 9월 공군본부 직속으로 우주발전과를 신설하는 등 우주군을 창설하기 위한 실질적인 기반 조성작업에 착수하였다. 그리고 2008년 4월과 6월에 공군과 한국국방연구원이 공동으로 정책발전 워크숍과 정책간담회를 개최하는 등 본격적으로 전략개발에 나섰다.

2009년에 들어서도 항공우주군의 비전을 구체화시키는 노력들이 계속되었다. 공군은 9월 10일 창군 60주년을 맞이하여 「공군비전 2030」을 발표하였다. 「공군비전 2030」은 효과적인 네트워크중심전(NCW)을 수행하기 위해 '연합 · 합동의 전장을 주도할 수 있는 항공우주군의 창설'이 필요하다는 점을 공식적으로 제기하였다.[110]

2010년 3월 10일 이명박 대통령은 공군사관학교 졸업식에서 공군이 중심이 된 항공우주력이 국가안보에서 차지하는 비중이 갈수록 높아질 것이라고 언급하면서 "공군은 영공방위는 물론 우주 · 사이버전에 대비하는 세계일류의 항공우주군으로 발전해 나가야 한다"며 정부차원에서 적극 지원해 나갈 것임을 강조하였다.

이에 따라 한국 공군은 '국가 우주활동의 자유를 보장하고 합동 우주작전 수행을 위한 우주우세를 확보한다'라는 우주발전 전략목표를 세우고, 2015년 7월에는 공군우주정보상황실의 설치를 계기로 「단계적 우주전력 발전계획」을 수립해 추진하고 있다.

1단계는 2020년까지 우주공통작전상황도(COP)를 지속적으로 발전시키고, 전자광학우주감시체계를 전력화해 우주작전 수행능력을 확보한다는 것이다. 또한 우주쓰레기의 관측과 추적을 위해 2019년까지 우주감시용 전자광학시스템을 도입할 예정이다.

2단계는 우주기상예보 · 경보체계 및 레이더우주감시체계, 조기경보위성체계 등 우주감시 능력을 확보해 독자적인 우주위험 대처능력을 2030년까지 구비하는 것이다. 이를 위해 2022년까지 고성능 영상레이더(SAR) 탑재위성 4기와 전자광학장비(Eo) 및 적외선 감시장비(IR) 탑재 위성 1기 등 군사 정찰위성 5기를 쏘아올리는 '425사업'에 착수했다.[111]

3단계로 2040년까지 적 위성을 무력화할 수 있는 지상 · 우주기반 방어체계와 다양한 발사체를 개발하고, 유 · 무인 우주비행체를 운영하는 등 우주작전 및 우주전력투사 능력을 확보해 나간다는 구상이다. 2040년 이후에는 적성 위성과 우주 물체를 요격 · 무력화하는 지상 · 우주기반 레이저 무기체계와 정찰 · 타격용 우주비행체 등을 갖춘다는 비전을 세워놓고 있다(<표 4-8> 참조).

---

**110** 공군본부, 「공군비전 2030」, 공군 전투발전단, 2009, p. 31.

**111** 『이데일리』 2016년 8월 8일.

〈표 4-8〉 우주전력 단계별 추진계획

<table>
<tr><th colspan="2">단계</th><th>목표</th><th>추진내용</th></tr>
<tr><td colspan="2">제1단계<br>(~2020)</td><td>우주상황인식의 수행체계 정립을 통한 기반능력의 확보</td><td>• 우주정보 활용, 작전지원을 위한 우주작전상황도(COP)<br>• 위성충돌 상황조치, COP를 관리할 우주정보상황실<br>• 위성 감시 및 국가위성 보호를 위한 전자광학위성감시 체계 구축</td></tr>
<tr><td colspan="2">제2단계<br>(~2030)</td><td>우주감시능력의 확보를 통한 우주상황 인식의 능력 신장</td><td>• 정밀추적과 위성정찰 무력화를 위한 고출력레이저 위성 추적체계<br>• 전천후 상시감시 및 추적을 위한 레이더 우주감시체계<br>• 우주기상 감시・분석・전파를 위한 우주기상 예・경보체계</td></tr>
<tr><td rowspan="2">제3단계</td><td>~2040</td><td rowspan="2">諸우주작전 및 우주전력의 투사 능력 확보</td><td>• 적 탄도 조기탐지를 위한 조기경보 위성체계<br>• 적 주요지역 감시・정찰을 위한 소형위성 편대군<br>• 저비용・고효율 적시적 위성발사를 위한 소형위성 공중 발사체<br>• 적성우주물체 요격을 위한 대(對)위성요격체계</td></tr>
<tr><td>2040~</td><td>• 한반도지역 독자항법 신호 생성을 위한 위성항법체계<br>• 적성위성 무력화를 위한 지상기반 레이저무기체계<br>• 적성위성・우주물체 요격 위한 우주기반 레이저무기체계<br>• 적성활동 정찰 및 타격을 위한 정찰・타격용 우주비행체</td></tr>
</table>

<출전> 공군본부, 「우주전력 단계별 추진계획」, 공군 우주발전처, 2015년 7월 8일.

### 3) 우주공간을 전담할 군사조직의 창설 구상

한국에서 장차 우주전의 임무를 담당할 조직이 어디가 될지 아직 결정된 바는 없다. 현재 공군이 가장 활발하게 우주전을 담당할 조직체계를 만들어가고 있다. 실제로  미군의 체계를 따르는 한국군의 조직특성을 고려할 때 미국과 같이 공군이 우주군의 창설 임무를 담당할 가능성이 높다.

공군은 1998년 최초의 우주전담 조직인 우주무기과를 전투발전단(현 연구분석평가단) 안에 신설하였고, 2007년에 공군본부 전력기획참모부 우주발전과로 이전하였다. 우주발전과에서는 공군의 우주전략조직인력의 청사진이라고 할 수 있는 「공군 우주력 발전 기본계획서」를 작성・수립하고, 공군의 우주 전문인력을 양성하였다. 2014년에 우주발전과는 우주발전처로 확대개편되었다.

공군 연구분석평가단 내에 있는 우주발전처는 우주전력체계의 소요를 창출하고 미래창조과학부, 한국항공우주연구원, 한국천문연구원 등 우주 관련기관과 대외협력을 통해 우주분야에 대한 연구와 지식을 상호 공유하며 협조한다. 이러한 민・관・군의협력을 통해 국가차원의 우주위협에 대한 대응방안을 모색하고 있다.

우주발전처는 주요 연습・훈련기간 동안에는 한・미 연합우주작전 연습을 통해 작전능력을 신장시키고, 공군 내 우주전문인력 양상 등의 업무를 수행한다. 우주발전처는 우주정책과와 우주전력발전과 2개로 이루어져 있으며, 주요사업으로는 우주상황을 인식하고 정보를 공유, 전파하기 위한 '우주정보상황실'을 2015년 7월 8일 발족하여 운영하고 있다.

현재 항공우주작전은 공군 작전사령부 항공우주작전본부에서 담당하고 있는데, 장기적으로 우주전을 전담할 우주작전사령부를 창설한다는 계획이 수립되어 있다. 공군이 밝힌 3단계 우주작전사령부 창설계획은 다음과 같다.

제1단계는 우주정보상황실을 설치하고 전체광학 위성감시체계의 임무를 담당할 ‘위성감시 통제대’를 설립한다. 우주정보상황실은 2014년 9월에 한・미 국방부가 체결한 「우주정보공유 합의서」에 따라 미 전략사령부로부터 고급 우주감시정보를 받아 우주정보를 분석하고 유관기관과의 공조를 통해 상황에 맞는 조치를 취하게 된다.

제2단계는 고출력레이저위상추적체계의 관리를 맡을 ‘무인감시 통제대대’를 만들어 운영하며 이와 함께 우주기상의 예・경보체계를 갖춘 ‘우주기상대’를 설립하는 것이다. 이후 레이더 우주감시체계와 조기경보위성체계가 완성되면 레이더우주감시대대와 조기경보운용대대를 설치하고, 이미 설립된 위성감시통제대대와 우주기상대와 통합하여 ‘우주감시통제전대’를 발족하여 우주정보통합체계를 구축한다.

이처럼 제1, 2단계를 거쳐 우주정보통합체계를 구축해 우주전력의 기반을 강화한 뒤, 제3단계는 한반도주변의 우주공간을 통제하기 위해 조기경보위성, 소형위성을 전담하는 위성운영통제전대와 에너지・운동성체계를 전담하는 우주방어전대를 묶어 ‘우주작전단’을 창설하게 된다. 이후 우주수송단(위성발사체, 우주비행체)과 우주작전통제본부(항공우주작전본부내 운영)를 신설하여 명실상부한 우주작전사령부(KSSOC, Korea Space Operations Command)를 발족한다는 계획이다(<그림 4-8> 참조).

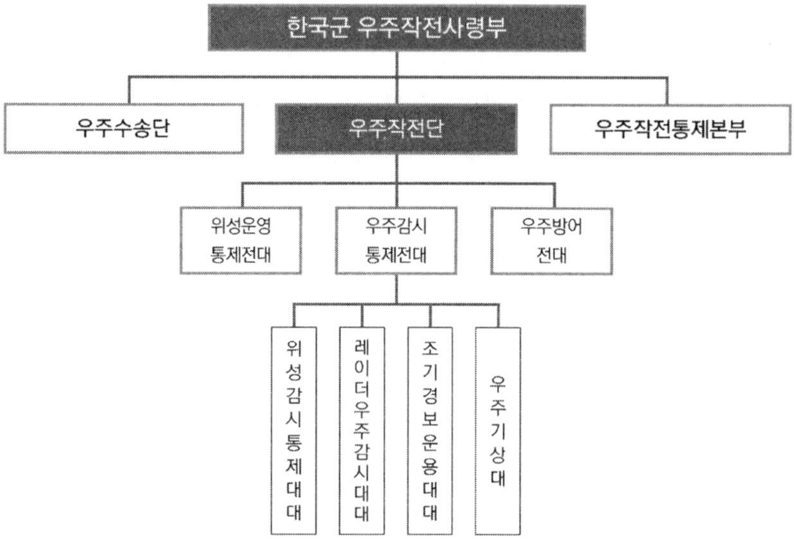


<출전> 공군본부, 「우주전력 단계별 추진계획」을 참고로 필자가 작성.

〈그림 4-8〉 한국의 우주전 조직 건설 구상

## 3. 우주안보 역량의 국제비교

### 1) 동북아 4대국과의 우주기술역량 비교

우주공간에 인공위성을 제일 먼저 쏘아올리는 데 성공한 나라는 옛소련이었지만, 미국은 압도적인 국력을 바탕으로 단기간에 소련을 앞질러 세계 최강의 우주개발능력을 보유하고 있다. 그 뒤 미국은 첨단기술력을 바탕으로 우주개발을 추진하여 냉전시기는 물론 탈냉전기를 거쳐 오늘날까지도 독주체제를 이어오고 있다. 우주기술은 비록 상업용이라고 해도 곧바로 군사적 전용이 가능한 겸용기술이라는 점에서 민·군을 포함한 종합적인 우주기술력의 비교를 통해 각국의 우주전의 잠재능력을 파악할 수 있다.

위성산업협회(Satellite Industry Association)자료에 따르면, 2014년 기준으로 최소한 한 개 이상의 위성을 보유하고 있는 국가는 57개 국으로 파악 되고 있으며, 총 1,261개의 위성이 가동중인 것으로 파악되고 있다. 이 중 38%는 상업용 통신위성이며, 정부통신(14%), 지구관측서비스(14%), R&D(11%), 네비게이션(8%), 군사용(8%), 과학용(5%), 기상용(2%) 순으로 운용되고 있다.[112]

현재 운영중인 위성의 수를 보아도 미국은 528기로 주요 경쟁국인 러시아, 중국, 일본 등을 합친 것보다도 훨씬 많다. 특허점유율을 보면 미국이 33%를 차지하고 있으며 프랑스 17.7%, 독일 10.4%, 중국 6.8%, 일본 5.9%, 한국 4.1%의 순으로 뒤를 잇고 있다. 기술격차를 보면, 미국과 러시아가 대등한 수준이며, 미·러를 기준으로 프랑스와 독일이 3년, 일본이 5.5년, 중국이 6년, 그리고 한국이 10년 정도 뒤쳐져 있다(<그림 4-9> 참조).

**112** 김철영, “미래성장 산업 ‘우주산업’”.

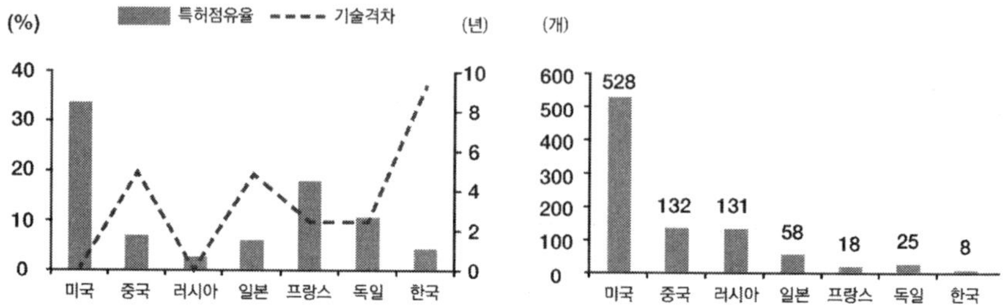


<출전> 김철영, "미래성장 산업 '우주산업': 스페이스X는 2년 뒤 화성(Mars)으로 간다", 『Market Issue』, 현대증권, 2016년 5월 10일, p. 3.

〈그림 4-9〉 주요국의 특허점유율 · 기술격차 및 운영중인 위성 수

우주분야의 특허출원이나 종합적인 기술력 격차뿐만 아니라 실제 우주개발의 실적에서도 한국은 아시아 주요국들에도 크게 뒤져 있다. 아시아국가 중 선두주자였던 일본은 물론 후발주자로 우주개발에 참여했던 중국과 인도는 다위성 동시발사, 정지궤도 발사, 대기권 재돌입을 비롯한 우주개발의 여러 분야에서 각축을 벌이고 있다. 하지만 한국은 아직 초보적인 수준으로 이들 국가와는 비교가 안 될 정도로 뒤쳐져 있다(<표 4-9> 참조).

〈표 4-9〉 아시아 주요국의 우주개발 실적 및 한국의 계획

| 위성 종류 | 다위성 동시발사 | 정지궤 도발사 | 대기권 재돌입 | 궤도상 도킹 | 위성 항법체계 | 유인 우주선 | 화성 탐사기 | 태양 탐사기 | 우주 망원경 |
|---|---|---|---|---|---|---|---|---|---|
| 중국 | 1981 | 1984 | 1975 | 2011 | 2000 | 2003 | 2011 | 계획 | 2016 (예정) |
| 일본 | 1986 | 1977 | 1994 | 1997 | 2010 | 2025 (계획) | 1998 | 1975 | 1979 |
| 인도 | 1999 | 2001 | 2007 | 계획중 | 2013 | 2015 (계획) | 2013 | 2017, 8 (예정) | 2015 |
| 한국 | - | 2018 | '20년대 중반 | '20년대 초반 | 2030 | - | 2027 | 2020 | 2020(공동) 2030(독자) |

<출전> Wikipedia, "Comparison_of_Asian_national_space_programs", April 28, 2016. (https://en.wikipedia.org/wiki/Comparison_of_Asian_national_space_programs 검색일 2016/5/14) 및 관계부처 합동, 「우주개발 로드맵-우주개발 중장기계획」, 미래창조과학부, 2013년 11월.

특히 근년 들어 우주선진국들이 앞을 다투어 개발에 나서고 있는 위성항법체계 분야에서는 인도와 일본이 지역위성항법체계를 구축하고 있고, 중국은 이미 지역을 넘어 2020년을 목표로 글로벌 위성항법체계를 목표로 개발 중에 있다.[113] 하지만 한국은 유럽연합이 추진중인 갈릴레오 프로젝트에 참여하고 있지만, 아직 독자적인 지역항법체계의 수립은 2030년을 목표로 하는 등 장기계획에 그치고 있다.

〈표 4-10〉 위성항법체계(GNSS)의 운용 및 개발 현황

| 시스템 명칭 | 운용국 | 체계완성 | 위성수 | 비 고 |
|---|---|---|---|---|
| GPS | 미 국 | 1994년 | 32기 | 시스템 유지에 최소 24개 위성 필요<br>성능향상된 GPS-2 개발중 |
| 글로나스<br>(GLONASS) | 러시아 | 1995년<br>2010년 | 24기<br>(+6) | 1995년에 완성됐으나 냉전해체 뒤에 위성체계가 사실상 붕괴, 2009년 재개 |
| 베이더우<br>COMPASS | 중 국 | 2008년<br>2020년 | 35기 | 베이징올림픽(2008) 기간 중 시범운용, 현재 지역항법체계<br>Beidou(北斗) 운영중 |
| 갈리레오<br>(Galileo) | 유럽연합 | 2016년 | 24기 | 한국, 중국 옵서버 참여 |
| IRNSS | 인 도 | 2016년 | 7기<br>(+2) | 인도내 우선서비스 |
| 준텐쵸<br>(準天頂, QZSS) | 일 본 | 2019년 | 4기<br>(+3) | 일본내 우선서비스 |

## 2) 남북한의 우주기술역량 비교

한국이 「한 · 미 미사일 지침」에 묶여 한 동안 우주발사체의 개발이 제대로 이루어지지 않은 사이에 북한은 군사적 목적으로 옛 소련제 스커드

113 The State Council Information Office, *China's Beidu navigation satellite system*, June 16, 2016.

미사일을 역설계공학 방식으로 중장거리 로켓으로 개조하는 데 성공하였다. 이처럼 우주발사체 분야는 북한이 일부 앞서 있기는 하나, 그 대신 한국은 인공위성 분야에 집중하여 선진국의 기술수준에 접근하고 있다.

### ① 남북한의 인공위성 기술력 비교

북한의 인공위성 기술은 초급수준으로 한국과 커다란 격차를 보이고 있는 것으로 평가된다.[114] 북한이 인공위성을 처음 쏘아올린 것은 1998년 8월 21일로 한국의 우리별 1호보다 6년이나 늦었다. 그나마 한국의 경우는 50kg의 우리별 1호가 지구사진을 촬영하는 데 성공했지만, 북한의 20kg의 광명성 1호는 지상과의 교신에도 성공하지 못하였다.

2009년 4월에 발사된 북한의 광명성 2호는 100kg의 인공위성으로 은하2호 로켓의 발사 실패로 소실되어 버렸다. 2012년 4월에 실패한 광명성 3호와 동일한 것으로 추정되는 광명성 3호 2호기도 역시 100kg의 인공위성으로, 같은 해 12월 은하 3호 제2호기 로켓으로 지구궤도로 진입하는 데는 일단 성공하였다. 하지만 지구관측위성이라는 광명성 3호가 찍은 지구사진이나 통신내용이 공개되지 않은 것으로 볼 때 지구궤도의 진입에는 성공했으나 고장으로 인해 작동이 되지 않은 것으로 보인다.

북한은 2016년 2월 7일 광명호 로켓으로 광명성 4호 위성을 지구저궤도에 쏘아올리는 데 성공하였다. 북한 웹사이트인 '메아리'에 따르면, "광명성 4호의 지구관측을 위한 조종과 광학관측이 진행되고 있다"고 주장하면서, 위성에서 노래와 위성원격측정자료, 시험촬영자료 등을 송출했다고 주장하고 있다.[115]

---

114 채연석, "북한의 항공우주기술 개발동향 및 수준", pp. 46~47. 한국의 인공위성 발사 및 운영 현황에 대해서는 이 책 제4부의 <표 4-7>을 참조할 것.

하지만 북한이 발사체와 관련해 유엔안보리의 각종 제재를 받고 있기 때문에 인공위성의 성능 향상을 위한 기술도입을 기대하기 어렵다. 이러한 제약 속에서 북한이 자체 기술력으로 러시아나 중국의 위성을 모방제작하는 데는 한계가 있을 수밖에 없다. 그런 점에서 위성분야에서 남북한의 기술격차는 쉽게 좁혀지기 어려울 것으로 보인다.

### ② 남북한의 우주로켓 기술력 비교

현재까지 드러난 실적으로 보면 우주로켓 분야에서 북한이 한국보다 한발 앞선 것이 사실이다. 북한은 처음부터 군사목적으로 미사일을 개발했고 궁극적으로 대륙간탄도미사일(ICBM)의 개발을 위해 우주로켓의 시험발사를 추진하였다. 그 결과 북한은 2012년 12월 12일에 은하3호를 쏘아올릴 수 있었던 것이다(<표 4-11> 참조).

〈표 4-11〉 남북한의 우주로켓과 위성 비교

| | 한 국 | 북 한 |
|---|---|---|
| 로켓 이름 | 나로호 | 은하3호 |
| 길 이 | 33.5m | 30m |
| 최대 지름 | 2.9m | 2.4m |
| 무 게 | 140ton | 91ton |
| 단 구 성 | 2단<br>(1단 액체연료, 2단 고체연료) | 3단<br>(1, 2단 액체연료, 3단 고체연료) |
| 탑재 위성 | 나로과학위성 (100kg) | 광명성 3호 (100kg) |
| 위성 임무 | 우주환경 측정,<br>국산화부품 우주 검증 | 지구관측(주장) |
| 발 사 일 | 2013년 1월 30일 | 2012년 12월 12일 |

<출전> 장영근, “한반도의 ‘우주발사체’와 ‘탄도미사일’의 시대적 함의”, 국가미래연구원 「IFS POST」, 2016년 2월.

**115** 『통일뉴스』 2016년 3월 17일에서 재인용.

북한은 중장거리 미사일을 개발하기 위해 소련제 스커드 미사일의 엔진을 다발로 묶어 노동미사일 엔진으로 사용하고, 노동미사일의 엔진을 다발로 묶어 대포동 미사일 엔진으로 사용하는 식이다. 그러나 이러한 엔진을 다발로 묶어 분사력을 높이는 방식이 결코 쉬운 기술이 아니다. 한국도 액체연료로켓(KSR-Ⅲ)의 엔진을 다발로 묶어 독자 개발한 우주로켓으로 인공위성을 쏘아올리려던 계획이었으나 결국 포기하고 2002년에 러시아와의 국제협력을 통해 나로호 1단 로켓의 도입으로 계획을 변경한 것이다.[116]

현재 우리나라는 2021년 목표로 1.5톤급 소형위성을 지구저궤도에 올리는 한국형 3단 발사체를 개발하고 있다. 그리고 2027년쯤에는 3톤급 중형위성을 탑재할 능력을 갖추고, 2031~40년 사이에 정지궤도로 인공위성을 쏘아올린다는 계획이다. 이처럼 한국은 출발은 북한보다 늦었지만, 축적된 첨단기술력을 바탕으로 조만간 발사체 분야에서도 북한을 앞지르게 될 것으로 보인다.

116 우주로켓이 위성을 궤도에 올리려면 로켓의 무게가 위성, 연료, 산화제를 포함한 전체 로켓 무게의 15%가 넘지 않아야 한다. 한국이 독자 개발하던 KSR-3 로켓을 다발로 묶을 경우 전체 무게의 45%나 되어 개발을 포기했다고 한다. "조광래 단장이 털어놓은 나로호 개발 비사", 『조선일보』(土日섹션) 2013년 3월 30~31일.

# 제5장
# 우리 국가안보에 주는 시사점

# 제5장
# 우리 국가안보에 주는 시사점

우주개발은 원자력, 해양과 더불어 대표적인 거대과학기술(Big Science) 분야로서 연구와 개발에 엄청난 자금이 소요되지만 투자에 대한 사업 위험성이 크기 때문에 상당한 국가재정의 뒷받침이 되어야만 추진할 수 있는 국가사업으로 이해되어 왔다. 그렇기 때문에 냉전시대의 우주개발은 사실상 세계를 양분했던 자유진영의 미국과 공산진영의 소련이 주도해 왔으며, 미·소의 우주개발경쟁은 과도한 국력 소모로 소련체제의 붕괴를 가져온 한 원인이 되기도 하였다.

냉전시대에 우주개발경쟁의 불을 붙인 건 보스토크 유인우주선을 먼저 우주공간에 보낸 옛 소련이었지만, 정작 우주 군비경쟁을 촉발시켜 체제경쟁에서 승리를 쟁취한 것은 전략방위구상(SDI)을 제기한 미국이었다. 미국이 전략방위구상에서 미사일방위구상(MD)으로 이어지는 일련의 우주공간의 군비경쟁에서 승리하면서 미·소 사이의 전략적 핵균형이 무너졌다.

냉전시기 미국은 소련의 핵무기를 감시하고 미사일공격을 탐지하기 위한 목적으로 정찰위성과 조기경보위성, 군사통신위성을 활용하였다.

냉전의 종식 뒤에 미국은 한 발 더 나아가 1995년부터 글로벌위성항법체계를 운용하기 시작하였다. GPS는 흩어져있던 육・해・공군의 작전을 통합하여 군사작전의 효율성을 높여주었고, 미국의 '우주우세'를 결정적인 것으로 만들어주었다.

이러한 우주공간의 군사적 기반을 이용해 미국은 이라크전쟁과 코소보내전에서 일방적인 승리를 거두었다. 당시 GPS를 이용한 미군의 군사작전을 보고 군사력 운용의 한계를 인식한 서유럽국가들은 당초 유럽독자군(Eurocorps)을 창설해 NATO를 대체하려던 계획을 뒤로 미루고, 그 대신에 유럽 독자적인 글로벌위성항법체계(GNSS)인 갈릴레오 프로젝트를 2002년부터 추진하게 될 정도였다.

이처럼 최근의 전쟁양태는 과거의 대량살상보다는 글로벌위성항법체계를 이용한 정밀성과 치밀성을 동시에 보장할 수 있는 네트워크중심전(NCW)형태로 변화되었다.[117] 위성항법체계의 군사적 활용이 늘어남에 따라 미국, 러시아, 중국 등 우주분야 선진국들은 유도무기의 핵심인 위성항법체계의 독자적 구축에 치중하는 등 우주공간의 군사적 활용을 경쟁적으로 확대하고 있다. 러시아도 국력의 회복에 따라 위성항법체계의 재구축에 나섰고, 유럽연합에 이어 중국과 인도, 일본도 위성항법체계의 구축에 나섰다.

이와 같이 우주공간의 경제적, 안보적 중요성이 높아지고 있지만, 그동안 한국은 상대적으로 우주공간의 안보적 이용에 뒤떨어져 있었다. 특히 군사용 미사일로의 전용을 우려한 미국이 「한・미 미사일지침」으로 묶어놓는 바람에 우주발사체 분야의 기술발전과 투자가 크게 뒤쳐질 수

117 최재동, 안병성, "한국군의 국방우주분야 발전을 위한 정책적 제언- 민・군 협력 중심", 「주간국방논단」 통권 제1391호, 2011년 12월 26일, pp. 1~2.

밖에 없었다. 그렇기 때문에 한국은 미국의 제약을 받지 않았던 인공위성 분야의 연구개발에 상대적인 우위를 가지고 있다.

한국이 뒤늦게나마 한국형 발사체 연구개발에 본격 착수한 것은 다름 아닌 북한의 대포동 1호 장거리 로켓의 시험발사이다. 북한이 한국보다 앞서 장거리 로켓을 개발하자 국내에서는 이를 '북한발 스푸트니크 쇼크'로 받아들이는 분위기였다. 이를 계기로 국내에서 로켓발사체의 연구개발에 대한 본격적인 연구개발이 시작되는 계기가 되었다. 그리하여 마침내 우리나라는 러시아와의 국제협력을 바탕으로 나로호의 발사에 성공한 것이다.

우주개발은 상업용과 군사용으로 같이 쓸 수 있는 겸용기술이라는 특성을 갖고 있다. 상업용 우주개발이라 하더라도 군사적 전용가능성을 고려하지 않을 수 없기 때문에, 결국 상업용 우주개발의 최대 허용치는 군사용 미사일의 한계와 같을 수밖에 없는 것이 현실이다. 그렇기 때문에 우리나라는 경제적인 목적을 위해서라도 적극적으로 우주공간의 활용에 나서야 한다.

현재 한반도를 둘러싸고 있는 주변 강대국들은 이미 로켓발사체와 대륙간탄도미사일의 기술을 확보하고 있거나 이미 개발해 놓고 있다. 이러한 주변 강대국의 우주역량은 당면한 북한의 위협에 못지않게 중장기적으로 우리의 국가안보에 대한 잠재적인 위협요인이 되고 있다. 따라서 우리나라는 상업용 로켓발사체를 개발하여 평화적 용도로 사용하되 중장기적으로 대륙간탄도미사일의 기술을 확보하는 길을 열어놓을 필요가 있다. 이를 통해 동북아지역의 우주 군비경쟁에 대응해 나갈 필요가 있다.[118]

**118** 장영근, "한반도의 '우주발사체'와 '탄도미사일'의 시대적 함의".

우주개발에서 군사목적의 인공위성 사용은 전체의 8%밖에 안 되지만, 상업용과 군사용의 구별이 모호하고 상업용 위성도 군사용으로 쓸 수 있기 때문에 국가안보 차원에서 차지하는 비중은 절대적이다.[119] 따라서 우리나라도 우선 독자적인 발사체 능력을 갖추고 인공위성을 활용해 우주공간에서의 군사적 능력을 키워 나가야 한다. 그리고 우주개발능력의 신장에 따라 우주기반 네트워크중심전의 단계로 진입해야 한다. 아울러 우리의 우주전 역량이 선진우주개발국에 비해 취약한 만큼, 우주공간의 군비경쟁을 막는 방향으로 새로운 국제규범의 창출에 적극 참여해야 할 것이다.

119 유준구, "최근 우주안보 국제규범 형성 논의의 현안과 시사점", 『주요국제문제분석』, 국립외교원 외교안보연구소, 2016년 1월 20일, pp. 5~6.

# 제5부
# 사이버공간의 군비경쟁과 사이버안보

제1장

# 전략공간의 확대와 사이버공간의 군사적 이용

# 제1장
# 전략공간의 확대와 사이버공간의 군사적 이용

제2차 핵시대를 맞이하여 국제안보환경에서 나타난 또다른 변화는 바로 정보혁명(information revolution)에 따라 사이버공간(cyberspace)이 만들어지고 여기서 사이버권력(cyber power)이 등장했다는 점이다.[1] 정보통신기술의 발달과 컴퓨터의 보급 확대는 사이버공간이라는 새로운 영역을 만들어 내었다. 일반 영역에서도 그렇듯이, 개인이나 집단이 사이버공간에서 활발히 활동하면 할수록 사회의 정보통신기반은 각종 사이버공격의 목표가 되기 쉽다.

사이버공간이 확대되면서 각국들은 기존과 다른 차원의 안보 상황에 직면하게 되었다. 전장(戰場)이 사이버공간으로 옮겨져, 전투에서 총과 미사일 대신에 '악성코드(malware)'가 날아다닌다. 출처를 알 수 없는 사이버공격으로 철도와 댐 등 국가 기간체계가 교란되고 방송국과 금융기

1 Joseph S. Nye Jr., "Nuclear Lessons for Cyber Security?", *Strategic Studies Quarterly*, Winter 2011.

관 서비스가 순식간에 마비되는 혼란이 일어나고 있다. 바로 이것이 사이버전(cyberwarfare)이다.

강대국들은 사이버 위협의 증대에 상응하여 사이버전 능력을 강화하고 있다. 조셉 나이(J. S. Nye) 교수가 꼽은 세계적인 수준의 사이버전 능력을 갖춘 국가들이 모두 핵무기국가인 것은 어찌 보면 당연하다고도 할 수 있다.[2] 이것은 핵무기국가들이 사이버공간에서도 전략적 우위를 지키기 위해 사이버전 능력을 강화해 왔기 때문이다.

제2차 핵시대를 맞이하여 강대국들뿐만 아니라 인도와 파키스탄, 북한과 같은 신흥 핵보유국들도 비대칭 전력의 확보 차원에서 사이버전에 관심을 기울이고 있다. 사이버공간이 가진 낮은 진입장벽과 익명성, 취약성의 비대칭적인 특징 때문에 신흥 핵보유국들도 국제정치의 전통적인 공간에서보다 사이버공간에서 하드파워와 소프트파워를 행사할 수 있는 능력을 갖게 되었고, 저비용으로 중요한 작전을 수행할 수 있게 되었다.[3]

특히 핵보유국들이 사이버전에 관심을 갖는 이유는 사이버전 능력의 강화가 여러 가지로 핵무기의 역할을 강화하거나 약화시키는 역할과 관련이 있기 때문이다. 컴퓨터프로그램을 사용하여 상대를 감시하거나 상대 컴퓨터 및 네트워크에 들어가 절취, 파괴하는 등 사이버무기를 사용해 핵무기 보유국들의 핵전략과 핵지휘통제체계를 교란시킬 수 있다.[4]

첫째, 다양한 사이버무기와 사이버기술이 핵관련 체계에 사용되어 왔다. 2007년 9월 시리아의 핵 의심시설을 재래식으로 공격하기에 앞서 이스라엘이 수터(Suter) 공중공격체계라고 불리는 전자전 패키지를 사용해

---

**2** Joseph S. Nye Jr., "Cyberspace Wars," *The New York Times*, February 27, 2011.

**3** Joseph S. Nye Jr., *Cyber Power, Belfer Center for Science and International Affairs*, May 2010, p. 1. ; 조지프 나이(윤영호 옮김), 『권력의 미래』 (서울: 세종서적, 2012), p. 193.

**4** Futter, 『핵무기의 정치』, p. 330.

시리아 방공레이더를 무력화시켰고. 2010년 미국과 이스라엘은 스턱스넷(Stuxnet) 바이러스를 침투시켜 이란 나탄츠 우라늄농축프로그램을 공격한 사례가 있다.

둘째, 사이버무기는 테러리스트나 비국가행위자들이 핵사고 또는 의도하지 않은 핵폭발을 일으키도록 하거나, 국가가 다른 행위자의 핵무기 사용능력을 제한하도록 하며 필요할 때 그런 무기가 작동할 것이라는 확신을 약화시키는 데 사용할 수 있다.

셋째, 사이버전의 기술을 이용한 핵관련 비밀산업정보의 절취 우려가 증가하고 있다. 실제로 우리나라의 한수원, 일본의 몬쥬 고속증식로 등 핵관련 시설들이 사이버공격을 받아 보고서와 메일이 유출된 사태가 있었다.

이처럼 전통적인 안보위협뿐만 아니라 사이버전과 같은 고도의 비대칭 첨단 안보위협이 점차 증가하고 있다. 이 때문에 이미 언급한 대로 미 국방부는 『QDR 2010』에서 사이버공간을 처음으로 육지, 바다, 하늘, 우주에 이은 제5의 전쟁공간으로 규정했던 것이다.[5] 리언 파네타 미 국방장관(당시)도 의회청문회에서 "사이버안보가 재임 중 가장 주요한 과업 가운데 하나"이며 "다음 번 '진주만 공습'은 미국의 전력망, 금융망, 정부전산망을 무력화시킬 수 있는 사이버공격이 될 것"이라고 예상하였다.

이에 따라 각 국가들은 사이버공간을 지키기 위한 안보전략과 국가차원의 전담조직을 구축할 필요성을 요구받고 있다. 미국은 2010년에 미 전략군 사령부의 예하에 사이버전을 전담할 사이버사령부를 창설하였다. 곧바로 중국의 '정보보장기지(信息保障基地)'(2010), 러시아의 '정보부

5 DoD, *Quadrennial Defense Review Report*, February 2010, p. 9.; DoD, *U.S. Department of Defense Strategy for Operating in Cyberspace*, July 2011, p. 5.

대'(2011), 일본의 '사이버방어대'(2014)가 잇달아 신설되었다. 우리 군도 2010년에 국방부 직할부대로 사이버사령부를 창설하였고, 북한도 총참모부 산하에 전략사이버사령부를 창설하려는 움직임을 보이고 있다.[6]

그런데 최근 들어와 사이버전의 양상이 더욱 복잡하게 전개되고 있다. 스턱스넷(Stuxnet)과 같은 정밀 사이버무기가 등장하고, 지능형 지속위협(APT)이라는 고도화된 사이버 공간수단이 출현하면서 사이버전쟁은 현실적인 안보 도전요인으로 작용하고 있다. 특히 제4차 산업혁명에 따라 사물인터넷(IoT)의 시대로 접어들면서 일상생활에서 사용하는 주변 가전제품들이 컴퓨터・네트워크와 연결되면서 이것을 매개로 하는 사이버공격과 해킹은 지금까지와 다른 양상의 위협요인이 되고 있다.[7]

이처럼 사이버공간은 그 중요성이 증대됨에도 아직까지 국제규범이 제대로 확립되지 않아 국제분쟁이 일어나도 해결이 쉽지 않은 영역이다. 전통적인 전쟁공간에서는 나름대로 국제규범이 있지만, 새로운 전쟁공간에서 벌어지는 사이버전에서는 국제적으로 통용되는 국제법이 아직 논의단계에 있다.

제5부는 근년 들어 빈번히 발생하고 있는 북한의 대남 사이버공격과 미・중 간의 해킹 논란 등을 계기로 사이버전의 실태를 분석하고 향후 사이버전의 가능성을 전망해 봄으로써 우리의 사이버안보 전략의 수립을 위한 정책적 함의를 도출하고자 하는 것을 목적으로 한다. 이를 위해 먼저 사이버공간에서의 위협을 살펴보고 사이버전의 세대별 특징을 알아본다. 다음, 한반도들 둘러싼 동북아 4대국의 사이버전 조직과 능력 및 전략

6 북한이 전략사이버사령부를 창설했다는 내용은 2013년 국정원의 국정감사 보고에서 처음 나왔다. 신동만, 「북한의 사이버 위협이 한국안보에 미치는 영향에 관한 연구」, p. 60 및 『연합뉴스』 2016년 3월 8일, 『국방일보』 2016년 4월 21일.

7 클라우스 슈밥(송경진 옮김), 『제4차 산업혁명』, 도서출판 새로운현재, 2016, pp. 41~42.

을 살펴보며, 이어서 북한의 사이버전 역량과 전략, 우리의 사이버전 역량과 전략을 평가한 뒤 국제비교를 통해 우리의 국가안보에 주는 정책시사점을 알아본다.

제5부 제2장에서 사이버 안보위협을 네 단계로 구분했는데, 사이버범죄나 사이버테러, 사이버분쟁에서 정부나 군이 주체가 되는 경우는 넓은 의미의 사이버전 개념에 포함시켜 다루도록 한다.

제2장

# 사이버공간의 군사적 이용과 사이버 안보위협

# 제2장 사이버공간의 군사적 이용과 사이버 안보위협

## 1. 사이버공간에서의 안보위협

사이버(cyber)라는 용어는 1947년 미국의 수학자 노버트 워너(N. Wiener)가 프로세스 제어기술의 연속적 형태를 나타내기 위해 사용한 '사이버네틱스(cybernetics)'라는 말에서 처음 나왔다. 사이버공간(cyber space)이란 용어는 1984년 깁슨(W. Gibson)의 소설 『뉴로맨서(Neuromancer)』에서 등장했는데, 컴퓨터가 생성한 이미지를 현실로 받아들이게 되는 상태를 가리켰다. 그 뒤 사이버공간에 대해 컴퓨터와 네트워크가 만들어 낸 가상공간으로 보는 견해부터 물리공간이 확장된 공간으로 보는 견해까지 다양하지만 확립된 정의는 아직 없다.[8]

사이버공간이란 물리적인 위치와는 관계없이 컴퓨터 네트워크 위에

8 한 희, "사이버공간과 국가안보", 『사이버 공간과 국가 안보』, 2014년 국가안보전략연구소 학술회의 자료집, 2014년 4월 17일, p. 8.

구축된 가상의 활동 공간으로, 여기서 개인과 사회, 정보인프라와 실생활에 영향을 주는 정보의 수집, 작성, 처리, 전달, 사용 및 축적이 이루어진다. 그런 의미에서 사이버전은 단순히 정보기술을 이용한 사이버범죄, 사이버테러를 넘어, 국가나 이에 준하는 집단 사이에서 군사목표에 대한 사이버공격과 사이버방호를 수행하는 행위로서 정보전(Information Warfare)의 일환이다.

리비키(Martin Libiki)가 제시한 정보전의 7가지 유형 가운데,[9] 해커전(Hacker Warfare), 경제정보전(Economic Information Warfare), 사이버전(Cyber Warfare)의 세 가지가 인터넷과 컴퓨터 네트워크가 발전한 이후에 전개되는 사이버공간에서의 전쟁, 즉 사이버전(Cyber War)에 해당된다. 여기서 말하는 사이버전은 국방분야에서 사용하는 컴퓨터네트워크작전(computer network operation)이나 네트워크중심전(NCW)과 달리 군사와 관련된 공간을 넘어 군사-민간을 포함하는 총괄적인 망에서 다루어진다.[10]

조셉 나이(Joseph Nye)는 국가안보에 대한 사이버위협을 주로 국가와 관련된 사이버전(cyberwar), 경제염탐(economic espionage)과 주로 비국가 행위자와 관련된 사이버범죄(cybercrime), 사이버테러(cyberterrorism)로 크게 분류하고 있다.[11]

---

**9** 리비키는 정보전을 지휘통제전(Command and Control Warfare), 첩보전(Intelligance Warfare), 전자전(Electronic Warfare), 심리전(Psychological Warfare), 해커전(Hacker Warfare), 경제정보전(Economic Informatio Warfere), 사이버전(Cyber Warfare)의 7가지 유형으로 분류하였다. Martin C. Libicki, *What is Information Warfare?,* Washington: United States Government Printing, June 1995.

**10** 배달형, "북한 사이버위협 분석 및 대응방향", 한국전략문제연구소 정책토론회 결과보고서, 2011년 5월, pp. 4~5.

**11** Nye, "Cyberspace Wars".

이 밖에도 사이버전의 공격기술은 △컴퓨터나 네트워크를 소프트웨어적으로 공격하는 방식과 △외부에서 물리적으로 공격하는 하드웨어 파괴방식으로 나누어 살펴볼 수 있다. 일반적으로 말하는 사이버전은 전자를 가리키지만, 넓은 의미로는 후자까지 포함하기도 한다. 전자로는 대규모 좀비PC를 동원한 분산서비스거부(DDoS) 공격, 홈페이지 · 서버 침투 및 자료 삭제, 해킹코드 암호화, 자폭(自爆) 등에 이르기까지 고급화돼 있다. 후자로는 전자기충격파(EMP)탄, 고전력극초단파(HPM)탄, 나노머신, 미생물무기 등 다양하다.

조셉 나이의 분류와 유사하지만, 경제염탐 대신에 사이버분쟁을 포함시키는 방법이 있다. 여기서 사이버위협을 사이버전쟁과 사이버분쟁, 사이버테러, 사이버범죄의 네 가지로 구분하는 기준이 단지 공격수단뿐만 아니라 국가상황과 공격주체까지 고려해서 판단하는 것이기 때문에 보다 합리적이다.

국가상황이 전시일 경우는 공격주체가 국가일 수밖에 없고 이 경우에 이루어진 사이버공격은 사이버전쟁에 해당된다. 국가관계가 위기상황일 경우, 주체가 국가인지 또는 비정부나 미확인주체인지에 따라 사이버분쟁과 사이버테러로 구분된다. 평시에 개인이나 단체, 미확인주체가 벌이는 사이버공격은 사이버범죄로 분류된다(<표 5-1> 참조).[12]

---

**12** 국가보안기술연구소, "사이버전 개념 및 용어 정립", 『국가 사이보안보전략 참고자료』, 2012년 5월, pp. 8~9.

〈표 5-1〉 사이버위협의 종류

| | 국가상황 | 공격주체 |
|---|---|---|
| 사이버전쟁 | 전 시 | 국가 |
| 사이버분쟁 | 위기시 | 국가 |
| 사이버테러 | 위기시 | 비정부/미확인 |
| 사이버범죄 | 평 시 | 개인/단체/미확인 |

<출전> 국가보안기술연구소, "사이버전 개념 및 용어 정립," 『국가 사이버안보전략 참고자료』, 2012년 5월, p. 9.

같은 수단을 동원한 DDoS 공격이라고 해도, 양국관계의 위기상황에서 러시아 비정부집단이 2007년 4월 에스토니아의 정부와 은행, 언론, 포털 사이트를 3주간 마비시킨 행위나 역시 양국관계의 위기상황에서 러시아 비정부집단이 2009년 1월 키르기스스탄의 내외부 네트워크 트래픽을 7일 이상 차단시킨 것은 사이버테러에 해당된다.

이에 비해 남북관계의 위기상황에서 북한 군대조직이 2009년 7월 한국의 정부기관과 주요 은행, 언론사, 포털사이트, 인터넷 쇼핑몰 사이트를 3일간 마비시킨 사례는 사이버분쟁에 해당된다. 나아가, 전시중인 2008년 8월 러시아가 조지아의 정부와 언론, 은행, 교통 등의 사이트를 마비시킨 DDoS 공격은 사이버전쟁으로 분류할 수 있을 것이다.

북대서양조약기구(NATO) 산하의 사이버방호 협력센터는 사이버전 교전수칙인 「탈린 매뉴얼」을 만들었는데, 사이버공격을 무력분쟁의 하나로 규정해 인명과 재산 피해가 발생하면 공격국가에 대해 군사력을 사용할 수 있도록 규정했다.[13] 하지만 사이버공격의 주체가 개인이나 집단인지 국가인지, 국가라고 하더라도 어느 국가인지 규명하기가 어렵기 때문에 「탈

13 '탈린 매뉴얼'의 발췌문과 소개에 관해서는 다음을 볼 것. 『연합뉴스』 2013년 4월 11일; 부형욱, "미국의 사이버안보전략과 한반도", 『G2시대 통일대비 어떻게 해야 하나?』, 통일경제연구협회 워크숍 자료집, 2013년 8월 30일, pp. 6~7.

린 매뉴얼」은 아직 국제적으로 받아들여지고 있지는 않다.

〈표 5-2〉 물리전과 사이버전의 비교

| 구 분 | 물리전 | 사이버전 |
|---|---|---|
| 공격대상 | • 군사시설 및 국가 주요 기관<br>• 경우에 따라 민간인 | • 네트워크 소통 장비<br>• 정보저장 · 관리시스템<br>• 민 · 관 · 군 주요정보<br>• 정치 · 경제 · 사회 · 문화 · 국방 · 외교 등 전분야<br>• 군 · 행정부처 · 지자체 · 공공기관 · 금융 · 교통 · 스마트그리드 · 주요 국가기반시설 망라 |
| 국 경 | • 영토, 영해, 영공 | • 국경의 개념이 없음 |
| 특 징 | • 대칭전, 비대칭전 혼재 | • 비대칭전<br>• 네트워크 의존도가 사이버전 방어력 핵심 |
| 핵심기술 | • 분야별 무기기술 | • 독자적 IT 및 소프트웨어 기술(OS) 등 |
| 무 기 | • 하드킬(hard-kill) 무기 | • 소프트킬(soft-kill) 무기 |
| 군 사 력 | • 육군, 해군, 공군 및 핵미사일군<br>- 필요시 민간인의 예비전력화 | • 군인 외 민간인의 군사력화 가능<br>- 민간기술력이 중요(예: 중국 홍커) |
| 응징가능성 | • 높음 | • 낮음 |

<출전> 손영동, 「사이버전 억지력 평가모델에 관한 연구」, 숭실대학교대학원 IT정책경영학과 박사학위논문, 2011년 2월, p. 29에서 일부 내용 보완.

## 2. 사이버공간의 군사화와 사이버전의 진화

사이버전은 1990년 미국이 이라크에 수출하는 프린터장치에 컴퓨터 바이러스를 이식하여 1991년 걸프전 때 이라크의 방공망을 완전히 마비시킨 것이 최초인 것으로 평가된다. 사이버전은 20년의 역사밖에 가지지 않았지만 매우 빠른 속도로 진화하기 때문에 1~3세대로 나눌 수 있고, 앞으로 제4세대의 사이버전이 전망되기도 한다.[14]

제1세대 사이버전(1999~2000년 초반)은 해커 개인이나 그룹이 중심이 되어 목표가 되는 정부기관이나 군 사이트를 해킹하는 수준이기는 하나, 군사적 충돌과 연계되어 사이버공격 기법이 사용됐다는 점에서 사이버전의 태동으로 볼 수 있다.

대표적인 사례로서, 1999년 코소보사태 당시 NATO와 유고 간의 분쟁에서 NATO가 유고를 공격하자 이에 반대하는 해커들이 NATO군 사령부의 홈페이지를 변조하고 악성코드를 침투시켜 군사작전을 교란시키고자 한 적 있다. 미군 폭격기가 유고 주재 중국대사관을 오폭한 사건이 발생하자, 이에 대한 보복으로 중국 해커들이 미국 내 사이트에 대해 해킹공격을 가한 것도 이와 유사한 사례에 속한다.

또 다른 사례로는 2001년 4월 미국 정찰기와 중국 전투기가 충돌한 뒤 미국 정찰기가 하이난섬에 불시착하고 중국 전투기는 추락해 조종사가 사망하는 사고 뒤에 일어난 사이버공격이다. 이때 중국 측에서는 미 백악관과 군 사령부 등 1,038대의 서버를 공격했고, 미국 측에서는 중국 정부, 대학, 연구소 등 1,600여 대의 서버를 공격했다.

---

14 손영동, 『i WAR – 사이버 냉전시대 국가는 어떻게 생존하는가』, 서울: 도서출판 황금부엉이, 2010, pp. 127~135. 이하 사이버전의 세대 분류 및 주요 사례는 이 책에 따른 것이다.

제2세대 사이버전(2003~2007년)은 민간해커들이 아닌 군이 사이버공격을 주도하면서 사이버공격 기술들을 이용해 분쟁이나 전쟁의 수행을 지원하는 양상을 보인다. 공격목표도 단순히 인터넷 홈페이지가 아니라, 군사정보가 저장되어 있는 군 정보시스템이 공격대상이 되고 있다는 점이 특징적이다.

대표적인 사례로서, 2003년 미군이 이라크에 전면 침공하기 전에 이라크의 정보시스템에 원격 접속해 백도어(back door)를 설치해 이라크군의 동향을 읽을 수 있었고, 이라크군의 암호화 시스템을 파괴하는 등 광범위한 사이버공격을 감행했다. 이러한 사이버공격으로 인해 이라크 침공 작전은 미군의 피해 없이 성공을 거둘 수 있었다.

2007년 9월 6일 이스라엘은 시리아의 원자로 의혹시설을 공군기를 동원해 폭격하였는데, 당시 시리아군의 방공망이 제대로 작동하지 않아 사전에 기습폭격을 인지하지 못했다. 이것은 공중폭격 이전에 이스라엘 측이 시리아의 레이더시스템에 악성코드를 침투시켜 방공망을 무력화시키는 사이버공격을 감행했기 때문으로 보인다.

제3세대 사이버전(2008년~현재)은 사이버전력이 군사전력의 일부로 편입되어 작전이 수행됐을 뿐만 아니라 전쟁의 수행과정에도 영향을 주었으며, 공격목표가 국가 기반시설이었다는 특징이 있다. 단독의 군사작전만으로 공격목표를 달성하기가 쉽지 않기 때문에 결정적인 효과를 거두기 위해 사이버전을 병행하는 것이다.

대표적인 사례로서, 2008년 러시아가 남오세티아에 대한 지상공격을 가하기 직전에 대통령실 등 정부기관의 웹사이트를 마비시키는 등 조지아의 정보망과 방위시설에 대한 사이버공격을 감행한 일이 있다. 이 사이버전의 특징은 러시아군의 작전과 연동해 이루어졌다는 점이다.

2010년 미국과 이스라엘이 이란 원자력발전시설의 관제시스템에 악성코드 스턱스넷을 심어 원심분리기의 일부를 무력화시킨 사례도 제3세대 사이버전에 해당한다. 스턱스넷은 '세계 최초의 정밀유도 사이버무기'로 평가되는데, 미국과 이스라엘은 스턱스넷 공격의 책임을 공식적으로 인정하지 않았으나 전문가들과 언론은 이들 국가들이 개발하여 사이버공격을 실행하였다고 판단하고 있다.

이처럼 사이버전의 발전과정을 세대(generation)로 구분해 살펴보았지만, 실제로 발생하는 사이버전은 제1～3세대의 양상들이 단독으로 나타나거나 중첩적으로 발생하기도 한다. 또한 사이버기술의 발달과 함께 사이버전의 양상도 이러한 세대를 뛰어넘어 제4세대로 계속 진화하고 있다. 향후 제4세대 사이버전은 사이버공간에서 독자적인 전쟁수행의 형태로 나타날 것으로 전망된다.

〈표 5-3〉 사이버전의 세대별 특징

| | 공격주체 | 공격목표 | 사이버전력의 활용 |
|---|---|---|---|
| 제1세대 | 개인, 단체 | 정부, 군 사이트 | 군사력의 동원과 연계하여 군사작전 교란 |
| 제2세대 | 국가(군) | 군 정보시스템 | 분쟁, 전쟁의 수행을 지원 |
| 제3세대 | 국가(군) | 국가기반시설 | 군사전략의 일부로 편입되어 작전 수행 |
| 제4세대 | 국가(군) | 군 정보시스템<br>국가기반시설 | - 사이버공간에서 독자 사이버전쟁 수행<br>- 물리적인 군사력과 완전히 통합된 전쟁의 전력요소화 |

<출전> 손영동, 『i WAR- 사이버 냉전시대 국가는 어떻게 생존하는가』, pp. 127～143을 토대로 필자가 작성.

## 3. 사이버전의 교전규칙과 사이버공간의 국제규범 문제

사이버공간이 단순히 개인이나 특정집단의 범죄나 테러 수준을 넘어 점차 국가 차원의 군사적 목적으로 이용되고 있다. 앞서 살펴본 대로 최근 사이버전의 양상이 상대국가에 대한 정부나 군의 컴퓨터 네트워크를 무력화시키는 것을 넘어, 사이버공격기술들을 이용해 분쟁이나 전쟁을 지원하고 나아가 군사전력의 일부로까지 편입되어 사용되는 것으로 나타나고 있다.

이처럼 사이버공간이 점차 군사적으로 이용됨에 따라 이에 대한 국제사회는 사이버전에 대한 국제규범의 마련에 나섰다. 국제사회의 대응은 '비대칭 대응조치'의 지침 마련을 통한 확전 방지를 목적으로 한 「탈린 매뉴얼」의 제정과 유엔기구를 통한 국제규범의 제정 등 두 갈래의 방향으로 이루어지고 있다.

### 1) 사이버전의 '교전규칙' 제정: 탈린 메뉴얼[15]

사이버공간에서 국가 간의 갈등이 점차 범죄나 테러를 넘어 점차 분쟁 양상을 띠어가면서 사이버전의 가능성이 점차 높아지고 있다. 이에 따라 이해관계를 같이 하는 국가들끼리 사이버전에 대한 공동대응방안을 모색하고 있다. 이와 관련하여 나온 것이 상대방의 사이버공격에 대해 물리적인 대응을 하도록 일종의 사이버전 교전수칙을 정한 것이 바로 「탈린 매뉴얼」이다.[16]

15 미국과 서유럽국가들의 탈린 매뉴얼 제정에 대항해, 러시아・중국 및 BRICS국가들은 2015년 '정보보안수칙'의 개정과 함께 새로운 "정보안보협약(Information Security Convention)'을 제정하는 움직임을 보이고 있다. 유준구, "최근 사이버 공간의 국제법 적용문제 검토: 국제안보적 관점을 중심으로", 『주요국제문제분석』, 2015년 8월 3일, p. 2.

「탈린 매뉴얼」은 2013년 3월 북대서양조약기구 사이버방위센터(NATO CCDCOE)의 총괄 하에 20여 명의 국제법 전문가들이 3년 동안 공동연구를 거쳐 작성한 것으로 95개 항목으로 구성되어 있다. 이 문서는 다수 국가의 공감을 얻어 작성된 것이기는 하지만, 러시아・중국 등이 인정하지 않고 있으며 NATO가 정식으로 채택하지 않아 국제법적인 구속력을 가지지는 못한다.

「탈린 매뉴얼」이 언급하고 있는 사이버전은 국가들이 사이버공간에서 적대적인 군사행위를 하는 사이버공격(cyber attack)을 상정하고 있다. 여기서 말하는 사이버공격은 상대국의 중요 인프라나 명령・통제시스템의 손상・파괴로 인한 인명살상이나 목표물의 손상 등 무력적인 타격(armed attack)이 발생하는 것을 가리킨다.[17] 그런 점에서 일반적으로 말하는 사이버범죄나 사이버스파이 행위와는 개념적으로 차별화되어 있다. 공격주체도 국가뿐만 아니라 테러집단과 같은 비정부단체도 포함된다.

「탈린 매뉴얼」은 사이버공격을 받아 인명피해가 발생하거나 국가자산이 손상을 입거나 파괴되는 등 치명적이고 파괴적인 물리적 피해가 발생했을 경우에 무력사용(use of force)이 가능하다고 대응방침을 정리하고 있다. 이 대응방침은 기본적으로 국가간에 무력충돌에 대한 「유엔헌장」7

---

16 NATO 사이버방어센터 국제전문가그룹 지음, 마이클 N. 슈미트 편(한국전자통신연구원 부설 연구소 옮김), 『탈린매뉴얼 : 사이버 전쟁에 적용 가능한 국제법』, 도서출판 글과 생각, 2014년 1월. (*Michael N. Schmitt eds. *Tallinn Manual on the International Law Applicable to Cyber Warfare*, Cambridge University Press, March 2013. 이에 관한 평가는 다음을 볼 것. Siobhan Gorman & Julian E. Barnes, "Cyber Combat: Act of War, Pentagon Sets Stage for U.S. to Respond to Computer Sabotage With Military Force," *The Wall Street Journal*, May 31, 2011.; 장노순, "사이버 무기와 국제안보," 『JPI 정책포럼』, No. 2012-13, 제주평화연구원, 2012년 10월, pp. 5~7.

17 박노형・정명형, "사이버전의 국제법적 분석을 위한 기본개념의 연구- Tallinn Manual의 논의를 중심으로", 『국제법학회논총』 제59권제2호, 대한국제법학회, 2014년 6월, p. 67.

조와 「제네바 · 헤이그협약」 등 국제법에 따른 교전규칙을 틀 속에서 이루어진다.[18]

하지만 대응조치의 수준도 무한대로 이루어질 수 있는 것이 아니다. 「탈린 매뉴얼」 9조는 "피해국가는 비례성 원칙에 따라 공격의 책임 있는 국가를 상대로 대응조치를 취할 수 있다"며 공격의 심각성과 손상 정도에 비례해야 한다고 규정하고 있다. 또한 대응공격이 상대국가의 기간시설이나 민간인을 대상으로 할 수 없으며, 사이버기능과 인프라가 완전히 파괴될 정도로 훼손시켜서도 안 되고 '임시적'이고 '되돌릴 수 있는' 수준으로 제한되어야 한다고 규정하고 있다.

〈표 5-4〉 탈린 매뉴얼의 구분 및 주요내용

| 구분 | 주요내용 |
|---|---|
| 적용범위 | • 전쟁선포의 정당성 및 전쟁행위의 정당성과 관련된 국제법<br>• 사이버범죄 등 무력행사 이하 수준의 사이버활동은 제외<br>• 사이버작전에 대한 물리전이나 전자전 대응은 검토에서 제외 |
| Part I | • 국제 사이버보안법<br>- 규칙01~10조: 국가와 사이버공간<br>- 규칙11~19조: 무력행사 |
| Part II | • 사이버 무력충돌법<br>- 규칙20~24조: 무력충돌법 일반<br>- 규칙25~69조: 전투의 수행<br>- 규칙70~96조: 특정 인물, 시설물, 활동<br>- 규칙87~90조: 점령<br>- 규칙91~95조: 중립성 |

<출전> NATO 사이버방어센터 국제전문가그룹, 『탈린매뉴얼: 사이버 전쟁에 적용 가능한 국제법』.

18 국제법적으로 무력사용이 인정되는 경우는 유엔헌장 제7장의 42조(유엔안보리 결의에 따른 군사적 강제조치)와 51조(무력공격에 대한 자위권 행사)에 해당할 경우로 제한된다. 「탈린 매뉴얼」이 규정한 사이버공격에 대한 물리적 대응은 유엔헌장 제7장 51조의 자위권 행사에 따를 가능성이 높다.

### 2) 사이버공간의 국제규범 주도권 경쟁

사이버공간이 점차 군사화되고 있을 뿐만 아니라, 지리적 국경이 정해져 있지 않은 사이버공간의 특성 때문에 국가 간에 주권침해 문제가 대두되고 있다. 하지만 육·해·공의 전통적인 전쟁공간은 물론 우주공간에 대해 이미 1967년에 「외기권조약」이 체결된 것과는 달리, 사이버공간에 대해서는 이렇다 할 국제적인 규범이 없는 것이 현실이다.

이에 따라 2003년 러시아의 제안으로 유엔에서 '정보안보에 관한 정부전문가그룹(GGE)'이 만들어져 사이버공간의 운영원리 및 규범에 대한 국제규범 논의가 전개되어 왔다. GGE에서 제시된 사이버안보를 보는 크게 시각은 두 가지가 있다. 하나는 미국과 서유럽국가들로 구성된 유럽위원회로 대표되는 입장이고, 다른 하나는 중국, 러시아를 포함한 상하이협력기구로 대표되는 입장이다.[19]

첫째는 유럽위원회의 「유럽 사이버범죄협약(Europian Convention on cybercrime)」, 일명 「부다페스트협약」이다. 미국과 서유럽은 이 협약에서 '사이버공간의 자유' 원칙을 강조하고 있다. 미국과 서유럽은 사이버공간의 자유로운 정보 유통을 보호하지만 사이버 범죄를 통제하자는 것이 기본입장이다. 「부다페스트 협약」은 2004년 7월에 유럽국가들이 중심이 되어 발효시켰으며, 비유럽국가 중에서 미국만이 유일하게 발효시켰고 일본은 가입했으나 발효시키지 않았고 한국은 가입하지 않았다.

「부다페스트협약」의 핵심내용은 크게 △4개 유형 컴퓨터범죄(사기와 위조, 아동포르노, 지적재산권 침해, 해킹·자료절취)에 대해 국내법으로 규정해 제재 부과, △컴퓨터범죄를 탐지, 수사, 기소하기 위한 국내절차

---

**19** 장노순, "사이버안보와 국제규범의 발전: 정부전문가그룹(GGE)의 활동을 중심으로", 『정치·정보연구』 제19권 1호, 2016년 2월 28일, pp. 6~10.

의 마련, △사이버범죄를 범죄인 인도의 대상에 넣고 한 국가의 사법기관은 타국 컴퓨터범죄의 증거수집 허용 등 세 가지를 담고 있다.[20]

「부다페스트협약」은 2001년 11월 23일 48개국의 서명으로 시작되었으며, 2004년 7월 1일에 발효되었다. 2016년 5월말 현재 42개 서명국을 포함한 47개국이 비준했으며, 서명국 가운데 6개국이 아직 비준하지 않았다. 유럽위원회의 역외 국가 중에는 미국, 캐나다, 일본만이 서명과 비준을 모두 마쳤으며, 러시아와 중국, 한국 등은 서명도 비준도 하지 않은 상태이다.[21]

둘째는 상하이협력기구(SCO) 회원국가들이 2009년에 체결한 「국제정보안보분야 협력협정」이다.[22] 이 협력협정은 '사이버주권'을 주장하면서 인터넷 공간에 대해 국가의 통제가 필요하며 사이버공간의 군사화에 반대 입장을 분명히 하고 있다. 이 협정을 주도한 중국과 러시아는 사이버공간에서 서구국가들의 절대적 우위를 국제안보의 주요 위협요인이라고 간주하고 있었다.

이 협력협정에 따르면, 정보의 자유로운 흐름은 국가의 주권과 안보가 먼저 확보되고 난 뒤에 보장받도록 되어 있다. 그리고 각 국가들은 국내법에 따라 자국의 사이버공간을 관리하도록 함으로써 정보의 내용에 대

---

**20** Council of Europe, *Convention on Cybercrime*, Budapest, November 23, 2001. (http://www.coe.int/en/web/conventions/full-list/-/conventions/treaty/185 검색일 2016/5/6).

**21** http://www.coe.int/en/web/conventions/full-list/-/conventions/treaty/185/signatures (검색일 2016/5/31) 우리나라는 유럽이사회의 「사이버범죄 협약」(일명 부다페스트 협약)에 가입할 것을 검토 중에 있다. 외교부, "사이버안보". (http://www.mofa.go.kr/trade/arms/cyber/index. jsp?menu 검색일 2016/5/6).

**22** Shanghai Cooperation Organization, *Agreement Between the Governments of the Member States of the SCO on Cooperation in the Field of International Information Security art. 2*, June 16, 2009 in International Information Security: The Diplomacy of Peace: Compilation of Publications and Documents 202, 203, Moscow 2009.

한 주권적 통제를 인정하고 있다. 그리고 국외의 행위자가 인터넷을 이용할 경우에는 해당 국가의 사법절차에 따르도록 하였다.

이와 같이 사이버공간의 국제규범의 주도권을 둘러싼 서방국가들과 옛 사회주의 국가들의 입장 차이는 사이버공간이 장차 국제안보의 주도권을 다툴 영역이 될 것으로 보고 이를 선점하기 위해 치열한 경쟁을 벌이고 있는 데 따른 것이다. 유럽위원회를 비롯한 서방국가들은 우월한 사이버역량을 바탕으로 '사이버공간의 자유화'라는 원칙을 추진하여 기존질서를 유지하려는 반면, 상하이협력기구 국가들은 '사이버주권'을 강조하여 자국 사이버공간을 보호하면서 사이버역량을 강화해 서유럽과 경쟁할 수 있는 사이버전략을 추진하는 것이다.[23]

〈표 5-5〉 사이버 국제규범을 둘러싼 양대 입장

| | 유럽위원회<br>사이버범죄 협약 (2001) | 상하이협력기구<br>국제정보안보분야 협력협정 (2009) |
|---|---|---|
| 기본입장 | 다자당사자주의(multi-stakeholderism) | 다자주의(multilateralism) |
| 참여주체 | 국가, 시민사회, 민간기업 | 국가 |
| 기본방향 | •사이버공간의 범죄 예방<br>•인터넷의 자유 옹호 | •정보의 자유로운 유통을 규제<br>•사이버공간의 군사화 방지 |
| 규제범위 | ① 컴퓨터시스템, 데이터의 불법접속,<br>② 지적재산권의 침해,<br>③ 컴퓨터 바이러스 개발 및 유포,<br>④ 아동포르노 배포 | 정치체제의 안정성을 저해하는 사이버공간의 모든 활동과 내용 |
| 의무사항 | 협약 참가국들이 국제협약 내용을 국내법 차원에서 금지하도록 의무화 | 개별국가가 중심이 되어 국제규범의 구축 및 준수를 결정하고 통제 |

<출전> Council of Europe, *Convention on Cybercrime*; SCO, *Agreement Between the Governments of the Member States of the Shanghai Cooperation Organization on Cooperation in the Field of International Information Security art*. 2.

그밖에도 경제, 사회, 범죄, 안전, 안보 등 다양한 영역에서의 사이버규범 문제를 논의하기 위해 정부를 비롯한 다양한 행위자들이 모두 참여하여 보안을 비롯해 경제, 사회, 안전 등 상호 연관되어 있는 이슈들을 종합적으로 논의하는 '사이버공간에 관한 총회'가 2011년부터 매년 열리고 있다. 2011년 첫 회의는 영국에서 개최되었으며, 두 번째 회의는 2012년 헝가리에서, 그리고 세 번째 회의는 2013년 한국에서, 격년제로 전환된 네 번째 회의는 2015년 네덜란드에서 개최되었다. 서울회의에서는 사상 최초로 사이버테러와 사이버범죄에 대한 국제사회의 공동 대처방안을 담은 「서울원칙」을 채택하였다.[24]

23 김관옥, "미중 사이버패권경쟁의 이론적 접근", 『대한정치학회보』 제23집 2호, 2015년 5월. p. 249.

24 「서울원칙」에 담긴 규범은 국제법적 구속력은 없지만 그 동안 국제사회에서 논의된 사이버안보 관련의 국제규범을 한데 묶어 정리했다는 데 의의가 있다.

# 제3장

# 동북아 4대국의 사이버전 전략과 역량

# 제3장
# 동북아 4대국의 사이버전 전략과 역량

## 1. 미국의 사이버전 전략과 역량

### 1) 미국의 사이버전 전략과 정책

미국은 세계 제1의 경제대국답게 인터넷 의존도가 가장 높은 국가이다. 그렇기 때문에 미국은 사이버안보를 국가안보와 경제분야의 당면과제 중 가장 중요한 사안으로 간주하고 있다. 미국의 정부와 군, 기업은 언제나 외부의 사이버공격에 노출되어 있지만, 첨단기술과 대규모 국방예산 덕분에 사이버공격이나 사이버방어의 기술면에서 어느 나라보다도 가장 앞서 있다. 이러한 자신감을 바탕으로 미 행정부나 군당국은 사이버전과 관련된 각종 독트린을 발표하고 있다.

미국은 사이버 안보를 위해서 군사동맹, 국제협력, 민간영역에 이르기까지 다차원적인 협력을 강화하고 있으며 기존의 국제규범을 사이버 영역으로 확장하여 적용할 수 있도록 노력하고 있다. 미국은 주요 기반시설을 겨냥한 사이버공격에 대비한 「사이버안보보호법」, 사이버전쟁 발발 때의 민・관 협력을 규정한 「사이버안보강화법」 등 다수의 관련 법률을 제정 · 시행하고 있다.

2009년 5월 오바마 미 대통령은 「사이버공간 정책 검토보고서(Cyberspace Policy Review)」를 발표하면서 '사이버보안을 미국이 최우선 정책으로 수호해야 할 핵심적인 국가자산'이라고 선포했다.[25] 또한 미 백악관은 2011년 5월에도 「사이버공간에서의 국제전략」을 발표하여 사이버공격을 전쟁행위로 간주해 군사력을 사용할 수 있다고 선언하였다.[26]

미 국방부는 미 백악관의 보고서를 토대로 2011년 7월에 「사이버공간에서의 미 국방전략」이라는 이름으로 사이버 안보전략을 발표하였다.[27] 이 사이버 전략구상은 △ 새로운 전쟁공간으로서의 사이버공간, △ 수동적 방어를 넘어선 적극적 방어, △ 중요기반시설의 보호(CIP), △ 집단방위의 채용, △ 기술우위의 유지 등 5가지 핵심요소(Five Pillars)로 구성되어 있다.

그 뒤 미 백악관은 사이버위협의 감소를 위해 보다 공격적인 전략으로의 전환을 선언하였다. 2013년 6월 오바마 대통령은 「대통령 행정명령 20호(PPD-20)」을 발표하여 사이버전에서 선제적인 조치를 취할 수 있게 하였다. 특히 미국은 국가기간망을 흔드는 외부의 사이버공격을 전쟁행위로 간주하여 사전경보 없이 적대국에 대해 무력으로 대응한다는 방침을 세웠다.[28]

2015년 4월 미 국방부는 새로운 국방사이버전략을 발표했는데, 위의 5개 핵심요소(Five Pillars)의 토대 위에서 국방부 네트워크와 시스템, 정

---

**25** James A. Lewis, "Cybersecurity Two Years Later", CSIS, January 2011.

**26** The White House, "*International Strategy for Cyberspace*", May 2011.

**27** DoD, *US Department of Defense Strategy for Operating In Cyberspace*.

**28** Presidential Policy Directive/ PPD-20. (https://epic.org/privacy/cybersecurity/presidential-directives/pre sidential-policy-directive-20.pdf 검색일 2016/6/1).

보의 보호와 보관, 방어하는 능력을 구축하는 데 초점을 맞춘 새로운 사이버전략을 발표하였다. 제시된 전략목표는 ① 사이버작전을 수행할 전력과 능력의 구축과 유지, ② 미 국방부 정보네트워크의 방어, 자료 안전보관 및 임무수행 장애요인 제거, ③ 사이버공격으로부터 미 본토방위 및 사활적 국익의 보호, ④ 분쟁 확산을 통제할 실행가능한 사이버 선택지 및 계획의 수립과 유지, ⑤ 위협을 억제하고 국제평화・안정을 증진하기 위한 동맹국・협력국 관계의 공고화 등 5가지이다.[29]

미 국방부가 발표한 2015년판 사이버전략은 2011년 보고서가 사이버안보를 위한 방어적, 수동적 전략을 다뤘다면 새로운 보고서는 기존의 방어적 조치로는 현재의 기술발전 속도와 공격 양상에 대응하기가 어렵다는 인식 아래 억제 및 공격적 대응으로 전환을 추진한다는 내용을 담고 있다. 이를 위한 핵심 이행목표로서 급변하는 사이버공격양상에 대응하기 위해 사이버작전의 기술적 능력의 구축과 연구개발, 전문인력 확보, 국내외적으로 협력체계의 구축 등을 적극적으로 추진한다는 것이다.[30]

또한 2015년판 사이버전략은 우발사태가 발생했을 경우에 대비해 사이버전력의 능력을 검증할 수 있도록 지침을 구체화하고, 사이버전 억제능력을 강화하기 위한 수단을 구축하도록 설계하고 있다. 아울러 사이버전 5대 핵심요소들은 사이버수단을 통해 미국의 안보를 위협하는 적대세력에게 억제 또는 선제공격을 통해 미국의 안보를 지키겠다는 강력한 메시지를 전달하는 부수적인 효과도 노리고 있다.

---

**29** DoD, *US Department of Defense Cyber Strategy*, April 2015, pp. 2~8.

**30** 김관옥, "미중 사이버패권경쟁의 이론적 접근", pp. 239~240.

### 2) 미국의 사이버전 조직과 역량

미국은 1980년대부터 사이버전의 중요성을 깨닫기 시작했으며 1990년 냉전이 끝나면서 본격적으로 사이버전 역량을 구축하기 시작하였다. 사이버전의 중심적인 역할은 미 국방부 산하의 국가안보국(NSA)이 담당했으며, 중앙정보국(CIA)과 연방수사국(FBI), 국방부정보국(DIA), 육군정보보안본부(INSCOM), 해군정보실(ONI), 공군정보감시정찰대(AFISRA), 해병대정보국(MCIA) 등 주요 정보기관들이 사이버전 역량을 쌓아왔다.[31]

2001년 9.11테러사태 이후 테러와의 전쟁을 벌이면서 미국은 다양한 사이버공격 위험성에 대해 대비책을 세우기 시작하였다. 그리하여 각 정보기관 별로 분산되어 있는 사이버전 수행역량을 크게 정부기관, 민간 분야와 군 분야의 둘로 나누어 통합하였다. 그리하여 국가·민간 분야에는 국토안전부 산하의 국가사이버보안처(NCSD)로 일원화되어 2009년 10월에 설치되었다.

군은 전략사령부(STRATCOM) 예하에 있는 사이버사령부로 통합하였다. 미 사이버사령부(US Cyber Command)는 원래 미 공군 산하로 2006년 말에 설립되었지만, 2009년 10월 새로운 미 전략군 사령부가 창설되면서 그 직할부대로 편성되어 2010년 5월부터 작전능력을 갖추게 되었다.

사이버사령부는 예하에 육군사이버사령부, 해군함대사이버사령부, 해병대사이버우주사령부, 제24항공군으로 구성되어 있으며, 사이버사령관은 미 국방부의 국가안보국(NSA) 책임자를 겸한다.[32] 사이버사령부에는

---

**31** 육사, 3사, 해사, 공사 컴퓨터과학 교수 편, 『사이버전 개론』, 양서각, 2014년 2월, p. 59.

**32** 野木惠一, "地上で戦う宇宙の兵士, 米中露「宇宙軍」の榮枯盛衰", 『軍事研究』, 2016年 1月号, pp. 103~104.

각군에서 파견된 6,000여 명의 전문요원이 130여 개 작전팀에 배속되어 주요국에 대한 사이버공격 및 미국의 기반시설보호 임무를 맡고 있다.

미 국방부는 2005년 사이버전의 핵심을 방어에서 공격으로 바꾸고 관련 정책에 적극적으로 투자했다. 미 국방첨단과학기술연구소(DARPA)의 '플랜X' 프로젝트가 대표적인 사업이다. 미국은 '플랜X' 프로젝트를 통해 전 세계 컴퓨터 도메인, 서버 등의 위치와 연결망을 보여주는 사이버 전장지도를 만드는 등 사이버전에 필요한 기본적 토대를 구축하였다.[33]

또한 미 국방부는 프리즘(PRISM)이라는 비밀프로그램을 운영하면서 첩보 수집을 위해 독자적인 사업을 전개하고 있으며, 필요에 따라 글로벌 정보기술업체들을 동원하였다. 국제사회는 미국의 도감청에 대해 강력히 항의했지만, 미국은 비밀프로그램이 테러방지를 위해 쓰였고 자국의 국가안보에 불가피한 것이며 또한 자국의 「해외정보감시법(FISA)」에 따라 이루어진 합법적인 행위라고 맞섰다.

1998년 5월 클린턴 미 대통령은 행정명령으로 주요 기반시설에 대한 보호체계를 마련하였고 부시 미 대통령은 2002년 11월에 「국토안보법」, 12월에 「연방정보보안관리법」을 제정해 국가의 사이버 보안관리와 통제체계를 일원화시켰다. 2009년 1월에 출발한 오바마 행정부는 사이버안보를 국가정책의 최우선 과제로 선정하고 백악관을 중심으로 실행계획을 마련하여 지속적으로 추진하고 있다.

오바마 미 대통령은 정부의 모든 사이버 보안정책을 통합하고 조율하는 직책을 백악관에 신설했다. 국토안보부와 국가안보국(NSA) 등 여러 부처에 흩어져 있는 사이버보안업무에 관한 전권을 부여받은 자리는 사

33 신동만, 「북한의 사이버 위협이 한국안보에 미치는 영향에 관한 연구- 국가 및 군의 대응방안을 중심으로」, 조선대학교 대학원 정치외교학과 박사학위논문, 2016년 2월, pp. 27~28.

이버안보조정관(Cybersecurity Coordinator)이다. 대통령에게 대면 보고하며 안전보장회의(NSC)에도 참석한다. 이와 같은 미국의 사이버안보 조직 체계도는 <그림 5-1>과 같다.

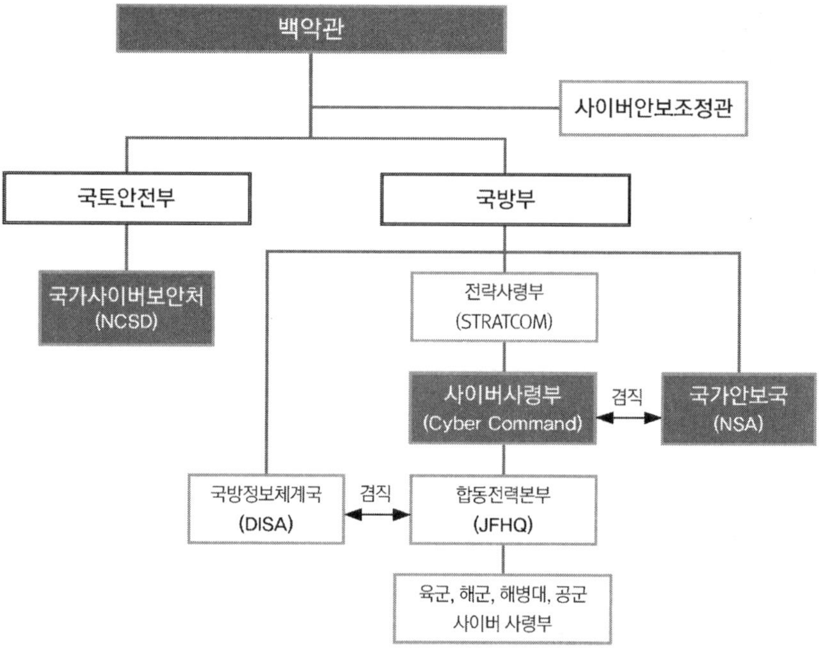


〈그림 5-1〉 미국의 사이버전 조직체계

## 2. 러시아의 사이버전 전략과 역량

### 1) 러시아의 사이버전 전략과 정책

사이버전에 관한 러시아의 전략이 문서로 정리되어 발표된 것은 없다.

사이버전과 관련된 주요 정책으로는 2000년 9월에 발표된 「러시아연방 정보보안 독트린(Doctrine of the Information Security of the Russian Federation)」 정도가 있을 뿐이다. 「정보보안 독트린」은 인터넷정책을 국가안보의 주요의제로 간주하고 개인의 권리를 제한할 수 있도록 하면서, △전략적으로 중요한 정보의 보존, △유해한 외국정보로부터의 보호, △국민의 애국심과 가치관의 부식 등 3가지를 목표로 제시하고 있다. 2012년 7월에는 정치적 반대파를 탄압하는 데 쓰일 수 있는 「인터넷상의 어린이보호법」이 제정되었다.[34]

러시아는 2007년 에스토니아와의 전쟁을 통해 사이버전을 물리적인 분쟁에서 유리한 위치를 확보하는 수단으로 활용될 수 있음을 알게 된 것으로 보인다. 이 전쟁에서 러시아 해커들이 3주 동안 에스토니아의 전산망을 초토화시켰다. 이후 러시아는 전쟁패러다임의 변화를 선언하면서 전쟁에서 국가통제와 정보시스템, 통신시스템, 정보체계에 대한 공격의 중요성을 강조하기 시작했다.[35]

특히 2008년 8월에 발생한 러시아와 조지아 간의 영토분쟁은 사이버기술이 전쟁에 사용된 첫 사건이었다. 러시아의 공격으로 시작된 전쟁은 결국 국제적인 중재로 전쟁이 단기간에 끝났지만, 전쟁의 결과는 물리적 공격과 사이버공격을 결합(combined kinetic and cyber attack)한 러시아의 승리였다. 이 전쟁을 통해 러시아의 사이버전 교리를 다음과 같이 분석할 수 있을 것이다.

첫째, 역사적으로 전례가 없는 것으로 사이버공간에서의 공격이 재래

34 David J. Smith, “Russian Cyber Capabilities, Policy and Practice”, *Focus Quarterly*, Winter 2014.

35 Kevin Coleman, “Russia’s Cyber Forces”, Defensetech, May 27, 2008. (http://www.defensetech.org/2008/05/27/russias-cyber-forces 검색일 2016/6/13).

식전쟁과 결합된 형태로 진행됐다는 점이다. 러시아는 지상군을 투입하면서 동시에 사이버공격을 개시하였다. 조지아의 대통령궁과 군 정보체계와 정부기반 네트워크가 제대로 작동하지 않고 은행과 언론 사이트도 마비되었다. 조지아 정부는 시민들로부터 공신력을 잃었고 조지아군의 군사작전도 제대로 이루어지지 못하였다.

둘째는 선제적인 사이버공격에 의해 조지아의 반격능력이 방해되고 저하되고 나아가 배제되었다는 점이다. 크레믈린이 조종하는 나쉬(Nashi)와 같은 '애국적' 해커들과 범죄조직인 러시아비지니스네트워크(RBN)는 조지아에 대한 물리적 전쟁이 시작되기 수주 전부터 사이버공격을 퍼부어, 단지 사이버전과 물리적 공격이 결합된 것이 아니라 사이버전이 준비단계 작전의 성격을 띠고 있었다.[36]

셋째는 청년단체나 범죄집단을 사이버공격에 활용했다는 점이다. 러시아 정부가 이들을 활용하는 이유는 매우 저렴한 비용을 들이지만 효율이 매우 높기 때문이다. 뿐만 아니라 이들의 행위가 발각된다고 하더라도 러시아 정부의 책임을 묻기가 어려워 정치적 부담을 줄일 수 있다.

그밖에도 러시아정부는 2014년 3월 오우로보로스(Ouroboros, 뱀)라고 불리는 사이버무기를 사용해 우크라이나 정부의 전산망을 파괴한 것으로 알려져 있다.[37] 2014년 10월에 러시아 해커들이 NATO와 유럽연합(EU), 우크라이나 정부 및 에너지・통신 기업들에서 사용하는 MS소프트웨어에 버그를 심어놓거나 컴퓨터에 스파이웨어를 내장하여 정보를 빼간 것으로 조사되기도 하였다.[38]

**36** スローン,『現代の軍事战略入門』, pp. 253~254.

**37** Alec Ross, "Russia's cyber weapons hit Ukraine: How to declare war without declaring war",*The Christian Science Monitor*, March 12, 2014.

**38** Jim Finkle, "Russian hackers target NATO, Ukraine and others: iSight", Investing.com, October

### 2) 러시아의 사이버전 조직과 역량

러시아의 사이버전 수행조직은 러시아 연방보안국(FSB)이 관련 기관을 조정・통제하고 있다. 연방보안국은 해체된 국가보안위원회(KGB)를 흡수하고 대테러특수부대인 알파부대와 통합해 만들어진 것이다. 알파부대는 사이버전 전담부서로서 감청 및 국가통신을 관리하고 있으며, 산하에 컴퓨터정보보안위원회, 외국정보서비스국 및 침해사고대응팀을 운영하고 있다. 연방통신정보국에서는 조사활동시스템(SORM-2)의 프로그램을 이용해 러시아 내의 인터넷서비스망을 통해 광범위한 정보를 수집하고 있다.[39] 그밖에 해킹 및 정보활동을 담당하는 내무부의 'K국(Directorate K)'와 국방부의 사이버전 조직이 있다(<그림 5-2> 참조).

러시아는 2002년 세계에서 처음으로 해커부대를 창설하였으며, 사이버 전문인력의 양성과 기술개발을 적극 추진하여 물리적 전쟁을 위한 지원역량으로 사이버공격을 활용하고 있다. 2008년 8월 조지아에 대한 군사작전에서 사이버전을 병행했으나 제대로 이루어지지 못했다는 자체 평가에 따라, 러시아군 내에 사이버전을 전담하는 사이버전 부대를 창설하였다.[40] 그 뒤 2013년에 러시아 국방장관의 검토 지시에 따라 '사이버사령부' 창설 논의가 진행중이다.[41]

---

14, 2014.

39 SORM은 러시아어 Sistema Operativno Rozysknykh Meropriyatii-2의 약자이다. 손영동, 「사이버전 억제력 평가모델에 관한 연구」, p. 58.

40 러시아의 사이버 전담부대의 명칭은 Information Troops, REB troops(Electronic warfare branch), 5th-Dimension Cyber Army 등 여러 가지로 소개되고 있다. 이 책에서는 전자전 부대로 통일해서 표기한다. Keir Giles, "'Information Troops'-a Russian Cyber Command?", 2011 3rd International Conference on Cyber Conflict, C. Czosseck, E. Tyugu, and T. Wingfield eds., Tallinn: CCD COE Publication, 2011, pp. 51~52 및 Coleman, "Russia's Cyber Forces".

41 손영동, 고성훈, "사이버전 전개양상과 대응역량", 『군사논단』 제81호, 한국군사학회, 2015.

현재 러시아군의 사이버전 담당부대는 전자전 부대(Electronic Warfare branch, REB troops=Voyska radioelekTronnoy bor'by)이며 인원은 7,300여 명으로 추정된다. 이 부대는 DDoS 및 스파이행위를 위한 대규모 첨단 봇넷(BotNet), 전자기펄스탄, 악성소프트웨어 컴퓨터 예약설치프로그램, 첨단 능동적 탐색도구, 무선데이터통신 방해전파, 사이버논리폭탄 바이러스 및 웜, 컴퓨터 및 네트워크 수색도구를 통한 사이버데이터 수집, 트로이목마 시한폭탄 등 사이버전 능력을 보유하고 있는 것으로 평가되고 있다.[42]

그밖에도 러시아군은 적대국의 C4Ⅰ 및 감시·정찰체계의 무력화 방안과 정보자산의 국산화를 위한 사이버무기에 대한 연구개발에 집중 투자하고 있다. 이에 따라 악성코드, 전자기충격파(EMP)탄, 논리폭탄 등 사이버전 무기의 개발 및 배치, 사이버전 교리 개발, 훈련 등을 수행하고 있다.[43] 최근 러시아가 주변국과 분쟁이 발생할 때마다 물리전과 함께 사이버전을 결합하는 것으로 볼 때, 러시아는 이미 상당한 수준의 사이버공격기술을 확보하고 있다고 볼 수 있다.

42 Kevin Coleman, "Russia's Cyber Forces".

43 小泉 悠, "ロシアのサイバ-戰能力と組織の實態", 『軍事硏究』, 2013年 8月号, pp. 210~221; 육군사관학교 외, 『사이버전 개론』, 양서각, 2014, pp. 71~72 및 J. Smith, "Russian Cyber Capabilities, Policy and Practice"를 참조하여 작성.

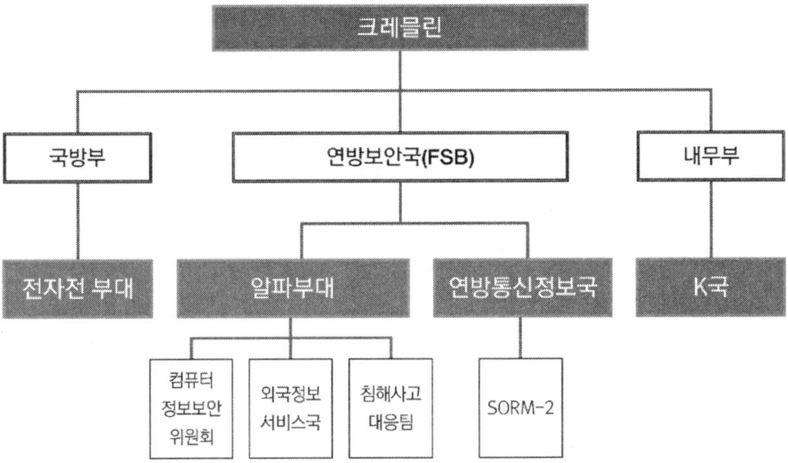


〈그림 5-2〉 러시아의 사이버전 조직체계

## 3. 중국의 사이버전 전략과 역량

### 1) 중국의 사이버전 전략과 정책

중국정부는 사이버안보에서 국가의 역할을 강조하면서, 정부가 인터넷을 강력히 관리, 감독해야 한다는 점을 정당화하고 있다. 이처럼 중국이 정보의 자유로운 흐름보다 국가의 주권과 안보를 우선시하는 것은 전 세계 인터넷 데이터의 80%가 미국에서 작동될 뿐만 아니라, 세계의 주요 근간서버 중 10개가 미국에 있으며 모든 근간서버들이 미국정부의 위임을 받은 '명칭 · 번호지정 인터넷기업(ICANN)'의 통제를 받고 있는 등 사이버공간에서 미국을 비롯한 서유럽국가들이 절대적인 우위를 차지하고 있다는 판단에 따른 것이다.[44]

중국은 사이버안보를 위해 지속적으로 방어무기의 개발에 힘을 쏟고 있다. 대표적인 것이  중국이 개발한 '기린(麒麟, Kirin)'이라는 운영체계로서 2007년부터 중국의 정부기관과 군이 사용하고 있다. 이것은 중국이 미국이 개발한 윈도우, 맥과 같은 컴퓨터 운영체제(OS)를 대체함으로써 OS를 공격하는 외부의 침투와 사이버공격을 막기 위한 방어망을 형성하기 위한 것이다.

2014년 10월에 중국공산당 중앙군사위원회는 「군 정보보안 강화방안」을 발표하였다. 뒤이어 2015년 7월 전국인민대표회의에서 사이버상의 공격과 유해정보 확산으로부터 사이버 주권과 국가안보의 보호를 위한 「사이버안전법」을 입법화했다. 이 법안은 정부, 기업, 개인에 이르기까지 네트워크상에서 준수해야 할 의무와 역할을 강조하고 사이버 위협 발생시 이를 차단하는 방안이 명시됐다.45

이처럼 중국이 내세우고 있는 것은 사이버안보에 따른 방어적인 논리이다. 하지만 중국의 국력과 기술력이 신장되면서 중국군은 현대화 차원에서 사이버전의 방어무기를 넘어 공격무기의 개발에 본격적으로 나섰다. 중국군은 1985년부터 정보전을 연구하면서 비대칭전략인 점혈전략(點穴戰略)을 수립했으며 점혈전략의 일환으로 사이버전에 주목했다. 특히 1990년대 초반 걸프전과 아프가니스탄전, 이라크전 등에서 미국의 네트워크중심전(NCW)을 보면서 중국군도 정보화를 적극적으로 추진하기 시작했다.

그리하여 중국군은 상대국의 정보체계에 대항하는 컴퓨터 네트워크전 수단과 전자전의 무기를 결합한 '망전일체전(網電一體戰, Integrated

44 김관옥, "미중 사이버패권경쟁의 이론적 접근", pp. 241~242.

45 국방부 정보본부, 『세계 주요국의 사이버전 대응동향』, 국방부, 2015년 7월.

Network Electronic Warfare)' 전략을 수립하여 사이버공간에서의 주도권 확보를 위한 사이버 전략을 발전시켰다.[46] 망전일체전 전략은 공격수단(C4I 무력화, 인터넷 폭탄, GPS 교란)과 방어수단(전자기 엄폐물, 전자기 양동작전, 지휘계통 보호)으로 구성되어 있다.[47]

이러한 전략사상은 2008년 발간된 『중국의 국방백서』에서부터 군사력의 정보화(信息化)라는 개념을 사용하기 시작했다. 이를 발전시켜 2015년판 『중국의 국방백서』에서는 '정보화국지전(信息化局部戰爭)' 개념이 등장한다. 국방백서는 중국인민해방군의 전략사상인 '적극방어'의 기조에서 전쟁형태와 국가안보정세의 변화에 맞춰 정보화국지전의 승리를 위해 만전을 기해야 한다고 밝히고 있다. 이를 위해 사이버공간역량의 건설, 사이버공간태세의 감지, 사이버방어의 제고, 국가사이버공간 투쟁의 지원과 국제협력에의 참여 등을 제시하고 있다.[48]

이처럼 중국의 사이버전 전략은 미국의 패권 하에서 방어적인 개념에서 출발했으나, 국력신장과 국방력 강화와 더불어 국방전략사상인 '적극방어' 전략과 결합되면서 그 일부로 편입되었다. 이제 중국은 미국패권에 대한 방어적 개념을 넘어 점차 공격적인 형태의 사이버전략을 추진하고 있다. 이에 따라 미국과 사이에서 사이버안보 경쟁과 함께 갈등이 심화되고 있다.

### 2) 중국의 사이버전 조직과 역량

『2015 중국국방백서』는 중국이 사이버공간에서 사이버공격의 최대 피

46 任久华, "网电一体战-未来作战新样式", 『国防科技』 2002年 3月号, pp. 60~61.

47 スロ-ン, 『現代の軍事战略入門』, pp. 248~249.

48 黄子娟, "国防白皮书:打赢信息化局部战争", 『人民网』, 2015年5月26日.

해국이라고 주장하고 있다. 이러한 인식에 따라 해킹공격에 대응하는 강력한 '인터넷공간 능력'을 건설하겠다고 밝혔다.[49] 이러한 사이버전의 임무는 시진핑 주석이 조장으로 있는 중국공산당 내의 중앙인터넷 안보·정보화 영도소조(中央网络安全和信息化领导小组)'(2014년 2월 27일 신설)가 모든 업무를 총괄하고 있다.

중국의 사이버전 역량은 크게 사이버전 전문역량(军队专业网络战力量), 사이버전 전문역량(授权力量), 비정부 역량(民间力量)의 3분야로 나누어 볼 수 있다.[50]

첫째는 사이버전 전문역량(军队专业网络战力量)으로 네트워크의 공격과 방어를 담당하는 군부대이다. 중국은 2000년 해커부대로서 넷포스(Net-Force)부대를 창설하였고,[51] 정보전시험센터, 국방과학기술정보센터 등 해커 양성기관을 운영하고 있다. 2003년에는 베이징·광저우·지난·난징 등 4대 군구 예하에 전자전 부대를 창설하였다.[52]

해커전문 부대로는 상하이 시내에 자리 잡고 있는 중국군 총참모부 3부 산하 2국과 12국인 61398부대와 61486부대로 알려져 있다. 61398부대는 각국 정부와 군 하청업체, 연구기관 등에 대한 대대적인 해킹업무를 수행하고 있는 것으로 알려지고 있다. 2006년 이후 미 IT업계·우주항공업체에서 140건 이상의 기술 정보를 지능형지속위협(APT) 공격을 통해 해킹한 것으로 보고되고 있으며, 61486부대는 미국정부와 국방분야의 연구개발, 방산업체, 항공우주산업, 통신 등 전략정보의 수집을 담당하고

49 中华人民共和国国务院办公室,『中国的军事战略』, 2015年5月.

50 김관옥, "미·중 사이버패권경쟁의 이론적 접근", pp. 241~243.

51 중국 넷포스 부대의 명칭과 관련해 국내에서는 인터넷기초총부(网络基础总部)라는 이름으로 알려졌으나 필자의 조사로는 정확한 것이 아닌 것으로 보인다.

52 신동만,「북한의 사이버 위협이 한국안보에 미치는 영향에 관한 연구」, pp. 36~37.

있다.[53]

2010년 7월 중국군 총참모부 내에 사이버전 사령부[解放军・网絡战司令部]에 해당하는 '정보보장기지[總參・信息保障基地]'를 창립했다.[54] 중국군 사이버전 사령부는 유사시 사이버공격 및 방어체계의 구축, 중국군에 대한 전략정보의 지원, 중국군의 정보화 및 현대화 추진을 담당하고 있다.[55] 2015년 12월 31일에는 군구조 개혁에 따라 사이버전 연구개발과 우주전략 수립을 총괄하는 전략지원부대가 창설되었다. 중국군 사이버전의 체계도와 해커부대의 특징은 <그림 5-3>과 같다.

중국군은 여러 대학 및 연구기관과 협력하여 사이버전의 연구개발을 수행하고 있다. 또한 우한(武漢)의 커뮤니케이션사령부아카데미, 정조우(鄭州)의 정보기술대학, 그리고 창사(長沙)의 국립국방과학기술대학 등에서 최소한 3개의 사이버전 훈련장을 운영하면서 사이버전 전문가들을 집중적으로 훈련시키고 있다.[56]

중국군은 망전일체전 전략에 따라 컴퓨터네트워크 불법이용(CNE) 기술과 소프트웨어 개발을 서두르고 있다. 동시에 전자기충격파(EMP)탄, GPS교란기(jammer), 지향성 에너지무기(Directed Eenergy Weapon), 레이저총, 위성요격미사일(ASAT missile) 등등 다양한 공격용 및 방어용 사이버무기를 개발 배치하여 사이버안보 및 역량을 강화하고 있다.[57]

---

**53** Mandiant, *APT1: Exposing One of China's Espionage Units*, 2013 및 신동만,「북한의 사이버 위협이 한국안보에 미치는 영향에 관한 연구」, p. 37.

**54** CHN强国网首页, "总参信息保障基地成立-解放军网战司令部成军！", 2010년 7월 26일. (http:// www.cnqiang.com/article/2010/0720/mil_23656_1.shtml 검색일 2016/5/5)

**55** 육사 외,『사이버전 개론』, pp. 64~65.

**56** 사이버전 훈련장의 수와 관련해 Spade는 최소 3개로 파악한 반면, 유동열은 12개라고 추정하고 있다. Jason Spade, "China's Cyber Power and America's National Security", Jeffrey Caton. ed. *Information As Power*, Barracks: PA. U.S. Army War Collage, 2012, p. 16 및 유동열,『사이버공간과 국가안보』, 도서출판 북앤피플, 2012, p. 151.

둘째는 사이버전 지원역량으로, 국가안전부(MSS), 공안부(MPS)의 네트워크전 전문가들로 구성되어 있다. 이들은 40만여 명에 달하는 민·관·군 통합 네트워크부대를 총괄한다. 현재 중국은 사이버전 부대를 비롯해 정부기관 등에 12만 5,000명의 사이버요원을 보유하여 세계 최다인력을 운용하고 있는 것으로 파악되고 있다.

셋째는 비정부 역량(民间力量)으로 민간, 반관반민단체들로 자발적으로 네트워크 공격과 방어 역할을 담당하고 있으며, 국익을 위해 독립적으로 활동하는 100만여 명의 중국해커인 홍커(紅客)들이 사이버예비군의 역할을 하고 있다. 이들은 매우 공격적이며 애국심으로 무장하여 전 세계에 걸쳐 정부와 군, 기업을 대상으로 사이버공격을 가하고 있다. 중국정부와 홍커와의 관계는 명확히 밝혀진 바는 없지만, 미국은 중국정부와 이들이 직·간접적으로 연계된 것으로 의심하고 있다.[58]

57 Bryan Krekel, "Capability of the People's Republic of China to Conduct Cyber Warfare and Computer Network Exploitation", The US-China Economic and Security Review Commision, October 9, 2009, pp. 12~13.

58 신동만, 「북한의 사이버 위협이 한국안보에 미치는 영향에 관한 연구」, p. 38.

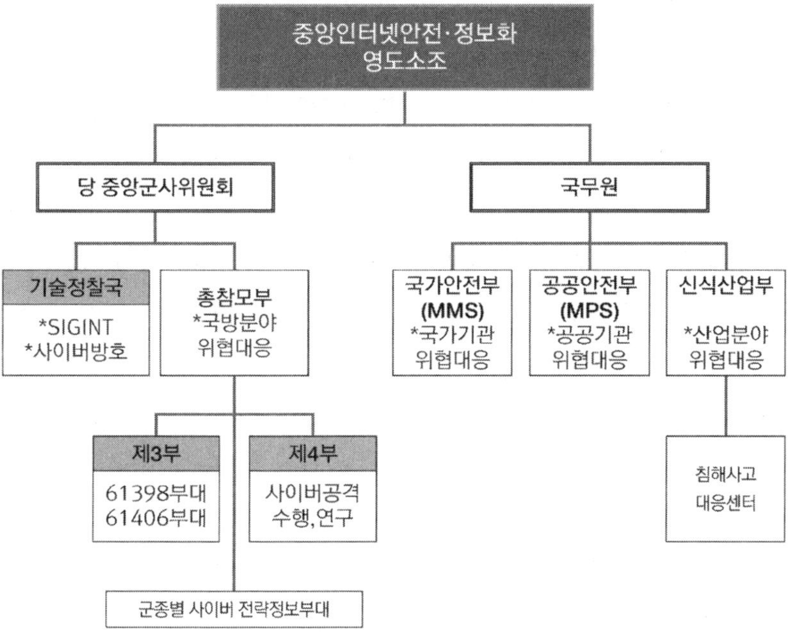


〈그림 5-3〉 중국의 사이버전 조직체계

# 4. 일본의 사이버전 전략과 역량

## 1) 일본의 사이버전 전략과 정책

2000년 1월 과학기술청과 마이니치 신문 등 16개의 정부 및 언론기관의 웹 사이트가 해킹당한 것을 계기로, 일본정부는 「고도정보통신네트워크사회형성기본법」을 제정하고 IT전략본부를 만들어 2005년까지 세계 최고의 정보통신국가를 이룩한다는 목표를 담은 'e-Japan전략'을 발표했다. 2006년부터 사이버안보에 관한 연차계획이 「시큐어 · 저팬」

(2006~2009), 「정보 · 저팬」(2010~2012),「사이버시큐리티」(2013~ ) 등으로 이름을 바꾸어 발표되고 있다.[59]

일본정부는 2013년 6월 정보안보정책회의 명의로 「사이버보안전략」(구전략)을 발표했는데, 여기에 사이버안보와 관련된 자위대의 역할에 대해 언급하고 있다. 특히 '사이버방위대'(가칭)의 창설과 함께 사이버전사의 양성과 연구개발 등 자위대의 사이버전 역량강화를 권고하고 있다. 다만, 같은 해 3월 4일에 있었던 아베 총리의 중의원 본회의 답변을 소개하면서 '사이버공격에 대한 무력대응'에 대한 입장이 아직 정리되지 않았음을 밝히고 있다.[60]

2014년 11월 일본정부는 사이버전이 발생할 경우에 대비해 정부와 기업, 개인 등 주체별로 담당임무를 규정한 「사이버보안기본법」을 제정하였다. 2015년 1월 내각 산하에 정보보호사령탑인 '사이버 보안전략본부'와 지원조직인 내각 사이버보안센터(NICS)를 설치하였다. NICS는 사이버안보의 전략안을 작성하고 국가안전보장회의(NSC)와 협력해 정부차원의 사이버보안을 조정 · 통제하는 역량의 강화와 정보시스템에 대한 부정활동을 감시 · 분석하여 대응하는 능력을 갖추었다.

2015년 9월에는 구전략의 일부 내용을 개정하여 내각의 명의로 「사이버보안전략」(신전략)을 수정 발표하였다. 신전략에서는 자유롭고 공정한 사이버공간의 실현을 목표로 내걸고 정보의 자유로운 유통의 확보, 법의 지배, 개방성, 자율성, 다양한 주체의 제휴를 위한 추진방안을 제시하고 있다.[61] 특히 2020년 도쿄올림픽의 성공적인 개최와 2016년 일본판 주민

59 구체적인 내용은 일본 내각사이버안보센터 홈페이지(http://www.nisc.go.jp/ materials/index.html)를 참조할 것.

60 情報セキュリティ政策會議 決定, 「サイバ-セキュリティ戰略~世界を率先する强靭で活力あるサイバ-空間を目指して」(平成25年), 2013年 6月 10日, pp. 33~34.

번호제도인 마이넘버제도의 시행에 대비하도록 하였다.

한편, 일본은 미국과의 사이버보안 공동대응을 체계적으로 지원하고 강화하는 데 초점을 맞추고 있다. 2013년 5월 도쿄에서 '제1차 미·일 사이버대화'를 가졌고 2014년 4월 워싱턴에서 열린 제2차 회담에서는 중국 및 북한의 사이버공격에 대해 협의하였다. 2015년 4월에는 「미·일 방위협력지침」에 사이버공간을 추가해 사이버공간에서도 국제안보와 안정성을 지키기 위해 양국이 협력할 것을 선언하는 등 미국과의 공조를 과시하고 있다.

그밖에도 일본은 중국의 애국적인 홍커와 유사한 전문해커를 고용해 사이버공격에 대처할 수 있다는 것도 강조하고 있다. 일본은 방위산업체나 주요 기반시설 등의 민간 영역은 사이버방위대의 영역 밖이지만 사이버전의 특성상 민간과 방위산업체 간 협력이 중요한 만큼 자위대 사이버방위대의 역할이 앞으로 계속 확장될 것으로 예상되고 있다.

### 2) 일본의 사이버전 조직과 역량

일본정부는 2005년부터 사이버안보에 대한 대응을 본격적으로 시작하여, 내각관방 정보보안센터와 정보보안정책회의를 설치하였다. 정부의 각 부처에 걸친 사이버방위에 관해서는 내각관방의 정보보안센터가 조정한다.[62] 정부기관이나 방위산업체에 대한 사이버공격에 대해서는 기본적으로는 범죄대책의 일환으로 경시청의 사이버포스센터와 생활안전국 정보기술범죄대책과가 총괄하고 있고, 생활안전국 사이버범죄대책과가 수

61 内閣決定, 「サイバ-セキュリティ戰略」(平成27年), 2015年 9月 4日, pp. 3~6.

62 내각관방 사이버보안센터의 활동 및 일본 사이버 안보전략, 사이버 기본계획 등의 자료에 관해서는 홈페이지(http://www.nisc.go.jp)를 참조할 것.

사를 맡고 있다.[63]

사이버전과 관련하여 일본방위성은 2005년에 사이버부대인 '시스템방호대'를 처음으로 창설하였다. 그 뒤 2008년 7월에 네트워크 방호를 목적으로 육·해·공 자위대를 망라한 '자위대 지휘통신시스템대'로 확대 개편했는데, 이 부대의 휘하에 부대본부, 네트워크운용부대, 보전감사부대, 중앙지휘소 운영부대를 두고 있으며, 인력은 약 160명이 근무하고 있는 것으로 알려졌다.[64]

2014년 3월 일본자위대는 자위대 지휘통신시스템대 휘하에 있는 기존의 조직 외에 '사이버방위대'를 새로 창설하였다. 이 부대는 기존의 지휘통신시스템부의 지휘하에 있던 사이버 전문인력 90명으로 구성된 특수부대로서, 육상, 해상, 항공자위대 소속 사이버 전문인력과 내각관방의 사이버보안센터 전문인력이 파견되어 편성된 것이다.

사이버방위대의 임무는 사이버방위에 관한 조정과 기술지원, 공격수단 및 방위수단에 관한 연구, 사이버방위를 담당할 인재 육성 및 훈련지원, 사이버공격 대처방안 마련, 외국의 사이버공격사례 정보 수집·분석 등이다.[65] 사이버방위대는 육상·해상·항공자위대가 각각 보유하고 있던 사이버방어체계를 단일화하고, 향후 민간부문까지 포함한 조직으로 개편한다는 방침이다(<그림 5-4> 참조).

사이버방위대의 창설을 계기로 일본자위대는 사이버공격을 당하더라도 지휘명령계통을 유지하고 작전행동에 차질이 없도록 방위성과 전국의

63 藤堂正臣、奥窪優木, "各国のサイバー戦力を採点[日本編]", 『日刊SPA』 2012年 1月 8日.

64 伊東寛, "中國側,日本サイバー戦能力を過大視", Webオリジナル 『朝日新聞グローブ』. (http://globe.asahi.com/feature/101004/side/02_01.html 검색일 2013/5/12).

65 井上孝司, "ネットワーク世界のサイバー戦: サイバー防衛・サイバー攻撃とは何か", 『軍事研究』, 2010年 12月号, p. 74.

자위대 기지를 잇는 네트워크 방위시스템을 구축하였다. 일본정부는 원자력 발전소와 교통・통신 등 사회기반시설이 대규모 사이버공격을 받을 경우를 상정해 사이버방위대가 방위나 반격을 할 수 있도록 하는 방침을 검토하고 있다. 이로써 자위대는 사이버방어를 넘어 공격수단을 개발하고 군사작전의 일부로 사이버전을 적극 활용할 수 있는 길을 열었다.

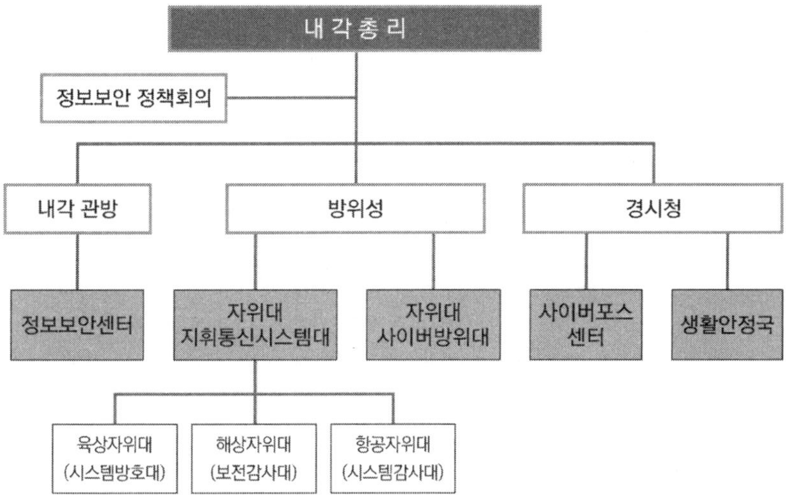


〈그림 5-4〉 일본의 사이버전 조직체계

제4장

# 남북한의 사이버전 역량과 국제비교

# 제4장
# 남북한의 사이버전 역량과 국제비교[66]

## 1. 북한의 사이버전 전략과 역량

### 1) 북한의 사이버전 조직과 인력 양성

#### ① 북한의 사이버전 조직

1980년대 후반 이후 줄곧 만성적인 경제위기에 처해 있는 북한은 자신들의 국력 열세에 따른 군사력 약화를 타개하기 위해 비대칭전력의 육성에 힘을 쏟았다. 북한이 개발하고 있는 대표적인 비대칭전력이 바로 핵무기와 탄도미사일이다. 북한은 이미 네 차례나 핵실험을 실시하였고, 장거리 탄도미사일로 전용할 수 있는 우주로켓의 발사에 성공하였다. 또한 핵미사일을 지휘・통제할 수 있는 북한군 전략군을 제4군의 형태로 운용하고 있다.

66 본 제4장의 내용 중 특별히 인용표시가 없는 것은 조성렬, “북한의 사이버전 능력과 대남 사이버위협 평가: 한국의 사이버안보를 위한 정책적 함의”, 『북한연구학회보』, 제17권 2호, 2013, pp. 119~147에 의한 것임,

이와 같은 대량살상무기의 개발과 함께 북한은 일찍이 사이버공간의 중요성을 깨닫고 최첨단 정보기술이 동원해 사이버전 능력을 키워오고 있다. 북한이 사이버전에 본격적으로 관심을 갖게 된 것은 미국의 이라크 침공작전인 2003년 '사막의 폭풍 작전' 때부터라고 알려져 있다. 당시 김정일 국방위원장은 이라크전을 바라보면서 인터넷과 초고속통신망의 군사적 이용이 전쟁수행에 커다란 영향을 미치는 것을 보고 북한군 수뇌부에게 "지금까지의 전쟁이 총알전쟁 혹은 기름전쟁이었다면 앞으로 21세기 전쟁은 정보전"이라고 강조했다고 한다.[67]

북한의 국내 정보기술(IT) 인프라가 매우 뒤쳐져있지만, 북한 당국은 1980년대 중반부터 전문적인 해킹 인력의 양성과 전자전 기술을 개발 · 습득해 왔다. 북한군은 사이버정보전 개념과 전략을 완성시켜 나가면서 해커부대의 창설, 사이버전법, 심리전법, 경제정보 획득전법 등 다양한 사이버전 전술을 발전시켜 왔다.[68] 현재 북한의 사이버전 조직은 정찰총국과 총참모부 등에 배속되어 있다.[69]

먼저, 정찰총국은 해킹 및 사이버전을 전담하는 전자정찰국 사이버전 지도국(121국)을 두고 있다. 121국은 컴퓨터망에 침입해 비밀자료를 입수하거나 바이러스를 유포하는 임무를 담당하고 있다. 당시 김정일 위원장은 121국을 세계 최정예의 정보전 부대로 육성하기 위해 필요한 모든 시설과 장비, 기재들의 확보에 필요한 막대한 외화를 승인해 준 것으로 알려져 있다.[70]

67 육군사관학교 정보과학교수 편, 『소프트웨어로 배우는 사이버전』, 서울: 양서각, 2011, p. 17

68 김흥광, "북한의 사이버테러 정보전 능력과 사이버보안 대책 제언", 『국가 산업기술유출 대응 콘퍼런스』, 경기중소기업종합지원센터, 2010년.

69 부형욱, "미국의 사이버안보전략과 한반도," p. 8.

70 NK지식인연대의 대표인 김흥광은 정찰국 121소를 북한군 총참모부 소속으로 설명하고 있다.

정찰총국 산하에는 전자정찰국(121국)의 해커부대인 128연락소 및 414연락소가 있고, 정치·경제·사회기관의 해킹을 전담하는 자료조사실, 군·전략기관에 대한 사이버공격을 정담하는 기술정찰조 및 산하의 110호 연구소가 있는 것으로 밝혀졌다.

다음, 북한군 총참모부는 직속으로 지휘자동화국과 적공국을 두고 있다. 지휘자동화국은 해킹 프로그램을 개발하는 31소, 군관련 프로그램을 개발하는 32소, 지휘통신프로그램을 개발하는 56소 등이 있다. 여기에는 각각 장교 50~60명, 50~60명, 60~70명이 배속되어 있다. 적공국에서는 204소를 운영하면서 한국군을 상대로 사이버심리전을 전개하고 있다.

그밖에도 북한군 일선 부대들도 사이버전 능력을 갖추고 있다. 북한 전자전 부대의 경우, 평양권에 1개 연대가 있고 전방 군단에 각 1개 대대 규모의 전자전 부대가 배치된 것으로 알려졌다.[71] 최근 북한의 대남 공작 부서인 225국(옛 대외연락부)이 중국에서 위장무역업체인 북성무역을 설립하여 한국 대기업의 중국지사를 통해 대기업의 본사 전산망을 해킹해 온 사실이 밝혀지기도 했다.[72]

김정은 체제의 등장 이후 북한은 핵·미사일과 함께 사이버전 역량을 핵심적인 비대칭 전력으로 육성하면서 사이버전 조직을 새로 창설했다. 이는 우리 군이 2010년에 국방부 직할부대로 사이버사령부를 창설한 데 대한 대응으로 보이는데, 2012년 정찰총국 산하기구인 110호 연구소를 방문한 김정은 위원장의 지시로 정찰총국과 총참모부에 흩어져 있는 사이버전 관련 부서들을 통합해 '전략사이버사령부'를 창설하려는 움직임

김흥광, "북한의 사이버테러 정보전 능력과 사이버안보 대책 제언".

71 국방부, 『북한의 전자전 공격·교란무기』, 국회 국방위원회 제출자료, 2011년 11월 9일. 『통일뉴스』 2011년 9월 6일에서 재인용.

72 "북 225국, 대기업 전산망 1년간 해킹," 『문화일보』, 2013년 10월 16일.

이 있는 것으로 파악되고 있다(<그림 5-5> 참조).[73]

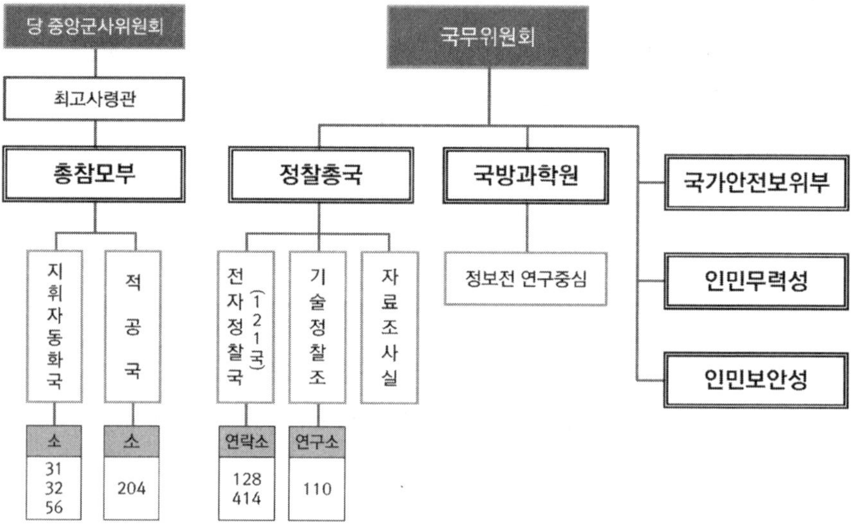


〈그림 5–5〉 북한의 사이버전 조직체계

### ② 북한의 사이버전 인력 양성

북한은 사이버전을 준비하기 위해 해커전사를 길러내는 데 힘을 기울여 왔다. 김일성 군사대학에서는 1996년에 5년제 전산과정을 개설하여 매년 1,000여 명씩 컴퓨터교육을 시키고 있다. 국방과학원 산하의 정보전 연구중심, 정찰총국의 사이버정보전 연구소(110연구소), 제2경제위원회

73 북한군 전략사이버사령부는 아직 확인되지 않고 있어 <그림 5-5>에서는 제외했다.

전자공업총국의 연구개발부서들이 협동하여 정보전의 수행에 필요한 각종 무기체계와 기술기재를 연구하고 있다.[74]

특히 북한은 사이버전 능력을 배양하기 위해 1986년에 사이버전 인력 양성기관인 김일 정치군사대학(미림대학)을 설립했다. 이 대학은 인민무력성 소속으로 매년 100~110명씩 양성해 전원이 인민무력성 예하 부대의 군단에 배속시키고 있다.[75] 그밖에도 정찰총국에서는 모란봉대학을 설립하여 사이버전 전문가를 양성하고 있다.[76]

북한은 컴퓨터 하드웨어 기술은 아직 열악한 것으로 평가되지만, 1992년에 이미 공격용 소프트웨어를 개발하는 데 성공했을 정도로 소프트웨어의 개발능력은 선진국과 견줄 정도로 높은 것으로 평가된다. 이것은 공산독재체제라는 정치체제 하에서 이공계의 우수한 인재를 어렸을 때부터 선발해 컴퓨터영재교육을 시켜왔기 때문으로 보인다.[77]

국정원의 평가에 따르면, 북한은 정찰총국을 중심으로 대남 해킹 및 심리전을 담당하는 사이버전 조직을 운영하고 있으며 사이버공격 전문인력은 1,000여 명, 지원인력은 3,000여 명에 달한다. 이들은 대남 기밀 절취 및 방송, 금융, 전력 등 한국사회의 핵심 인프라에 대한 사이버공격을 주된 임무로 하고 있다.[78]

---

**74** 김흥광, "북한의 사이버테러 정보전 능력과 사이버보안 대책 제언,"

**75** 미림대학 출신인 장세열 북한해방전선 대표(전 북한군 중위)는 "해마다 100~110명가량의 해커들이 비밀학교에서 배출되고 있다"고 증언하고 있다. 필자와의 인터뷰 (2013년 4월 24일).

**76** 유동열, 『사이버공간과 국가안보』, pp. 51~52.

**77** 伊東寛, "中國側,日本サイバー戦能力を過大視", Webオリジナル『朝日新聞グローブ』第49号, 2010年 10月 4日. (http://globe.asahi.com/feature/101004/side/02_01.html 검색일 2013/5/12).

**78** 이상배, "국정원 '남북 사이버戰 땐 우리 피해 훨씬 심각'", 『머니투데이』 2013년 5월 2일.

### 2) 북한의 사이버전 방호능력 평가

#### ① 북한 사이버전 방호능력의 특징

북한의 사이버전략이 공개적으로 알려진 것은 없다. 그 동안 북한이 취해온 행태를 볼 때 북한의 사이버전략은 방호보다는 공격에 치중하고 있다. 그것은 북한의 일반주민이나 기관들이 사용하는 컴퓨터 운영체계가 보편적으로 사용되는 마이크로소프트 윈도즈(MS Windows)가 아닌 독자적인 운영체계(OS)인 '붉은별'을 이용하고 있어 외부의 사이버공격을 근원적으로 막을 수 있기 때문이다.

지난 2010년 이란의 원자력 발전시설 일부를 무력화시키기 위해 미국과 이스라엘이 사용한 스턱스넷(Stuxnet) 바이러스는 마이크로소프트 윈도즈를 통해 감염되어 지멘스 산업의 소프트웨어 및 장비를 공격했다. 그런 점에서 미국의 윈도즈가 아닌 독자적인 '붉은별' 운영체계를 사용하고 있는 북한의 경우는 이러한 사이버공격으로부터 상대적으로 안전하다고 볼 수 있다.

하지만 '붉은별'은 오픈 소스인 리눅스에 기반하고 있기 때문에 DDoS 공격과 백도어, 그리고 패킷 감청에 매우 취약한 것으로 평가된다. 특히 '붉은별'에 탑재되어 있는 내나라열람기2.5(파이어폭스 기반), 망 접속기, 파일열람기 등 3종의 웹브라우저들은 취약점이 많아 사이버공격 등에 쉽게 노출될 수 있는 것으로 평가되고 있다.[79]

북한은 제한적으로 2009년 태국 회사와 합작해 만든 인터넷 제공업체 스타조인트벤처(Star Joint Venture)를 통해 인터넷을 사용하고 있다. 2010년 노동당 창립대회를 취재한 외신기자들도 스타조인트벤처의 망을 통해

79 이민형, "북한OS '붉은별2.0', 사이버공격에 매우 취약", 『디지털데일리』 2011년 11월 3일.

인터넷 서비스를 제공한 적이 있다. 스타조인트벤처 이전에는 일부 북한 상류층이 중국의 인터넷망 등을 통해 인터넷을 이용한 것으로 알려졌다.[80]

하지만 북한의 군이나 정보기관, 경찰들은 외국과 연결되는 인터넷망과는 별도로 그들 전용의 인트라넷을 별도로 설치하는 망 분리를 실시하여 대내 정보의 외부 유출을 방지하고자 하고 있다. 실제로 북한군은 군 전용 인프라넷인 '금별' 운영체계를 구축해 운용하고 있다. 이는 첨단정보기술을 활용하여 각 조직들의 업무효율을 높이면서도 정보를 보호하고자 하고 있기 때문이다.[81]

이처럼 북한은 사이버방호를 위해 나름대로 독자적인 컴퓨터 운영체계를 개발하고, 주요 기관들이 망 분리를 하는 등 근원적인 대책을 마련하고 있다. 이와 더불어 북한당국은 일반적인 인터넷 사이트 접속을 제한하고 컴퓨터 작업기록을 확인할 수 있도록 통제하는 등 보안통제를 강화하고 있다.

### ② 북한의 사이버전 방호능력 평가

북한은 중국이나 러시아의 해킹기술도 연구하고 있으며, 나름대로 강력한 공격력이 있는 것으로 보인다. 하지만 북한의 사이버전 능력이 갖고 있는 두드러진 특징은 방호력이다. 북한의 군대나 국가 인프라는 네트워크화가 거의 이루어지지 않았기 때문에, 역설적으로 외부의 사이버공격에 거의 노출되어 있지 않다.[82]

---

**80** 백 철, "특집 사이버 전쟁, 보이지 않는 위험: 북한 사이버 전력의 진실은?", 『주간경향』 1022호, 2013년 4월 23일.

**81** 김흥광, "북한의 사이버테러 정보전 능력과 사이버보안 대책 제언".

**82** 藤堂正臣, 奥窪優木, "各国のサイバー戦力を採点[北朝鮮編]", 『日刊SPA』 2012年 1月 8日.

북한은 일반기관과 주민들이 사용하는 컴퓨터네트워크인 '광명'과 분리하여, 군부와 정보기관, 경찰 전용의 인트라넷을 따로 신설하는 등 망분리를 통해 대내 정보의 유출을 원천적으로 차단하고 첨단정보기술을 활용하여 각 조직들의 업무 효율을 높이고 체제 유지를 확고히 할 수 있는 실질적인 조치를 취하고 있다.

그러나 이러한 평가에도 불구하고, 2013년에 들어와 국제해킹조직인 어나니머스(Anonymous)가 북한의 공식 사이트를 해킹한 사례가 발생하였다. 어나니머스는 2013년 4월 7일 북한의 '우리민족끼리' 사이트에 침투하여 내부 인터넷 시스템을 완전히 마비시켰다. 어나니머스는 5월 12일에 북한의 인터넷 시스템에 대한 공격할 것임을 예고했으며, 실제로 같은 날 오후 2시까지 북한 웹사이트 10여 곳을 공격해 북한의 라디오송 '조선의 소리' 홈페이지가 해킹되었다.[83]

이날 어나니머스는 트위터(@AnonyOps Korea)를 통해 "북한 라디오방송 '조선의 소리' 웹사이트를 해킹했다"며 해킹된 홈페이지의 캡처 사진을 공개했다. 그밖에도 '조선중앙통신', '우리민족끼리' 등 다른 북한 웹사이트에 대한 해킹 상황을 실시간으로 중계했다. 이들은 "이번 공격은 소규모 작업일 뿐"이라며 "6월 25일에는 공격규모가 더욱 클 것"이라고 경고했었다.

실제로 약속된 6월 25일 오전 10시 15분 조선중앙통신(kcna.kp)을 시작으로 첫 해킹공격이 시작됐으며, 일본에서 운영되는 조선중앙통신(procp.tok2.com) 웹사이트도 공격을 받아 다운되는 사태가 발생하였다. 이밖에 '우리민족끼리(uriminzokkiri.com)', '고려항공(airkoryo.com.kp)', '벗(friend.com.kp)', '로동신문(rodong.rep.kp)', '평양산업대학(business-

83 『연합뉴스』 2013년 5월 12일.

school-pyongyang.org)', '려명(ryomyong.com)', 평양 레이서 게임을 만든 '노소텍(nosotek.com)', '내나라 (naenara.com.kp)' 등이 다운되었다.

이처럼 북한 주요기관의 홈페이지들에 대한 해킹이 쉽게 이루어진다는 것은 북한의 사이버전 방호능력의 매우 취약함을 보여주는 것이다. 다만, 북한의 홈페이지들이 인터넷에 기반한 공식사이트인 만큼, 인트라넷으로 운영되는 북한의 정부, 군, 기관들의 직접적인 피해는 없는 것으로 보인다.

### 3) 북한의 사이버전 공격능력 평가

#### ① 북한의 사이버공격 유형

사이버공간에서의 작전이 갖고 있는 기술적 속성은 인터넷의 탈중심구조와 내재적인 익명성 때문에 여전히 도전적이다. 북한은 지금까지 수차례에 걸쳐 우리 측에 대해 사이버공격을 감행해 왔다. 이를 앞에서 분류한 4가지 유형에 따라 북한의 사이버공격을 유형화해 보면 다음과 같다.

첫째 유형은 북한의 사이버범죄이다. 외화벌이 수단으로 대남 공격을 감행한 경우로서, 2011년 북한의 해커부대가 중국을 거점으로 한국의 게임사이트 등을 부정조작하고 수십억 원에 달하는 전자머니를 탈취한 '사이버 외화벌이'가 발각됐다. 전자머니는 돈세탁을 통해 북한에 흘러들어간 것으로 보인다.[84]

2013년 4월에는 북한의 '릉라도 정보센터' 소속 해커와 국가안전보위부 소속 공작원 등이 국내 선물거래 사이트 운영자와 접촉해 부당이득을 취하였다. 중국에서 북한의 해커들은 한국의 게임업체 종사자들에게 각

---

84 SPA編輯部, "北朝鮮は軍事国家にハッカーを派遣している!?", 『日刊SPA』 2012年 3月 8日.

종 해킹정보를 건네주고, 게임업자들은 이를 통해 불법 선물거래 사이트까지 운영하면서 해킹정보의 판매나 불법 선물거래 운영수익의 일부를 북한 해커들에게 전달해 결과적으로 외화벌이 사업에 도움을 준 것이다.[85]

둘째 유형은 북한의 사이버테러이다. 2011년 4월 서울중앙지검은 북한이 농협 서버에 대해 컴퓨터네트워크작전(CNO)을 가해 왔다고 발표했다. 원격조정을 통해 행위자들은 은행의 온라인 서비스를 불통으로 만들고 은행계좌와 관련된 수많은 파일들을 삭제해 버렸으며, 이와 동시에 은행 서버 속에서 CNO활동의 증거를 없앴다. 2009~2011년 사이에 북한은 한국 민간 및 정부, 군 웹사이트에 대해 여러 차례 디도스(DDoS) 공격을 가해 접촉불능 사태를 불러왔다.

2014년 12월 9일에는 한국수력원자력 원전에 대한 해킹사태가 발생하였다. 이는 원자력발전소가 국가기간시설이라는 점에서 북한의 사이버테러와 관련해 주목을 받았던 사건이다. 대규모 해킹 메일이 이 회사 직원들에게 배포되었을 뿐만 아니라 일부 직원의 컴퓨터디스크가 파괴되었으며, 고리 1호기와 월성 1호기 도면의 일부가 공개되기도 하였다. 북한의 부인에도 불구하고 이 사건은 중국 선양지역의 IP가 집중적으로 사용된 것으로 볼 때 북한의 소행으로 추정되고 있다.[86]

셋째 유형은 북한의 사이버분쟁이다. 현재 북한은 제1, 2세대 사이버전을 넘어 제3세대 사이버전을 구사할 능력을 갖추어 가고 있다. 현재 북한군은 옛 소련 시절에 다양한 통신·레이더 교란장비 등 약 20여 종을 도입해 보유하고 있다. 지금까지 북한은 50~100km 범위에서 위성항법체

85 『연합뉴스』 2013년 4월 7일. '릉라도정보센터'는 노동당 산하 공작기관으로, 합법적인 무역회사로 위장해 각종 불법행위를 하면서 외화벌이를 하는 곳이다.

86 조정현, "최근 사이버공격과 우리의 대응과제", 「IFANS FOCUS」, 2014년 12월 29일, p. 1.

계(GPS) 전파교란을 할 수 있는 차량 탑재 러시아제 전파방해 장비를 도입해 군사분계선 인근의 2~3개 지역에 배치했다. 최근 들어 북한은 신형 전자전 공격장비로서 경기남부 지역과 충남·북 일부 지역까지 피해를 줄 수 있는 최대 교란거리 100km 이상인 GPS교란기(Jammer)를 자체 개발 중인 것으로 알려졌다.[87]

북한이 제3세대 사이버전을 전개한 대표적 사례가 2010년 11월에 발생한 연평도 포격사태이다. 북한군은 연평도에 대한 포격을 가하기 전에 우리 군의 대(對)포병 레이더를 교란시키기 위해 GPS교란 공격을 가해왔다. 이 때문에 연평도에 있는 대(對)포병 레이더 두 대가 모두 작동되지 않았다.[88] 앞으로 북한은 사이버공격과 기존의 재래식전력을 결합한 제3세대 사이버전 교리를 집중적으로 발전시켜 나갈 것으로 보인다.

광의의 사이버분쟁에 해당하는 것으로, 2011년 12월 이란이 미 공군의 무인정찰기 RQ-170 센티넬(Sentinel) 스텔스기를 해킹유도착륙에 의해 손에 넣은 일이 발생했다. 이와 관련하여, 일본언론은 이란이 보유한 거짓 유도기술을 북한이 이란에게 제공한 것이라고 보도했다.[89] 이 보도는 추측성 기사로서 신빙성이 낮지만, 북한의 사이버전 전문가들이 해외로 파견되어 이란이나 중동, 아프리카 등의 군사국가에서 사이버공격을 수행하고 있을 가능성을 시사한다는 점에서 유의할 필요가 있다.

남북관계는 국제법상으로는 아직 전쟁상태(state of war)이지만, 간헐적인 군사력 충돌에도 불구하고 전면적인 전쟁상태는 아니다. 그런 점에서 남북 간에는 사이버전쟁에 이를 정도의 사이버공격은 발생하지 않았다.

---

**87** 국방부, 『북한의 전자전 공격·교란무기』.

**88** 윤규식, "북한의 사이버전 능력과 위협 전망", 『군사논단』 제68호, 2011, p. 72.

**89** SPA編輯部, "北朝鮮は軍事国家にハッカーを派遣している!?".

하지만 남북관계가 악화되면서 북한의 대남 사이버공격은 해가 갈수록 빈도와 수준이 높아지고 있어 본격적인 사이버전의 발생 가능성이 점증하고 있다.

### ② 북한의 사이버전 공격능력 평가

앞에서 보았듯이 북한의 사이버전 방호능력은 매우 취약하다. 사이버전에서 공격과 방호가 분리될 수 없는 것이라고 할 때, 북한의 사이버전 능력에 대해 의문이 들지 않을 수 없다. 실제로 북한의 사이버전 능력에 대한 평가를 둘러싸고 이견이 존재한다.

NK지식인연대의 김흥광 대표는 북한의 사이버전력이 "북한 미림대학에서 한 해 1,000명의 정예 사이버요원이 양성된다," "북한 사이버 병력은 3만 명이다", "해킹 수준이 미국 CIA 빰친다", "미국, 러시아에 이어 세계 3위의 수준이다"라는 등 매우 높게 평가하고 있다.[90] 반면에, 동아일보의 주성하 기자는 북한의 사이버전력이 과장됐다며 "북한의 해킹 능력은 우리 생각보단 훨씬 취약하다"고 상반되게 평가하고 있다.[91] 이러한 상반된 증언들로 볼 때, 아직 북한의 사이버전 공격능력을 확정하는 것은 섣부르다.

2009년에 나온 외부기관의 평가를 보면, 미국 테크놀리틱스연구소는 북한이 전자장치를 무력화시키는 EMP, GPS 신호를 교란시키는 GPS교란기(Jammer) 등 전자 무기체계를 가지고 있으며 디도스(DDos) 공격, 악성코드 개발, 역추적 방지 및 공격 우회 기술, 해킹 통신 암호화, 흔적 삭제 등 첨단화된 공격기술까지 갖췄다고 분석하고 있다.[92]

---

**90** 김흥광, "북한의 사이버테러 정보전 능력과 사이버보안 대책 제언".

**91** 주성하, "북한 사이버 전사와 나눈 대화", 『동아일보』 2013년 3월 29일.

2013년 4월에 발간된 미 국방부 보고서 『2012년도 북한의 군사 및 안보 발전』은 북한군이 컴퓨터네트워크작전(CNO) 능력을 보유하고 있다고 평가하고 있다. 특히 2009년 이래 북한당국이 컴퓨터네트워크 불법이용(CNE)에서 DDoS 공격에 이르기까지 다양한 형태의 사이버공격을 전개한 배경을 정보수집을 위한 것으로 판단하고 있다. 또한 경제회생의 전망이 어두운 북한이 컴퓨터네트워크작전(CNO)이야말로 일부 북한군사력을 현대화하는 저렴한 방법이라고 판단했기 때문이라고 분석했다.[93]

## 2. 한국의 사이버전 전략과 역량

### 1) 한국을 둘러싼 사이버공간의 환경

한국이 세계에서도 손꼽히는 정보기술(IT) 선진국임은 누구도 부인할 수 없는 사실이다. 한국은 국내 인터넷 사용인구가 전체 인구의 91.52%에 해당하는 4,530만여 명으로 세계 12위이다. 한국의 초고속인터넷 가입자율이 2,000만 명을 돌파하여 세계 4위를 기록하고 있으며,[94] 인터넷 속도는 25.3Mbps로 세계 평균인 4.5Mbps보다 5.4배 빠른 것으로 조사되었

92 Richard A. Clarke and Robert Knake, *Cyber War: The Next Threat to National Security and What to Do About It*, New York: HarperCollins Publishers, 2010. 북한군이 한국군의 전자기체계를 무력화하는 전자기충격파(EMP) 탄을 보유했는지에 관해 우리 국방부는 "확인된 첩보는 없지만 북한의 신형 전자전 장비 개발 추세와 각국의 EMP탄 개발 추세를 고려할 때 북한도 향후 개발할 가능성이 있다"고 평가하고 있다. 국방부, 『북한의 전자전 공격・교란무기』.

93 DoD, *Military and Security Developments Involving the Democratic People's Republic of Korea 2012*, April 2013, p. 9.

94 『서울신문』 2016년 1월 2일.

다.[95] 이처럼 한국은 대다수 국민이 인터넷의 영향권에 있으며, IT종사자의 인원과 수준에서도 세계적인 경쟁력을 갖고 있다.

이처럼 한국은 인터넷 환경이 좋고 민간부문이 잘 발달되어 있어 사이버전 능력에서도 잠재력을 갖고 있는 것이 사실이다. 하지만 이것은 그만큼 한국의 국가 및 경제가 북한이나 주변국 등 적대세력으로부터의 사이버공격에 취약성을 안고 있다는 것을 의미하기도 한다.[96]

한국의 사이버인프라가 세계적 수준이기 때문에, 최근 들어 사이버공간을 활용해 국가안보를 위해하려는 활동들이 빠른 속도로 증가하고 있다. 북한을 비롯한 외부의 국가안보 위협세력들은 사이버공간을 자신들의 목표를 달성하기 위한 수단으로 활용하고자 하고 있는 것이다.

이와 같은 조건에서 외부로부터의 사이버공격에 대해 사후대응만으로는 한계가 있으며, 범국가 차원과 국방 차원을 넘어 민간 차원에서도 사이버전에 대한 적극적인 대응체계의 마련이 필요하다. 특히 소극적 방호를 넘어 적극적 방호, 나아가 공격까지도 포괄할 수 있는 사이버안보에 대한 접근방식이 새롭게 이루어져야 한다.

### 2) 범국가 차원의 사이버전 대응체계

#### ① 범국가 사이버전 주요 법령

북한의 핵·미사일 위협과 더불어 북한의 사이버공격이 강화되고 있을 뿐만 아니라, 주변국들의 사이버역량 강화에 따라 우리나라의 정보통신 인프라에 대한 보호 필요성이 증가하였다. 이에 따라 우리나라에서도 사이버안보에 대해 국가차원에서 법과 제도를 정비하기 시작하였다.

---

**95** 한국관광공사, 『글로벌 온라인 트렌드 조사보고서』, 2015년 3월.

**96** 이상배, "국정원 '남북 사이버戰 땐 우리 피해 훨씬 심각'".

우리나라 정보통신 인프라에 대한 외부 위협으로부터 보호하기 위해 「정보통신망 이용촉진 및 정보보호 등에 관한 법률」(1986년 제정, 2001년 개정)이 제정되었고, 주요 정보통신 기반시설의 보호를 위해 「정보통신기반보호법」(2001년)이 제정되었다. 이 법률들은 민간부문에서 국가사이버 안전체계를 규정하는 기본 틀을 제공하고 있다.

범국가 차원에서 사이버공격에 대한 강력한 의지를 표명한 것이 바로 2005년 1월 「국가 사이버안전 관리규정」의 제정이다. 이러한 관리규정에 따라 국가사이버안전체계는 대통령 직할의 국가사이버안전전략회의와 국가사이버안전대책회의 및 국가정보원의 국가사이버안전센터, 국방부의 국방정보전대응센터, 정보통신부(현 미래창조과학부)의 인터넷침해사고대응지원센터, 경찰청의 사이버테러대응센터로 이루어져 있다. 그밖에 부처별로 사이버전 전담조직을 갖고 있다.[97]

국방 차원에서는 국방정보화와 국방정보 자원관리를 체계화하기 위해 「국방정보화 기반조성 및 정보자원관리에 관한 법률」(2010년)이 제정되었다. 이 법은 정보사회에 걸맞는 선진강군의 육성과 국방정보기술의 선진화에 이바지할 것을 목적으로 내세우고 있으며, 아울러 국방부 장관이 '국방정보화 기본계획'을 수립하도록 규정하고 있다.

### ② 범국가 사이버전 대응체계

국가정보원은 2004년 2월에 사이버전 전담조직인 국가사이버안전센터(NCSC)를 만들었다. NCSC는 국가사이버안전쟁책의 수립과 전략회의 및 대책회의의 운영 지원, 사이버위협 관련 정보의 수집・분석・전파, 국가정보통신망의 안전성 확인, 국가사이버 안전메뉴얼 작성 배포, 사고조사

97 육군사관학교, 『소프트웨어로 배우는 사이버전』, pp. 81~83.

및 복구지원, 외국과의 사이버위협 관련 정보의 협력, 수준별 경보발령 등 사이버공격에 대한 국가차원의 대응체계를 구축하였다.[98]

2009년 정부는 국정원, 방송통신위원회 등 15개 유관부처 합동으로 '국가 사이버 안보 마스터플랜'을 수립하고 '민 · 관 · 군 합동 사이버위협 대응팀'을 운영하는 등 국가 차원의 사이버위협 총괄 대응체계를 구축했다.[99] 하지만 그 뒤로도 북한의 소행으로 추정되는 사이버공격이 잇달아 발생하였다.

특히 2013년에 발생한 일부 방송사와 금융기관에 대한 '3·20 사이버테러'와 같은 사이버공격이 발생하자 국가 차원에서 체계적인 대응 필요성이 제기되었다. 이에 따라 청와대가 사이버위협 대응을 위한 컨트롤타워 역할을 직접 맡아 국가정보원, 국방부, 미래창조과학부, 경찰청 등의 관련 업무를 조율하고 협조체제를 구축하고, 민 · 관 · 군 합동대응팀의 역할과 기능을 강화하며 사이버 위기상황 조기경보 · 전파체계를 종합적으로 점검 · 보완키로 했다.[100]

현재 NCSC주관으로 매년 을지훈련기간 동안 사이버테러 대응훈련을 실시하고 있다. 이 대응훈련은 도상훈련 및 사이버위협 대응능력을 측정하는 형태로 이루어지고 있으며 훈련에 뒤 종합강평이 진행된다. 아직은 민 · 관 · 군이 참여하는 국가적 차원의 사이버전 대응훈련으로 진행되지는 못하고 있으나, 향후 실제훈련으로 발전해 나갈 것으로 보인다.

2014년 12월 한국수력원자력에 대한 해킹 사건이 알려진 뒤 정부는 청와대 내에 사이버안보비서관실을 신설하고, △사이버안보 역량강화,

---

**98** 손영동, 「사이버전 억지력 평가모델에 관한 연구」, p. 40.

**99** 홍진수 · 이지선 · 유정인, "사이버 안보 위기(3): 한국의 사이버 대응", 『경향신문』 2013년 4월 1일.

**100** 『연합뉴스』 2013년 4월 17일.

△핵심기술 · 인력 개발, △국제공조 확대, △업무수행체계 정비, △컨트롤타워 강화를 골자로 하는 '사이버안보 강화방안'을 내놓았다.

### 3) 국방분야 사이버전 대응체계

#### ① 국방부 사이버전 대응체계

국방부는 사이버전쟁에 대비한 직할부대로서 사이버사령부를 창설하였다. 2010년 1월 창설할 당시는 국방정보본부 예하에 두었으나, 「국방개혁 307계획」에 따라 2011년 9월 국방부 직할부대로 배속 증편되었다. 그동안 국방분야는 국방정보전대응센터를 중심으로 사이버전 안전업무를 다루어 왔으며, 각급 부대의 정보통신망에 대한 안전성 확인, 경보발령, 보안사고조사와 더불어 관련 정보 통보 등을 개별적으로 진행해 왔었다.

국군사이버사령부는 컴퓨터네트워크작전(CNO)을 전담 수행하며, 국방부 내의 국방사이버안전 전담기관으로 기능하고 있다. 국군사이버사령부의 임무는 국방사이버전의 기획 · 계획 수립시행, 국방사이버전 전문인력의 육성과 기술개발, 국방사이버전에 대비한 부대훈련, 국방사이버전 유관기관 사이의 정보공유 및 협조체제 구축, 그밖에 국방사이버전과 관련된 사항을 수행하도록 되어있다.[101]

현재 국군사이버사령부의 전문인력은 1,000명 수준으로, 해커의 공격에 적절히 방호하기 위해 장기적으로 3,000명까지 늘려야 한다는 필요성이 제기되고 있다. 또한 국방부는 '화이트해커' 양성을 위해 고려대학교에 특수목적학과인 사이버국방학과를 활용하여 사이버보안 전문장교 육성에 들어갔다. 이들은 대학을 졸업한 뒤 전원 사이버사령부의 장교로 임관하도록 되어 있다.

---

**101** 「대통령령 제23006호」 및 「국군사이버사령부령」.

국방부는 국군사이버사령부와 더불어 우리 군이 더욱 능동적으로 사이버전에 대응할 수 있는 능력을 갖추기 위해 국방과학연구소(ADD) 산하에 국방사이버기술연구센터를 설립하기로 하였다. 군 사이버 전문인력을 활용해 우리 군의 독자적인 사이버기술을 개발하고 국방에 필요한 진화된 기술을 주도적으로 연구하며 국가안보역량을 강화한다는 방침이다.

### ② 각 군별 사이버전 대응체계

육·해·공군과 해병대의 각군 별로도 사이버전 대응역량을 강화해 나가고 있다.[102]

육군은 정예 사이버전사의 육성을 위해 민간교육기관과 협력해 사이버 리더의  양성, 사이버 분야 석·박사 위탁교육 확대, 체계적인 사이버 인력관리 등 교육·훈련 분야는 물론 체계·기술·제도 등 다양한 분야에서 분야별 정책과제를 발굴해 추진하고 있다. 특히 정보통신학교에 쌍방훈련이 가능한 사이버 대응 훈련장과 같은 사이버교육훈련센터를 구축해 사이버 전문인력을 양성한다는 계획이다.[103]

해군은 함정의 작전능력 유지를 위해 사이버전 대응능력을 한층 강화하고 있다. 그 동안 육상부대를 중심으로 이뤄지던 사이버테러 대비훈련을 해군의 핵심전력인 함정으로까지 확대해 실시하였다. 해군군수사령부 정보통신전대를 중심으로 사이버침해사고대응팀(CERT)과 PC정비팀을 통해 해군함정에 대한 사이버공격에 대비훈련 등을 실시하고 있다.

해병대는 2014년에 '사이버작전 종합발전계획'을 수립해 사이버 공간에서의 작전환경 보장을 위해 규정, 제도, 조직, 사이버 대응체계 인력관

---

102 이하 각군의 사이버전 대응동향은 다음 기사에서 참조한 것임. 『국방일보』 2016년 4월 20일.

103 미국은 사이버전에 대비해 미국방위고등계획국(DARPA) 산하에 국가사이버연습장(national Cyber Range)을 운영하고 있다.

리 및 교육훈련 등을 분야별로 추진하고 있다. 또한 국방사이버 안보체계 발전계획과 연계해 해병대 사이버조직 강화를 추진하고 있다.

공군은 사이버전 수행 능력과 ICT 전투력 강화를 위해 미래창조과학부가 주관하는 정보통신기술 역량지수 평가제도인 탑싯(TOPCIT)을 도입하는 등 사이버전사로 활동할 인력 확보에 주력하고 있다. 이와 더불어 공군은 정보작전방호태세 자체 훈련 시 모의공격팀을 운영, 실제 운영체계를 방어하는 해킹 대응훈련을 통해 사이버위협에 대한 실전 대응능력을 향상시키고 있다.

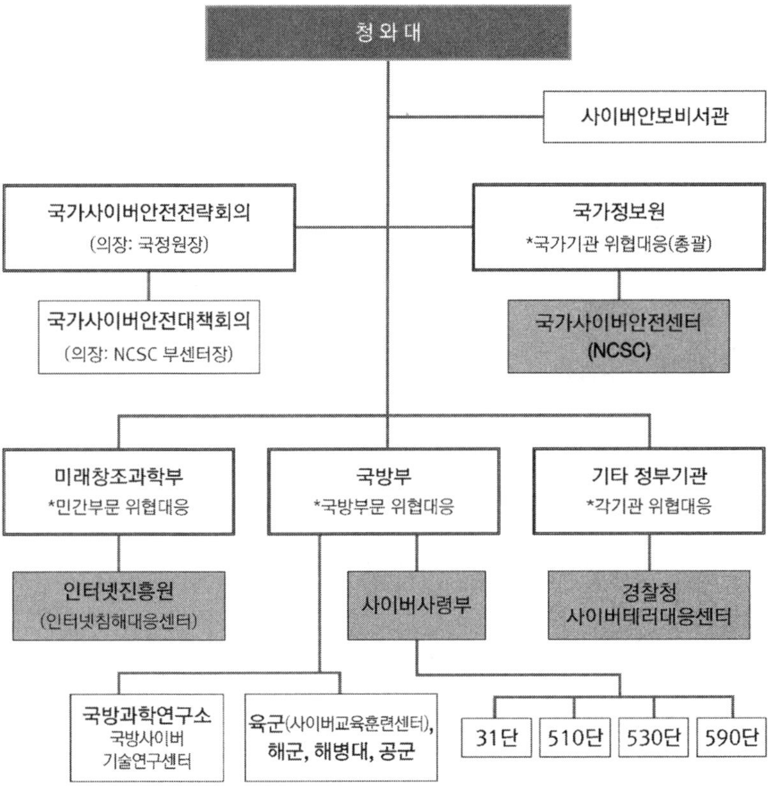


〈그림 5-6〉 한국의 사이버전 대응체계

## 3. 사이버안보 역량의 국제비교

사이버공간에서도 군비경쟁이 한창 진행되고 있다. 세계 10대의 사이버전 능력 보유국에 대한 미국 테크놀리스틱 연구소의 평가는 우리나라의 사이버전 대책 수립을 위해 참고할 만하다. 이 보고서는 세계 주요 국가들의 사이버전 역량을 사이버 능력배양의 의지와 공격능력, 사이버정보력 등 공격능력 위주로 평가한 결과를 내놓았다. 조사결과에 따르면, 미국과 중국이 모든 분야에서 비슷한 수준으로 공동 1위를 기록하였고, 러시아가 그 뒤를 이어 인도와 함께 공동 3위를 기록하였다.

눈여겨 볼 것은 북한의 사이버전 의지(Cyber Capabilities Intent)가 러시아에 이어 중국, 미국과 같은 세계 2위로 평가하고 있는 점이다. 공격능력 평가(Offensive Capabilities Rating)에서는 세계 6위, 사이버정보수집력 평가(Cyber Intelligence Rating)에서는 세계 7위를 기록하고 있다. 이처럼 북한의 사이버전 능력은 종합점수에서 한국보다 높은 것으로 평가되고 있다(<표 5-6> 참조).[104]

---

**104** Clarke and Knake, *Cyber War: The Next Threat to National Security and What to Do About It.*

〈표 5-6〉 Technolytics사의 세계 10대 사이버전 능력 보유국 평가(2009)

| 구 분 | 사이버<br>능력배양 의지 | 사이버<br>공격 능력 | 사이버<br>정보수집력 | 종합점수 |
|---|---|---|---|---|
| 중 국 | 4.2 | 3.8 | 4.0 | 4.0 |
| 미 국 | 4.2 | 3.8 | 4.0 | 4.0 |
| 러시아 | 4.3 | 3.5 | 3.8 | 3.9 |
| 인 도 | 4.0 | 3.5 | 3.5 | 3.7 |
| 이 란 | 4.1 | 3.4 | 3.4 | 3.6 |
| 북 한 | 4.2 | 3.4 | 3.3 | 3.6 |
| 일 본 | 3.9 | 3.3 | 3.5 | 3.6 |
| 이스라엘 | 4.0 | 3.8 | 3.0 | 3.6 |
| 한 국 | 3.5 | 3.0 | 3.2 | 3.2 |
| 파키스탄 | 3.9 | 2.7 | 2.6 | 3.1 |

<출전> Kevin Coleman, "The Weaponry and Strategies of Digital Conflict," Proceedings of the 5th International Conference on Information Warfare and Security, The Air Force Institute of Technology, Wright-Patterson AFB, Ohio, USA, 8-9 April 2010, p. 498.

하지만 이러한 사이버전 역량평가는 공격능력 위주로 되어 있다는 점에서 한계가 있으며, 방어능력도 함께 고려해야 보다 객관적인 사이버전의 역량을 비교 평가할 수 있을 것이다. 그런 점에서 사이버전 역량을 기반(영토, 자원, 인구, 기타)과 공격능력(정보수집, 침투, 파괴/무력화), 방어능력(예방, 대응, 탐지)의 셋으로 나누어 평가한 한국의 전자통신연구원(ETRI)가 분석한 평가가 보다 균형되고 객관적이라고 할 수 있다.

미국, 중국, 일본, 러시아 및 한국의 5개국을 비교한 ETRI의 평가에 따르면, 사이버전의 종합역량은 미국이 선두를 달리고 있는 가운데 중국, 한국, 일본, 러시아 순으로 뒤를 잇고 있다. 미국은 사이버전 기반과 공격능력, 방어능력에서 가장 높은 점수를 받았고, 방어능력은 미국에 이어 2위를 기록했다. 우리나라는 다른 전략공간에서의 전력에 비해 비교적 높은 평가를 받고는 있으나, 사이버전 공격능력은 미국은 물론 중국, 러시아에도 뒤지는 것으로 나타났다(<표 5-7> 참조).

〈표 5-7〉 ETRI의 국가 사이버전 역량 평가(2012)

| 구 분 | 사이버전 기반 | 사이버공격능력 | 사이버 방어능력 | 종합점수 |
|---|---|---|---|---|
| 미 국 | 8.6 | 8.9 | 9.5 | 9.0 |
| 중 국 | 6.9 | 8.9 | 5.3 | 7.0 |
| 일 본 | 4.2 | 5.5 | 6.0 | 5.2 |
| 러시아 | 3.3 | 8.4 | 5.6 | 5.8 |
| 한 국 | 5.5 | 6.0 | 8.0 | 6.5 |

<출전> J.M. Kang, H.U. Hwang, J.M. Lee, Y.T. Yun, B.C. Bae and S.Y. Jung, "A Study on National Cyber Capability Assessment Methodology", Korea Institute of Information and Cryptology, Vol. 22, No. 5, 2012, pp. 1039~1055.

최근 한국정보통신학회에서 발표된 논문에서는 ETRI의 연구방법론을 기초로 델파이(Delphi)기법을 추가하여 정보보호전문가 및 군사전문가 20명을 대상으로 한 설문조사를 이용해 보정한 주요 5개국의 사이버전 역량 평가 결과를 내놓았다. 이 결과에 따르면, 미국이 종합점수에서는 여전히 세계 1위를 기록하고 있으나 사이버전 공격능력에서는 중국에 다소 뒤지는 것으로 나타났다. 한국은 사이버 기반능력이나 방어능력에서 북한에 앞서고는 있으며, 미국, 중국, 러시아와 같은 강대국들보다는 기반, 공격, 방어의 전 분야에서 뒤지는 것으로 나타났다(<표 5-8> 참조).

〈표 5-8〉 한국정보통신학회의 국가 사이버전 역량 평가(2015)

| 구 분 | 사이버 기반능력 | 사이버공격능력 | 사이버 방어능력 | 종합점수 |
|---|---|---|---|---|
| 미 국 | 4.96 | 3.87 | 4.73 | 4.51 |
| 중 국 | 3.35 | 3.93 | 3.42 | 3.62 |
| 러시아 | 2.58 | 2.84 | 2.54 | 2.65 |
| 북 한 | 1.95 | 2.52 | 1.88 | 2.11 |
| 한 국 | 2.01 | 1.92 | 2.48 | 2.13 |

<출전> 박찬수, 박용석, "사이버전 역량평가 개선과 역량 강화 방안에 관한 연구", 『한국정보통신학회 논문지』, Vol. 19, No. 5, 2015, pp. 1251~1258.

이상의 평가들을 고려해 볼 때, 한국은 북한보다 사이버공격능력이 뒤지기는 하지만 기반능력이나 방어능력이 앞서 있어 종합적인 국가 사이버전 역량은 우위에 있는 것으로 판단된다. 하지만, 주변 4대국 가운데 일본을 제외한 미국과 러시아, 중국과 같은 핵무기국가와 비교할 때 전반적인 사이버전 역량이 뒤떨어지는 것으로 나타났다. 그러므로 우리나라는 상대적으로 우수한 IT인프라를 활용하여 하루빨리 사이버전 기반을 강화하고 사이버공격능력을 집중적으로 개발할 필요성이 있다.

제5장

# 우리 국가안보에 주는 시사점

# 제5장 우리 국가안보에 주는 시사점

1980년대 중반부터 북한은 경제난 때문에 재래식 전력을 제대로 보강하지 못했으며, 대남 정보망 역시 축소시켰다. 그 대신 남한에 대한 군사적・경제적 열세를 극복하기 위해 북한이 핵무기와 중장거리 탄도미사일의 개발에 주력하면서 동시에 사이버전력을 키웠다. 북한의 핵무기와 탄도미사일의 개발이 대미, 대남 억제력을 확보하기 위한 성격이 강한 것이라면, 사이버전력은 대남 및 대미 도발을 위한 공격력이라고 평가할 수 있다.

한반도에서 군사충돌의 위기가 고조될 경우라도, 북한군은 재래식 및 핵 전력에서 우위에 있는 한・미 연합전력을 쉽사리 선제공격하기는 쉽지 않다. 하지만 사실상 핵무기를 보유한 북한이 핵전략과 사이버전을 결합할 경우 우리 안보에 가공할 만한 위협이 될 수 있다. 특히 사이버전의 경우는 한국이나 미국이 상대적으로 취약성을 갖고 있을 뿐만 아니라, 익명성 때문에 북한이 쉽게 도발을 감행할 수가 있다. 북한이 비대칭전력으로 사이버전력을 집중 육성했다는 점 말고도 한국과 미국의 정보기술(IT) 의존도가 높고, 남북한이 동일언어를 사용한다는 특수성 등을 고려할 때 북한의 사이버공격 역량은 우리 안보에 매우 위협적이다.

북한은 폐쇄적인 정보통신망을 운영하고 컴퓨터 보급률이 저조할 뿐 아니라 인터넷 감시·통제가 강해 한국 측이 북한 전산망에 침투해 공격하는 것은 쉽지도 않을 뿐더러 효과도 제한적이다. 따라서 북한의 강력한 사이버공격 능력 보유와 우리 측의 반격으로 인한 피해가 제한적인 북한의 IT 환경을 고려할 때, 사이버전의 발발 시 북한보다는 우리의 피해가 훨씬 더 심각할 것으로 예상된다.

또 하나 중요한 점은 사이버전의 특징상 사이버공격의 실체가 누구인지 밝히기 어렵다는 익명성을 갖고 있다는 사실이다. 2008년 조지아에 대한 사이버공격에 대해 미국과 이스라엘의 조사단은 러시아의 소행으로 결론지었지만, 러시아는 이를 부인하였다. 최근에는 미·중 간에 사이버공격을 둘러싼 논란이 한창이다. 미국은 중국 인민해방군 해킹부대가 자국 민간기업들과 연방정부를 해킹했다는 의혹을 제기하지만, 중국은 오히려 자신들도 피해자라며 이를 부인하고 있다.[105]

이와 관련해 북한의 대남 사이버공격을 둘러싼 공방도 진행되고 있다. 2013년 3월 20일에 발생한 우리나라 방송사와 금융기관에 대한 해킹사건은 우리 민관군 합동대응팀의 조사 결과 최소 8개월 전부터 치밀히 준비한 북한의 소행으로 밝혀졌다.[106] 하지만 북한은 같은 해 4월 18일 북한은 국방위원회 정책국 성명을 통해 "3.20해킹공격사건과 같은 제 집안의 불상사를 북 관련설로 날조하여 벌리고 있는 모든 반공화국모략소동을 즉시 중지"할 것을 요구했다.[107]

**105** 중국외교부 대변인의 정례브리핑 내용. 『연합뉴스』 2013년 11월 19일.

**106** 『연합뉴스』 2013년 4월 10일.

**107** 『조선중앙통신』 2013년 4월 18일.

근년 들어 부쩍 늘어난 북한의 대남 사이버공격은 단순한 해킹과 같은 제1세대 사이버전에서 점차 재래식 군사력과 결합하는 제2, 3세대 사이버전의 형태로 진화해 오고 있다. 하지만 북한의 사이버전 능력에 대한 과대평가는 금물이다. 사이버 전문기관의 평가들을 종합해 보면, 한국의 사이버공격역량이 북한보다 뒤쳐진 것은 사실이지만, 사이버전의 기반능력이나 방어능력을 포함한 종합역량은 앞서 있기 때문이다.

북한이 사이버전에 대한 강한 의지를 갖고 있는 것은 틀림없지만, 그 능력은 장점과 함께 단점을 갖고 있다. 따라서 한국의 사이버전 대응방향은 북한이 가진 장점인 사이버공격에 대해 소극적 방호를 넘어 적극적 방호를 구축해야 한다. 특히 북한의 대남 사이버공격이 주로 중국, 동남아국가들과 같은 제3국에서 이루어지는 점을 감안하여 해당국과의 협력을 통해 공격의 근원지를 발본색원하는 노력이 이루어져야 한다.

사이버전에 관한 국제적인 규범이 마련되지 않았기 때문에 북한의 사이버공격에 대한 우리나라의 자의적인 정책 추진은 나토의 「탈린 매뉴얼」처럼 자칫 국제적인 논란을 야기할 수 있다. 그런 점에서 우리 정부의 대북 사이버전 대책은 국제사회의 긴밀한 논의를 통해 이루어져야 한다. 아울러 국제논의에 발맞춰 이와 관련된 국내 법규범을 제정 내지 개정하는 것이 필요하다.

하지만 우리는 사이버전의 대상을 단지 북한에만 국한시켜서는 안 되며 시야를 넓혀 미국, 중국, 일본, 러시아 등 주변강대국으로까지 확대해서 바라보아야 한다. 현재 우리나라의 사이버전 대응능력을 북한만을 상대로 하고 있지만, 주변 강대국들의 한국에 대한 사이버공격에도 대비할 수 있는 수준이 되어야 한다는 점을 명심해야 할 것이다.

이제 사이버전은 단순히 기존의 군사력을 보조하는 것이 아니라 이미 제5의 전쟁공간으로 바뀌었다. 이를 위해 한국의 사이버전 대응체계는 북한뿐만 아니라 미국, 중국, 일본, 러시아 등 주변국들의 사이버전 전략과 조직, 역량 등에도 밀접하게 대응할 수 있어야 할 것이다.

사이버 전문기관들의 평가에서도 보았듯이, 미국, 중국, 러시아 등 핵무기국가들은 하나같이 사이버공격능력 면에서 우리나라보다 크게 앞서 있다. 이는 핵무기국가들이 자국의 전략적 우위를 지키기 위해 사이버공간에서도 사이버전 역량을 부단히 강화해 왔기 때문이다. 따라서 우리나라가 비핵무기의 원칙을 견지하더라도 사이버전과 같은 비대칭전력에서만큼은 우위를 확보하거나 최소한 대등한 역량을 확보할 필요가 있다.

우리나라는 다른 군사전력에 비해 상대적으로 사이버전을 위한 사회경제적, 기술적 인프라가 잘 구축된 편이다. 그렇기 때문에 우선은 우리나라의 사이버 인프라를 이용해 사이버전의 기반능력과 방어능력을 향상시켜야 한다. 아울러 우리나라의 사이버전 공격능력을 한층 배양할 필요가 있다. 사이버공격능력을 키우는 것은 종합적인 사이버전 역량의 강화 과정이기도 하지만, 오히려 그 과정에서 기반능력이나 방어능력이 가진 약점을 보완하는 데 이바지할 수도 있다.

따라서 현재 사이버 방어능력의 구축에 초점을 맞춘 국내 법령과 제도를 좀 더 사이버공격능력의 구축을 촉진할 수 있도록 정비작업을 진행해야 한다. 사이버전의 역량 강화는 단지 사이버전의 전문인력의 발굴과 연구개발로만 이루려는 정책적 노력만으로는 한계가 있으며, 정부예산과 법령과 제도가 뒷받침이 되지 않으면 안 된다.

사이버전 역량 강화를 위해서는 충분한 정부예산이 뒷받침되어야 하지만, 이를 위해서는 국민들과 국회가 사이버전의 중요성에 대해 제대로 이해했을 때 이루어질 수 있는 것이다. 국민들이 지지 성원하고 국회가 동의할 수 있기 위해서는 사이버전 대응체계에 대한 국회 차원의 통제가 이루어질 수 있도록 법령과 제도를 정비해야 한다.

아울러 향후 사이버공간의 활동에서 우리나라에게 유리한 국제환경의 조성을 위해 아직 논의단계에 있는 국제 사이버규범의 제정 논의에 보다 주도적으로 참가해 우리의 국가이익을 반영할 수 있도록 해야 한다. 아울러 동북아 지역차원에서 이루어지고 있는 양자 및 다자간 사이버안보를 위한 정책협의에도 적극 참여해 사이버분쟁이나 사이버전이 발생하지 않도록 예방외교를 전개해야 할 것이다.

# 제6부

# 전략공간에서의 한국의 국가안보전략

제1장

# 전략공간의 국제정치와 국가안보전략의 재설계

# 제1장
# 전략공간의 국제정치와 국가안보전략의 재설계

탈·탈냉전 시대의 도래라는 다극화된 국제안보환경 속에서 인도와 파키스탄, 이스라엘 등 신흥 핵보유국에 이어 북한이 '사실상의' 핵보유국이 되어가고 있다. 이와 같은 신흥 핵보유국의 출현에 대해 미국은 더 이상 세계경찰의 역할을 포기하려는 듯이, 이스라엘의 핵무기 개발에 대해 묵인했을 뿐 아니라 테러와의 전쟁을 명분으로 파키스탄에 대한 경제제재도 해제하였고 「미·인 민간원자력협정」을 체결하여 핵기술의 이전을 허용함으로써 사실상 NPT밖의 핵무기국가로 인정하였다.

북한은 핵보유국임을 자처하고 있지만, 미국은 이를 인정하지 않고 있다. 오바마 미 행정부는 지난 8년 동안 '전략적 인내'라는 대북 정책기조를 고수하면서 북한 핵문제가 악화되는 것을 막지 못하였다. 그 결과 북한은 공공연하게 핵보유국임을 주장하며 국제사회의 반대와 제재에 아랑곳하지 않고 핵실험과 중장거리 미사일, 우주로켓 실험을 계속 하고 있다. 이와 같은 북한의 핵무장은 기존 동북아의 핵질서를 흔들어 놓아 한국과 일본뿐 아니라 미국 내에서조차 한·일 핵무장 용인론이 나오고 있는 실정이다.

그러나 정작 동아시아에서 질서재편을 촉진하는 요인은 북한의 핵개발보다는 중국의 부상에 있다. 중국의 부상에 대응하기 위해 세계 1위인 미국이 테러와의 전쟁을 서둘러 마치고 아시아 재균형 정책을 취할 수밖에 없었으며, 평화국가를 내걸었던 일본마저도 미국과 손잡고 재무장의 길로 나선 것이다. 미국과 일본과 같은 강대국도 이럴진대, 대외무역의존도의 90% 이상을 중국에 의존하는 취약한 구조의 북한으로서는 중국의 부상 자체가 김정은 신생정권에 대한 최대위협이 아닐 수 없는 것이다.

북한이 핵무기를 개발하게 된 배경 중의 하나도 국경을 접한 중국의 부상이라는 거대한 폭풍을 맞이하여 생존하려는 북한 나름의 대응전략이라고 볼 수 있다. 특히 중국의 입장에서 볼 때 국제적인 말썽꾼인 김씨정권을 굳이 용인할 이유가 없다는 점도 북한지도부에게는 위협적으로 받아들여지는 것이다. 중국의 입장에서 본다면, 핵무기 없는 친중정권이 들어서는 것이 가장 바라는 것이고, 친미정권이 들어서지만 않는다면 한국 주도로 통일되는 것도 반대하지 않을 가능성도 있다.

중국의 제5세대 지도부인 시진핑 정권은 고도성장과 강화된 군사력을 바탕으로 동아시아에서 현상변경을 시도하고 있다. 1960년대 핵무기를 개발한 이래 견지해 왔던 핵 선제불사용 정책도 중국 내부에서 변경을 둘러싸고 논란이 되고 있다. 만약 중국이 핵 선제사용 정책으로 핵전략을 변경한다면, 북한의 핵무기 보유에 못지않게 동북아지역에 커다란 소용돌이를 몰고올 것이 분명하다.

이렇듯 동북아지역에서는 핵문제를 둘러싸고 갈등이 벌어지고 있지만, 이에 못지않게 심각성을 더해 가는 것이 바로 우주공간에서의 군비경쟁 문제이다. 핵전쟁의 보조수단으로 개발되었던 우주공간의 군사화가 이제 현대전쟁의 성격까지 바꾸어 놓았다. 각국들은 우주공간의 군사무기를 활용해 네트워크중심전(NCW) 체계를 구축하고 있으며, 이제 한발 더 나아가 우주공간의 무장화를 추진하고 있다.

이뿐만이 아니다. 사이버공간에서도 군비경쟁의 불이 붙었다. 오늘날 상위 수준의 사이버전 능력을 보유하고 있는 국가들이 모두 핵무기국가라는 점에서 알 수 있듯이, 이제 핵전쟁은 우주전쟁을 넘어 제5의 전쟁공간에서의 사이버전쟁으로까지 확대되고 있는 것이다. 특히 사이버공간의 익명성과 취약성 때문에 북한과 같은 약소국가들도 비대칭전력의 확보를 위해 군비경쟁에 뛰어들고 있기 때문에 국제안보환경은 복잡한 양상을 띠고 있다.

그렇다면 오늘날과 같은 전략공간이 확대되는 제2차 핵시대에 한국이 취해야 할 국가안보전략은 어떤 것이어야 하는가? 우리나라가 선택할 수 있는 국가안보전략을 고전이론을 통해서 유형화해 보면 크게 자강책, 연횡책, 합종책의 세 가지를 상정할 수 있다. 자력으로 세력균형을 이루고자 하는 순수한 의미의 자강책(自彊策)은 이미 초강대국이 존재하는 오늘날 국제사회에서는 장기간 유지하기가 곤란하다. 특정 강대국과의 관계 강화를 통해 우리나라의 영향력을 손쉽게 높이고자 하는 연횡책(連橫策)도 자칫 또 다른 강대국과의 관계를 악화시켜서 막대한 외교적, 안보적 부담을 초래할 위험성을 내포한다. 중소형 국가들이 힘을 결집해 강대국과 맞서려는 합종책(合從策)도 강대국들의 견제로 국제적 고립의 위험부담이 있다.[1]

그런 의미에서 우리나라가 지향하는 국가목표를 스스로 설정하고 국가이익에 기초하여 외교적 결정을 내리는 새로운 전략이 필요하다. 그것이 본서의 책머리에서 언급한 바 있는 자기주도전략(自己主導戰略,

1 『史記』의 蘇秦傳에 나오는 "寧爲鷄口 勿爲牛後"에서 유래.

self-directed strategy)이다. 새로운 국가안보전략은 전통적인 자주전략[自彊]이나 동맹전략[連橫, 合從] 사이에서 양자를 택일하거나 절충하는 방식이 아닌 새로운 패러다임이어야 한다. 여기서 자기주도전략이란 “스스로 국가목표를 정하고, 국가이익의 우선순위에 따라 단계별로 외교전략을 수립하여 적절한 외교수단을 동원하며, 외교활동의 전 과정을 자율적으로 관리하는 외교방식”으로 정의할 수 있을 것이다.[2]

자기주도전략은 자주전략(self-reliance diplomatic strategy)과 다른 것이다. 양자의 차이는 동맹정책을 비교할 때 명확하게 드러난다. 자주전략은 동맹관계에 의존하지 않고 자국 스스로의 힘에만 의거해 대외관계를 전개하는 순수한 의미의 ‘자강론’에 해당한다. 하지만 자기주도전략은 유연한 동맹관계의 구축[연횡, 합종]을 부정하지 않으며, 자국의 전략적 목표와 정책우선순위에 따라 대외관계를 꾸리고자 하는 것이다.

자기주도전략은 균형전략(balanced diplomatic strategy)과도 차이가 난다. 이는 강대국 전략에 대한 입장차이를 볼 때 분명하다. 균형전략은 강대국들과의 관계를 중시하면서 이들과의 관계를 어떻게 설정하는가에 초점을 맞추고 있으며, 강대국들과의 관계를 설정하는 방식에 따라 등거리외교와 『조선책략』방식의 차등외교가 존재한다.[3] 이에 비해 자기주도전략은 동맹의 공통이익을 외교의 기본으로 삼으면서도 쌍방의 이해가 엇갈리는 부분에서는 우리의 국가이익에 따라 결정하고자 하는 실용외교의

2 자기주도전략의 개념은 교육학의 자기주도학습(self-directed learning)에서 차용한 것으로, 자기주도학습이란 “자신의 학습요구 진단, 학습목표 설정, 학습을 위한 인적 및 물적 자원 파악, 적절한 학습방략의 선택 및 실행, 학습결과의 평가 등에 학습자가 주체적인 역할을 하는 학습”으로 정의된다.

3 『조선책략』에서 방아책(防俄策)으로 제시한 친중(親中)·결일(結日)·연미(聯美)의 강대국 외교에서 차용한 聯美和中, 聯美協中 등의 용어가 있지만, 러시아를 주적으로 놓고 연합의 경중을 배치한 것이기 때문에, 서로 경쟁관계에 있는 미·중 관계에 적용하기에는 부적절하다.

한 형태이다.

이제 우리나라는 동맹에만 의존하는 피동적인 국가안보전략에서 벗어나 보다 적극적이고 능동적인 형태로 국가안보전략을 재설계해야 한다. 기존에 한국이 취해 왔던 국가안보전략은 약소국 외교의 전형인 '패권국 미국에 대한 편승을 통한 국제사회에서의 지위 확보' 방식이었다. 하지만 미국의 글로벌 리더십이 점차 약화되고 중국의 안보적 영향력이 점증하는 가운데, 국력신장과 민주화로 명실상부하게 중견국가(middle power)의 지위에 오른 한국에게 이제는 새로운 국가안보전략의 설계가 필요한 것이다.[4]

여기서 말하는 자기주도전략은 외교전략을 포함하는 대외전략뿐만 아니라 이를 성과적으로 추진하기 위한 대내전략까지도 포함하는 것이다. 또한 자기주도전략의 대상에는 전략공간의 국제정치뿐만 아니라 전통공간의 국제정치 영역도 포함된다. 제6부에서는 전통공간에서의 지정전략을 포함한 넓은 의미의 국가안보전략 차원이 아니라 전략공간의 국제정치라는 차원에 국한해서 우리나라가 취해야 할 대응방향과 정책을 자기주도전략의 관점에 입각하여 우리나라가 취해야 할 대응방향과 정책을 제시한다. 끝으로 제6부 제6장에서는 자기주도전략을 추진하기 위한 과제를 제기하는 것으로써 본서의 결론을 대신하고자 한다.

4 조성렬, "21세기 한국 외교안보의 청사진- '평화중급국가'의 모색", 평화재단 전문가포럼, 2006년 6월 24일; 김치욱, "국제사회의 분석단위로서 중견국가: 그 개념화와 시사점", 『국제정치논총』 제49집 1호, 2009, pp. 28~29.

제2장

# 한반도 비핵화를 위한 중층적 해법: 3개의 화살론

# 제2장
# 한반도 비핵화를 위한 중층적 해법: 3개의 화살론

북한정권은 국제사회의 고강도 대북제재에도 불구하고 핵무기 보유를 기정사실화하면서 대내외적으로 핵무기의 '신뢰성'을 높이기 위해 장거리 미사일 능력의 확보와 핵 선제사용의 의지를 과시하고 있다. 북한이 노리는 바는 '북한판 전략적 인내'를 통해 외부안보환경이 바뀌기를 기다리며, 일정 기간 '자강력 제일주의'의 깃발 아래 버티기로 일관하면서 주민들과의 결속에 힘을 쏟고 있는 것이다. 그렇다면 우리는 북한의 핵문제를 해결하기 위해 어떠한 접근법을 적용해야 할 것인가?

제2부 제5장에서 살펴보았듯이, 북한 핵문제의 해결을 위한 접근법에는 벌모(伐謨), 벌교(伐交), 벌병(伐兵)의 세 가지 접근법이 있으며, 삼벌(三伐)전략을 개별적으로 적용하지 않고 결합하는 '3개의 화살론'에 입각할 것을 제안하였다. 이렇게 결합하는 이유는 세 가지 전략이 효과가 드러나는 시간이 각기 다르고, 어느 전략을 채택했을 때 나타날 수 있는 부작용을 다른 전략이 보완해 이를 최소화할 수 있어, 어느 하나만 사용하는 것보다 목표를 달성하는 데 효과적이기 때문이다.

## 1. 정치사회적 대응전략: 벌모(伐謀)

### 1) 북한의 국가전략과 정치사회적 접근의 중요성

북한의 핵・미사일 위협에 대응하기 위한 우리의 대응전략은 어떤 방향에서 추진해야 할 것인가? 이를 살펴보기 위해 우선 중국의 고사(故事)를 통해 북한의 국가전략을 이해해 보기로 한다. 중국의 춘추시대 등(滕)나라는 묵자(墨子)의 고국으로 주변 강대국인 제(齊)나라와 초(楚)나라 사이에서 있는 작은 나라였기 때문에 항상 국가의 존립을 최대과제로 삼고 있었다. 당시 맹자(孟子)는 여러 나라를 떠돌아다니며 자신의 '왕도정치'를 설파하였는데, 등나라를 방문했을 때 제후였던 문공이 질문한 '작은 나라의 생존법'에 대한 맹자의 가르침은 오늘날에도 시사점을 던져준다.

등나라의 문공이 작은 나라의 생존 방안을 질문(滕, 小國也, 間於齊楚. 事齊乎 ? 事楚乎 ? )하자, 맹자는 다음과 같이 대답하였다. "이런 대책은 제가 언급할 바 못 됩니다. 그렇다 해도 한 가지 방법은 있습니다. ① 해자를 깊게 파고 성을 높이 쌓으십시오. 그런 뒤에 ② 백성과 함께 성을 지키며 죽는 한이 있어도 백성이 떠나지 않는다면 해볼만 합니다."(是謀非吾所能及也. 無已, 則有一焉 ① 鑿斯池也 築斯城也, ② 與民守之 效死而民弗去, 則是可為也.『맹자』梁惠王(下))

이러한 맹자의 가르침은 오늘날 북한의 국가생존전략을 이해하는 데 도움이 된다. 북한은 주변에 미국과 중국, 러시아, 일본뿐만 아니라 한국처럼 자신보다 더 크고 강력한 국가들 사이에 둘러싸여 있다. 그나마 냉전시기에는 러시아, 중국에 편승해서 미국과 대항할 수 있었기 때문에 3대 혁명 전략이라는 것을 주장할 수 있었다. 하지만 냉전이 끝나면서 국제혁명역량과 남한혁명역량이 차례로 약화되면서 이제는 북한체제를 수호하는 것이 최대과제로 남게 되었다.

그런데 북한은 냉전이 해체되던 시기에 김정일 정권이 핵무기 개발을 시작해 핵실험에 성공하였다. 마침내 김정은 정권은 2016년 1월 6일 핵융합반응을 이용한 제4차 핵실험을 단행한 데 이어 2월 7일에는 장거리 로켓을 통해 인공위성을 저궤도에 진입시키는 데 성공하였다. 그 뒤로 북한은 핵탄두의 소형화, 경량화를 달성하고 핵탄두의 대기권 재돌입기술을 확보했다고 주장하고 있다. 만약 이러한 주장들이 사실이라면 이는 맹자가 언급한 '해자와 높은 성(鑿斯池也, 築斯城也)을 쌓는 데' 어느 정도 성공했음을 의미하는 것이다.

김정은 정권이 등장하면서 수많은 당과 군의 고위급 간부들을 처형하며 제거했을 뿐만 아니라 이른바 견장통치(肩章統治)를 통해 자신에 대한 도전세력들을 견제하고 있다. 하지만 이러한 '공포정치'의 모습들과 달리, 북한정권은 '인민생활의 향상'을 내걸며 경제개혁과 북한식 개방을 추진하고 있으며, 애민정치(愛民政治)를 내세우며 김정은 위원장을 애민지도자(愛民指導者)로 떠받들며 북한주민들과의 결속에 힘을 쏟고 있다. 이것은 맹자가 말한 '백성과 더불어 국가를 지키고 백성이 떠나지 않는 상황(與民守之, 效死而民弗去)'을 만들고자 하는 의도인 것이다.

따라서 우리가 취할 수 있는 최상의 전략은 김정은 정권이 추구하고 있는 '애민정치'의 허구성을 깰 수 있는 것이어야 한다. 바람직한 벌모(伐謀)전략의 목표는 이미 굳건한 '성지(城池)'를 구축한 북한의 현 조건에서 주민결속(與民守之, 效死而民弗去)의 정반대인 '북한주민이 국가를 지킬 마음이 없이 떠나 살고 싶어 하는 상황'을 만드는 것이다. 마치 옛 소련이 막강한 핵·미사일 전력을 보유한 채로 내부모순에 의해 무너졌듯이, 북한이 핵·미사일을 억제력으로 갖고 있더라도 우리 주도로 평화통일을 실현하는 과정에서 핵문제를 해결할 수 있도록 하는 것이다.

### 2) 벌모(伐謨)의 실현을 위한 삼화(三化)전략

북한은 김정은 정권의 출범 이후 북한은 북한식 개혁·개방을 통해 '인민생활의 향상과 경제강국의 건설'을 추진하고 있다. 이러한 정책의 바탕에는 핵무력의 확보로 체제안전을 확보할 수 있게 됐다는 자신감이 깔려 있는 것으로 보인다. 다시 말해 북한의 경제-핵무력 건설 병진노선은 핵무력을 통해 체제안전을 도모한 채 경제발전을 꾀한다는 '두 마리의 토끼'를 잡으려는 전략적인 의도를 숨기지 않고 있다.

이것은 김정은 정권이 36년만에 개최된 제7차 당대회에서 '경제-핵무력 건설 병진노선'을 재확인하며 핵·미사일 능력을 바탕으로 북한식 개혁·개방에 나서고 있는 데서도 엿볼 수 있다. 실제로 북한내부에서는 시장화가 되돌이킬 수 없을 정도로 진행되고 있다. 그런 점에서 김정은 정권이 내세운 병진노선을 역이용해 북한의 체제전환을 촉진할 필요가 있다.[5] 이것이 바로 북한의 의도를 깨는 정치사회적 대응인 벌모(伐謀)전략의 핵심이다.

2015년 10월 16일에 발표된 「북한에 관한 한·미 공동성명」에서 한·미 양국정상은 "북한의 지속적인 핵무기 추구가 자신의 경제개발목표와 양립할 수 없다는 점을 재확인한다"고 천명하면서 김정은 정권의 경제-핵무력 건설 병진노선을 인정할 수 없다는 뜻을 분명히 하고 있다. 북한의 4차 핵실험 뒤에 잇달아 열린 2016년 3월 31일 핵안보정상회의를 계기로 워싱턴에서 열린 미·중 및 한·중 정상회담에서도 북한의 비핵화에 대한 입장을 다시 한 번 확인하였다.

이 때문에 김정은 정권이 2016년 신년사와 제7차 당대회에서 '자강력

5 조성렬, "김정은 체제의 불안요인과 지속요인", 『KDB 북한개발』 통권 제5호, 한국산업은행, 2015년 12월 참조.

제일주의'를 내걸지 않을 수 없을 정도로 북한은 당분간 경제적 어려움에 직면할 수밖에 없게 될 것이다. 따라서 한편으로는 병진노선에 대한 자신감과 다른 한편으로 경제난에 따른 주민들의 불만 등을 역이용하여 북한의 체제를 중장기적으로 변화시킴으로써 북한정권의 전략적 의도를 깨고 핵문제를 해결할 수 있을 것이다. 이를 위해서는 밑으로부터의 접근(Bottom-up)과 위로부터의 접근(Top-down)의 두 가지 접근방식을 병행하는 것이 바람직할 것이다.

밑으로부터의 접근전략으로 삼화전략(三化戰略)을 생각해 볼 수 있다. 삼화전략이란 북한경제의 자유시장화, 북한주민의 친한의식화, 북한엘리트의 개혁세력화 등을 3대 변화목표로 체제변화를 유도하는 전략이다. 북한식 개혁・개방을 가속화시켜 북한체제를 시장경제체제로 바꾸고, 대북 개발협력 및 교류・협력사업을 통해 북한주민이 친한의식을 갖도록 촉진하고, 북한엘리트들을 개혁세력으로 만들어가는 세 방향으로부터의 접근을 통해 북한체제를 변화시킨다. 이 가운데 중점사업은 북한경제의 자유시장화이다. 이렇게 해서 인적, 물적인 토대를 갖춘 북한엘리트가 개혁세력이 될 경우, 북한 내에 개혁정부의 등장 가능성이 높아지게 된다.[6]

위로부터의 접근전략으로 생각해 볼 수 있는 것은 남북조절위원회와 같은 낮은 수준의 남북연합 방식이다. 2014년 2월에 개최됐던 청와대-국방위 간의 남북고위급 접촉이나 2014년 10월 4일 인천아시안게임 폐막식을 계기로 열렸던 3+3 남북고위급 접촉, 그리고 2015년 8월 군사적 충돌 직후 가졌던 2+2 남북고위급 접촉을 분야별로 확대한다면 통일문제를 포함해 북한 핵문제와 경제협력 등 각종 현안들을 논의할 수 있는 공동위원

6 삼화전략에 관한 구체적인 내용은 다음에서 자세히 다루고 있다. 조성렬 외, 『신뢰기반형 통일과정 로드맵에 관한 연구』, 통일준비위원회 정책연구용역 결과보고서, 2014년 12월 및 조성렬 외, 『남북관계의 협력 유도 방안 연구』, 국가안보실 정책연구용역 결과보고서, 2015년 12월.

회가 만들어질 수 있을 것이다.[7] 이와 같은 제2의 남북조절위원회가 운영되는 중에 북한의 개혁세력이 집권한다면, 훨씬 쉽게 대북 접근을 할 수 있을 것이다.

이처럼 하층의 삼화전략과 상층의 연합전략을 병행 추진하여 적극적으로 북한체제의 변화를 촉진함으로써, 물적이고 인적인 토대를 갖춘 북한 개혁정부가 들어설 수 있도록 여건을 만들어주어야 한다. 북한에 개혁정부가 들어서게 되면 이들과 협상을 통해 북한 핵문제의 평화적인 해결을 모색한다. 이 과정에서 북한 보수파들의 반격이 예상되므로 가급적 신속하게 북한 개혁정부와 협상을 마쳐야 할 것이다. 제2의 남북조절위원회의 운영경험은 이러한 남북연합의 창설과 운영에 크게 도움이 될 수 있을 것이다.

## 2. 외교적 대응전략: 벌교(伐交)

### 1) 6자회담의 재개와 대북 제재

외교적 대응전략의 궁극적인 목적은 국제사회와의 공조를 통해 북한을 고립시키고 강도 높은 제재를 지속함으로써 북한이 핵무기를 보유하는 것보다 포기하는 것이 체제안전에 유리하다는 것을 깨닫게 하여 북한의 핵문제를 해결하는 것이다. 당면한 목적은  북한의 핵・미사일 능력의 확대 강화를 막고, 이것들이 다른 나라나 지역으로 확산되지 못하도록

7 조절위원회는 전체회의가 세 차례 열렸으나 제4차 회의를 앞둔 1973년 8월 북한측의 일방적인 선언으로 중단됐고, 부위원장 회의 등 비정상적으로 운영되다가 1979년 1월 변칙대좌를 끝으로 완전 중단됐다. 김형기, 『남북관계 지식사전』, 통일부 통일교육원, 2011, pp. 119~202.

하고, 이것들로 공격하거나 공격위협을 하지 못하도록 평화적으로 관리하는 것이다.

북한 핵문제의 해결을 위한 외교적 해법으로 6자회담을 생각해 볼 수 있다. 6자회담의 재개 시점은 대내외 정치안보적 상황을 고려하며 결정하도록 한다.[8] 북한이 2016년 5월 8일 발표된 노동당 「제7차 대회 결정서」에서 병진노선를 견지하겠다는 의사를 밝힌 만큼, 대화가 재개된다고 해서 곧바로 다자적, 쌍무적 제재를 해제 또는 유예해서는 안 되며 북한의 비핵화 이행 정도를 보아가며 단계적으로 완화해 나가는 조치를 취해야 한다.

이때 북한은 '제재를 이고서 대화할 수는 없다'고 주장하고 나올 가능성이 높다. 실제로 2006년 10월 9일 북한이 첫 번째 핵실험을 한 직후인 10월 14일 유엔안보리가 대북 제재 UNSCR 1718호를 결의했지만, 미국과 북한이 대화를 시작하면서 제재를 잠정 유보한 채 6자회담을 재개한 적도 있다. 하지만 북한이 대화 중에도 핵무기 개발을 지속했기 때문에 결과적으로 북한이 핵개발을 할 수 있는 시간만 벌어주는 꼴이 되어 버렸다.

그런 점에서 대(對)이란 협상을 참고할 필요가 있다. P5+1국가들과 이란이 핵협상을 할 때는 제재를 유지한 채 대화를 벌였고, 2015년 7월 이란의 핵무기 획득방지를 위한 「포괄적 공동행동계획」의 합의 뒤 유엔안보리의 제재는 해제됐지만 미국 등의 쌍무적인 제재는 단계적으로 완화

8 2016년 6월 22~23일 양일간 베이징에서 열린 1.5트랙의 제26차 동북아협력안보대화(NEACD)에 성김 미국 대북정책특별대표, 우다웨이(武大偉) 중국 한반도사무대표, 가나스기 겐지(金杉憲治) 일본 아시아대양주국 국장 등 6자회담 수석대표와 김 건 외교부 한반도평화교섭본부 북핵기획단장, 최선희 북한 외무성 미대양주국 부국장, 올레그 다비도프 외교부 특임대사 등 6자회담 차석대표가 참석하여 6자회담의 재개 가능성을 타진했다. 북한은 2012년 이후 4년 만에 이 회의에 참석했다. 『연합뉴스』 2016년 6월 21일.

하다가 이란이 합의사항을 완전 이행한 것이 확인된 뒤에 완전히 폐기되도록 되어 있다.

기존의 다자적, 쌍무적 제재 외에도 북한이 비핵화 협상에 진지하게 임하도록 하고 일단 합의가 이루어졌을 때도 충실히 이행할 수 있도록 하는 상시적인 압박카드가 필요하다. 현실적으로 고려해 볼 수 있는 것이 북한인권 카드이다. 북한인권문제는 북한의 핵이나 미사일과 관련이 없기 때문에 6자회담의 진행과 무관하게 북한에 대한 압박카드로 유용하다.

「북한에 관한 한・미 공동성명」에서 한・미 정상도 "국제사회와 함께 북한 인권상황을 개선하고, 인권침해에 대한 책임을 규명하며, 북한주민의 민생을 향상시키기 위해 계속 노력해 나갈 것"이라고 밝혀 북한인권문제를 북한에 대한 압박수단으로 활용하겠다는 의사를 밝혔다. 이는 6자회담 기간 중에도 북한에 대한 합의촉구 및 합의이행을 위한 유용한 압박수단으로도 작용할 것으로 기대된다.

국제사회는 북한주민의 인권상황을 개선하기 위해 2003년 유엔인권이사회(UNHRC)에서 북한인권결의안을 통과시켰고 이후 2006년과 2007년을 제외하고 매년 채택되었다. 유엔총회 역시 2005년 이후 매년 북한인권결의안을 채택해 오고 있다. 2013년 3월 유엔공식기구인 북한인권조사위원회(Commission of Inquiry, CoI)를 구성되고 유엔 북한인권 특별보고관이 2005년 이래 매년 북한인권보고서를 제출하고 있다.[9]

북한인권조사위원회(CoI)의 보고서에 기초해 유엔인권기구 서울현장사무소가 2015년 6월 23일 개소식을 가졌다. 유엔북한인권조사위원회 서

9 백범석, "유엔 북한인권 조사위원회 설립의 이해와 전망", 「이슈브리프」, 아산정책연구원, 2013년 3월 24일.

울사무소는 반인도범죄에 책임이 있는 자들을 다루거나 기소하기 위한 유엔의 노력을 용이하게 하기 위해 북한당국의 인권유린에 대한 증거수집과 문서화 작업, 데이터베이스를 구축하게 된다.

무엇보다도 북한당국에게 커다란 압박요인으로 작용하는 것이 김정은 위원장과 북한내 반인권행위 관련자들에 대한 국제형사재판소(ICC) 회부 압력이다. ICC는 「로마규정」 제5조 1항의 집단살해죄, 인도에 반한 죄, 전쟁범죄, 침략범죄 중 침략범죄를 제외한 범죄에 대해 개인에게 형사책임을 묻는 권한을 갖고 있다. 유엔 북한인권조사위원회는 2014년에 이어 2015년에도 김정은을 비롯한 북한 내 반인권행위 관련자들의 ICC 회부를 추진하면서 북한당국을 곤혹스럽게 만들고 있다.

### 2) 북핵 관리와 안보-안보 교환의 연성균형

북한 핵문제를 풀기 위한 6자회담은 2008년 12월 수석대표회담을 끝으로 중단된 지 7년이 훌쩍 넘었기 때문에 사실상 협상의 동력을 상실했다고 할 수 있다. 양자회담이나 3자, 4자 회담 등 여러 형태의 회담도 가능하겠지만, 북한 핵문제를 다루는 회담은 기존 합의사항의 재점검과 교훈을 위해서도 일단 중단되었던 6자회담의 재개에서 출발하는 것이 바람직하다.

6자회담이 재개되기 위해서는 우선 북한과 미국이 동의해야 한다. 북한 핵문제의 본질이 미국과 북한의 관계에 있다는 주장에 동조할 수는 없지만,[10] 적어도 문제해결의 열쇠를 쥐고 있는 나라가 북한과 미국이라

10 북한이 핵무기를 개발하게 된 배경은 북한이 주장하는 대북 적대시 정책 외에도 중국의 부상에 따른 자주노선의 위기감, 김정일-김정은 체제의 통치 정당성 확보 등 여러 가지가 있다.

는 점을 부정하기 어렵기 때문이다. 그러나 이것만으로는 부족하며, 2008년 이래 유지되어온 한・미・일 수석대표회담에서 6자회담의 재개에 합의해야 한다.

6자회담의 목표는 안보-안보 교환에 따른 연성균형을 실현해 북한 핵문제를 해결하는 데 있는 것이다.[11] 2015년 10월 16일 한미정상은 "(한・미는) 대북 적대시 정책을 갖고 있지 않으며, 비핵화라는 우리의 공동목표를 달성하기 위한 북한과의 대화에 열려 있는 입장을 유지하고 있다"면서 "모든 비핵화 대화 제의를 거부해 온 북한을 신뢰할 수 있고 의미 있는 대화로 가능한 조속히 복귀시키기 위해 중국 및 여타 당사국들과의 공조를 계속 강화해 나갈 것"이라며 6자회담 재개 의지를 밝혔다.[12]

그러나 지금은 2005년의 「9.19공동성명」 발표 때와는 상황이 크게 달라졌다. 북한은 이미 네 차례나 핵실험을 실시했고 대륙간탄도미사일(ICBM)로 전용할 수 있는 장거리 우주로켓 기술도 확보한 것으로 보인다. 지금까지 북한은 핵포기 대가로 한미동맹의 폐기를 요구하기도 하고, 핵무기 보유국 지위 인정을 전제로 미국과의 핵군축회담을 제의하는 등 「9.19공동성명」보다 훨씬 높은 수준의 안보인센티브를 요구하고 있다. 그런 점에서 만약 6자회담이 재개되더라도 과거와는 다른 방식이 필요하다.

과거처럼 6자회담이 일정한 성과를 거둔 위에 평화체제 논의를 위한 4자회담을 개최하는 단계적 이행 방안은 사실상 핵무기보유국이 된 북한이 수용할 가능성이 높지 않다. 그런 점에서 일단 6자회담의 재개가 필요

11 조성렬, "북핵 외교적 해법의 실패와 시사점: 6자회담 재평가와 재개논의를 중심으로", pp. 72~73.

12 「2015 북한에 관한 한미공동성명(Joint Statement on North Korea)」(2015.10.16.)

하다고 판단될 경우 '왕이 이니셔티브(Wang Yi Initiative)'에 주목할 필요가 있다. 왕이 중국 외교부장은 6자회담과 병행하여 4자회담을 추진할 것을 제안하고 있다.[13]

만약 6자회담과 4자회담을 병행 추진할 때 유의해야 할 점은 6자회담과 4자회담의 진전 속도는 각 회담의 성과와 상호연동되어 한반도 비핵화와 평화체제의 구축이 '조화'를 이루면서 나아갈 수 있도록 해야 한다는 것이다. 그렇지 않고 북한이 자신이 바라는 평화체제의 구축에만 주력하고 비핵화 이행을 게을리할 경우에는 오히려 한반도 안보상황이 불안정해질 위험이 있다.

북한은 5개국 합의가 원만하게 이행되더라도, 자신의 전략적 자산인 핵무기를 포기하지 않거나 포기하더라도 최대한 시간을 늦추기 위해 여러 가지 구실을 붙여 지연전술을 쓸 가능성이 높다. 북한으로서는 경제회복에는 상당한 시간이 걸리는 반면, 핵무기 포기는 단기간 내에 가능하기 때문에, 일정 기간 동안 경제-안보의 불균형이 발생하는 것을 피하기 위해 핵무기 포기를 거부하거나 하더라도 최대한 늦추고자 할 것이기 때문이다.

북한은 5개국이 6자회담 합의사항을 제때 이행할 경우에도 비핵화 이행을 지체시키기 위해 한반도 평화협정의 이행(주한미군 철수, NLL 해결 등)과 연계시키거나 남한 내 핵사찰 요구(주한 미군시설에 대한 핵사찰 요구 등)와 연계하는 등 지연전술을 쓸 것으로 예상된다.[14] 그렇기 때문에

---

**13** 중국외교부장 왕이(王毅)는 한반도 비핵화 실현과 평화협정 전환의 병행논의를 담은 '왕이 이니셔티브'를 제안했다. 『연합뉴스』 2016년 2월 17일. 국내 논의로는 다음을 볼 것. 조성렬, "한반도문제의 해결과 3단계 평화론-적극적 평화론을 중심으로", 『동북아연구』 제30권 1호, 2015년.; Sung Han Kim, "Assessing 6 Party Talks and Diplomatic Engagement with North Korea", 『New Approaches: Resolving North Korea's Nuclear Issue』, 10th Anniversary of the 9.19 Joint Statement 2015 INSS · Heritage Joint International Conference, August 28th, 2015, pp. 40~41.

6자회담과 4자회담을 병행 개최하더라도 대북 제재를 유지하여 북한이 지연전술을 쓸 경우에 대비해야 하는 것이다.

## 3. 군사적 대응전략: 벌병(伐兵)

군사적 대응전략인 벌병은 북한의 핵무기 사용위협에 대해 우리 스스로 거부적 억제력을 구축함으로써 그것을 무용지물로 만들어버리려는 전략이다. 벌병의 방법은 크게 선제(Preemptive), 방어(Defence), 방호(Protection), 응징(Retaliation)으로 나눌 수 있다.[15] 킬체인(Kill Chain)과 한국형 미사일 방어체계(KAMD)는 '선제'와 '방어'에 해당된다. '응징'에 대해서도 그 가능성을 검토한다. 이를 통해 '한국형 3축 체계'에 대해 살펴보기로 한다. 다만, '방호'는 방대한 예산상으로나 정치풍토로 볼 때 현실성이 없으며,[16] 예방타격(preventive strike)도 국제법적 논란과 확전의 가능성 때문에 검토에서 제외한다.[17]

---

**14** 조선인민군 총참모부 대변인, "핵문제에 대한 조선인민군의 원칙적 입장", 『조선중앙통신』 2009년 2월 2일.

**15** 김태우, "한국의 북핵 억제전략: 응징, 방어 그리고 선제", 『북핵문제 해결을 위한 새로운 대안의 모색』, 9.19공동성명 10주년 국가안보전략연구원 · 헤리티지재단 공동주최 국제학술회의, 2015년 8월 28일, p. 106.

**16** '방호'의 필요성과 불가능성에 대한 주요한 주장과 비판은 다음과 같다. 박휘락, "북한핵에 대한 한국 억제전략의 분석", pp. 313~314; 김태우, "한국의 북핵 억제전략", p. 106.

**17** 박휘락, "북한 핵무기에 대한 '예방타격' 분석: 이론, 국제법, 그리고 필요성", 『신아세아』 제2권 4호, 2014, pp. 31~56.

### 1) 재래식 국지도발에 대한 '응징'

2010년 10월 한 · 미 양국이 합의한 「전략동맹 2015」에는 전시작전통제권의 한국 단독행사와 주한미군의 한강이남 재배치를 2015년 12월까지 완료하기로 되어 있었다. 이렇게 되면 한국방위의 '한국군 주도, 주한미군 지원'의 구도가 완성되고 주한미군은 자신의 임무를 대북 억제에 국한되지 않는 '전략적 유연성'을 확보하게 된다.

그러나 2009년 북한이 제2차 핵실험을 실시하고 2010년 서해 해상에서 북한정규군에 의한 군사도발이 발생하자 「전략동맹 2015」에 대한 재검토가 이루어졌다. 그 뒤 한 · 미 양국은 북한의 핵무기 위협과 재래식 국지도발에 대응하기 위해 한 · 미 확대억제위원회(EDPC)를 발족하고, 「한 · 미 공동국지도발대비계획」을 수립하였다. 아울러 한국군의 미사일 사거리를 연장하고, 전시작전통제권 환수시기를 북한 핵 · 미사일 대응능력을 갖출 때까지 연기하는 조치가 취해졌다.

먼저, 2010년 9월 한 · 미 사거리 연장 협상이 시작되어 2012년 10월에 한국군 미사일의 사거리를 800km로 연장할 수 있도록 합의가 이루어졌다. 이를 계기로 한국군은 유사시 북한지역에 3개 축선으로 구축된 북한군 미사일기지(수량 1천여 기)를 동시에 현무계열의 탄도미사일로 공격해 대량파괴의 효과를 거둔다는 대비계획을 수립해 놓았다. 이는 킬체인과 KAMD를 구축하면서 다량의 현무계열의 탄도미사일을 확보해 대응하는 '한국형 3축 체계'의 일환이다.[18]

다음, 2015년 12월로 예정됐던 한국군의 전시작전통제권 환수시기를 재연장하여 미군이 한미연합사를 통해 계속해서 전시작전통제권을 갖도록 하고, 주한미군 210 포병여단을 비롯한 한강 이북의 미군을 계속 주둔

18 『연합뉴스』 2016년 8월 14일.

토록 하였다. 또한 주한미군 제2보병사단과 한국군 기계화여단을 일체화하여 한미연합사단을 편성하고 이를 서울 이북의 의정부에 배치함으로써 북한의 군사적 도발을 초기에 격퇴하고, 주한미군의 자동개입을 확보할 수 있도록 하였다.

### 2) 핵 · 미사일 도발에 대한 '선제'와 '방어'

국방부는 2015년 4월 20일「2016~2020년 국방중기계획」을 발표하여 킬 체인과 KAMD체계 구축 예산을「2015~2019 국방중기계획」때보다 7천억 원을 증액된 8조 7,000억 원을 편성하였다. 이것은 북한의 핵무기 소형화 기술이 상당한 수준에 도달했고 탄도미사일 위협도 고도화되어 선제 및 방어 능력의 구축이 시급하다는 판단에 따른 것이다.

먼저, 선제(Preemptive)를 위한 킬 체인의 구축이다. 이는 북한의 핵 · 미사일 위협을 실시간으로 탐지하여 표적위치를 식별하는 감시 · 정찰 능력을 바탕으로 효과적으로 타격하는 일련의 공격체계이다.[19] 우리 군은 북한 미사일에 대한 충분한 감시 · 정찰 능력과 타격수단을 갖추기 위해 새로운 국방중기계획에서 유사시 북한의 핵과 미사일을 탐지 파괴하는 킬 체인 예산으로 2016년부터 5년간 6조 원을 투입하기로 하였다. 이 계획에 따라 다목적실용위성(6호), 고고도 정찰용무인기 글로벌호크, 중고도 정찰용 무인기, 장거리 공대지유도탄 타우러스, 중거리 공대지유도폭탄, GPS유도폭탄(907kg급) 등을 확보할 예정이다.[20]

다음, 방어(Defence)를 위한 한국형 공중 및 미사일 방어체계(KAMD)의 구축이다. KAMD 개념은 2008년에 정립된 것으로 조기경보체계, 지

19 대한민국 국방부,『2014 국방백서』, 2014년 12월, p. 58.

20『연합뉴스』2015년 4월 20일.

휘통제체계, 요격체계로 구성되어 있다.[21] KAMD는 한반도의 전장환경을 고려해 종말단계 하층방어 위주의 중첩된 미사일 방어체계를 구축하고 있다. 당초 KAMD의 구축 목표를 2020년대 중반으로 설정했으나, 북한의 핵탄두 소형화가 속도가 빠르다는 판단 아래「2016~2020 국방중기계획」에서 2020년대 초반으로 앞당겼다. 새로운 국방중기계획은 KAMD 체계의 전력 확보를 위해 당초 계획보다 4천억 원이 늘어난 2조 7천억 원을 책정했다.

KAMD체계는 북한 미사일이 지상에 도달하기 전 요격할 수 있는 무기로 구성된다. PAC-2 요격미사일, SM-2 요격미사일과 2012년 이스라엘에서 도입한 그린파인 레이더 2식 외에 추가로 패트리엇(PAC-3) 미사일, 중거리 지대공유도무기(M-SAM), 장거리 지대공미사일(L-SAM), 탄도탄 조기경보레이더 등을 획득할 예정이다.

종말단계 상층방어를 위해 한국군은 요격고도 500km SM-3 요격미사일의 도입을 추진중이며, 2016년 6월 22일 북한이 무수단(화성10호) 중거리미사일의 발사에 성공함에 따라 7월 8일 한미 양국은 주한미군이 탐지거리 600~1,200㎞의 AN/TPY-2 레이더와 사드 발사대를 갖춘 사드 체계 1개 포대를 2017년 말까지 한국에 배치해 운용한다는 방침을 발표하였다.[22] 그 밖의 전력으로는 유사시 주한미군 측의 미사일방어(MD)체계 전력 외에도 글로벌호크, 지상감시 첨단정찰기인 조인트 스타즈(J-STARS), 군사정찰위성 등이 꼽히고 있다.[23]

---

**21** 국방부, 『2014 국방백서』, pp. 58~59.

**22** 『연합뉴스』 2016년 7월 8일.

**23** 『연합뉴스』 2015년 4월 16일.

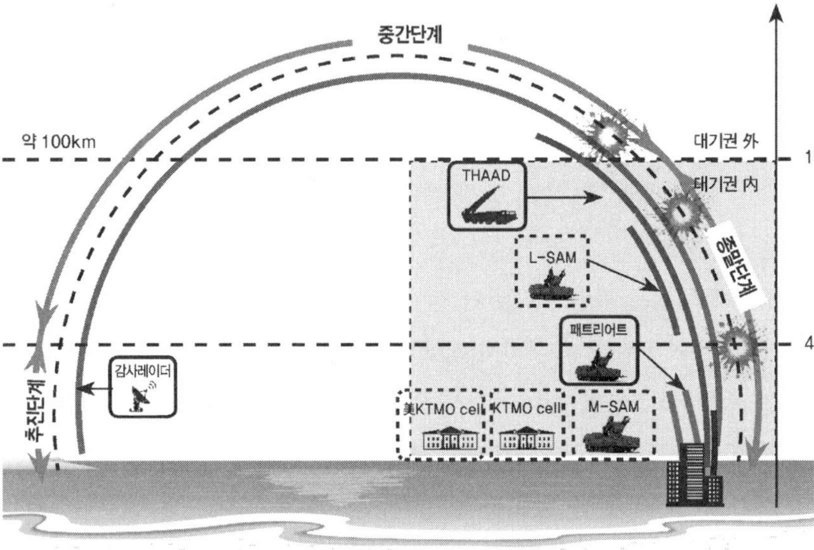


* kTMO-cell: 한국군 작전통제소, TMO-cell 주한미군 작전통제소, L/M-SAM: 장/중거리 지대공 미사일 체계

<출전> 대한민국 국방부, 『주한미군 THAAD 배치』, 2016년 7월 8일, p. 6.

〈그림 6-1〉 북한 미사일 공격에 대한 다층 방어체계

### 3) 동맹의 포괄적 대응능력과 「작계 5015」

미국의 확장억제력 제공 약속은 북한이 제1차 핵실험을 실시한 직후에 열린 2006년 10월 제38차 한・미 안보협의회(이하 SCM)에서 처음 등장했다. 그 뒤 2009년 제41차 SCM에서 미국은 앞서 공약한 확장억제를 구체화하였고, 2010년 제42차 SCM에서 한・미 국방장관은 북한의 위협과 전략 상황변화에 종합적으로 대응할 수 있도록 「전략기획지침(SPG)」에

합의하였다. 이후 확장억제력 제공 약속은 2013년 제45차 한·미 SCM에서 한·미 국방장관이 서명한 '한·미 맞춤형 억제전략(TDA)'으로 구체화되었다.[24]

이어서 북한군의 핵·미사일 위협에 대한 방어계획을 수립하고 유사시 탐지·추적·파괴하기 위해 한·미 양국은 2014년 10월 23일 제46차 한·미 SCM에서 「동맹의 포괄적 미사일 대응작전」을 담은 이른바 '4D' 작전개념을 수립했다. 여기서 '포괄적'이란 탐지(Detect), 교란(Disrupt), 파괴(Destruction), 방어(Defense)의 모든 분야에서 북한 미사일 위협에 대한 대응능력의 향상을 의미한다.[25]

2015년 4월 14~15일 제7차 한·미 통합국방협의체(KIDD) 회의에서 북한 핵·미사일 위험에 대한 억제·대응 능력의 통합적인 발전을 모색하기 위하여 「작계 5015」를 수립하기로 합의하고, 핵심내용인 4D작전개념을 작전계획의 수준으로까지 발전시키기 위해 '한·미 억제전략위원회(DSC)'를 출범시켰다. 그리하여 6월 최윤희 합참의장과 주한 미사령관이 유사시 북한 핵과 탄도미사일 등을 사전에 제거하고 북한 공격시 즉시 반격하는 '선제타격' 개념을 적용한 「작계 5015」에 합의하였다.

「작계 5015」의 핵심은 '맞춤형 억제전략(TDA)'과 '4D전략'이다. 북한의 핵·미사일 위협에 대응하기 위한 포괄적 억제와 대응능력을 강화하기 위해 4D 능력을 강화하고, 북한군의 공격 징후가 뚜렷할 경우 '예방적 선제공격'도 가능하도록 했다. 또한 정밀타격무기를 이용해 적 수뇌부를

---

24 국방부, 『2014 국방백서』, pp. 56~57.

25 탐지란 정보·감시·정찰(ISR) 자산을 운용하여 방어·교란·파괴 노력을 지원하는 것이며, 방어란 북한이 미사일에 의한 피해를 최소화하기 위해 적극적, 소극적 방어를 시행하는 것이며, 교란이란 북한 미사일의 기반시설에 대한 물리적인 공격이며, 파괴는 북한의 이동식 발사대(TEL) 및 지원 자산에 대한 공격을 의미한다. 국방부, 『2014 국방백서』, p. 57.

무력화시키는 '참수작전 계획'도 마련하고 있는 것으로 알려졌다. 이 책의 제2부에서 살펴보았듯이, 참수작전은 독단형 핵 지휘통제체계를 채택하고 있는 경우에 유효한 작전이다.

뒤이어 2015년 9월 23일부터 24일까지 제8차 한・미 통합 국방협의체(KIDD) 회의가 열렸다. 이 회의에서는 조건에 기초한 전작권 전환을 위해 공동으로 발전시켜온 「전략동맹 2015」를 대체할 새로운 전략문서에 상당한 진전을 이루었다고 평가하고, 2014년 제46차 한미 안보협의회의(SCM)에서 합의된 전략문서 대체에 관한 공약을 재확인하고, 효과적인 전시 작전지원의 기반이 되는 한미 공동의 「한국형 군사정보 통합 데이터베이스(Alliance DB)」구축의 필요성에 대해 협의하였다.[26]

마침내 2015년 11월 2일 한미안보협의회(SCM)에서는 북한의 핵・미사일 위협에 대응하기 위한 포괄적 억제와 대응능력을 강화하기 위한 '4D 작전개념' 이행지침을 승인하여 「작계 5015」에 반영하기로 했다. 이와 같은 전략동맹의 강화를 통해 북한의 핵・미사일 위협에 대한 포괄적인 대응능력을 발전시켜 가고 있다.

특히 북한이 4차 핵실험을 실시하고 ICBM으로 전용할 수 있는 장거리 로켓의 발사를 성공리에 마침에 따라, 한・미 양국은 북한의 핵・미사일 위협에 대한 미국의 확장억제력 제공과 그에 따른 동맹의 포괄적 대응을 통해 대북 압박을 강화하고 있다. 2016년에 실시된 한・미 연합 '키리졸브・독수리 연습'에 「작계 5015」를 처음 적용하고, 4D 작전계념에 따라 한국특수부대와의 연합훈련을 위해 이라크전과 아프가니스탄전에 투입돼 핵심 요인을 암살하는 '참수작전'을 수행했던 특수부대를 남한에 전개하는 등 북한의 핵・미사일 사용 위협을 사전차단하기 위해

**26** 국방부, "제8차 한미 통합 국방협의체(KIDD) 회의 공동언론 보도문", 2015년 9월 24일.

대비하고 있다.[27]

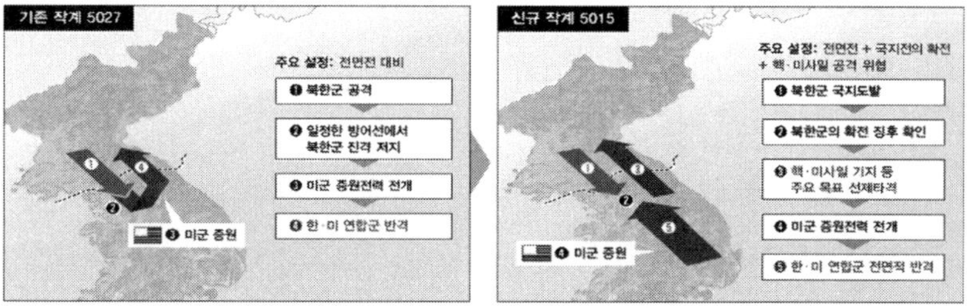


<출전> 『한겨레신문』 2015년 8월 28일.

〈그림 6-2〉 기존 작계 5027과 신규 작계 5015의 비교

27 미 제1공수특전단은 주로 태평양 지역에서 활동하는 특수부대로, 아시아 지역 대테러 작전을 수행했으며 2000년대 초에는 이라크전과 아프간전에도 참전했다. 미 제75레인저 연대는 미국의 최정예 특수부대로, 핵심시설 파괴, 공중강습, 특수정찰, 인명구조 등의 임무를 수행한다. 『연합뉴스』 2016년 2월 4일.

제3장

# 새로운 동북아 핵질서의 형성: 비핵무기지대 논의

# 제3장
# 새로운 동북아 핵질서의 형성: 비핵무기지대 논의

2016년 5월 27일 오바마 미 대통령은 히로시마를 방문해 '핵무기 없는 세계'를 거듭 강조하였다. 이것으로 알 수 있듯이, 미국은 일본의 핵무장을 용인하기보다는 확장억제력의 강화와 일본의 첨단 전력 증강을 통해 북한과 중국의 핵위협에 따른 일본 내 핵무장론을 잠재우고 있다.

현재 북한의 핵무기 개발에 가리워져 크게 부각되어 있지는 않지만, 동북아지역에서는 중국의 핵전력 강화에 따른 기존 핵전략의 전환 가능성이 점차 높아지고 있다. 이에 대응한 플루토늄 대국인 일본의 핵무장 가능성도 공공연하게 논의되고 있어 대책 마련이 필요한 실정이다.

## 1. 동북아 비핵무기지대와 한반도 비핵화의 비교

### 1) 동북아 비핵무기지대와 한반도 비핵화 구상의 공통점과 차이점

미국의 확장억제정책이 유지되는 한 현재와 같이 과도적인 핵질서가 일정 기간 지속될 가능성이 높다. 하지만, 북한의 핵무기 보유가 기정사실화되고 중국이 핵 선제불사용 정책을 파기하는 사태가 온다면 언제라도 한·일 재무장론이 등장할 수 있다. 그런 점에서 조기에 실현될 가능성은 높지 않지만 지금부터 동북아 비핵무기지대 논의에 착수할 필요가 있다. 이러한 논의가 현실성을 갖기 위해서는 당면한 북한 비핵화 과제와 연계해 논의되지 않으면 안 된다.

먼저, 동북아 비핵무기지대(NWFZ-NEA) 구상을 보면, 이 구상의 가장 큰 특징은 핵무기국과 비핵무기국이 공동으로 참여한다는 점이다. 대상국가는 핵무기국가인 미국, 러시아, 중국의 3국과 비핵무기국가인 남한, 북한, 일본 등 3국이다. 비핵무기국가인 남북한과 일본이 먼저 3국끼리 비핵무기지대의 창설에 동의하여 조약에 서명하면, 주변의 핵무기국가인 미국과 러시아, 중국이 각국 의회의 비준 동의 절차를 거쳐 소극적 안전보장(NSA)을 제공하는 '3+3 방안'이다.

그런데 일본정부는 중국이 핵실험 직후부터 조건 없는 소극적 안전보장과 핵 선제불사용 정책을 표명했지만 일관되게 믿을 수 없다며 부정적인 태도를 취해왔다.[28] 하지만 비핵무기지대 조약이 체결되면 법적 구속력이 없는 중국의 소극적 안전보장이나 핵 선제불사용이 '정책'에 의해서가 아니라 '국제법상의 의무'로 규정받게 되기 때문에 일본의 우려가 상당 부분 해소될 수 있게 된다.

그 대신에 동북아 비핵무기지대는 해당 비핵무기 국가들에게 IAEA 안전조치 규정의 이행할 뿐만 아니라, 적용지대 내에 위치한 모든 원자력 시설의 확인에 동의할 것을 의무화한다. 아울러 최첨단 검증체계의 설립

28 우메바야시 히로미치(김마리아 옮김), 『비핵무기지대: 핵 없는 세계로 가는 길』, 서해문집, 2014년, pp. 247~248.

에 대한 관련국들의 동의를 얻어 비핵무기지대 검증기구를 만들고, 이러한 검증 목적의 달성에 필요한 모든 기술은 회원국들이 공유하게 된다.

다음, 한반도 비핵화(Denuclearization of Korean Peninsula)는 한반도의 검증 가능한 비핵화를 평화적인 방법으로 달성하는 것을 목적으로 한다. 한반도 비핵화의 방안을 담은 「9.19공동성명」의 핵심은 북한이 모든 핵무기와 현존하는 핵 계획을 포기하고 조속한 시일 내에 NPT와 IAEA의 안전조치에 복귀할 것임을 공약하고, 미국이 한반도 내에 핵무기를 갖고 있지 않음을 밝힘과 동시에 '북한을 핵무기 또는 재래식 무기로 공격 또는 침공할 의사가 없음'을 확인한 데 있다.

한반도 비핵화를 위한 협상대상국은 남북한과 미국, 중국, 러시아, 일본 등 6개국이지만, 비핵화의 대상국은 남한과 북한 두 나라이다. 일반적으로 비핵무기지대에서는 5개 핵무기국가에 의한 소극적 안전보장(NSA)을 규정하고 있지만, 한반도 비핵화에서는 미국 단독의 소극적 안전보장 제공만을 규정하고 있다. 그 대신에 한반도 평화체제 및 북·미, 북·일 수교, 그리고 장기적으로 6개국 동북아 다자안보 틀 속에서 북한의 체제 안전을 보장하도록 하고 있다.

「9.19공동성명」에서 밝힌 한반도 비핵화의 모습은 기본적으로 「한반도 비핵화 공동선언」에 바탕을 두고 있다. 이 성명에서 "남북 공동선언은 준수, 이행되어야 한다"고 확인하고 있으며, 한국은 자국 영토 내에 핵무기가 존재하지 않는다는 것을 확인하면서 "공동선언에 따라 핵무기를 접수 또는 배비하지 않겠다는 공약을 재확인"하고 있다.[29] 일반적인 비핵무기지대 조약에서는 핵 재처리시설과 우라늄 농축시설의 불보유 규정이

29 공동선언에서는 ① 핵무기의 시험, 제조, 생산, 접수, 보유, 저장, 배비, 사용 금지, ② 핵에너지의 평화적 목적 이용, ③ 핵 재처리시설과 우라늄 농축시설의 불보유를 규정하고 있다.

포함되지 않는다는 점에서 「한반도 비핵화 공동선언」과 「9.19공동성명」은 매우 높은 수준의 한반도 비핵화를 공약한 것이다(<표 6-1>).

〈표 6-1〉 동북아 비핵무기지대와 한반도 비핵화의 비교

| | 동북아 비핵무기지대 | 한반도 비핵화 |
|---|---|---|
| 목 표 | 남북한과 일본의 비핵무기지대 설정 및 주변 핵무기국가 미 · 러 · 중의 소극적 안전보장 제공 | 한반도의 검증 가능한 비핵화를 평화적 방법으로 달성 |
| 대상국가 (회원국) | 핵무기국가(미국, 러시아, 중국), 비핵무기국가(남한, 북한, 일본) | 남한, 북한 |
| 지역안보 | 핵무기국과 비핵무기국이 공동으로 참여 | 한반도 평화체제 및 6개국 동북아 다자안보 틀 속에서 한반도비핵화 |
| 법적근거 | 국제조약 | 정치적 선언<br>(한반도 비핵화 공동선언, 9.19공동성명) |
| 비핵화 관련 | - 비핵국가의 지 · 해 · 공 및 기타 주권이 미치는 영토와 핵국의 지정된 영토에서<br>•핵무기 보유의 제한<br>•핵무기가 배제되는 지역을 제한<br>- 적용지대 내에 위치한 모든 원자력 시설의 확인에 동의 | - 북한: 모든 핵무기와 현존하는 핵계획을 포기할 것임과 조속한 시일내에 NPT와 IAEA의 안전조치에 복귀할 것임을 공약<br>- 미국: 한반도 내 핵무기를 갖고 있지 않고 동시에 '북한을 핵무기 또는 재래식 무기로 공격 또는 침공할 의사가 없음'을 확인 |
| 소극적 안전보장 | 5개 핵보유국에 의한 NSA 보장 | 5개 핵보유국에 의한 NSA와 무관<br>(미국의 對北 소극적 안전보장 제공) |
| 검증기구 | - IAEA 안전조치 규정의 이행 최첨단 검증체계 설립에 동의하고 검증 목적의 달성에 필요한 모든 기술 공유 | 수석대표회담에서 검증기구의 설치방법과 시점을 놓고 논의했으나 합의 실패(2008.12) |
| 산하기구 | 비핵무기지대 검증기구 | 5개 실무그룹: 비핵화, 대북 에너지지원, 북미관계, 북일관계, 동북아 평화 · 안보체제 |

* 「동북아 제한적 비핵지대(LNWFZ-NEA) 조약」 초안(일명 「서울조약(The Seoul Treaty)」) 및 「한반도 비핵화 공동선언」, 「9.19공동선언」을 바탕으로 필자가 작성.

## 2. 동북아 비핵무기지대와 한반도 비핵화의 연계 구상

### 1) 한반도비핵화–동북아다자안보기구의 결합 구상

최근년 미국은 '핵무기 없는 세상'이라는 비전을 내걸고 국가안보에서 핵무기의 역할을 축소하는 방향으로 나아가고 있고, 국제사회도 이를 적극 지지하고 있다. 하지만 일본 내 여론은 자민당 중심의 강화론과 민주당 등의 축소론으로 양분되어 있다. 현 자민당 정부는 북한 핵문제와 중국 위협론을 내세워 동아시아에서 미국의 확장억제력이 유지, 확대되어야 한다는 입장을 강력하게 천명하고 있다. 그런 가운데 미국 오바마 행정부는 아시아 재균형 정책을 추진하면서 '프라하 연설'의 취지와 달리 자민당의 입장을 지지하고 있다.[30]

현 단계에서는 일본정부의 강력한 반대, 그리고 아시아재균형 정책에서 일본의 역할을 중시하는 전략 때문에 미국도 동북아 비핵무기지대 구상을 본격적으로 추진하기는 어려울 것으로 보인다. 하지만 비핵무기지대를 지지하는 일본정치권 내의 기류 변화 핵무기의 역할을 축소하고자 하는 미국 내의 분위기가 맞물릴 경우와 이 구상을 추진할 분위기가 조성될 수 있을 것으로 전망된다.

현재 각국의 형편을 고려할 때, 당장 정부 차원에서 동북아 비핵무기지대를 추진하기는 어려울 것이다. 그런 점에서 현재와 같은 2트랙의 민간차원과 더불어 이를 확대한 1.5트랙의 민관차원에서 논의를 심화시켜 나갈 필요가 있다. 1.5트랙에서의 동북아 비핵무기지대 논의는 「9.19공동성명」에서 밝힌 동북아 평화・안보회의 창설과 관련되어 6자회담의 동력을 제공할 수 있을 것이기 때문이다.

---

**30** Kulacki, *Japan and America's Nuclear Posture: An Update*, pp. 1~3.

실제로 2005년 「9.19공동성명」이 나올 당시 부시 미 행정부는 미 국무부 자문관이었던 필립 젤리코 교수의 '젤리코 리포트'에 따라 '동북아 평화·안보회의'의 틀 속에서 북한 핵문제를 다뤄 나간다는 구상을 갖고 있었다.[31] 이 구상이 본격화된 것은 BDA문제 이후 꽉 막혀있던 6자회담이 「2.13합의」로 활로를 찾기 시작할 무렵이다. 그 배경에는 부시 미 행정부가 본격적으로 동북아 평화·안보회의의 가능성을 구체적으로 검토하던 때이다.

### 2) 동북아 평화·안보회의 실무그룹회의의 경험[32]

2007년 3월 1~7일 CIA국장 출신인 존 네그로폰테(John Negroponte) 미 국무부 부장관이 한·중·일 3국을 순방하면서 동북아 평화·안보회의의 발족 가능성에 대한 각국의 의견을 타진하였다. 의장국이었던 러시아는 물론이고 한국, 중국도 찬성한다는 태도를 취한 것으로 알려졌다. 일본정부는 한반도 비핵화를 논의할 6자회담이 먼저 추진되어야 한다고 주장하면서도 동북아 다자안보회의체를 우선 발족하는 것 자체에 대해서는 반대하지 않겠다는 입장을 나타냈던 것으로 알려졌다.

2007년 3월 16일 제1차 동북아 평화·안보회의 실무그룹회의가 개최되었고, BDA 문제 해결의 걸림돌이었던 중국은행 내의 동결자금 문제가 2007년 6월에 완전히 해결되어 「2.13합의」의 이행이 완결되었다. 이러한 분위기 속에서 제2차 남북정상회담이 본격적으로 추진되고, 8월

31 필립 젤리코 교수는 당시 미 국무장관이었던 콘돌리사 라이스와 함께 냉전해체가 독일통일에 미친 영향을 분석한 『독일통일과 유럽의 변환』의 공동저자이다. '젤리코 리포트'에 대한 소개는 조성렬, 『한반도 평화체제: 한반도 비핵화와 북한체제의 전망』, 도서출판 푸른나무, 2007년을 볼 것.

32 조성렬, "동북아 안보레짐 구축에 관한 비교연구", 『헬싱키프로세스와 동북아 안보협력』, 한국학술정보, 2012년 2월.

20~21일 제2차 동북아 평화 · 안보 실무그룹회의가 열렸다. 제2차 회의 때는 유럽안보협의회의(CSCE)의 사례를 따라 우리 정부가 '동북아 평화협력체제 지도원칙(Guiding Principles)'의 초안을 제시하였고 이를 토대로 러시아와 미국이 자국안을 제시하여 검토하였다.

6자회담에서 북한 핵시설의 불능화를 위한 로드맵이 완성되었다. 이것은 제2차 남북정상회담 기간 중에 「10.3합의」로 모습을 드러내게 된다. 하지만 임기 막바지에 있던 노무현 정부는 동북아 평화 · 안보회의를 추진할 수 있는 동력이 약화되면서 남북정상회담의 성과(서해평화협력특별지대, 종전선언)에만 집중하였다. 그러다가 그 해 12월 대선에서 여야 정권교체가 이루어지는 바람에, 동북아 평화 · 안보회의의 추진을 위한 내부동력은 완전히 상실되고 말았다.

미국도 오바마 행정부가 들어서면서 북 · 미 대화가 기대되기도 했으나, 2009년 4월과 5월에 북한이 장거리로켓과 제2차 핵실험을 실시하는 등 도발하는 바람에 동북아 평화 · 안보회의 실무그룹 회의는 2009년 2월의 제3차 회의를 끝으로 더 이상 열리지 못하였고, 6자회담의 중단과 함께 지금까지 열리지 못하고 있다.

## 3. 새로운 가능성: 한반도 비핵화 촉진제로서의 동북아 비핵무기지대 논의

### 1) 양대 구상의 연계추진 필요성

지금까지 살펴본 것처럼 '동북아 비핵무기지대 조약'과 '한반도 비핵화 공동선언'(9.19공동선언)을 비교해 보면, 공통점도 있지만 그에 못지

않게 커다란 차이가 있음을 알 수 있다. 하지만 두 가지 문제가 완전히 분리된 문제가 아니라 상호 보완적인 측면이 있기 때문에 연계해 추진할 필요가 있다.

첫째, 한반도 비핵화 구상은 북한 핵문제에 초점을 맞추다보니 동북아의 주요한 긴장요인인 중국과 일본의 갈등문제를 다루고 있지 않다. 한반도 비핵화가 이루어진다고 해도 중국의 핵무기를 둘러싼 중 · 일 간의 갈등이 사라지지 않을 것이며, 일본의 핵무장론은 언제라도 재등장할 수 있다. 그렇게 될 경우 비핵화된 남북한이 오히려 핵무기를 가진 중국과 일본 사이에서 안보적으로 곤경에 처할 수 있다. 따라서 비핵무기지대 문제를 다루지 않게 되면 한반도 비핵화도 의미 없게 된다.

둘째, 일본이 현재처럼 플루토늄을 4.7톤이나 보유하고 있고 또한 2018년부터 사용후 핵연료의 재처리 시설을 본격 가동하게 되면, 아무리 일본 핵시설들이 IAEA사찰을 받는다고 해도 일본의 핵무장 가능성에 대해 갖고 있는 불신이 해소되지 못한다. 미 CSIS 보고서도 미국이 일본의 핵무기 프로그램 개발 현황을 감지할 가능성이 매우 낮다고 평가하고 있다.[33] 마침 2018년까지 「미 · 일 원자력협정」이 개정을 마쳐야 하므로, 동북아 비핵무기지대 구상을 통해 이 문제를 공동으로 다뤄나갈 필요가 있다.

셋째, 동북아 비핵지대 구상에서는 남북한과 일본이 지역안보협력의 중심이 될 수밖에 없다. 현재와 같은 한반도 비핵화 프로세스는 주된 관계가 북한과 미국으로 설정되어 있다. 그렇기 때문에 동북아 협력안보가 진전되지 않은 한 이 문제가 제대로 진전되기 어려울 뿐만 아니라, 거꾸로 한반도 비핵화 프로세스가 진전된다고 해도 동북아 협력안보에

---

**33** CSIS, 『미 아시아-태평양 재균형 2025』, p. 304.

직접 기여하기가 어렵다.

끝으로, 동북아 비핵무기지대 방안은 한반도 비핵화를 넘어 일본의 비핵화를 실현할 뿐만 아니라 미·중·러 핵무기 보유국의 소극적 안전보장도 국제조약으로 강제화할 수 있는 장점이 있다.[34] 하지만 이 방안은 핵심논의가 자칫 동북아 핵문제로 이동되어 당면한 한반도 비핵화의 추진이라는 목표의 초점을 흐릴 우려가 있는 것도 사실이다. 따라서 양대 구상을 연계해 추진할 필요가 있는 것이다.

### 2) 양대 구상의 연계추진 로드맵

현 단계에서 동북아 비핵무기지대를 추진하는 데 있어 최대 걸림돌은 북한 핵문제이다. 이 비핵무기지대의 핵심당사자가 남북한과 일본이기 때문에, 가장 현실적인 방안은 한·일 양국이 먼저 '한·일 비핵무기지대'를 만들고 그 뒤에 북한을 참여시키는 방안이다. 하지만 일본정부는 동북아 비핵무기지대의 정당성과 필요성에는 원칙적으로 공감하면서도, 우선 북한이 핵무기를 포기하고 나서 비핵무기지대에 대한 협상을 검토할 수 있다고 주장하고 있어 얘기조차 꺼내기 어려운 형편이다.

하지만 앞서 살펴보았듯이, 북한의 주장에 따른다면 동북아시아나 한반도 차원에서 안전이 확보되지 않는다면 핵을 포기할 가능성이 매우 낮다고 볼 수 있다. 일본도 역시 북한의 비핵화가 이루어지지 않는 한, 미국의 확장억제력을 근간으로 한 현재의 동북아 핵균형을 깨면서까지 동북아 비핵무기지대를 추구할 생각이 없는 것으로 보인다. 이처럼 서로 대립되는 주장이 계속될 경우 동북아지역의 긴장만 고조되고, 결국은 한

34 조성렬, "3차 북핵실험 이후 동북아 안보구도의 변화 - 전략적 핵 균형의 관점에서", 북한연구학회 춘계학술회의 발표논문, 2013년 4월 25일.

· 일 핵무장론이 힘을 얻게 될 수 있다. 그런 점에서 지금 동북아 비핵무기지대의 논의가 시작되어야 한다는 점에 대해 한 · 일의 정치인들이 공감대를 만들어야 한다.

이상과 같은 한반도비핵화 및 동북아비핵무기지대화 논의를 결합하여 개략적인 중장기 로드맵을 제시하면 다음과 같다.

제1단계로 6자회담을 재개하여 한반도 비핵화 논의에 착수한다. 한반도 비핵화의 대상에는 북한의 기존 플루토늄 핵시설뿐만 아니라 우라늄 농축시설도 포함한다. 아울러 북한의 체제안전을 보장하기 위해 남북한과 미 · 중 4자가 참여하는 한반도 평화포럼도 병행하여 개최한다. 6자회담의 논의가 진전됨에 따라 동북아 비핵무기지대화 논의의 출발점으로서 한 · 일 비핵무기지대화 논의에 착수한다. 여기서 한 · 일 양국은 동북아 비핵무기지대 창립이라는 구상을 염두에 두고 「한 · 일 비핵무기지대 조약」(초안)을 마련한다.

제2단계로 「한반도 비핵화 협정」을 체결하여 북한은 모든 핵무기와 현존하는 핵프로그램의 포기를 이행하기로 하고, 나머지 5개국은 상응하는 안전보장 제공 및 관계 정상화, 경제·에너지 지원 등을 약속한다. 또한 남북한과 미 · 중 4자가 참여하는 「한반도 평화조약」의 체결에도 합의한다. 그 뒤에 비핵무기지대 내의 비핵무기국가인 남북한과 일본 3국은 핵무기의 연구 · 개발 · 실험 · 보유 · 배치를 금지하되, 군함 · 비행기의 일시적인 통과와 기항은 각국에게 위함으로써 기존의 동맹관계를 유지할 수 있도록 배려한 「동북아 비핵무기지대 조약」의 초안을 마련한다. 이 조약과 관련해 주변 핵무기국가인 미 · 중 · 러 3국이 남북한과 일본에 대한 핵무기에 의한 사용위협 및 사용하지 않겠다는 '소극적 안전보장(NSA)'의 제공에 대한 의회의 비준절차에 착수한다.

제3단계로 북한의 비핵화 이행이 완료됨과 동시에 「한반도 비핵화 협정」을 발효시키고, 뒤따라 남북한과 일본 및 미, 중, 러는 의회의 비준 동의절차를 완료함으로써 「동북아 비핵무기지대 조약」을 발효시켜 한반도와 동북아지역의 비핵무기화를 완성시킨다. 「동북아 비핵무기지대 조약」이 발효되면, 역내 국가들이 신뢰구축조치와 재래식무기 군비통제를 포함하는 포괄적인 '동북아 평화·안보협의회' 논의에 착수한다. 이를 통해 동북아지역의 항구적인 평화와 안정을 도모한다.

제4장

# 우주공간의 군비경쟁 방지와 우주전 대책

# 제4장
# 우주공간의 군비경쟁 방지와 우주전 대책

동북아지역의 국가들은 일찌감치 우주개발경쟁에 뛰어들었고, 최근 들어서는 위성항법체계의 개발경쟁이 한창 진행 중이다. 북한도 조악한 수준이기는 하지만 우리보다 반 발 앞서 우주발사체의 발사에 성공하였다. 뒤늦게 우주개발분야에 뛰어든 우리나라는 자주개발과 국제협력을 병행하면서 우주개발역량을 강화하는 한편, 국제적으로 진행되고 있는 우주공간을 둘러싼 국제규범의 제정 및 개정 과정에도 적극 참여해 우리의 국익을 증진시켜야 할 것이다.

## 1. 자주개발에 의한 우주안보 역량의 강화

우주개발분야에서 한국은 미국, 러시아와 같은 우주강국은 물론 동북아 주변국가인 중국과 일본에 비해서도 기술력에서 커다란 격차가 존재한다. 이러한 격차를 좁히고 우주개발을 촉진하기 위한 인프라구축과 연구인력 확보에 정부가 예산을 집중 투자할 필요가 있다. 하지만 2013년 기준으로 우주개발 정부예산을 보면, 한국은 중국의 5.2%, 일본의 8.9%에 불과한 실정이다. 투자누적액까지 고려하면 그 격차는 더 커진다.

한국의 우주개발사업은 그 동안 「한・미 미사일지침」에 따른 사거리 제약과 경제개발 우선순위에서 밀리면서 상대적으로 뒷전으로 밀려나 있었다. 또한 우리나라는 여전히 「한・미 미사일지침」에 묶여 민간 우주개발에서 고체추진제 로켓개발에 대한 제한이 그대로 유지되고 있어 불요불급하게 액체연료 로켓엔진을 개발할 수밖에 없는 상황이다. 하지만 나로호 우주발사체 개발을 통한 경험으로부터 확인되었듯이, 액체연료 로켓에 대한 기술이전은 거의 불가능한 실정이다.[35]

미국 입장에서는 높은 추진력을 가진 위성발사용 고체연료 로켓의 개발이 중장거리 탄도미사일로 변환되어 사용될 것을 우려하고 있는 것으로 보인다. 하지만 「한・미 미사일지침」을 통해 고체추진체의 개발조차 제한한 것은 평화적 목적의 우주개발에도 커다란 장애요인으로 작용하고 있다. 우리나라 상황에서는 상당한 기술수준과 경험을 보유하고 있는 고체연료 로켓을 이용한 위성발사체 개발이 액체추진제 발사체 개발보다 훨씬 손쉽기 때문이다.

이러한 제약에도 불구하고, 2000년대에 들어와 한국은 우주개발에 관심을 갖고 본격적으로 우주개발에 뛰어들었다. 이제 한국은 아시아 우주개발 경쟁의 새로운 주자로 평가받고 있다. 이를 반영하듯이, 우리나라의 정부와 기업이 우주개발에 대한 관심이 높아지면서, 아직 절대금액은 적은 편이지만 우주분야 연관 활동금액이 2014년 기준으로 2조 8,511억원 수준으로 전년대비 18%, 2010년 대비 3배가 증가하였다(<표 6-2>).

35 장영근, "한반도의 '우주발사체'와 '탄도미사일'의 시대적 함의", 국가미래연구원 「IFS POST」, 2016년 2월.

〈표 6-2〉 주요국의 우주개발 정부예산 및 한국의 우주분야 활동금액

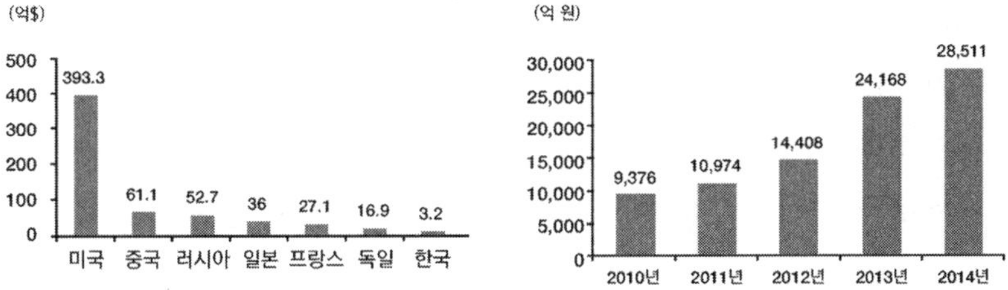


<출전> 김철영, “미래성장 산업 ‘우주산업’, pp. 3~4.

우리나라의 우주개발이 이제 본격화하기 시작했기 때문에 아직 낮은 수준인 것처럼, 우리 군의 우주전 역량도 아직 초보적인 수준에 불과하다. 우주공간의 안보적 활용을 위해서는 이에 앞서 상업용 인프라구축이 되어 있지 않으면 안보적 이용 자체가 불가능하다. 그런 점에서 우리나라의 우주전 역량을 구축하기 위해서는 상업용과 군사용을 포함한 포괄적인 비전과 중장기적인 계획에 따라 추진해 나가지 않으면 안 된다.

제1단계로, 일정 기간 상업통신위성을 활용하면서 우주전의 인프라 구축을 우선할 필요가 있다. 당장 독자적인 군 전용 통신위성체계를 구축하려 하기보다는 민간분야의 우주인프라를 구축하는 것이 바람직하다. 실제로 우리 군은 2006년 8월에 통신방송위성과 겸용인 무궁화 5호를 쏘아올려 군사통신위성으로 사용하고 있다. 무궁화 5호는 정지궤도에서 북한에 대한 감시정보를 수집하고 있는 것이다.

제한된 국방예산을 효율적으로 사용하기 위해서는 우리나라의 군사용 인공위성 개발방식도 상업용 인공위성을 개발한 뒤 이를 군사적 목적으로 전용하는 스핀온(spin-on) 방식이 타당한 것으로 보인다. 현재 우리나라는 지구관측위성인 아리랑 2호 위성은 분해능 1m 해상도를 시현

하고 있고, 나로 1호 위성이 비록 러시아 로켓을 이용했으나 처음으로 저궤도 진입에 성공하는 성과를 나름대로 거두고 있기 때문에 이를 기반으로 안보적 활용을 추진하도록 한다.

제2단계로, 군 전용으로 사용할 수 있는 군사통신위성의 보유 및 첩보위성체계, 조기경보위성체계의 구축이 필요하다. 일본의 경우 군사통신위성으로 상업용 위성을 차용해 쓰다가 지금은 자위대 전용의 고속 대용량 통신위성의 도입을 추진하고 있다. 또한 일본은 첩보위성용으로 주간촬영용 광학위성 2기와 야간촬영용 레이더위성 2기 등 총 4기로 구성된 기본체계를 갖추고 있다.[36] 우리 군도 민군겸용에서 점차 벗어나 독자적인 군전용 위성체계를 구축해 나갈 필요가 있다.

우리나라는 2012년부터 공군이 한국천문연구원 등과 협력하여 전국 5곳에 위성과 우주를 감시할 수 있는 광학망원경을 설치해 한반도 상공에 떠 있는 약 600개의 위성에 대한 감시체제를 구축해 놓고 있다. 향후 우리 군이 군 전용의 첩보위성과 조기경보위성을 도입한 이후에도 이와 같은 민·관·군 협력의 경험을 살려 협력체제를 지속적으로 유지·강화하는 것이 바람직하다.

제3단계로, 독자적인 지역위성항법체계의 구축을 당초 목표인 2030년보다 앞당겨 추진한다. 한국의 롤모델은 일본으로 최소 인공위성 4기, 예비위성까지 포함하면 7기 체제를 구축하여 한국군이 독자성을 확보할 수 있도록 한다. 지역차원의 위성항법체계가 정상 가동되는 단계에서 글로벌 위성항법체계인 미국의 GPS, 러시아의 GLONASS, 중국의 COMPASS, 유럽연합의 Galileo 등과 협력하며 완벽한 호환성을 갖추도록 한다.

---

**36** 이 책의 제4부 제3장 4절 '일본의 우주개발전략과 우주군사화 동향'을 참조할 것.

현재 미국이 상업용 GPS는 무료로 개방하고 있지만, 군사적 목적의 GPS는 철저하게 사용을 통제하고 있다. 미국이 이처럼 군사용 GPS를 통제하는 이유는 적국이 미국의 GPS를 이용하게 미국 또는 미 동맹국들을 공격할 수 없게 한다는 의미가 가장 크겠지만, 독자적인 무기개발을 억제하고 미국산 무기의 구입을 촉진하려는 의도도 숨겨져 있다.

대표적으로 미국정부가 독일산 타우러스 장거리 공대지미사일에 들어갈 군용 GPS의 수출 승인을 미루는 바람에 2016년 실전배치 목표가 차질을 빚을 뻔했다. 우리 정부가 미국산 F-15K 전투기에 독일산 미사일을 장착해 운용하려면 △체계통합과 △군용 GPS 사용승인이 필요하다. 이 중에서 체계통합은 F-15K 전투기 제조회사인 미국 보잉사와 체계이전 계약을 통해 해결했으나, 2016년 8월초 미국정부가 타우러스에 들어갈 핵심장비인 '군용 GPS 수신기'의 한국 양도 승인을 뒤늦게 승인하였다.[37]

장기적으로 볼 때 한국군은 한반도와 주변해역을 망라하는 국지적 위성항법체계를 독자적으로 구축할 필요가 있다. 그렇지 않고서는 아무리 작전통제권이 전환된다고 해도 우리 군은 현대화된 네트워크중심전을 자력으로 전개할 수가 없다. 그런 점에서 위치를 잡아주는 저궤도 위성 3기, 고도를 알려줄 정지궤도 1기의 자주개발을 추진하되, 정지궤도위성은 외국 발사체의 도움을 받을 수도 있을 것이다. 이를 통해 북한군을 비롯한 주변국들의 GPS재밍 공격으로부터 우리 군을 보호할 수 있을 뿐만 아니라, 첨단무기의 국산개발을 촉진할 수 있을 것이다.

37 『연합뉴스』 2016년 8월 9일.

## 2. 자기주도적인 국제협력

후발주자인 한국이 독자적인 우주개발을 통해 기존의 경쟁국가들과 어깨를 나란히 하는 우주강국으로 뛰어오르는 것은 결코 쉬운 일이 아니다. 일찍이 우리나라는 우주선진국들이 기술이전을 회피하는 바람에 불가피하게 우주로켓의 독자개발을 추진하기도 했지만, 결과적으로 많은 시간과 노력을 허비한 채 실패로 돌아간 뼈아픈 경험이 있다.

그런 점에서 우리의 우주개발기술이 일정 궤도에 오르기 전까지는 후발자의 이익을 최대한 살려서 전략적 국제협력을 통해 도약(take off)을 꾀하는 방안을 모색하지 않을 수 없다. 전략적 국제협력 방안으로 다음 세 가지 방법을 생각해 볼 수 있다.

첫째, 한 · 미 우주협력의 강화를 추진하는 방안이다. 그 동안 미국은 군사적 전용의 우려 때문에 한국이 독자적인 우주로켓 기술을 보유하는 것을 꺼려 왔다. 하지만 우주로켓과 인공위성 등 우주분야가 미래산업으로서 경제적인 파급효과가 큰 데다가 우주공간이 군사화되면서 각국들의 관심이 높아졌기 때문에, 미국도 더 이상 동맹국들의 우주개발을 제약할 수만은 없었다.

미국은 이미 1990년대 말부터 일본정부와 글로벌 위성방법체계인 GPS를 보완할 지역위성항법체계의 구축을 검토하면서, 한국정부에 대해서도 여기에 동참할 것을 요구해 왔다. 하지만 미 · 일 양국이 주도하고 이미 완성단계에 들어간 준텐쵸(準天頂) 지역위성항법체계에 참가하는 것은 우주공간의 군사적 종속을 불러올 우려가 있어 바람직하지 않다는 우리 정부의 판단 때문에 실현되지 않았다. 하지만 미국은 세계 최고의 우주기술을 가진 국가인 만큼, 한미동맹의 강화 차원에서도 양국의 다양한 우주협력은 중요하다.

둘째, 국제협력의 다변화로서 유럽연합(EU), 러시아 나아가 중국, 일본 등과의 우주개발협력을 통해 미국 일변도에서 벗어나는 방안이다. 미국은 우주기술의 군사적 전용을 우려해 동맹국인 한국에 대해서조차 기술이전을 거부해 왔다. 그뿐만 아니라 중국, 인도 등과의 기술협력에 대해서도 한국으로의 기술이전, 또는 한국을 통한 미국 기술의 이전에 대한 우려 때문에 부정적인 태도를 취해 왔다.[38]

그러나 우리나라는 2001년부터 로켓발사체의 독자개발 대신에 국제협력을 통한 개발로 방향을 선회하면서 일정한 성과를 거두었다. 그 결과 러시아와 「한・러 우주기술협력협정」(2004. 9 서명 / 2006. 9 발효), 「한・러 우주기술보호협정」(2006. 10 서명 / 2007. 7 발효), 「한・러 우주기술보호협정 의정서」(2006. 10 서명 / 2007. 7 발효)를 체결하게 되었다. 그 뒤에도 「한-우크라이나 우주기술협력협정」(2006. 12 서명 / 2007. 8 발효), 「한・EU 갈릴레오 협력협정」(2006. 9)을 맺는 우주개발 분야에서 국제협력을 시행해 오고 있다.[39]

셋째, 우리나라 주도의 우주공동개발을 시행하는 방안이다. 현재 동아시아의 중견국들은 우주선진국들의 우주개발경쟁을 보면서도 엄청난 투자 소요에 비해 경제적, 기술적 부담 때문에 선뜻 경쟁에 뛰어들지 못하고 있다. 따라서 한국이 중견국가의 리더로서 현재 ASEAN 국가 중에서 우주개발기관을 갖추고 있는 나라들과 낮은 차원의 우주개발협력을 추진할 필요가 있다.

현재 우주개발기관을 갖고 있는 동아시아국가로는 인도네시아, 태국, 말레이시아 등 3개국뿐이다. 따라서 한국의 한국항공우주연구원(KARI)

38 "조광래 단장이 털어놓은 나로호 개발 비사", 『조선일보』(土日섹션), 2013년 3월 30~31일.
39 외교부, 『2013 군축・비확산 편람』, p. 199.

이 주도하여 인도네시아 국립항공우주연구소(LAPAN), 말레이시아 국립우주국(MNSA), 타이 지리정보・우주기술개발기구(GISTDA) 등과 양자적 또는 다자적으로 '우주공동개발협정'의 체결을 추진한다. 이를 통해 우리나라의 앞선 우주기술력을 공유하고 지리적 협소함에 따른 우주발사장의 한계를 극복할 수 있으며, 시장을 확대하여 우주산업의 경쟁력을 높일 수 있다.

## 3. 국익에 기초한 우주공간 국제규범 제・개정

전 세계적으로 우주개발에 뛰어든 나라는 단독 혹은 국제협력을 포함해서 2014년 기준으로 57개국에 달하며, 이 가운데 15개 국가 정도는 독자적인 우주군사프로그램을 갖고 있는 것으로 알려졌다. 각국의 우주예산 가운데 군사부분이 1990년 초반까지는 30%에 머물렀지만, 2010년의 경우에는 50%를 넘는 등 우주공간의 군사활동에 대한 각국의 관심이 크게 고조된 상태이다.[40]

우리나라는 우주개발의 후발주자로서 전체 예산에서 차지하는 우주예산이 3.2억 달러로서 그 비중이 국내총생산 대비 0.023%에 불과하며 주요국 가운데에서 11위에 그치고 있다(<표 6-2>참조). 그렇기 때문에, 상업용 우주기술이 군사적으로 전용될 수 있다는 점을 감안하더라도 우리나라 우주예산에서 차지하는 군사부분의 비중은 무시할 정도의 수준인 것이다.

---

**40** 유준구, "최근 우주안보 국제규범 형성 논의의 현안과 시사점", p. 5.

이처럼 아직 우리나라의 우주역량이 취약하기 때문에 국제규범을 제정하는 과정에서는 우주공간의 군비경쟁을 방지하는 방향으로 우주군사강국들의 기득권을 제한하는 것이 우리 국익에 도움이 된다. 이렇게 함으로써 우리의 안보환경을 위협요인들은 제거 내지 완화할 수 있을 뿐만 아니라, 적어도 우리나라가 일정 수준의 우주전 역량을 구축할 때까지 시간을 벌 수 있는 것이다.

우주공간에서의 군비경쟁을 막기 위한 국제사회의 노력이 유엔을 중심으로 이루어지고 있다. 현재 진행되고 있는 논의는 크게 유엔 차원에서 외기권의 평화적 이용 위원회(COPUOS)와 군축회의(CD)의 두 방향에서 전개되고 있다. COPUOS는 주로 국가간의 공동합의를 유도하는 방향으로 작업을 진행하고 있으며, CD는 매년 채택되고 있는 유엔총회 결의에 따라 포괄적인 국제우주법을 제정하기 위한 협상을 전개하고 있다.

현재 유엔에서 논의하고 있는 우주국제규범의 형성을 위한 쟁점은 우주공간의 군사화 · 무장화, 우주에서의 자위권 적용, 우주쓰레기(debris)의 제거 및 경감, 외기권 활동의 투명성 및 신뢰 구축 등 네 가지이다.[41] 우리 정부는 2010년부터 15개국으로 구성된 유엔총회 산하 제1위원회의 '투명성 및 신뢰구축조치 정부전문가그룹(Groups of Governmental Experts on Transparency & Confidence-Building Measures in Outer Space Activities)'에 참가하고 있다. GGE에 참가한다고 해서 결정권이 있는 것은 아니지만, 국제규범의 형성에 우리의 국익을 최대한 반영할 수 있는 기회라는 점에서 적극 활용할 필요가 있다.

첫째, **우주공간의 군사화 · 무장화 방지 문제**이다. 우주공간과 관련된 5개의 조약 가운데, 「외기권조약」(1967)과 「달조약」(1979)은 달과 다른

41 유준구, "최근 우주안보 국제규범 형성 논의의 현안과 시사점", pp. 11~14.

천체에서의 군사활동을 포괄적으로 금지하면서도 지구궤도에서는 대량살상무기만 금지하고 있다. 따라서 이것은 대량살상무기가 아닌 재래식무기의 배치는 허용된다는 의미로 해석되어 우주공간의 군사화, 무장화를 막는 데 근본적인 한계를 드러내고 있다.

현재 중국과 러시아가 공동으로 제출한 「외기권 내 무기배치 금지조약(PPWT)」에서는 대량살상무기뿐만 아니라 재래식무기를 사용하는 군사활동도 금지하자고 제안하고 있다. 이에 대해 미국은 침략적 목적의 재래식무기만 금지해야 한다는 입장이다. 우주분야 후발주자인 한국으로서는 우주공간에서 비무장을 유지하는 것이 우리의 국익에 부합한다고 볼 수 있다.

둘째, **우주에서의 자위권 적용 문제**이다. 우주공간에서 유사시 자위권을 발동할 수 있는지 여부는 우주공간의 무장화 문제와 직결된 사안이다. 만약 유사시 자위권을 인정한다는 것은 이미 우주공간의 무장화를 인정하고 전제하는 것이기 때문이다. 그렇기 때문에 우주공간의 무장화를 반대하는 입장에서 볼 때는 애초에 자위권이라는 것을 인정할 수 없다. 따라서 우리나라는 국제논의 속에서 일관되게 우주공간의 평화적 이용에 대한 입장을 견지해야 할 것이다.

셋째, **우주쓰레기(debris)의 제거 및 경감 문제**이다. 현재의 국제우주법에 따르면 기능이 마비된 우주쓰레기는 여전히 발사국가의 소유물로 취급된다. 그렇기 때문에 발사국가들이 제거 및 경감 노력을 하지 않거나, 또는 이를 구실로 요격미사일, 인접폭발, 레이저 파괴 등 다양한 군사적 전용 기술을 실험해도 막을 방법이 없다. 그런 점에서 우리 정부는 국제회의를 통해 향후 상당주의(相當注意, due diligence) 의무나 긴급피난의 법리를 원용하여 관련국의 동의 없이 우주쓰레기를 제거할 수 있도록 국제규범의 방향을 유도해야 할 것이다.

끝으로, **외기권 활동의 투명성 및 신뢰구축(TCBMs) 문제**이다. 현재 우주공간에서의 TCBMs는 유엔 총회 산하 제1위원회(군축)에서 군축 차원의 문제로 논의되고 있다. 우주공간에서 군사활동이 부재한 우리나라로서는 우주공간의 무장화 금지는 물론 군사적 이용을 최소화하는 방향으로 국제규범이 결정되도록 논의를 이끌어가는 것이 바람직하다.

제5장

# 사이버공간의 군비경쟁 방지와 사이버전 대책

# 제5장
# 사이버공간의 군비경쟁 방지와 사이버전 대책

우주공간과는 달리 사이버공간에서 우리나라는 IT기술력을 바탕으로 비교적 높은 국제경쟁력을 보유하고 있다. 그럼에도 낮은 진입장벽과 익명성, 취약성 등 사이버공간의 특성 때문에 오히려 우리나라는 북한의 직접적인 위협에 노출되어 있다. 따라서 최근 빈발하고 있는 북한의 사이버공격을 효과적으로 차단해야 하며, 더 나아가 주변국들의 잠재적인 사이버전 역량 증진에 대비해 우리나라의 사이버 안보역량을 강화해야 한다. 이를 위해서는 소극적 및 적극적 사이버 방호와 함께 상대적으로 취약한 사이버공격능력을 강화해 나가야 한다. 그밖에도 아직 초기단계에와 있는 사이버공간의 국제규범 제정 과정에서 적극 참여하여 우리의 국가이익을 수호해야 할 것이다.

## 1. 사이버 안보역량의 강화

### 1) 소극적 사이버방호 능력의 구축

소극적 사이버방호(Passive Cyber Defense) 능력이란 적성국가의 해커들이 국내 사이버공간에 침투하지 못하도록 하고, 침투하더라도 피해를 최소화시킬 수 있는 능력을 갖추는 것을 의미한다. 국내에서는 2013년 북한의 3.20 사이버테러를 계기로 소극적 사이버방호를 위한 대책이 집중 논의되었는데, 주요 내용은 다음과 같다.[42]

첫째, 3.20 사이버테러와 같은 사건의 재발 방지를 위해서는 방송사 등과 같은 주요기관의 보안전문인력을 대폭 확충해야 한다. 보안체계 개선뿐만 아니라 정보통신기반시설의 지정을 확대하고 양질의 보안전문가들을 배치해야 한다.

둘째, 사이버위협에 대한 정보 공유와 사이버보안에 대한 교육의 활성화가 필요하다. 그동안 정부기관의 사이버보안 위협과 관련한 정보와 민간 전문기업의 악성코드 분석정보 등이 원활하게 공유되지 않았다. 이러한 문제점을 개선하기 위해 정부는 사이버위협 정보를 실시간으로 민간 전문기업들과 공유하는 시스템을 구축하고 악성코드 확산 방지를 위한 법제를 마련할 필요가 있다.

셋째, 국가 중요시설에 대한 망 분리를 확대해 의무화해야 한다. 방송사와 금융기관과 같은 민간 중요시설에도 '망 분리 의무화'를 확대 적용해 외부에서 악성코드가 유입돼도 내부 망에는 영향을 끼치지 못하도록 하는 등 사이버위협을 선제적으로 차단해야 한다.

넷째, 백신 프로그램의 취약점 관리 및 철저한 검증이 필요하다. 3.20 사이버테러는 국내 백신 제품의 중앙관리서버를 통해 악성코드가 전파되어 공격의 통로로 악용한 것으로 보인다. 따라서 다양한 백신의 도입을 확대하고, 백신 프로그램의 철저한 취약점 관리와 검증을 통해 악성

---

**42** 이하는 보안뉴스에서 실시한 전문가 설문조사의 결과를 재정리해 인용한 것이다. 김태형, "3.20 사이버테러 재발방지 위한 가장 시급한 대책은?", 『보안뉴스』 2013년 5월 3일.

코드가 백신 업데이트 과정에서 각 기업이나 기관 전체 PC로 확대되는 것을 막아야 한다.

2014년 말 한국수력원자력 해킹 사건이 발생했을 때 정부는 '국가 사이버안보 강화방안'을 발표하고, 사이버안보 역량 강화, 핵심기술 개발 및 인력양성, 국제공조 확대, 업무수행체계 정비, 컨트롤타워 강화 등 대책을 내놓았다. 하지만 북한의 사이버전뿐만 아니라 앞으로 발생할지 모를 주변국가들의 사이버공격에 대응하기 위해서는 무엇보다도 국가 보안정책 등의 거시적인 대응방안과 함께 국민 개개인의 보안의식 제고를 통한 철저한 컴퓨터 보안관리 등 대책이 병행되어야 한다.

### 2) 적극적 사이버방호 능력의 구축

우리 정부가 2013년 3.20 사이버테러의 공격주체가 북한의 소행이라고 발표함에 따라 사이버위협을 국가차원에서 적극 대응해야 한다는 목소리가 높다. 이를 위해 북한의 사이버공격에 대해 망 분리, 백신프로그램 설치, 보안전문인력 확충 등 수동적으로 대처하는 것을 넘어 적극적 사이버방호(Active Cyber Deffense)의 필요성이 제기되고 있다.

적극적인 사이버방호란 북한이 이용하고 있는 해외의 사이버공격 거점을 색출하여 해당국 정부에게 폐쇄를 요청하는 등 북한의 사이버공격을 능동적이고 원천적으로 차단하는 것을 가리킨다. 이와 같은 적극적 사이버방호 능력은 북한의 사이버공격에 대한 억제효과를 갖게 한다.

우리나라가 적극적 사이버방호를 채택해야 하는 이유는 이미 살펴본 대로 북한의 사이버공격이 북한 내부가 아니라 해외거점에서 수행되거나 해외 망을 통해서 이루어지기 때문이다. 따라서 대남 사이버공격에 사용된 해외의 IP를 집중적으로 추적하고, 별도의 인적 정보(HUMINT)를 활용한다면 북한의 해외 사이버공격거점을 확인할 수 있을 것이다.

하지만 북한뿐만 아니라 주변국들로부터 사이버공격이 들어오는 경우에 대해서도 적극적인 방호 대책 마련이 필요하다. 이를 위해 우선 사이버공간에 적용할 수 있는 국제사이버 법규범을 통해 억제하고, 상대국가가 이를 무시할 경우에는 국제기관 또는 동맹국과 협력하여 해당국의 사이버공격거점을 찾아내어 이를 무력화하는 방안을 마련해야 할 것이다.

### 3) 사이버공격능력의 확보

북한 또는 제3국의 사이버공격으로 우리나라의 국가기간 망이 크게 파괴되고 이로 인해 인명이나 물적인 피해가 발생할 경우는 사이버공격의 주체를 색출한 뒤 이에 대한 적절한 대응공격을 가할 필요가 있다.

미 국방부는 국가기간망을 흔드는 외부의 사이버공격을 전쟁행위로 간주해 미사일 공격 등 무력으로 대응한다는 방침을 세웠다. 2011년 7월 미 국방부가 마련한 「사이버전략」보고서는 사이버공격을 전쟁행위로 규정하고, 재래적 방식의 무력으로 대응한다는 것이다. 다시 말해, 송전망 차단과 같은 컴퓨터 네트워크 공격을 미국에 대한 선전포고로 간주하겠다는 경고이다.[43]

이와 반대로 대량살상무기의 위협을 받게 될 경우 사이버공격으로 대응하는 방안도 있다. 2011년 11월 메드베데프 대통령(당시)은 미국과 NATO가 미사일방위(MD)구상을 계속 추진할 경우 5가지 대항조치를 취할 것이라고 경고하면서, 그 중 하나로 사이버공격을 들었다. 그는 "러시아군에 대해 미사일방위시스템의 정보교환기능과 정보관제기능을 파괴하는 무기개발을 명령했다. 이는 대단히 효과적이고 간단히 개발할

43 DoD, *Department of Defense Strategy for Operating in Cyberspace.*

수 있고 저렴하다"고 말했다.[44]

이처럼 대응공격의 방법으로는 미국이나 러시아가 검토하고 있듯이 군사력 대응도 있을 수 있지만, 지정학적 조건이나 분단의 현실에서 우리나라가 이 방법을 채택하기에는 현실적으로 어려울 수가 있다. 따라서 가능한 선택지로 우리가 피해를 받은 만큼 '비례성의 원칙'에 입각해 사이버 대응공격을 가하는 방법을 생각할 수 있을 것이다.

이와 같이 북한의 사이버공격에 대응하기 위해서는 이를 담당할 전문적인 조직과 인력이 필요하다. 이와 관련해 미국방위고등계획국(DARPA)의 사례를 참고해 볼 수 있다. 미 DARPA에는 국가사이버연습장(National Cyber Range)이 있으며 사이버전에 관한 종합연습과 훈련, 시스템의 취약성 점검, 네트워크시스템 도입 때의 검사 등에서 중요한 역할을 담당하고 있다. 러시아도 사이버사령부의 창설에 때맞춰 고등군사연구국(AMRA)의 창설을 준비하고 있다.[45]

우리나라도 사이버전을 효과적으로 운용하기 위해 육군이 정보통신학교에 사이버교육훈련센터를 신설한다는 계획이지만, 장비의 점검 및 개별 교육훈련을 넘어 종합연습의 실시를 위해 합동성을 강화하는 차원에서 합동참모본부 직할로 사이버연습장을 건설할 필요가 있다.

44 佐々木孝博, "ロシアのサイバー戦略 ー「サイバー戦コンセプト」を中心に",『日本大学大学院総合社会 情報研究科紀要』No.13, 2012, p. 5에서 재인용.

45 佐々木孝博, "ロシアのサイバー戦略 ー「サイバー戦コンセプト」を中心に", p. 11.

## 2. 국내의 사이버안보 법 · 제도의 정비

### 1) 국내 사이버 법체계의 정비

현재 우리나라의 국가 사이버안보에 관한 업무는 국가정보원이 총괄하고 있다. 하지만 이와 관련된 법적 근거가 국가 및 공공기관에만 영향을 미치는 「대통령 훈령」으로 취약하다. 사이버공간의 특성상 적의 공격이 국가나 공공기관뿐만 아니라 민간분야까지 미치기 때문에 유사시 민간까지 포괄하는 효율적이고 신속한 업무수행이 필요하다. 그런 점에서 국가사이버안보에 관한 법률을 제정하는 일이 시급하다.

17대 국회에서 「국가사이버위기관리법」, 일명 사이버테러방지법이 발의되었으나, 정치적인 목적으로 악용될 것을 우려한 야당의 비판을 받으면서 상정조차 못하고 자동 폐기된 바 있다. 사이버안보를 확보하기 위해 국가의 안전보장과 국민의 이익에 이바지할 수 있는 법적 근거의 필요성 때문에 18대 국회 들어와 다시 이 법이 발의되어 국회 정보위원회에 상정되었다.

「국가사이버위기관리법」(안)의 주요 내용은 △국가정보원장이 국가사이버안전기본계획 수립하고, △국가사이버안전에 관한 중요사항을 심의하기 위한 국무총리 소속으로 국가사이버안전전략회의를 설치하며, △사이버공격에 대한 국가차원의 종합적 · 체계적 대응을 위해 국가정보원장 소속으로 국가사이버안전센터를 설치하고, △국정원장이 사이버위기 대응훈련의 실시와 사이버위기 경보발령 권한을 가지며, △중앙행정기관, 지방자치단체, 공공기관의 장은 사이버공격 정보를 탐지 · 분석하여 즉시 대응 조치를 할 수 있는 보안관제센터 설치 · 운영하는 것 등이다.

하지만 2012년 대선 과정에서 정보기관의 선거 개입 논란이 빚어지면서 야당의 강력한 반대에 부딪쳤다. 제19대 국회에서도 「국가사이버안전관리법」,「국가사이버테러방지법」 등이 상정됐지만, 정보기관이 온라인상의 개인정보를 감시할 수 있는 근거가 된다는 비판을 받으며 국회 정보위원회에 제대로 논의되지도 못한 채 제19대 국회가 폐회되어 또다시 자동으로 폐기되었다. 하지만 어떤 형태로든 국가 차원에서 사이버테러의 방지와 위기관리가 필요한 만큼, 문제점을 최소화한 뒤 제20대 국회에서는 입법이 되도록 해야 할 것이다.

### 2) 사이버 컨트롤타워의 확립과 국회의 통제

사이버방호 능력을 구축하기 위해서는 무엇보다 사이버안보 컨트롤타워가 필요하다. 우리 정부는 2004년 2월 사이버안보 대응기관인 국가사이버안전센터(NCSC)를 설치하고, 2005년 1월 사이버안전을 위해 「국가사이버안전관리규정」을 제정하여 국가 차원에서 사이버공격에 대한 정책적 대응방안을 마련하였다. 또한 부처간의 사이버공조를 위해 국가사이버안전전략회의와 국가사이버안전대책회의를 정례화하였다.

2009년에는 국정원을 중심으로 방송통신위원회, 한국인터넷진흥원(KISA) 등 15개 유관부처가 모여 '국가사이버안보 마스터플랜'을 수립하고 민·관·군 합동 사이버위협 대응팀을 운영하는 등 사이버위협에 대한 국가 차원의 총괄 관리체계를 마련하였다. 그러다가 2013년의 3.20 사이버테러가 발생하자, 보다 효율적인 대응을 위해 청와대가 사이버안보 컨트롤타워의 역할을 담당하기로 하였다.

하지만 2014년 12월에 한국수력원자력 발전에 대한 해킹 사건이 재발한 데 이어 최근에는 스마트폰에 대한 해킹사건도 일어나고 있다. 이러한 사이버테러를 예방하기 위해서는 국가 차원의 컨트롤타워의 구축에 못지 않게 이러한 활동을 뒷받침할 수 있는 전문인력과 예산이 뒷받침되지 않으면 커다란 성과를 거두기 어려울 것이다. 그런 점에서 현재와 같은 '대통령 훈령'이 아닌 법률로서 사이버 컨트롤 타워의 임무 수행과 재정적 지원을 법적으로 뒷받침해야 할 것이다.

법률을 통해 민주적인 감시와 통제장치를 마련하여 사이버 컨트롤 타워가 정치활동에 개입하지 못하게 함으로써 불필요한 논란을 미연에 방지할 필요가 있다. 사이버 컨트롤타워의 안보활동에 대한 정기적인 국회 통보나 보고 등의 통제절차를 법률로 규정함으로써 불필요한 오해를 받지 않고 사이버 대응활동에 매진할 수 있도록 업무수행의 민주적 정당성을 뒷받침해 주어야 한다.[46]

## 3. 국익에 기초한 사이버안보 국제규범 창출

### 1) 새로운 국제규범 창출을 통한 통제

사이버공간의 익명성과 초국경성에 기반한 개방성 때문에 최근에는 인터넷 악플, 사이버범죄, 사이버테러뿐만 아니라, 각종 사이버공격이 국가안보를 위협하는 수준으로까지 확대되고 있다. 이에 따라 사이버공간에서의 군비경쟁을 막기 위해 국제사회는 사이버공간에 적용될 수 있는 국제규범의 마련, 사이버범죄에 대한 법 집행 강화, 특정국가 또는 비국가행위자가 사이버보안상의 취약점을 악용하는 행위를 방지하기 위한 노력을 계속하고 있다.

현재 유엔총회 제1위원회(군축)에서는 '사이버공간에서 신뢰구축 및 국가안보' 문제를 논의하고 있고, UN정보 · 통신안보 정부전문가그룹

46 오일석, 이승열, 김소정, "북한의 사이버공격 대응을 위한 효과적인 법정책 모색", 『정책연구』 통권 186호, 2015년 가을호, p. 25.

(GGE)에서는 '사이버 국제규범'의 확립을 위한 회의가 진행되고 있다. 우리나라는 GGE 제1차 회의(2004-2005년)와 제2차 회의(2009-2010년)에는 참가하였으나 제3차 회의(2012년 8월~2013년 6월) 때에는 불참하였다. 그러다가 2015년 6월 22~27일 열린 제4차 회의에 다시 참여하였는데, 양 진영의 타협이 이루어져 최종보고서가 채택되었다.[47]

이러한 정부전문가그룹의 합의에도 불구하고 미국과 러시아, 중국은 사이버전의 방지를 위한 조약의 본질이 무엇인가를 놓고 근본적으로 이견을 보이고 있어 국제법의 제정까지는 쉽지 않을 전망이다. 상대적으로 열세인 러시아는 총체적인 사이버무기의 군축을 선호한 반면, 우위에 있는 미국은 하루에 50,000건 이상 사이버공격이 이루어진다는 사실을 들어 강력한 사이버방호 능력의 구축에 초점을 맞춰야 한다고 주장하고 있다.

현재 사이버 공간에서의 국제법 적용을 둘러싼 쟁점은 크게 △주권존중의 강화와 상당주의 의무의 구체화, △대외관할권의 제한과 역외관할권의 구체화, △국가책임 추구 시 국가행위귀속요건 및 대응조치의 구체화, △이중용도기술에 대한 수출통제 등이다.[48]

첫째, 주권존중의 강화와 상당주의 의무의 구체화 문제이다. 2015년 제4차 GGE정부전문가그룹의 최종보고서에서는 사이버 인프라와 활동에 대한 국가의 대내적 통제권이 인정되면서 주권 존중이 강화되었고, 이에 상응하여 국가의 책임을 물을 수 있는 상당주의 의무를 구체화하는 논의가 제기되고 있다.

47 UN General Assembly, Group of Governmental Experts on Developments in the Field of Information and Telecommunications in the Context of International Security, submitted to the UN General Assembly, 70th Session, 22 July, 2015.

48 유준구, "최근 사이버 공간의 국제법 적용문제 검토", pp. 11~16.

둘째, 대외관할권의 제한과 역외관할권의 구체화 문제이다. 국가관할권 가운데 대내관할권을 제외한 피해자 국적국의 관할권 행사, 역외관할권과 타국영토에 대한 집행관할권을 둘러싸고 서로 견해가 엇갈리고 있다.

셋째, 국가책임 추구 시 국가행위 귀속요건 및 대응조치의 구체화로서, 국가의 묵인 또는 지원 아래 저질러지는 비국가행위자의 불법행위에 대한 기준을 구체화하는 문제이다. 특히 불법행위에 대한 무력대응조치, 집단적·예방적 대응조치, 국가관행의 인정 등을 놓고 국가간의 이견이 나뉘고 있다.

끝으로, 사이버보안기술에 대한 수출통제 문제이다. 사이버보안·감시 기술의 개발과 이용은 사이버공격에 대응하는 것이 주목적이지만 거꾸로 국가에 의한 인권침해나 테러리스트에 의한 범죄행위에 이용될 위험성이 있다는 점에서 수출통제 문제가 새로운 이슈로 떠오르고 있다.

여기서 한국정부는 사이버전 방지의 본질을 놓고 벌어지고 있는 미국·서유럽 국가와 러시아·중국 간의 이견을 좁혀내고 새로운 사이버공간에 관한 국제조약을 만드는 데 가교역할을 해야 한다. 무엇보다 현재 사이버공간의 국제규범을 둘러싼 논의가 미국·유럽연합과 러시아·중국의 대립구도로 이루어지고 있다는 점에서 중견국가 또는 약소국들의 이익이 들어설 자리가 없다.

아직 강대국 간의 이견이 크기 때문에 단기간 내에 사이버공간의 국제규범이 창설될 가능성이 적다는 점에서, 우리 정부는 우리의 국익을 토대로 기본입장을 정리한 뒤 새로운 국제규범의 창설에서 주도적 역할의 일익을 담당해야 할 것이다. 특히 MIKTA와 같은 중견국협의회나 ASEAN 지역포럼(ARF) 등에서 의제화를 통해 제3안을 도출하는 데 주도적 역할을 함으로써 중견국가와 약소국가의 이익을 담아내야 할 것이다.

### 2) 다자간, 지역내 정책협의에 의한 통제

현재 진행 중인 사이버공간에 대한 국제규범의 제정 노력과 함께, 북한의 무차별적인 해킹으로 사이버안보의 장애요인으로 떠오른 것과 관련해 동북아 국가들의 공동 대응이 필요하다. 사이버안보와 관련해 관련국들이 양자적 내지는 다자적 지역협력체제의 구축을 위한 정책협의에 적극 나설 필요가 있다.[49] 이를 통해 한편으로 당면한 북한의 사이버공격에 대한 국제공조를 확립할 수 있고, 다른 한편으로 해당 국가들에 의한 사이버위협을 미연에 예방하는 효과도 거둘 수 있을 것이다.

한·미 양국은 소니 픽쳐스사의 전산시스템에 대한 북한의 해킹 사건 이후,[50] 사이버안보를 위한 공조를 확대 강화해 오고 있다. 한국의 미래창조과학부와 미 국토안보부는 2013년과 2015년 두 차례에 걸쳐 '한미 정보통신기술(ICT) 정책포럼'을 개최한 데 이어, 2016년 5월 인공지능(AI)이 해킹 위협을 감지해 사이버 테러를 봉쇄하는 첨단 보안기술을 양국이 공동개발하기로 합의한 「공동의향성명(Joint Statement of Intent)」을 발표했다.

한·미 군 당국도 2013년 9월 「국방사이버정책실무협의회 설치 약정」 체결에 따라 그 해부터 매년 한·미 국방사이버정책실무협의회(CCWG)를 개최해 오고 있다. 이 협의회에서는 사이버 위협에 대비한 한·미 양국의 사이버공조체계 강화를 목표로, 북한 등 사이버공격에 대한 정보를 공유하고 공동대응절차 등을 논의한다. 그밖에도 우리 군 합참과 주한미군은 가상연습의 일환으로 토의식 연습(TTX)을 실시하고, 원전·연합·

49 조정현, "최근 사이버공격과 우리의 대응과제", 「IFANS FOCUS」, 2014년 12월 29일, p. 2.

50 『로동신문』 2016년 3월 21일. 이 신문은 10여 개의 세계적인 정보보안업체들이 소니 픽쳐스 영화사의 해킹사건이 '라자로그룹'의 소행이었으며 북한이 무관하다는 것이 밝혀냈다고 주장하고 있다.

합동 지휘통제체계(C4I)에 대한 사이버공격에 대비한 협력방안을 논의하고 있다.

한·중·일 3국간의 사이버정책협의회도 정례화하고 이행방안을 마련하는 등 정착시킬 필요가 있다. 현재 세 나라는 사이버공격에 대비하기 위한 협력체제를 마련했다. 2014년과 2015년 10월에 각각 1차, 2차 3자회담을 열고 각국의 관련 정책들, 사이버공간에서의 국제기준 적용문제, 사이버안보, 사이버범죄, 사이버테러, 그리고 비상대응팀들 간의 협력문제를 다루었다.

한·중 양국간 사이버안보 협력을 더욱 강화할 필요가 있다. 한중 양국은 2014년 10월 미래창조과학부와 공업신식화부 간에 「사이버보안 협력강화 양해각서」를 체결하고, 2015년 10월 베이징에서 국장급 제1회 한·중 사이버보안 협력회의를 개최하였다.[51] 당국자회의와 병행해 양국의 사이버침해 대응팀(CERT), 통신사업자, 보안업체 등이 참여하는 민관실무자 워크숍도 열렸다.

한·일 양국간에도 사이버안보 협력관계를 구축할 필요가 있다. 한수원의 해킹사건처럼, 일본도 2014년에 핵시설이 사이버공격을 받아 큰 피해를 입었으며 2015년 1월에도 몬쥬 고속증식로 당직자의 컴퓨터에서 42,000여 건이 보고서와 메일이 유출되는 피해를 당한 바 있다. 원자력발전소뿐만 아니라 공항, 철도, 석유·가스 시설과 같은 국가기간시설이 사이버공격을 당할 경우 그 피해가 한 나라에 국한되지 않고 국경을 넘어 이웃나라의 경제에까지 부정적 영향을 미칠 수 있어 정보공유와 필요시 공동대응이 필요하다.

51 중국 공업신식화부는 국가정보화, 정보보호를 포함한 정보통신기술(ICT) 분야 정책, 규제, 감독기관이다. 신식화(信息化)는 우리말의 정보화에 해당한다.

북한의 정보통신 인프라의 특성으로 보거나 위장을 위해 북한은 북한 내부가 아니라 중국이나 동남아에 거점을 두고 사이버공격을 자행하고 있다. 따라서 한층 강화된 북한에 의한 사이버공격을 막기 위해서는 적극적 방호 차원에서 관련 국가들과의 협력을 얻는 것이 매우 중요하다. 이와 관련해 현재 아세안지역포럼(ARF)이 주도하는 「사이버안보 work plan」의 사이버 신뢰구축조치 노력에 적극 부응하여 정보 공유와 필요시 공동대응에 나설 수 있도록 해야 할 것이다.

제6장

# 전략공간의 안보역량 강화를 위한 자기주도전략의 과제

# 제6장
# 전략공간의 안보역량 강화를 위한 자기주도전략의 과제

본서의 출발점은 전략공간의 확대 등 변화하는 안보환경 속에서 국가안보전략을 어떻게 재설계할 것인가 하는 문제의식이었다. 여기서 필자가 국가안보전략을 재설계하기 위한 패러다임으로 제시한 것이 자기주도전략(self-directed strategy)이었다. 자기주도전략을 추진하기 위해서는 하드파워뿐 아니라 소프트파워, 규범력(norm power)과 지식력(knowledge power)을 활용하는 능력, 다양한 국제제도들을 아우르는 설계권력(architecture power) 등을 갖추어야 한다.

실제로 전략공간의 국제정치 속에서 자기주도전략을 실현하기 위해서는 기본적으로 중견국가(middle power) 이상의 국가적 능력이 뒷받침되지 않으면 안 된다. 한반도를 둘러싼 4대 강대국들이 일찌감치 선점했던 핵, 우주와 같은 전략공간의 국제경쟁에 한국이 1990년대 중반에 들어와 뒤늦게 뛰어들게 된 것도 바로 국력 때문이었다. 그나마 다행인 것은 뒤늦게 출현한 사이버분야는 우리나라가 민간부문의 정보기술(IT) 경쟁력을 바탕으로 그런대로 강대국들과 어깨를 겨눌 만큼의 국제경쟁력을 갖출 수 있었다는 점이다.

자기주도전략을 설계하기 위해서는 먼저 정확한 국가이익이 무엇인지 합의된 바탕 위에서 올바른 국가안보관을 수립하여야 한다. 다음으로 가장 현실적이고 긴급한 국가안보 현안이 무엇인지 도출하고 국가이익에 따른 국가안보전략을 수립해야 한다. 이러한 바탕 위에서 전통공간은 물론 전략공간에서 군사역량을 강화해 나가야 한다.

본서의 각장을 통해 살펴보았듯이, 자기주도전략에 따라 국가안보전략을 재설계하기 위해서는 전통공간을 넘어 전략공간의 국제정치의 관점에서 보지 않으면 안 된다. 그런 점에서 다음 세 가지 사항을 전략적으로 고려해야 할 것이다.

첫 번째는 당면한 북한문제를 넘어 주변국들의 잠재적 위협에도 초점을 맞추어야 한다는 점이다. 김정은 정권에 들어와 북한이 핵·미사일 개발에 박차를 가하면서 단순한 비대칭전력의 보유를 넘어 우리의 국가안보에 직접적인 위협요인이 되고 있다. 하지만 우리나라를 둘러싼 안보환경을 보면, 당면한 북한의 위협만 있는 것이 아니라 글로벌 차원의 미·러 군비경쟁 외에도 중국의 군사적 급부상과 일본의 재무장과 같이 중장기적으로 국가안보에 부정적인 영향을 미칠 위협요인들이 도사리고 있다. 따라서 북한의 직접적 위협에 대한 대처뿐만 아니라, 주변국의 잠재적 위협에도 대비해야 한다. 아울러 중견국가로서 국제사회의 평화와 안정을 위해서도 우리의 국가안보역량을 일정 정도 안배해야 한다.[52]

두 번째는 전략공간으로까지 국가안보의 관심영역을 넓혀야 한다는 점이다. 한동안 한국은 약소국의 위치에 있었기 때문에 핵, 우주 분야와

52 우리나라의 안보역량 배분과 관련해, △북한의 당면한 위협, △주변국의 잠재적 위협, △국제적 안보협력활동 등에 대해 6:3:1의 원칙을 적용할 필요가 있다.

같이 강대국들이 벌이는 국제정치의 전략게임에 방관자로 있을 수밖에 없었다. 그런데 전략공간에는 이미 강대국의 독점체제가 형성되어 있었고 이것이 안보문제와 밀접히 연관되어 있기 때문에, 한국이 산업분야에서와 같은 '후발자의 이익'을 누리기는 어려웠다. 핵·우주 분야에서 중국, 일본 등 주변국들이 이미 1960년대부터 역량을 키워왔기 때문에, 뒤늦게 출발한 우리나라가 제대로 대처하기 위해서는 국가안보전략의 수립에는 이러한 요인들을 고려에 넣지 않으면 안 된다.

세 번째는 앞의 두 가지와 연관된 것이지만, 국가안보의 차원에서 전략공간의 군비경쟁에 대비하여 국가자원을 우선적으로 배분해야 한다. 원자력의 문제는 파이로프로세싱기술의 개발 완료, 미니원자로를 비롯해 원자력 추진 잠수함의 개발 등 자주적인 기술능력을 확보해야 한다. 또한 주변국가들에 비해서도 크게 뒤진 우주개발을 촉진하기 위해서도 정부의 예산과 인력 지원을 아끼지 말아야 한다. 사이버 대책은 인력과 기술을 넘어 민주주의와 관련된 제도와 법의 문제와 밀접한 관련이 있는 만큼 국민들의 동의에 기초해 민주적 통제가 가능한 범위에서 사이버테러법 제정에도 나서야 한다.

이와 같은 세 가지 고려사항 외에도 주변 강대국들과의 관계에도 세심한 대책과 배려가 필요하다. 자기주도전략의 시행하는 과정에서 강대국들 사이에 위치한 중견국가 한국이 취하는 전략인데다가 분단국가의 처지인 만큼, 전략의 추진과정에서 강대국들의 개입과 내부 분열작업이 예상되기 때문이다. 따라서 제6부의 맺음말이자 이 책 전체의 맺음말로서 자기주도전략을 추진하기 위한 국내외적인 조건을 제시함으로써 전체의 결론을 대신하고자 한다.

자기주도전략을 추진하기 위한 국내외 여건의 조성과 관련하여, 중국 고전인 『맹자』는 다음과 같이 조언하고 있다. 『맹자』는 국내적 통합(人

和)을 우선하되, 지정학적 조건(地利)을 살피고, 정세변화(天時)를 놓치지 말 것을 주문("天時不如地利, 地利不如人和)하고 있다. 『맹자』가 제시한 우선순위(人和>地利>天時)는 오늘날의 시각으로 볼 때, 국내역량의 결집 > 한반도정세의 안정 > 국제사회로의 대응 순서대로 정리를 할 수 있을 것이다.[53]

첫째, 자기주도외교를 전개하기 위해서는 무엇보다 국내 통합을 통해 내우(內憂)를 차단하는 국내역량의 결집이 가장 중요하다. 2,200여 년 전 인도에서 강대국 마가다의 폭력 앞에 약소국 밧지국이 멸망하느냐 번영하느냐 관건은 밧지국이 무력을 갖추고 있느냐보다 내부결속이 중요함을 강조하고 있다.[54] 자기주도외교를 전개하기 위해서는 주변 강대국들이 국내의 정치적 사회적 분열을 이용하지 못하도록 성숙한 민주주의, 빈부격차 완화 등을 통한 국내역량의 결집이 가장 중요한 것이다.

둘째, 국제무대에서 남북관계가 우리 외교의 발목을 잡지 않도록 하고 한국이 한반도의 대표성을 확보하기 위해 한반도정세가 안정되어야 한다. 제갈량은 원래 공격목표였던 북벌(北伐, 228~234년)에 나서기 전에 먼저 남정(南征, 225년)을 통해 남만을 평정하였다. 그런데 남정의 목적이 북벌에 있었기 때문에, 칠종칠금(七縱七擒)의 고사처럼 남만왕 맹획을 생포한 뒤 풀어줘 충성을 확보한 뒤, 북벌에 필요한 물자공급과 후방안전을 도모하였다. 국제사회에서 우리 국익에 바탕을 둔 자기주도전략을 적극적으로 전개할 수 있기 위해서는 한반도정세의 안정이 뒷받침되어야 한다. 이를 위해서는 삼화(三化.)전략을 바탕으로 협력적 남북관계를 구

53 『孟子』 公孫丑(下)

54 七不衰法: 1) 數相集會 講義正事不, 2) 君臣和順 上下相敬不, 3) 奉法曉忌 不違禮度不, 4) 孝事父母 敬順師長不, 5) 恭方宗廟 致敬鬼神不, 6) 閨門眞正 潔淨無穢 至於戲笑 言不及邪不, 7) 宗事沙門 敬持戒者 擔視護養 未嘗懈倦不. (『遊行經』)

축해 나갈 필요가 있다. 단기간 내에 통일이 어렵다면 남북연합의 실현에 의한 비핵평화와 공존을 통해서라도 북한을 우리의 영향권 아래에 두어야 할 것이다.

셋째, 국가안보의 안전판으로서 세계패권국인 미국과의 동맹관계(alliance)와 사안별 연대(issue-based coalition)를 적절히 활용해 국제사회의 이슈에 대응하는 것이 바람직하다. 『손자병법』에서 자기역량의 강화(謀勢)를 우선하면서 동맹의 세력(借勢)을 빌며, 필요시에는 사안별 연대(用勢)로 대처할 것을 조언하고 있다.[55] 국내역량의 결집과 한반도정세의 안정을 취한 다음, 본격적으로 자기주도외교를 전개할 때에도 한미동맹에 기반을 두되 사안별로 적절히 연대를 통해 외교목표를 달성하는 데 활용해야 할 것이다.

지금까지 본서에서는 탈냉전시대 이후 새롭게 국제정치의 이슈로 떠오른 전략공간에서의 군비경쟁과 관련해 한반도를 둘러싸고 있는 미·중·일·러 강대국들과 남북한 사이의 전략적 상호작용과 국제정치적인 의미를 살펴보았다. 아울러 확대된 전략공간에서 벌어지고 있는 군비경쟁이 우리의 국가안보에 미치는 시사점과 향후 과제에 대해 알아보았다. 핵, 우주, 사이버 등 전략공간의 확대에 따라 국가안보환경이 크게 바뀐 만큼, 이제부터 변화된 안보환경을 적극 반영해 새로운 국가안보전략을 수립해 나가지 않으면 안 될 것이다.

---

55 『孫子兵法』 第5兵勢編

# 참고문헌*

## 1. 단행본·종합보고서


공군본부, 『공군비전 2030』, 공군 전투발전단, 2009.

_____, 『우주전략 단계별 추진계획』, 공군 우주발전처, 2015년 7월.

관계부처 합동. 『국가 사이버안보 마스터플랜』, 2011.

_____, 「우주개발 로드맵- 우주개발 중장기계획」(제2차 우주개발진흥기본계획 수정), 미래창조과학부, 2013년 11월.

국군화생방방호사령부, 『2015년 후반기 합동 화생방 기술정보』, 2016년 1월 3일.

김승국, 『한반도의 평화 로드맵』, 한국학술정보, 2008.

『김일성 저작집』 41권, 1988년 4월 24일.

『김일성 저작집』 32권, 1977년 12월 22일.

『김정일 선집』 11권, 1991년 5월 5일.

김형기, 『남북관계 지식사전』, 통일부 통일교육원, 2011년.

대한민국 국방부, 『주한미군 THAAD 배치』, 2016년 7월 8일,

_____, 『2014 국방백서』, 2014년 12월.

_____, 『북한의 전자전 공격 · 교란무기』, 국회 국방위원회 제출자료, 2011.

_____, 『2010 국방백서』, 2010년 12월.

_____, 『2004 국방백서』, 2004년 12월.

대한민국 외교부, 『군축·비확산 편람』,외교부 군축비확산과, 2013.

류광철, 이상화, 임갑수, 『외교현장에서 만나는 군축과 비확산의 세계』, 평민사, 2005.

배정호, 구재회 편, 『NPT와 핵안보』, 통일연구원, 2010.


* 한글, 한자, 가나, 알파벳 순이며, 이 가운데 한자와 가나는 우리말 발음 순.

서 훈, 『북한의 선군 외교: 약소국 북한의 강대국 미국 상대하기』, 명인문화사, 2008.
손영동, 『i WAR - 사이버 냉전시대 국가는 어떻게 생존하는가』, 서울: 도서출판 황금부엉이, 2010.
_____, 「사이버전 억지력 평가모델에 관한 연구」, 숭실대학교대학원 IT정책경영학과 박사학위논문, 2011년 2월.
스즈키 가즈토(鈴木一人)(이용빈 옮김), 『우주개발과 국제정치: 경쟁과 협력의 이면』, 도서출판 한울, 2013.
신동만, 「북한의 사이버 위협이 한국안보에 미치는 영향에 관한 연구- 국가 및 군의 대응방안을 중심으로」, 조선대학교 대학원 정치외교학과 박사학위논문, 2016년 2월.
왕지아펑, 천용 외 3인(김인지 외 1명 옮김), 『대국굴기: 세계를 호령하는 강대국의 패러다임』, 크레듀하우, 2007.
우메바야시 히로미치(김마리아 옮김), 『비핵무기지대: 핵 없는 세계로 가는 길』, 서해문집, 2014.
유동열. 『사이버공간과 국가안보』. 서울: 도서출판 북앤피플, 2012.
육군사관학교 정보과학교수 편. 『소프트웨어로 배우는 사이버전』. 양서각, 2011.
육사, 3사, 해사, 공사 컴퓨터학과교수 편. 『사이버전 개론』. 양서각, 2014.
이삼성, 우메바야시 히로미치 외, 『동북아시아 비핵지대』, 살림출판사, 2005.
임형주, 『동북아의 비핵지대화 논의경과와 우리의 대응방향』, 한국전략문제연구소 연구용역보고서, 2000년 1월.
전경만, 임수호, 방태섭, 이한희, 『북한 핵과 DIME구상』, 삼성경제연구소, 2010.
전성훈, 『한반도의 비핵화 실현과 남북한일본 3국 비핵지대 창설』, 통일연구원, 1999.
정규수, 『ICBM, 그리고 한반도: 북한과 한반도 주변 열강의 탄도탄』, 지성사, 2012.
_____, 『ICBM, 악마의 유혹』, 지성사, 2012.
조성렬 외, 『남북관계의 협력 유도 방안 연구』, 국가안보실 정책연구용역 결과보고서, 2015년 12월.
_____ 외, 『신뢰기반형 통일과정 로드맵에 관한 연구』, 통일준비위원회 정책연구용역 결과보고서, 2014년 12월.
_____, 『뉴 한반도비전: 비핵 평화와 통일의 길』, 백산서당, 2012.
_____, 『한반도 평화체제: 한반도 비핵화와 북한체제의 전망』, 도서출판 푸른나무, 2007년.
조지프 나이(윤영호 옮김), 『권력의 미래』. 서울: 세종서적, 2012.
존 미어샤이머(이춘근 옮김), 『강대국 국제정치의 비극』, 도서출판 나남, 2004.
찰스 프리처드(김연철·서보혁 옮김), 『실패한 외교』, 사계절, 2008.

클라우스 슈밥(송경진 옮김), 『제4차 산업혁명』, 도서출판 새로운현재, 2016.

폴 브래큰(이시은 옮김), 『제2차 핵 시대- 전략과 위험, 그리고 새로운 무력 외교』, 아산정책연구원, 2014.

폴 케네디(이일주 옮김), 『강대국의 흥망성쇄』, 한국경제신문사, 1997.

하태경, 『삐라에서 디도스까지 : 북한 대남 사이버테러의 현재와 미래』. 서울: 도서출판 글통, 2013.

한중과학기술협력센터, 『한·중 위성항법 협력방안 연구』, 한중과학기술협력센터 정책연구 2014-1, 2014년.

한국관광공사, 『글로벌 온라인 트렌드 조사보고서』, 2015년 3월.

한국국방연구원, 『2004-2005 동북아군사력』, 한국국방연구원, 2005.

한은아, 「일본 우주개발정책의 전환에 관한 연구: '평화이용'에서 '국가안전보장'으로」, 한양대학교 정치학 박사학위 논문, 2013년.

公益財團法人 日本國際フォーラム、『平成24年度外務省委託事業「宇宙に関する各国の外交政策」についての調査研究：提言 · 報告書』、2013年 3月.

內閣調査室, 『日本の核政策に關する基礎的硏究(その一): 獨立核戰力創設の技術的·組織的·財政的可能性』(昭和四十三年九月), 1968年 9月.

_____, 『日本の核政策に關する基礎的硏究(その二):戰略的·國民心理的·外交的側面』(昭和四十五年一月), 1970年 1月.

吕晶华, 『美国网络空间战思想研究』, 军事科学出版社, 2014.

鈴木真奈美, 『核大國化する日本: 平和利用と核武裝論』, 平凡社, 2006.

福島康仁, 『平成２５年度外務省外交 · 安全保障調査研究事業 「安定的な宇宙利用の確保に向けた日米の取り組み：鍵を握る抗たん性の強化」』, 公益財團法人 日本國際問題研究所、201４年 3月.

小倉和夫·康仁德·日本経済研究センター, 『解剖北朝鮮リスク』, 日本経済新聞出版社, 2016.

吴 季, 『2016—2030年空間科學規劃研究報告』, 中國科學院, 2016年 3月.

仪名海, 郝江东, 周 慎,『外层空间国际关系』,清华大学出版社, 2015.

李显荣, 『论核战略』,人民出版社, 2014.

日本防衛省, 『中国安全保障レポート2016:擴大する人民解放軍の活動範圍とその戰略』, 防衛省防衛硏究所, 2016.

_____, 『東アジア戰略概觀2016』, 防衛省防衛硏究所, 2016.

_____, 『日本の軍縮·不擴散外交』(第7版), 2015年 3月.

_____, 『日本の軍縮·不擴散外交』(第6版), 2013年 3月.

_____, 『大量破壊兵器の拡散問題について』, 防衛庁長官官房広報課, 1995年5月29日.

_____, 『次期Xバンド衛星通信整備事業に関する基本的な考え方(平成23年8月)』, 2011年 8月.

日本宇宙開発戦略本部事務局, 『宇宙基本計画(案)』, 2009年 4月28日.

日本外務省, 『日本の軍縮·不擴散外交』(第5版), 2011年 3月.

张沱生, 『核战略比较研究』, 社会科学文献出版社, 2014.

陈永红, 『美国战略空间拓展研究』, 军事科学出出版社, 2014

平松茂雄, 『中國, 核ミサイルの標的』, 角川書店, 2006.

中华人民共和国国务院办公室, 『中国的军事战略』, 2015年5月.

_____, 『中国武装力量的多样化运用』, 2013年 4月.

_____, 『2010年国防白皮書:中国的国防』, 2011年3月.

_____, 『1998年国防白皮書』,1998年 7月.

中国国际问题研究院, 『全球核态势评估报告(2010/2011)』, 时事出版社, 2011年11月.

池內 子, 『宇宙開發は平和のために: 宇宙の軍事化に乗り出す日本』, かもがわ出版, 2015.

春原 剛, 『誕生国産スパイ衛星: 独自情報網と日米同盟』, 日本経済新聞社, 2005.

エリノア·ス-ロン(奧山真司, 關根大助 譯),『現代の軍事戦略入門: 陸海空からサイバ-,核,宇宙まで』, 芙蓉書房出版, 2015.

ユン · チアン, ジョン · ハリデイ(Jung Chang, Jon Halliday, 土屋京子譯), 『マオ: 誰も知らなかった毛沢東』(下巻), 講談社, 2005.

Albright, David, *Future Direction in the DPRK's Nuclear Weapons Program: Three Scenarios for 2020*, US-Korea Institute at SAIS, 2015.

Bermudez Jr., Joseph S., *North Korea's Development of a Nuclear Weapons Strategy*, US-Korea Institute at SAIS, August 2015.

Bracken, Paul, *The Second Nuclear Age: Strategy, Danger, and the New Power Politics,* Henry Holt & Company, LCC, 2012.(*폴 브래큰/이시은 옮김, 『제2차 핵 시대- 전략과 위험, 그리고 새로운 무력 외교』, 아산정책연구원, 2014년.)

Carter, Ashton B. and John D. Steinbruner, Charles A. Zraket, ed., *Managing Nuclear Operations*, Washington D.C.: The Brookings Institution, 1987.

Caton, Jeffrey, ed., *Information As Power*, Barracks: PA. U.S. Army War Collage, 2012.

Clarke, Richard A. and Robert Knake, *Cyber War: The Next Threat to National Security and What to Do About It*, New York: HarperCollins Publishers, 2010.

Council of Europe, *Convention on Cybercrime*, Budapest, November 23, 2001.

Critchow, Robert D., *Nuclear Command and Control: Current Programs and Issues*, CRS Report for Congress, May 3, 2006.

CSIS, 『미 아시아-태평양 재균형 2025』, 한국해양전략연구소, 2016년 6월. (*Michael Green, Kathleen Hicks, Mark Cancian, *Asia-Pacific Rebalance 2025: Capabilities, Presence, and Partnerships*, CSIS, January 2016).

Czosseck, C., E. Tyugu, and T. Wingfield eds., *2011 3rd International Conference on Cyber Conflict*, Tallinn: CCD COE Publication, 2011.

Europian Union, *DRAFT International Code of Conduct for Outer Space Activities* (revised), March 31, 2014.

Futter, Andrew, *The Politics of Nuclear Weapons*, SAGE publication, 2015. (*Andrew Futter, 고봉준 옮김, 『핵무기의 정치』, 명인문화사, 2016,)

Gray, Colin S., Geoffrey Sloan, *Geopolitics: geography and strategy*, Frank Cass Publishers, 2009. (*コリン·グレイ, 『進化する地政学 陸, 海, 空そして宇宙へ』, 五月書房, 2009.)

Gray, Colin S. *The Second Nuclear Age*, Boulder, Co.; Lynne Rienner Publishers, 1999.

Jackson, Van, *Alliance Military Strategy in the Shadow of North Korea's Nuclear Future*, US-Korea Institute at SAIS, September 2015.

Krekel, Bryan, *Capability of the People's Republic of China to Conduct Cyber Warfare and Computer Network Exploitation*, the US-China Economic and Security Review Commision, October 9, 2009.

Kristensen, Hans M. and Ivan Oelrich, *From Counterforce to Minimal Deterrence: A New Nuclear Policy on the Path Toward Eliminating Nuclear Weapons*, Federation of American Scientists Occassional Paper No. 7, April 2009.

Kulacki, Gregory, *Japan and America's Nuclear Posture: An Update*, Union of Concerned Scientists, November 2013.

_____, *Japan and America's Nuclear Posture*, Union of Concerned Scientists, March, 2010.

Libicki, Martin C., *Crisis and Escalation in Cyberspace,* Santa Monica, CA: RAND corporation, 2010.

_____, *Cyberdeterrence and Cyberwar*, Santa Monica, CA: RAND Corporation, 2009.

_____, *What is Information Warfare?* Washington: United States Government Printing, June 1995.

Lupton, David E., *On Space Warfare: A Space Power Doctrine* (Alabama: Air University Press, 1988.

MacDonald, Bruce W. and Charles D. Ferguson, *Understanding the Dragon Shield: Likelihood and Implications of Chinese Strategic Ballistic Missile Defense,* Federation of American Scientists, September 2015.

Mandiant, *APT1: Exposing One of China's Espionage Units*, 2013.

Moore, George J. ed., *North Korean Nuclear Operationality: Regional Security & Nonproliferation*, Johns Hopkins University Press: Baltimore, 2014.

Narang, Viping, *Nuclear Strategy in the Modern Era: Regional Powers and International Conflict*, New Jersey: Prinston University Press, 2014.

Nye Jr., Joseph S., *Cyber Power, Belfer Center for Science and International Affairs,* Havard Kenndy School, May 2010.

Richard A. Clarke and Robert Knake. *Cyber War: The Next Threat to National Security and What to Do About It.* New York: HarperCollins Publishers, 2010.

Rumsfeld, Donald H. Chair, *Report of the Commission to Assess United States National Security Space management and Organization*, Washington D.C.: January 2001.

Russian Federation, *Military Doctrine of the Russian Federation, approved by Russian Federation President V. Putin*, published on the Russian presidential website on December 26, 2014.

Schmitt, Michael N., eds. *Tallinn Manual on the International Law Applicable to Cyber Warfare*, Cambridge University Press, March 2013.

Shanghai Cooperation Organization, *Agreement Between the Governments of the Member States of the Shanghai Cooperation Organization on Cooperation in the Field of International Information Security art. 2*, June 16, 2009 in International Information Security: The Diplomacy of Peace: Compilation of Publications and Documents 202, 203 (Moscow 2009).

Schilling, John and Henry Kan, *The Future of North Korean Nuclear Delivery Systems*, US-Korea Institute at SAIS, April 2015.

Schoff, James L. *Broaching Peace Regime Concepts to Support North Korean Denuclearization*, IFPA, Cambridge, Mass., November 16, 2009.

Sloan, Elinor C., *Modern Military Strategy: An Introduction*, Routledge publishing, 2012.(*エリノア·ス-ロン, 奥山真司, 關根大助 譯,『現代の軍事戰略入門: 陸海空からサイバ-,核,宇宙まで』, 芙蓉書房出版, 2015.)

Smith, M. V., *Ten Propositions Regarding Spacepower*, AL. : Air University Press, 2002.

Smith, Shane, *North Korea's Evolving Nuclear Strategy*, US-Korea Institute at SAIS, August 2015.

The National Bureau of Asian Research, *Strategic Asia 2013-14: Asia in the Second Nuclear Age*, NBR, October 2013.

The State Council Information Office, *China's Beidu navigation satellite system*, June 16, 2016.

The U.S.-China Economic and Strategic Review Commission, *2012 Report to Congress of the U.S.-China Economic and Security Review Commission*, November 9, 2012.

The U.S. Senate Armed Services Committee, Hearings to examine the nomination of General Vincent K. Brooks, USA, for reappointment to the grade of general and to be Commander, United Nations Command/Combined Forces Command/United States Forces Korea, April 19, 2016.

The White House, *International Strategy for Cyberspace*, 2011.

The White House, *National Space Policy of the United States of America*, June 28, 2010.

The White House, *U.S. National Space Policy*, August 31, 2006.

Treaty on Prevention of the Placement of Weapons in Outer Space and of the Threat or Use of Force against Outer Space Objects (revised), 2014.

UNFPA, 『DPR Korea 2008 Population Census National Report』, Central Bureau of Statistics, Pyongyang, DPR Korea, 2009.

UN General Assembly, Group of Governmental Experts on Developments in the Field of Information and Telecommunications in the Context of International Security, submitted to the UN General Assembly, 70th Session, 22 July, 2015.

Union of Concerned Scientists, *UCS Satellite Database 2016.* February 26, 2016.

United Nations, *On Recommendation of First Committee, General Assembly Adopts More than 50 Drafts, Including New One on 'Ethical Imperatives' for Nuclear Disarmament Seventieth Session*, 67th Meeting, December 7, 2015.

US Air Force, *Air Force Future Operating Concept: A View of the Air Force in 2035,* September 2015.

_____, *Counterspace Operations*, Washington D.C.: Air Force Doctrine Document 2-2.1, August 2, 2004.

_____, *Space Operations*, Washington D.C.: Air Force Doctrine Document 2-2, November 27, 2006.

US Department of Defense, *Annual Report to Congress: Military and Security Developments Involving the People's Republic of China 2015*, April 7, 2015.
_____, *Quadrennial Defense Review Report,* March 4, 2014.
_____, *Military and Security Developments Involving the Democratic People's Republic of Korea 2012,* April 2013.
_____, *Department of Defense, Strategy for Operating in Cyberspace,* July 2011.
_____, *Quadrennial Defence Review 2010*, February 1, 2010.
_____, *Ballistic Missile Defense Review Report*, February 2010.
_____, *Nuclear Posture Review Report 2010*, March 1, 2010.
_____, *Nuclear Posture Review Report 2002*, January 9, 2002.
US Department of Defense and Office of the Director of National Intelligence, *National Security Space Strategy, Unclassified Summary*, January, 2011.
US Joint Forces Command, *Joint Operating Environment 2010 - Ready for Today, Preparing for Tomorrow*, February 18, 2010.
US Joint Chiefs of Staff, *Space Operations*, Washington D.C.: Joint Pub 3-14, January 6, 2009.
Waltz, Kenneth N. *Theory of International Relations* (New York: Addison-Wesley Publishing, 1979.

## 2. 논문·발표문

관계부처 합동, "우주개발 로드맵-우주개발 중장기계획(제2차 우주개발진흥기본계획 수정)", 미래창조과학부, 2013년 11월.
국가보안기술연구소, "사이버전 개념 및 용어 정립." 『국가 사이버안보전략 참고자료』, 2012.
김관옥, "미중 사이버패권경쟁의 이론적 접근", 『대한정치학회보』 제23집 2호, 2015년 5월.
김동엽, "경제 · 핵무력 병진노선과 북한의 군사 변화 변화", 『현대북한연구』 제18권 제2호, 2015년 8월 31일.
김보미, "핵확산 논쟁을 통해 본 북한의 핵전력 지휘통제체계", 북한연구학회 춘계학술회의 발표문, 2016년 4월 1일.
김석규, "소련과 중국의 전략로켓부대 창군과정과 북한 상황 분석", 『국방정책연구』 제30권 제2호, 2014년 여름(통권 제104호).

김인중, “국가 사이버 안보 전략 수립의 필요성과 추진 전략”, 『사이버공간과 국가안보』, 2014년 국가안보전략연구소 학술회의 자료집, 2014년 4월 17일.

김철영, “미래성장 산업 ‘우주산업’: 스페이스 X는 2년 뒤 화성(Mars)으로 간다”, 『Market Issue』, 현대증권, 2016년 5월 10일.

김태우, “한국의 북핵 억제전략: 응징, 방어 그리고 선제”, 『북핵문제 해결을 위한 새로운 대안의 모색』, 9.19공동성명 10주년 국가안보전략연구원·헤리티지재단 공동주최 국제학술회의, 2015년 8월 28일.

김현욱, “미국의 2014 4년 주기 국방검토보고서(QDR) 분석과 함의”, 『주요국제문제분석』, 국립외교원, 2014년 4월 3일.

김홍광, “북한의 사이버테러 정보전 능력과 사이버보안 대책 제언.” 『국가 산업기술유출 대응 콘퍼런스』 (2010).

노병렬, “미국, 핵무기 의존도 높아 핵무기정책 전환 필요”, 『월간 통일한국』 311권, 2009년 11월.

대한민국 국방부, “제8차 한미 통합국방협의체(KIDD)회의 공동언론 보도문”, 2015년 9월 24일.

박성동, 최순달, “우주시스템의 군사적 응용”, 『공군창군 50주년 기념 항공우주무기체계 세미나 및 전시회 자료집』, 대한민군 공군, 1999.

박원화, “우주법 분야의 국제동향 및 우리 정부에 대한 시사점 연구”, 『국제법 동향과 실무』, Vol. 10, No. 1-2, 통권 제26호, 2011.

박찬수 · 박용석, “사이버전 역량평가 개선과 역량 강화 방안에 관한 연구”, 『한국정보통신학회 논문집』, Vol. 19, No. 5, 2015.

박휘락, “한미동맹과 한중관계에서 사드(THAAD) 논란이 갖는 의미: 자율성-안보 모델의 적용”, 『국제관계연구』제21권 제1호, 2016년 여름호.

_____, “북한핵에 대한 한국 억제전략의 분석”, 『국제정치논총』 제55집 23, 2015.

_____, “북한 핵무기에 대한 ‘예방타격’ 분석: 이론, 국제법, 그리고 필요성”, 『신아세아』 제2권 4호, 2014년.

배달형, “북한 사이버위협 분석 및 대응방향.” 한국전략문제연구소 정책토론회 결과보고서, 2011.

백범석, “유엔 북한인권 조사위원회 설립의 이해와 전망”, 「이슈브리프」, 아산정책연구원, 2013년 3월 24일.

부형욱, “2014년 QDR평가 및 한국 안보에의 함의”, 『동북아안보정세분석』, 한국국방연구원, 2014년 3월 19일.

_____, "미국의 사이버 안보전략과 한반도." 『G2시대 통일대비 어떻게 해야 하나?』, 통일경제연구협회 워크숍 자료집, 2013.
서주석, "이란 핵협상 타결과 북한 핵", 『IFES 현안진단』 No. 30, 2015년 7월 20일.
손영동, 고성훈, "사이버전 전개양상과 대응역량", 『군사논단』 제81호, 한국군사학회, 2015.
신성택, "핵무장 넘보는 일본의 핵능력", 「Online Series」 12-25, 통일연구원, 2012.
오일석, 이승열, 김소정, "북한의 사이버공격 대응을 위한 효과적인 법정책 모색", 『정책연구』 통권 186호, 2015년 가을호.
유준구, "최근 우주안보 국제규범 형성 논의의 현안과 시사점", 『주요국제문제분석』, 국립외교원 외교안보연구소, 2016년 1월 20일.
_____, "최근 사이버 공간의 국제법 적용문제 검토: 국제안보적 관점을 중심으로", 『주요국제문제분석』, 2015년 8월 3일.
윤규식, "북한의 사이버전 능력과 위협 전망." 『군사논단』 제68호, 2011.
이강규, "중국 "글로벌 핵태세평가보고서(2010/2011)"의 주요 내용과 의미", 『주간국방논단』 제1359호, 2011년 5월 9일.
이근욱, "북한의 핵전략: 이론적 분석", 한국국방연구원 정책토론회 발표문, 2013년 6월 4일.
_____, "북한의 핵전력 지휘-통제 체계에 대한 예측: 이론적 검토와 이에 따른 시론적 분석", 국가전략 제11권 3호, 2005년.
이재학, "억제이론으로 본 중국의 핵억제전략", 『신아세아』 18권 2호, 2011년 여름.
이주형, "북핵 등 대비 '확장억제정책위원회' 신설," 『국방저널』, 2010년 11월.
이춘근, "북한의 핵탄두 소형화, 현대화 기술개발 경로와 수준", 2015 북한연구학회 춘계학술회의 발표논문, 2015년 4월 10일.
인남식, "이란 핵협상 타결의 함의와 전망", 『주요국제문제분석』, 국립외교원 외교안보연구소, 2015년 7월 24일.
임수호, "북한, 비핵지대화와 핵보유국 양자택일 요구", 『월간 통일한국』 311권, 2009년 11월.
_____, "북한의 대미 실존적 억지·강제의 이론적 기반", 『전략연구』 통권 제40호, 2007.
임채홍, "동북아 제한적비핵지대화에 대한 역사적 고찰", 국방부 군사편찬연구소 『군사』 제77호, 2010년 12월.
장노순, "사이버안보와 국제규범의 발전: 정부전문가그룹(GGE)의 활동을 중심으로", 『정치·정보연구』 제19권 1호, 2016년 2월 28일
_____, "사이버 무기와 국제안보." 『JPI 정책포럼』, No. 2012-13, 제주평화연구원, 2012년 10월.
장영근, "남북한 미사일 기술격차와 대응방안", 국가미래연구원 「IFS POST」, 2014년 8월,

_____, "우주군사화와 우주무기화", 국가미래연구원「IFS POST」, 2014년 9월.

_____, "한반도의 '우주발사체'와 '탄도미사일'의 시대적 함의", 국가미래연구원「IFS POST」, 2016년 2월.

장용석, "북한의 자주-의존 딜레마와 헤징전략", 『중국의 부상과 동아시아: 인식과 대응전략』, 백산서당, 2012년.

장철호, "2013년 중국 국방백서의 대 한국 전략 함의", 『정세와 정책』 2013년 7월호, 세종연구소.

전진호, "일본, 북핵 해결 수단으로 비핵지대 외교정책화 가능", 『월간 통일한국』 311권, 2009년 11월.

정성장, "북한의 핵능력 고도화와 한국의 독자적 핵무장 방안: 효율적인 안보와 남북대화의 병진 모색", 북한연구학회 춘계학술회의 발표논문, 2016년 4월 1일.

조 민, "북한의 '전쟁 비즈니스'와 중국의 선택", 「Online Series」, 통일연구원, 2010년 12월 1일.

조성렬, "동북아시아 국제정세와 미국: 한국의 시각", 『동북아 정세와 한중관계』, 성균관대학교 출판부, 2016.

_____, "한반도문제의 해결과 3단계 평화론-적극적 평화론을 중심으로", 『동북아연구』 제30권 1호, 2015년.

_____, "김정은 체제의 불안요인과 지속요인", 『KDB 북한개발』 통권 제5호, 한국산업은행, 2015년 12월.

_____, "북핵문제 외교적 해법의 실패원인과 시사점- 6자회담 재평가 및 재개 논의를 중심으로", 『국제관계연구』 제19권 2호, 2014년 가을.

_____, "북한의 사이버전 능력과 대남 사이버위협 평가 : 한국의 사이버안보를 위한 정책적 함의", 『북한연구학회보』제17권 2호, 2013.

_____, "3차 북핵실험 이후 동북아 안보구도의 변화- 전략적 핵 균형의 관점에서", 북한연구학회 춘계학술회의 발표논문, 2013년 4월 25일.

_____, "신국제질서의 태동에 대한 미국의 인식과 전략", 『국제문제연구』, 제12권 1호, 2012년 봄호.

_____, "동북아 안보레짐 구축에 관한 비교연구", 『헬싱키프로세스와 동북아 안보협력』, 한국학술정보, 2012년 2월.

_____, "새로운 동북아 안보환경과 한국의 안보전략 방향",『국제문제연구』 제7권 제2호, 통권 26호, 2007 여름.

_____, "21세기 한국 외교안보의 청사진-'평화중급국가'의 모색", 평화재단 전문가포럼, 2006

년 6월 14일.

_____, "한미 상호방위조약과 한미동맹 50년의 평가", 『한미동맹 50년: 법적 쟁점과 미래의 전망』, 백산서당, 2004.

_____, "일본 핵정책의 이중성과 핵무장 옵션", 한국국제정치학회 편, 『국제정치논총』 제39집 3호, 1999.

조정현, "최근 사이버공격과 우리의 대응과제", 「IFANS FOCUS」, 2014년 12월 29일.

차두현, "이란 핵 타결 이후 북핵 전망", 『Online Series』, 통일연구원, 2015년 7월 21일.

채규철, "북한 핵무기 및 미사일 능력 진단", 『북핵문제 해결을 위한 새로운 대안의 모색』, 2015년 8월 28일.

채연석, "북한의 항공우주기술 개발동향 및 수준", 『북한의 과학기술, 어디까지 왔나?』, 북한연구학회·과학기술정책연구원 공동학술회의 발표문, 2015년 5월 26일.

최재동, 안병성, "한국군의 국방우주분야 발전을 위한 정책적 제언- 민·군 협력 중심", 「주간국방논단」 통권 제1391호(2011년 12월 26일).

한국국방연구원, "중국-인도 국경분쟁", 『KIDA 세계분쟁 데이터 베이스』. (http://www.kida.re.kr)

한중과학기술협력센터, "Issue/Report: 중국의 우주과학 중장기 발전 로드맵", KOSTEC, 2016년 제9호.

한 희, "사이버공간과 국가안보", 『사이버 공간과 국가 안보』, 2014년 국가안보전략연구소 학술회의 자료집, 2014년 4월 17일.

함형필, "3차 핵실험 이후 북한 핵능력 평가: 사실상의 핵보유국인가?", 「동북아안보정세분석」, 한국국방연구원, 2013년 3월 14일.

황일도, "북한 SLBM 개발과 우리 해군의 역할", 『KIMS Periscope』 제34호, 2016년 3월 21일.

軍事情報硏究會, "自衛隊のサイバー・宇宙情報作戰と海外派遣作戰", 『軍事硏究』, 2012年 1月号.

藤岡 惇, "核兵器の進化と宇宙の軍事化", 『立命館經濟學』 第58卷, 第5·6, 2009.

_____, "ミサイル防衛と宇宙の軍事化を考える", 『世界』 2007年 4月号.

鈴木基也, "'モサド'のイラン核開發破壞作戰", 『軍事硏究』, 2012年 11月号.

_____, "ロシアの戰略兵器'グロナス衛星網'", 『軍事硏究』, 2010年 8月号.

福島康仁, "宇宙空間の軍事的価値をめぐる議論の潮流ー米国のスペース・パワー論を手掛かりとしてー", 『防衛研究所紀要』 第15巻 第2号, 2013年2月.

西本淳哉, "我が国宇宙政策の課題と方向性", 內閣府開催 第1回 宇宙政策セミナー, 2012年

(平成24年) 9月12日.

小川伸一, 菊地茂雄, 高橋杉雄, "冷戰後の核兵器國の核戰略",『防衛研究所紀要』第3卷第1号, 2000年 6月.

小泉 悠, "米国の宇宙優勢に對抗するロシアの「非對稱措置」",『軍事研究』, 2016年 2月号.

_____, "ロシアのサイバ-戰能力と組織の實態",『軍事研究』, 2013年 8月号.

_____, "冷戰後最大規模の国家武器計畫GPV-2020(第3回):ロシアの海軍力·戰略核·宇宙戰力近代化",『軍事研究』, 2011年 5月号.

孙向丽, "中国核战略研究", 张沱生主编,『核战略比较研究』, 社会科学文献出版社, 2014.

野木惠一, "地上で戰う宇宙の兵士, 米中露「宇宙軍」の榮枯盛衰",『軍事研究』, 2016年 1月号.

_____, "北朝鮮核兵器! 実用段階に到達, 真の威脅は'再進入彈頭'の實用化",『軍事研究』, 2013年 5月号.

_____, "進む宇宙アセットの作戰への組み込み-オバマ政權の連合宇宙作戰センタ-",『軍事研究』, 2011年 5月号.

任久华, "网电一体战-未来作战新样式",『国防科技』2002年 3月号.

田中三郎, "戰略偵察兵器開發と宇宙軍事プログラム",『軍事研究』, 2013年 1月号.

_____, "独自の衛星で宇宙·空·海洋を支配下に-中国海洋進出の「天空一体戰略」",『軍事研究』, 2013年 12月号.

_____, "中国国務院, 国防白書 '中国的軍事戰略'-'海洋强国' 建設, 海外利權確保",『軍事研究』, 2015年 11月号.

井上孝司, "ネットワーク世界のサイバー戰: サイバー防衛·サイバー攻擊とは何か",『軍事研究』, 2010年 12月号.

趙成烈, "矛盾をはらむ竝進路線外交- 內政, 對外政策, 南北關係に伴うリスク",『解剖 北朝鮮リスク』, 日本経済新聞出版社, 2016.

佐々木孝博, "ロシアのサイバー戦略 ー「サイバー戦コンセプト」を中心に."『日本大学大学院総合社会情報研究科紀要』, No. 13, 2012.

倉田秀也, "韓米日安保体制の動搖と變革: 韓米同盟の「復元」と米日同盟の「更新」",『解剖 北朝鮮リスク』, 日本経済新聞出版社, 2016.

何奇松, 印度与美国的太空合作及其影响,『南亞研究』, 2012年 第1期.

Abramowitz, Morton. "North Korean Latitude", *The National Interest*, Feb. 26, 2009.

Aftergood, Steven and Hans M. Kristensen, "Israeli Nuclear Weapons", FAS, Updated January 8, 2007 at http://fas.org/nuke/guide/israel/nuke/index.html

Albright, David, "North Korean Plutonium and Weapon-Grade Uranium Inventories",

*Plutonium and Highly Enriched Uranium 2015*, ISIS, January 8, 2015 (revised October 7, 2015)

Andersen, Walter, "남아시아와 핵무기의 전략적 시사점", 『NPT체제와 핵안보』, 통일연구원, 2010년.

Appleby, Charles A., "Nuclear Strategy at the Crossroads", *SAIS Review*, Vol.1, No.1, Winter 1981.

Bermudez Jr. Joseph S., "North Korea's Ballistic Submarine Program: An Update", *38 North,* March 17, 2016.

_____, "North Korea's SINPO-class Sub: New Evidence of Possible Vertical Missile Launch Tubes: Sinpo Shipyard Prepares for Significant Naval Construction Program", *38 North,* January 08, 2015.

_____, "Moving Missiles", *Jane's Defense Weekly,* 3 August, 2005.

Blair, Bruce G., "Russian Nuclear Policy and the Status of Detargeting", Brookings Institute, March 17, 1997.

Brian Padden, "South Korea: Kim's Power 'Unshakable' After Nuclear Tests", Global Security.org, April 06, 2016.

Bureau of Arms Control, Verification, and Compliance, "New START Treaty Aggregate Numbers of Strategic Offensive Arms Fact Sheet", US Department of State, April 1, 2016.

Chanlett-Avery, Emma and Mary Beth Nikitin, "Japan's Nuclear Future: Policy Debate, Prospects, and U.S. Interests", *CRS Report for Congress,* February 19, 2009.

Cheng Dean, "The PLA's Interest in Space Dominance: Testimony before US-China Economic and Security Review Commission", The Heritage Foundation, February 18, 2015.

Chung-in Moon, "The Six-Party Talks and building a nuclear-free Northeast Asia", East Asia Forum, May 20, 2012.

Cirincione, Joseph and Jon Wolfsthal, "Command and Control in Emerging Nuclear Weapon States", Carnegie Endowment for International Peace, October 26, 1999.

Clary, Christopher, "The Future of Pakistan's Nuclear Weapons Program", *Strategic Asia 2013-14: Asia in the Second Nuclear Age*, The National Bureau of Asian Research, 2013.

Cohen, Avner and Marvin Miller, "Bringing Israel's bomb out of the basement: has nuclear ambiguity outlived its shelf life?", *Foreign Affairs*, Vol. 89, No. 5, 2010.

Coleman, Kevin, "The Weaponry and Strategies of Digital Conflict", Proceedings of the 5th International Conference on Information Warfare and Security, The Air Force Institute of Technology, Wright-Patterson AFB, Ohio, USA, 8-9 April 2010.

_____, "Russia's Cyber Forces", Defensetech Cyber Security Center, May 27, 2008 in www.defensetech.org.

Cumings, Bruce, "Korea: Forgotten Nuclear Threats", NAPSNet Policy Forum 05-03A, Nautilus Institute, January 11th, 2005.

DeFrieze, D., "Defining and regulating the weaponization of space", The International Relations and Security Network, 2014.

Easton, Ian, "Japanese Strategic Weapons Programs and Strategies: Future Scenarios and Alternative Approaches", Nonproliferation Policy Education Center, May 5, 2015.

Einhorn, Robert and Duyeon Kim, "Will South Korea go nuclear?", *Bulletin of the Atomic Scientists*, August 15, 2016.

Farnsworth, Timothy, "China Conducts Missile Defense Test", *Arms Control Today*, March 2013.

Ferguson, Charles D., "How South Korea Could Acquire and Deploy Nuclear Weapons", Nonproliferation Policy Education Center, May 5, 2015.

Fever, Peter D., "Command and Control in Emerging Nuclear Nations", *International Security*, Vol. 17, No. 2, Winter, 1992/93.

Friedman, Jonah, "Countervalue vs. Counterforce", CSIS, June 2, 2011.

Gertz, Bill, "Russia Flight Tests Anti-Satellite Missile-Moscow joins China in space warfare buildup", *The Washington Free Beacon*, December 2, 2015.

Giles, Keir, "'Information Troops'-Russian Cyber Command?", 2011 3rd International Conference on Cyber Conflict, C. Czosseck, E. Tyugu, and T. Wingfield eds., Tallinn: CCD COE Publication, 2011.

Grego, Laura, "A History of Anti-Satellite Programs", Union of Concerned Scientists, January 2012.

Halperin, Morton H., "A Proposal for a Nuclear-Weapon-Free-Zone in Northeast Asia", *Global Asia*, Vol. 6, No. 4, Winter 2011.

_____, "The Case for No Fist Use: An Exchange", *Survival*, Vol. 51, no. 5 October-November 2009.

Hensen, Nick and Jeremy Binnie, "North Korea building new, larger submarine pens", *Jane's Defense Weekly*, July 22, 2016.

Harris, Jr, Harry B. "Statement of Admiral Harry B. Harris, Jr. U.S. Navy Commander, U.S. Pacific Command before The Senate Armed Services Committee on Maritime Security Strategy in the Asia-Pacific Region", 17 September 2015.

Hayes, Peter and Richard Tanter, "Key Elements of Northeast Asia Nuclear-Weapons Free Zone (NEA-NWFZ)", Nautilus Institute, November 13, 2012.

_____ and Roger Cavazos, "North Korean and US Nuclear Threats: Discerning Signals from Noise", *The Asia-Pacific Journal*, Vol. 11, Issue No. 14, No. 2, April 8, 2013.

Hersh, Melissa S. & Ajev Lele, "A Code of Conduct for Space", *The Diplomat*, Feb. 17, 2014.

Huth, P. K., "Deterrence and International Conflict: Empirical Findings and Theoretical Debate", *Annual Review of Political Science,* Vol. 2, 1999.

Hildreth, Steven A., "North Korean Ballistic Missile Threat to the United States", *CRS Report*, February 24, 2009.

Jackson, Van, "Nukes They Can Use? The Danger of North Korea Going Tactical", *38 North: Informed Analysis of North Korea*, March 15, 2016.

Jentleson, B.A. and Whytock, C.A., "Who Won Libya", *International Security*, Vol. 30, No. 3, Winter 2005/06.

Jones, Gregory S., "From Testing to Deploying Nuclear Forces: The Hard Choices Facing India and Pakistan", *Issue Paper*, Project Air Force, RAND, 2000.

Kampani, Gaurav, "India: The Challenges of Nuclear Operationalization and Strategic Stability", *Strategic Asia 2013-14: Asia in the Second Nuclear Age*, The National Bureau of Asian Research, 2013.

Kang, J.M. and H.U. Hwang, J.M. Lee, Y.T. Yun, B.C. Bae and S.Y. Jung, "A Study on National Cyber Capability Assessment Methodology", Korea Institute of Information and Cryptology, Vol. 22, No. 5, 2012.

Kim, Sung Han, "Assessing 6 Party Talks and Diplomatic Engagement with North Korea", 『New Approaches: Resolving North Korea's Nuclear Issue』, 10th Anniversary of the 9.19 Joint Statement 2015 INSS·Heritage Joint International Conference, August 28th, 2015.

Krepon, Michael. "The Stability-Instability Paradox, Misperception,and Escalation Control in South Asia", The Henry Stimson Center, May 2003.

Kristensen, Hans M., "A history of U.S. Nuclear Weapons in South Korea", *Nuclear Brief*, September 28, 2005.

_____ and Robert S. Norris, "Chinese nuclear forces, 2016", *Bulletin of the American Scientists*, Vol. 72, Issue 4, Jun 13, 2016.

_____ and Robert S. Norris, "Russian nuclear forces, 2016", *Bulletin of the American Scientists*, Vol. 72, Issue 3, April 15, 2016.

_____ and _____, "The U.S. nuclear forces 2016", *Bulletin of the American Scientists*, Vol. 72, Issue 2, March 2, 2016.

_____ and _____, "Status of World Nuclear Forces", FAS, March 1, 2016.

_____ and _____, "Indian nuclear forces, 2015", *Bulletin of the American Scientists*, Vol. 71, Issue 5, November 27, 2015.

_____ and _____, "Pakistani nuclear forces, 2015", *Bulletin of the American Scientists*, Vol. 71, Issue 6, November 27, 2015.

_____ and _____, "Chinese nuclear forces, 2015", *Bulletin of the Atomic Scientists*, Vol. 71, Issue 4, November 27, 2015.

_____ and _____, "Russian nuclear forces 2015", *Bulletin of the Atomic Scientists*, Vol. 71, Issue 3, May 1, 2015.

Lambeth, Benjamin S., "Airpower, Spacepower, and Cyberwar", *Joint Force Quaterly*, Vol. 60, No.1, 2011.

Lewis, James A., "Cybersecurity Two Years Later", CSIS, January 2011.

Lewis, Jeffrey, "China's Nuclear Modernization: Suprise, Restraint, and Uncertainty", *Strategic Asia 2013-14: Asia in the Second Nuclear Age*, The National Bureau of Asian Research, 2013.

MacDonald, Bruce W. and Charles D. Ferguson, "Chinese Strategic Missile Defense: Will It Happen, and What Would It Mean?", *Arms Control Today*, November 2015.

Meconis, Charles A., "U.S.-China Confidence-Building More Important Than Detargeting", *Global Beat Issue Brief*, No. 39, Center for War, Peace and the News Media, July 14, 1998.

Ming Zhang, "Today's China: What Threat?", *The Bulletin of the Atomic Scientists*, Vol. 55, Issue 5, September/October 1999.

Moon, Chung-in, "The Six-Party Talks and building a nuclear-free Northeast Asia", East Asia

Forum, May 20th, 2012.

Narang, Viping, "Nuclear Strategies of Emerging Nuclear Powers: North Korea and Iran", *The Washington Quaterly,* Vol. 38, No.1, Winter 2015.

_____, "Pakistan's Nuclear Postures: Implication for South Asian Stability", *Policy Brief,* Harvard Kennedy School, Belfer Center for Science and International Affairs, January 2010.

_____, "Posturing for Peace? Pakistan's Nuclear Postures and South Asian Stability", *International Security*, Vol. 34, No. 3, Winter 2009/10.

Nelson, Amy J., "The Logic of North Korea's Nuclear Ambitions", *Council on Foreign Relations*, January 12, 2016.

Nichols, Thomas M., "미국 핵전력의 변화: 대량보복전략에서 핵태세검토보고서까지", 『NPT 체제와 핵안보』, 통일연구원, 2010.

Norris, Robert S. and Hans M. Kristensen, "Chinese nuclear forces, 2010", *Bulletin of Atomic Scentists*. Vol. 66, Issue 6, 2010.

Nye Jr., Joseph S., "Nuclear Lessons for Cyber Security?", *Strategic Studies Quarterly,* Winter 2011.

Office of the Press Secretary, "Remarks by President Obama and President Xi of the People's Republic of China in Joint Press Conference," The White House, September 25, 2015.

Padden, Brian, "South Korea: Kim's Power 'Unshakable' After Nuclear Tests", Global Security.org, April 06, 2016.

Panda, Ankit, "How Far Along Are North Korea's Submarine-Launched Ballistic Missiles?" *The Diplomat*, January 11, 2016.

Pape, Robert A., "Soft Balancing against the United States", *International Security*, Vol. 30, No.1, 2005.

Paul, T.V. "Soft Balancing in the Age of U.S. Primacy", *International Security*, Vol. 30, No. 1, 2005.

Sagan, D. Scott, "Perils of Proliferation: Organization Theory, Deterrence Theory and the Spread of Nuclear Proliferartion", *International Security*, Vol. 18, No. 4, 1994.

Samuels, Richard J. and James L. Schoff, "Japan's Nuclear Hedge: Beyond "Allergy" and Breakout", *Strategic Asia 2013-14: Asia in the Second Nuclear Age*, NBR, October 2013.

Schilling, John, "A New Submarmine-Launched Ballistic Missile for North Korea", *38 North,*

April 25, 2016.

_____, “North Korea Still Faces Significant Challenges in Developing a Sea-Launched Missile: Expert”, *38 North,* July 9, 2016.

_____, “North Korea’s SLBM Program Progresses, But Still Long Road Ahead”, *38 North*, August 26, 2016.

Schelling, Thomas C., “A world without nuclear weapons?”, *Dædalus*, Fall, 2009,

Sherman, Robert, “National Command Authority- Pakistan Special Weapons”, FAS Report, Udated March 19, 2000.

Singh, Jaswant, “Against Nuclear Apartheid”, *Foreign Affairs,* Vol.77, No.5 September/October 1998.

Smith, David J., “Russian Cyber Capabilities, Policy and Practice”, *Focus Quarterly*, Winter 2014.

Smith, Shane, “Alternative North Korean Nuclear Futures”, NPEC, Jan. 6, 2016.

Spade, Jason, “China's Cyber Power and America's National Security”, in Jeffrey Caton ed., *Information As Power*, Barracks: PA. U.S. Army War Collage, 2012.

Su, J., “The “peaceful purposes” principle in outer space and the Russia–China PPWT Proposal”, *Space policy*, Vol. 26, No. 2, 2010.

The Director General, “Application of Safeguards in the Democratic People’s Republic of Korea”, IAEA Board of Governors General Conference, August 19, 2016.

The National Committee on North Korea, “NCNK Issue Brief: An Overview of North Korea’s Ballistic Missile Program”, December 13, 2011.

Thomas M. Nichols, “미국 핵전력의 변화: 대량보복전략에서 핵태세검토보고서까지”, 『NPT 체제와 핵안보』, 통일연구원, 2010.

Umebayashi, Hiromichi, “A Northeast Asia Nuclear Weapon-Free Zone(NEA-NWFZ)”, *Peace Depot & Pacific Campaign for Disarmament and Security Briefing Paper*, April, 2004.

Union of Concerned Scientist, “New START Overview-Verification, Force Structure, and Requirements”, May 2011.

US Department of Defense, “Directive 3150.6: United States Nuclear Command and Control System Support Staff”, January 19, 2001.

Walsh, Jim, “세 개의 국가, 세 개의 이야기: 이란과 시리아 그리고 북한의 핵프로그램 비교”, 『NPT와 핵안보』, 통일연구원, 2010년.

Walt, Stephen. “Alliance Formation and the Balance of World Power”, *International Security*,

Vol. 9, No. 4, 1985.

Waltz, Kenneth N., "Why Iran should get the bomb: nuclear balancing would mean stability", *Foreign Affairs*, Vol. 91, No. 4, 2012.

_____, "The Emerging Structure of International Politics", *International Security*, Vol.18, No.2, Fall, 1993.

_____, "Nuclear Myths and Political Realities", *American Political Science Review*, Vol.84, No.3, September, 1990.

_____, "The Spread of Nuclear Weapons: More Maybe Better", *Adelphi Paper*, 171, London: IISS, 1981.

Woolgar-James, Richard, "China's nuclear submarines: The end of "No First Use?"", *Bulletin of the Atomic Scientists*, November 19, 2015.

## 3. 신문·인터넷 자료

강김아리, "핵무기 골리앗과 싸우는 이스라엘의 갇힌 '양심'", 『한겨레신문』 2004년 6월 16일.

"공화국 정부,정당,단체 특별성명", 『조선중앙통신』 2016년 3월 16일.

김경민, "일본의 우주개발전략 연구", 2010년 9월 27일. (http://bemil.chosun.com).

김정은, "위대한 김정일 동지를 우리 당의 영원한 총비서로 높게 모시고 주체혁명위업을 빛나게 완성해나가자"(조선로동당 중앙위원회 책임일군들과 한 담화), 2012년 4월 6일.

_____, "김일성 주석 탄생 100주년 경축 열병식 연설", 『조선중앙통신』 2012년 4월 15일.

김태형, "3.20 사이버테러 재발방지 위한 가장 시급한 대책은?." 『보안뉴스』 2013년 5월 3일.

남성준, "'반역과 영웅' 두 얼굴의 바누누: 이스라엘 핵 보유 폭로 18년 복역 후 출소", 『주간동아』, 제435호, 2004년 5월 20일.

대한민국 국방부, "제8차 한미 통합 국방협의체(KIDD) 회의 공동언론 보도문", 2015년 9월 24일.

_____, "천안함 침몰 관련 국방부 입장", 2010년 4월 1일.

대한민국 외교부, "사이버안보". (http://www.mofa.go.kr/trade/arms/cyber/index.jsp?menu).

박휘락, "북한 핵공격을 가정한 대피의 필요성과 과제①", 『KONASnet』, 2014년 6월 27일.

백 철, "특집 사이버 전쟁, 보이지 않는 위험: 북한 사이버 전력의 진실은?", 『주간경향』 1022호, 2013년 4월 23일.

북한 최고인민회의, 「자위적 핵보유국의 지위를 더욱 공고히 할데 대한 법」, 2013년 4월 1일.
양 욱, “핵무기 날려 보낼 SLBM 3~4년 내 실전 배치- 北, SLBM 탑재 가능 3000톤급 잠수함 건조하는 듯”, 『시사저널』 1385호, 2016년 5월 7일.
양정아, “북 사이버전 능력. IT강국 위협하는 세계 3위권...핵 · 게릴라전과 함께 남북한 ‘3대 비대칭 전력’”, 『월간 NK Vision』 2013년 5월호.
외교부 홈페이지, “사이버안보”. (http://www.mofa.go.kr/trade/arms/cyber/index.jsp?menu=m_30_80_60).
이민형, “북한OS ‘붉은별2.0’. 사이버공격에 매우 취약”, 『디지털데일리』 2011년 11월 3일.
이상배, “국정원 ‘남북 사이버戰 땐 우리 피해 훨씬 심각’”, 『머니투데이』 2013년 5월 2일.
이장훈, “우주전쟁 준비하는 중국-中이 美위성 50기 공격時 美 경제에 파멸적 영향”, 『월간조선』, 2012년 8월호.
「2015 북한에 관한 한미공동성명(Joint Statement on North Korea)」, 2015년 10월 16일.
“조선민주주의인민공화국 정부 성명”, 『조선중앙통신』 2016년 1월 6일.
조선인민군 총참모부 대변인, “핵문제에 대한 조선인민군의 원칙적 입장”, 『조선중앙통신』 2009년 2월 2일.
주성하, “북한 사이버 전사와 나눈 대화,” 『동아일보』 2013년 3월 29일.
“폴리인터뷰: 백학순①, 2013년 3~4월에 겪었던 ‘핵무기 사용 위협’으로 인한 한반도 초긴장 전쟁위기 재현되지 않게 하려면 대화해야”, 『폴리뉴스』 2014년 7월 29일.
천평쥔(陳峰君), “미국의 핵우산전략”, 『내일신문』 2013년 10월 17일.
최고인민회의, “자위적 핵보유국의 지위를 더욱 공고히 할 데 대한 법”, 『조선중앙통신』 2013년 4월 1일.
하만주, “인도, 핵공급그룹 가입 놓고 미국-중국 대결”, 『아시아투데이』 2015년 5월 15일.
한국국방연구원, “중국-인도 국경분쟁”, 『KIDA 세계분쟁 데이터 베이스』(http:// www.kida.re.kr)
한국항공우주연구원 홈페이지(www.kari.re.kr).
홍진수 · 이지선 · 유정인, “사이버 안보 위기(3): 한국의 사이버 대응”, 『경향신문』, 2013년 4월 1일.
『국방일보』 2016년 4월 20일.
『뉴시스』 2016년 6월 27일.
『로동신문』 2009년 2월 8일, 2012년 4월 15일, 2012년 4월 19일, 2013년 3월 7일, 2015년 5월 9일, 2016년 1월 6일, 2016년 1월 9일, 2016년 2월 24일, 2016년 3월 4일, 2016년 3월 9일, 2016년 3월 11일, 2016년 3월 15일, 2016년 3월 21일, 2016년 3월 24일, 2016년

4월 24일, 2016년 5월 10일, 2016년 7월 20일.
『문화일보』 2013년 10월 16일,
『미국의 소리』 2016년 3월 13일.
『보안뉴스』 2013년 5월 3일.
『서울신문』 2016년 1월 2일.
『스푸트닉』 2016년 4월 9일.
『연합뉴스』 2009년 6월 26일, 2010년 3월 9일, 2010년 10월 10일, 2012년 12월 14일, 2013년 3월 21일, 2013년 4월 7일, 2013년 4월 10일, 2013년 4월 11일, 2013년 4월 17일, 2013년 4월 20일, 2013년 5월 12일, 2013년 11월 19일, 2014년 2월 16일, 2014년 4월 23일, 2014년 10월 27일, 2014년 12월 22일, 2015년 4월 16일, 2015년 4월 20일, 2015년 10월 16일, 2016년 1월 9일, 2016년 1월 28일, 2016년 2월 4일, 2016년 2월 5일, 2016년 2월 17일, 2016년 2월 18일, 2016년 3월 7일, 2016년 3월 8일, 2016년 3월 15일, 2016년 3월 28일, 2016년 3월 30일, 2016년 4월 17일, 2016년 4월 20일, 2016년 4월 27일, 2016년 5월 23일, 2016년 6월 21일, 2016년 6월 22일, 2016년 6월 25일, 2016년 6월 30일, 2016년 7월 1일, 2016년 8월 9일, 2016년 8월 14일.
『조선닷컴』 2014년 4월 11일.
『조선신보』 2009년 2월 24일, 2012년 12월 13일.
『조선일보』(土日섹션) 2013년 3월 30~31일, 2013년 5월 7일.
『조선중앙통신』 2009년 2월 2일, 2012년 4월 15일, 2012년 10월 26일, 2013년 2월 12일, 2013년 3월 7일, 2013년 3월 31일, 2013년 4월 1일, 2013년 4월 18일, 2013년 5월 5일, 2013년 6월 16일, 2013년 10월 23일, 2014년 3월 5일, 2014년 7월 27일, 2015년 1월 10일, 2015년 5월 9일, 2015년 5월 20일, 2015년 5월 30일, 2015년 9월 15일, 2015년 10월 10일, 2016년 1월 6일, 2016년 2월 13일, 2016년 2월 24일, 2016년 3월 4일, 2016년 3월 9일, 2016년 3월 15일, 2016년 3월 16일, 2016년 5월 6일, 2016년 5월 8일, 2016년 5월 9일, 2016년 8월 25일.
『조선중앙TV』 2016년 6월 1일, 2016년 7월 20일.
『통일뉴스』 2012년 12월 7일, 2015년 10월 20일, 2016년 3월 17일.
『한겨레신문』 2015년 8월 28일.
共同通信, "ロシア航空宇宙軍を編成", 『共同通信』 2015年 8月 3日.
久保卓也, "防衛力整備の考え方", 1971年2月20日. (http://www.ioc.u-tokyo.ac.jp)
內閣決定, "サイバ-セキュリティ戰略"(平成27年), 2015年 9月 4日.
『読売新聞』 2013年 3月 30日.

藤堂正臣·奥窪優木, “各国のサイバー戦力を採点[北朝鮮編]”,『日刊SPA』2012年 1月 8日.
首相官邸, “首相内外記者会見”, 平成26年3月25日 (www.kantei.go.jp)
石附澄夫, “宇宙基本法案:宇宙の軍事化の危機!! みなさまの議論を訴えます!!”, 2006年12月 19日. (http://homepage2.nifty.com/space_for_peace/061215.htm).
時事通信, “情報衛星２基、打ち上げ成功＝レーダー４号と光学実証機－Ｈ２Aで、偵察体制確立へ”,『時事通信』2013年 1月 27日.
王林昌, “韓國對軍事威懾的迷信令人憂”,『環球時報』2013年10月17日.
宇宙航空研究開發機構, http://www.jaxa.jp/library/space_law/contents_j.html
______, http://stage.tksc.jaxa.jp/spacelaw/country/japan/date/a_japan_uchu_kihonhou
______, “人工衛星·探査機 準天頂衛星 初号機「みちびき」”. (http://www.jaxa.jp/ projects/sat/qzss/index_j.html).
“「原子力の憲法」こっそり変更”,『東京新聞』2012年 6月 21日.
“原子力基本法「安全保障」は不信招く”,『朝日新聞』2012年 6月 22日.
“原子力基本法「安全保障目的」は不要”,『毎日新聞』, 2012年 6月 23日.
“原子力基本法「安全保障」明記は当然だ”,『産経新聞』2012年 6月 24日.
伊東寛, “中國側,日本サイバー戦能力を過大視”, Webオリジナル『朝日新聞グローブ』第49号, 2010年 10月 4日.
自由民主党 2005年第44回衆議院議員選挙,「自民党政権公約2005自民党の約束」. (https://www.jimin.jp).
“中国の相互確証破壊戦略”. (https://ja.wikipedia.org).
“中国为乌克兰撑起“核保护伞”,『河南商报』2013年12月10日.
“情報衛星２基、打ち上げ成功＝レーダー４号と光学実証機－Ｈ２Aで, 偵察体制確立へ”,『時事通信』2013年 1月 27日.
情報セキュリティ政策會議決定, “サイバ-セキュリティ戰略~世界を率先する强靭で活力あるサイバ-空間を目指して”(平成25年), 2013年 6月 10日.
(株)スカパーJSAT, (株)日本電気, (株)NTTコミュニケーションズ, 「「Xバンド衛星通信中継機能等の整備 · 運営事業」の実施について」, 2013年1月15日. (http://jpn.nec.com/press/201301/20130115_02.html)
編輯部, “北朝鮮は軍事国家にハッカーを派遣している!?”,『日刊SPA』2012年 3月 8日.
黄子娟, “国防白皮书:打赢信息化局部战争”,『人民网』2015年5月26日.

ウィキペディア, "情報収集衛星" (www.ja.wikipedia.org)

ウィキペディア, "準天頂衛星" (www.ja.wikipedia.org)

Bill Gertz, "Russia Flight Tests Anti-Satellite Missile-Moscow joins China in space warfare buildup", *The Washington Free Beacon*, December 2, 2015.

CHN强国网首页, "总参信息保障基地成立——解放军网战司令部成军！", 2010년 7월 26일.

CNN, "Nuclear weapons: Who has what?", March 2013.

CTBTO: http://pws.ctbto.org/the-treaty/status-of-signature-and-ratification.

Editorial, "Nuclear endgame: The Growing appeal of zero", *The Economist*, Jun 16th 2011.

Finkle, Jim, "Russian hackers target NATO, Ukraine and others: iSight", Investing.com, October 14, 2014.

Friedman, Thomas L., "The Post-Post-Cold War," *The New York Times*, May 10, 2006.

Gorman, Siobhan & Julian E. Barnes, "Cyber Combat: Act of War, Pentagon Sets Stage for U.S. to Respond to Computer Sabotage With Military Force", *The Wall Street Journal,* May 31, 2011.

Harper, Jon, "NORAD commander: North Korean KN-08 missile operational", *Stars and Stripes*, April 7, 2015.

http://stage.tksc.jaxa.jp/spacelaw/country/japan/japan_index.html

http://www.coe.int/en/web/conventions/full-list/-/conventions/treaty/185/signatures

http://www.un.org/disarmament/WMD/Nuclear/pdf/NWFZ-postcard-2010.pdf

http://www.un.org/events/unispace3

Interfax, "Russia keen on putting GLONASS stations in Alaska", *Russia Beyond The Headlins*, July 16, 2014.

Ivan Cheverko, "Russia plans to launch GLONASS in 2015", *Russia Beyond The Headlines*, June 10, 2015.

KCNA, "KCNA Report on DPRK's Accession to International Space Treaty and Convention", *KCNA,* March 12, 2009.

Kezina, Darya, "New GLONASS stations to appear in Antartica", *Russia Beyond The Headlines*, April 24, 2015.

Kirya le-Mechkar Garinii, "Dimona Negev Nuclear Research Center". (www.globalsecurity.org)

Kramer, Adrew E., "Russia Challenges the U.S. Monopoly on Satellite Navigation", *The*

*New York Times*, April 3, 2007.

Kyle Niemeyer, "Asia's space race could turn into an arms race", December 12, 2011. (http://arstechnia.com/science/news/2011/12/asias-space-race-could-turn-into-arms-rece.ars)

Lei, Zhao, "Global reach targeted in Beidou drive", *China Daily*, June 17, 2016.

"Mongolia's non-nuclear status" (http://www.wikipedia.org).

NTI, "South Korea Submarine Capabilities", September 28, 2015. (http://www. nti.org).

Nye Jr. Joseph S., "Cyberspace Wars", *The New York Times,* February 27, 2011.

Obama, Barak, "Obama Prague Speech On Nuclear Weapons". (http://www.huffingtonpost.com/2009/04/05/obama-prague-speech-on-nu_n_183219.html)

On Recommendation of First Committee, General Assembly Adopts More than 50 Drafts, Including New One on 'Ethical Imperatives' for Nuclear Disarmament Seventieth Session, 67th Meeting, December 7, 2015.

Padden, Brian, "Trump's Rise Could Legitimize Nuclear Hawks in Asia", *Voice of America*, May 10, 2016.

Pandit, Rajat, "Narendra Modi has his finger now on India's nuclear button", *The Times of India*, May 27, 2014.

_____, "Nuke command set up, button in PM's hand", *The Times of India*, Jan. 4, 2003.

Pavel Podvig, "Russia to resume work on airborne laser ASAT", Russian Strategic Nuclear Forces blog, 13 November 2012.

Ross, Alec, "Russia's cyber weapons hit Ukraine: How to declare war without declaring war", *The Christian Science Monitor*, March 12, 2014.

Russian Federation, "*Military Doctrine of the Russian Federation, approved by Russian Federation President V. Putin"*, published on the Russian presidential website on December 26, 2014.

Shultz, George P., William J. Perry, Henry A. Kissinger and Sam Nunn, "A World Free of Nuclear Weapons", *The Wall Street Journal*, January 4, 2007.

Solarz, Stephen J. and Michael O'Hanlon, "A new North Korea strategy", *USA Today*, June 25, 2009.

SPA編輯部, "北朝鮮は軍事国家にハッカーを派遣している!?", 『日刊SPA』, 2012年 3月 8日.

Swami, Praveen, "Why North Korean strikr will not trigger world war three", *The Daily*

*Telegraph*, Nov. 23, 2010.

The Editorial Board, "North Korea's Nuclear Expansion", *The New York Times*, Feb. 27, 2015.

*The New York Times*, March 25, 2016.

The U.S. Senate Armed Services Committee, Hearings to examine the nomination of General Vincent K. Brooks, USA, for reappointment to the grade of general and to be Commander, United Nations Command/Combined Forces Command/United States Forces Korea, April 19, 2016.

"Treaty on the Non-Proliferation of Nuclear Weapons". (https://www.iaea.org/sites/ default/files/publications/documents/infcircs/1970/infcirc140.pdf)

"Treaty on the Southeast Asia Nuclear Weapon-Free Zone", (http://disarmament.un.org/treaties/t/bangkok/text.

UN Document A/RES/3472B(XXX), Nov. 11, 1975.

UN General Assembly Session 61 Verbotim Report 67. A/61/PV.67 page 6. 6 December 2006.

Union of Concerned Scientists, "Success in Cutting U.S. and Russian Nuclear Arsenals".

"USFK chief: North Korea has made crucial advance toward nuclear missile", *Stars and Stripes*, October 24, 2014.

Wikipedia, "Air Force Space Command" at https://en.wikipedia.org.

_____, "Anti-satellite_weapon" at https://en.wikipedia.org.

_____, "Comparison_of_Asian_national_space_programs", April 28, 2016.

_____, "Deterrence Theory" at www.wikipedia.org.

_____, "Nuclear utilization target selection" at www.wikipedia.org.

_____, "United States Space Command" at https://en.wikipedia.org.

_____, "United States Strategic Command" at https://en.wikipedia.org.

Women's International League for Peace and Freedom, "Outer space: Militarization, weaponization, and the prevention of an arms race", at www.reaching criticalwill.org.

# 찾아보기

**ㅁ**



**ㅂ**



**ㅅ**

## ㅇ

**ㅊ**



**ㅋ**



**ㅌ**



**ㅍ**



**ㅎ**